JAPAN Travel
Encyclopedia

JN039947

いざ、ニッポン旅へ。

日本旅大事典
1500

朝日新聞出版

日本で一番美しい景色が見たいから。

四季で選ぶ
日本の旅

各地で絶景が見られる日本。とくに、季節により見たい景色があるのは日本ならでは。一年に一度しか出合えない、最高に美しい景色を求めて旅をしよう。

夜明けの富士山

春

日本三大

桜 の名所

春の訪れを告げる桜は、日本各地で観賞できる。なかでも美しいと名高い日本三大桜の名所へ。

四季で選ぶ

日本の旅

吉野山の桜　P-328

高遠城址公園
長野県伊那市にある、高遠城跡に造られた公園。例年4月になると、約1500本のタカトオコヒガンザクラが淡紅色の花を咲かせる。

弘前公園 P▶042

国営ひたち海浜公園 P▶099

小湊鉄道沿線 P▶131

桜だけじゃない
春の**花畑**

暖かくなるにつれ、色鮮やかな花が咲く。待ちわびた春を喜ぶかのように。

国営滝野すずらん丘陵公園 P▶021

夏

青森ねぶた祭り P▸036,040

秩父夜祭 P▸126

阿波おどり　P▶390

長岡まつり大花火大会　P▶172

夜空に咲く

花火

鎮魂の意を込めて、夏の夜空に花火が打ち上がる。

伝統の

夏祭り

暑さが最高潮になる夏。秋の豊作を祈願し、熱気みなぎる祭りが開催される。

四季で選ぶ
日本の旅

秋

蔦七沼　P▶044

大山千枚田　P▶134

黄金色に輝く

稲穂

田んぼが黄金色に染まり、頭を
垂れる稲穂が美しい。

色鮮やかな
紅葉

赤や黄色に葉が染まり、季節は秋へと移ろう。

四季で選ぶ
日本の旅

実りの秋の
美食

ブドウをはじめとする作物が実り、食を楽しむ季節に。

東福寺 P▶287

北海道大学イチョウ並木 P▶021

勝沼のブドウ園 P▶180

冬

銀山温泉 P▶078

草津温泉 P▶118

日本が誇る

名湯

寒さが厳しい冬。名湯に訪れて、体の芯から温まる。

四季で選ぶ
日本の旅

美瑛の丘 P▶026

蔵王の樹氷 P▶060

白銀
の世界

雪がしんしんと降り積もり、
幻想的な景色に息をのむ。

白川村荻町 P▶256

日本 旅大事典 1500　CONTENTS

本書の使い方

全国47都道府県の"行ってみたい！"を1冊に
ギュッとまとめました。見たいもの、したいこと、
食べたいものを写真から選んでみてください。
ページをめくっていくことで、次の旅のヒントが
きっと得られるはずです。

旅のプロファイル
各都道府県マップと、本書のエリア分けを掲載。
アクセスガイドなど移動情報も紹介。

BEST PLAN
本書掲載のスポットに、一緒に巡りたいスポッ
トも追加。プラン作りの参考に。

エリア別紹介
厳選した観光スポットをエリア（及びその周辺）
ごとに、ランキング形式で掲載。

【ご注意】
本書に掲載したデータは2023年7〜8月に確認した
情報です。以降はさまざまな状況により、見学不可、
運休、開催中止になる場合があります。また、発行
後、内容が変更される場合がありますので、お出か
けの際は最新情報をご確認ください。
本書に掲載された内容による損害等は弊社では補償
しかねますので、あらかじめご了承ください。

未開の地「蝦夷地（えぞち）」を「北海道」に変えた
北海道開拓のヒストリー

北海道の厳しい自然を乗り越え、広大な原生林を
拓くことは想像を絶する苦労の連続だった。
現在の北海道に至るまでの開拓物語を紹介する。

アメリカ風ネオ・バロック様式の北海道庁旧本庁舎。

が出たという。今日の北海道の発展は日本変革の歴史と尊い犠牲の上に成り立っている。

明治23（1890）年に造られた網走監獄。現在は博物館に。 P▶030

開国の要として
蝦夷地開拓、スタート

　北海道開拓の始まりは幕末の頃。寛政12（1800）年に八王子の「八王子千人同心」が、当時蝦夷地と呼ばれていた北海道に渡っていった。しかし、蝦夷地の自然は想像以上に過酷で、病にかかり帰郷する人が続出し、開拓は失敗に終わる。その後も小規模な移民や開拓への取り組みを行ったものの、十分な成果を挙げることはできなかった。しかし、幕府が行った鉱山調査や西洋技術導入のための調査といった開拓政策は、明治時代の北海道開拓の先駆けとして引き継がれていった。

西洋の知恵により
北海道の農業が発展

　蝦夷地を北海道と改称した明治時代には、日本をロシアから守るため、北海道開拓を急務として大規模な開発が行われることに。江戸時代の失敗の経験から、開拓経験が豊富なアメリカに着目し、農務長官であったケプロンに開拓使の顧問を依頼した。また、開拓を担う人材育成のた

め、マサチューセッツ農科大学学長のクラークを迎え、明治8（1875）年に札幌農学校を設置。北海道開拓はアメリカの技術を取り入れ、進められていった。

西洋式農業が進められ、北海道らしい景観が生まれた。

北海道発展に貢献した
網走監獄の囚人たち

　当時は幕藩体制から天皇制に変わったことで反乱が相次ぎ、国賊と呼ばれる人々が大量に出た時代。収容するための監獄を次々と造らねばならなかった。このため、北海道各地に監獄ができ、集められた囚人たちは北海道開拓工事を強要された。道無き道を造り続け、苦痛を強いられる重労働やケガ、食料運搬がうまく行かなかったことからの栄養失調などで多くの犠牲者

移民が急増し
町の基盤が誕生

　明治初期には、明治維新で領地を失った旧会津藩や仙台藩など、東北地域の士族たちが北海道へと移住。その後も全国の失業士族たちが移住し、加えて農民の移住や開墾会社の設立なども進み、町の基盤が造られていった。明治19（1886）年には、北海道庁を設置。以降、北海道の開拓は急速に進展し、今日へと至っている。

開拓にちなんだおみやげをゲットしよう

北菓楼
北海道開拓おかき
開拓時代、小正月に家庭で作られたおかきが由来。

札幌農学校
北海道ミルククッキー
ミルクの味わいと道産バターが特徴の北海道大学認定商品。

北海道

北海道
旅のプロファイル

広～い大地で大自然を満喫！

日本の国土のほぼ2割を占める北海道は、
エリアによって、気候も違えば文化もさまざま。
数多ある絶景のスケールも、とにかく大きい！

グルメも
楽しみ！

北海道一の都市を
遊び尽くす！

札幌・千歳
P▶020

さっぽろ雪まつり P▶020

札幌ラーメン P▶035

歴史ある名所から
大自然を感じる展
望スポットまで、見
どころ満載のエリ
ア。道内各地から
おいしいものが集
まるグルメタウン
でもある。

運河が流れる
レトロタウンを散策

小樽・余市
P▶022

小樽運河 P▶022

ステンドグラス
美術館 P▶022

明治から大正にか
けて北海道経済を
支えた商都ならで
はの、歴史的建造
物が多数現存。小
樽ガラスなどの名
物が多く、ショッピ
ングも楽しい。

街並みが美しい
ハイカラタウン巡り

函館・松前
P▶024

函館山からの夜景 P▶024

金森赤レンガ倉庫 P▶025

古くからの国際貿
易港の面影を残す
港町。和洋折衷の
建物が数多く残る
元町やベイエリア
はぜひ散策を。函
館山からの美しい
夜景も必見！

花畑から丘まで
美しい風景に感動しまくり

富良野・美瑛・旭川
P▶026

ファーム富田 P▶027

旭川市旭山動物園 P▶026

北海道中央に位置するエリア。
大雪山系の雄姿、色とりどりの
花畑、どこまでも続く美しい丘陵
と絶景の宝庫。旭川を起点にす
れば旭山動物園も楽しめる。

地図上の地名

礼文島
桃岩展望台
桃台猫台
礼文空港
姫沼
利尻空港
稚内空港
稚内
利尻礼文
サロベツ
国立公園
天塩川
利尻

さっぽろ雪まつり
札幌市時計台
北海道大学イチョウ並木
札幌市円山動物園
モエレ沼公園
さっぽろ羊ヶ丘展望台
サッポロビール博物館
国営滝野すずらん丘陵公園

美瑛の丘
白金 青い池
四季彩の丘
新栄の丘展望公園
旭川市
旭山動物園
旭川
旭川鷹栖IC
旭川空港
石

美瑛

小樽運河クルーズ
ステンドグラス美術館
旧色内銀行街
北一ホール
小樽ガラス
小樽三角市場
神威岬
ニッカウヰスキー余市蒸溜所

ファーム富田
五郎の石の家・最初の家
富良野
夕張市

小樽
IC
石狩川
小樽
札幌

千歳・支笏湖氷濤まつり
支笏湖
新千歳空港

道央自動車道

洞爺湖
室蘭市
苫小牧市
ウポポイ
（民族共生象徴空間）
星野リゾート トマム

奥尻島
奥尻空港
渡島半島

新函館北斗駅
木古内駅
北海道新幹線
福山城（松前城）

函館山
五稜郭公園
金森赤レンガ倉庫
函館ハリストス正教会
旧函館区公会堂
大船遺跡
八幡坂
函館朝市

函館
函館
空港
津軽海峡

日本の最北端の眺望をひとりじめ

稚内・利尻島・礼文島
わっかない・りしりとう・れぶんとう
P▶032

北端に宗谷岬を擁する日本最北の町・稚内から、絶景ポイント満載の利尻島、"花の浮島"とも呼ばれる礼文島へ。

- 宗谷丘陵
- ノシャップ岬
- 宗谷岬
- ノシャップ寒流水族館

カニ

オホーツク海

ホタテ　サケ

宗谷丘陵 P▶032

回りきれないほど広い！

ノシャップ岬 P▶032

流氷観光船ガリンコ号Ⅲ IMERU
博物館網走監獄

天に続く道
知床五湖

オホーツク紋別空港

サロマ湖

サロマ湖展望台

女満別空港

網走

知床半島

世界遺産

知床ネイチャークルーズ

知床

狩山地
旭岳

屈斜路湖

根室中標津空港

阿寒湖
摩周湖

タウシュベツ川橋梁

国峠
カムイテラス

根室

十勝
十勝平野

釧路川
釧路湿原
釧路市

根室半島

帯広

道東自動車道

釧路港

くしろ湿原ノロッコ号

たんちょう釧路空港

十勝川

ジュエリーアイス

麦稈ロール
十勝ヒルズ

とかち帯広空港

ばんえい十勝

大自然を楽しむなら北東へ！

十勝千年の森
清水町営育成牧場

根室・知床・網走
ねむろ・しれとこ・あばしり
P▶030

手つかずの大自然が残るエリア。オホーツク海の流氷や釧路湿原などが見どころ。世界遺産登録地でもある知床では、貴重な野生動物に出合えるかも。

襟裳岬

知床五湖 P▶031

海鮮丼 P▶035

どこまでも広い
牧場風景を眺める

十勝・帯広・占冠
とかち・おびひろ・しむかっぷ
P▶028

豚丼 P▶029

十勝千年の森 P▶029

北海道らしい広大な牧場や田園風景が広がる十勝平野。点在するガーデン巡りも楽しい。中心都市・帯広では名物の豚丼や地場産品を使ったグルメに舌鼓。

アクセスガイド

東京	✈ 飛行機	羽田→新千歳　約1時間30分
	🚄 新幹線	東京→新函館北斗　約4時間
大阪	✈ 飛行機	関西・伊丹→新千歳 約1時間50分
青森	🚄 新幹線	新青森→新函館北斗　約1時間
	⛴ フェリー	大間→函館　約1時間30分

移動のてびき

1 道内には空港が12も！目的地に一番近い空港をチェック

例えば富良野・美瑛を目指すなら旭川空港というように、旅の玄関口も変わってくるのが北海道。プランづくりは空港チェックから。

2 とにかく広い北海道。移動時間もプランに入れて

北海道ならではの距離感がつかめないと無理な計画を立ててしまいがち。特にエリアを跨いでの旅は要注意。移動距離と所要時間は事前に調べて。

3 札幌・函館市内は電車やバス移動も可能

車移動が基本となる北海道の旅も札幌や函館市内を巡るなら話は別。市電や路線バス、札幌市内では地下鉄も観光スポットを結んでいて便利！

北海道基本DATA

面積	約8万3450㎢
人口	518万3687人（令和4年1月1日）
ベストシーズン	7〜9月
道庁所在地	札幌市
特産品	サケ、イクラ、牛乳、メロン、ジャガイモなど
日本一	魅力度ランキング14年連続1位（令和4年）

地理 面積は都道府県最大で、道南の函館と道北の稚内は約630㎞離れている。この広大な大地を生かし、農業や酪農が盛ん。

気候 ほぼ全域が亜寒帯気候。年間を通じて気温・湿度とも低く、四季の変化がはっきりしている。梅雨がないのも特徴。

1泊2日

PLAN | ベストシーズンに訪れる王道コース！

札幌〜旭川・富良野プラン

COURSE MAP

札幌市内の代表的な見どころを満喫。翌日は旭山動物園経由で美瑛・富良野を目指す欲張りなプラン。

1日目

電車&バスで
札幌タウン巡り

13:06 新千歳空港を出発

🚃 37分

快速「エアポート」で！

13:43 札幌駅着

🚶 5分
🍴 2分

14:00 大通公園散策
&時計台で記念撮影

🚌 2分

イベントも多いよ！

P▶021

約1.5kmにわたり東西にのびる大通公園。緑と花と噴水に癒やされたら近くの時計台へ。見学は鐘が鳴る毎正時がおすすめ。

冬ならさっぽろ雪まつりへ！
2月上旬、大通公園は雪まつりのメイン会場に。立ち並ぶ大小の雪像群は一見の価値あり。 P▶020

16:00 すすきので
札幌グルメ三昧！

🚌 2分

札幌一の歓楽街！

飲食店や娯楽施設がひしめくすすきのへ。札幌を一望できる商業施設「ノルベサ」や、ラーメン横丁に足を運ぼう。

19:00 札幌市内泊

2日目

レンタカーで
富良野まで！

8:00 札幌市内から出発

🚗 2時間15分

10:30 旭山動物園到着！
北国の動物たちに会う

🚗 50分

シンリンオオカミ！
P▶026

水に飛び込むホッキョクグマなど、動物本来の動きが間近で見られる「行動展示」が魅力。ペンギンの散歩など季節限定のイベントにも注目。

15:00 白金 青い池の
コバルトブルーに感動！

🚗 30分

神秘的な写真スポット

P▶026

美瑛町の人気スポット。神秘的な青の色がひと際明るく輝くのは夏。冬には幻想的なライトアップも。

17:00 ファーム富田の
ラベンダー畑に癒やされる

🚗 50分

ラベンダーソフトも人気

P▶027

丘一面がラベンダーパープルに染まる花畑は夏の風物詩。例年6月下旬から咲き始め、見頃のピークは7月中旬から下旬。

19:00 旭川空港着

北海道が誇る
世界遺産！

PLAN | 大自然の中を爽快ドライブ！

知床〜釧路プラン

まずは世界遺産・知床へ。続いて摩周湖、屈斜路湖、
そして釧路湿原と、道東の絶景を味わい尽くす！

COURSE MAP

北海道

1日目 オホーツク海沿いを快走

10:00 女満別空港を出発
1時間

11:00 撮影スポット 天に続く道へ
50分
斜里町峰浜で国道334号を外れ右折。坂を上がり切ったところが「スタート地点」。突如目の前に現れる一本道に感動！

一度は見たい絶景！

P▶031

12:30 知床五湖の高架木道をウォーキング
50分

ヒグマの心配も無用

P▶031

全長約800mの安全な高架木道を歩いて、第一湖の湖畔まで。誰でも気軽に知床五湖の魅力に触れられる。

17:00 知床で宿泊。ウトロで海鮮＆温泉を

2日目 道東の自然を体感

9:00 知床半島でネイチャークルーズ
2時間30分

シャチが見られるかも

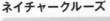

P▶030

出航地の羅臼までウトロから約40分。夏はクジラやシャチ、イルカなどを探しながら周航。冬の目当ては流氷やオジロワシ。

14:00 摩周湖の神秘の景色に息をのむ！
1時間

深い青色に吸い込まれそう

P▶031

日本で一番、世界でも一級の透明度を誇る湖。湖水に空の青が映り込んで生まれる「摩周ブルー」が美しい。

15:00 阿寒湖温泉で旅の疲れを癒やす

3日目 2つの国立公園をはしご

10:00 屈斜路湖でカヌーにチャレンジ！
1時間30分

カヌー好きの憧れの地！

P▶031

国内最大のカルデラ湖。水源の8割が湧水で水が美しい。夏はカヌー、冬はスノーシューと季節に応じたアクティビティも。

15:00 釧路湿原をぐるり。途中でノロッコ号を発見！
50分
展望台や散策木道に寄りつつ2万6000haにも及ぶ釧路湿原国立公園を一周！ 達古武湖周辺でノロッコ号との遭遇も。

P▶030

ノロッコ号で釧路湿原を縦断できる！
「くしろ湿原ノロッコ号」は釧路駅と塘路駅を結ぶ観光列車。片道1時間弱。湿原の自然が車窓いっぱいに！

17:00 たんちょう釧路空港から帰路へ

2泊3日

19

札幌 さっぽろ雪まつり／毎年2月上旬に開催される雪と氷の祭典。大通公園など複数の会場に雪像や氷像が立ち並ぶ。なかでも高さ15m級の大雪像は圧巻！

世界三大雪まつりの一つ

BEST 1

冬の大通公園で
雪像&氷像に圧倒される

BEST 2

円山動物園の**ホッキョクグマ**に会う

札幌 札幌市円山動物園／約150種の動物を飼育・展示。動物との距離の近さが最大の魅力で、動物福祉に配慮した施設も充実。

千歳 千歳・支笏湖氷濤まつり／湖水を吹き付け凍らせた氷のオブジェが立ち並ぶ。昼は支笏湖ブルーに、夜はライトアップで輝く。

BEST 3

厳冬の支笏湖で
氷のオブジェ鑑賞

BEST 4

モエレ沼公園に行ってアート三昧

札幌 モエレ沼公園／彫刻家イサム・ノグチが大地の彫刻として設計したアートパーク。時間帯や季節ごとに多彩な表情が楽しめる。

BEST 5

クラーク博士と共に
大志を抱けポーズ！

博士のブロンズ像で有名！

札幌 さっぽろ羊ヶ丘展望台／市内にありながら、北海道らしい牧歌的な風景と石狩平野を一望できる。クラーク博士像をはじめ見どころ多数。

6

ウポポイで**アイヌ文化**を体験

白老 **ウポポイ（民族共生象徴空間）**／アイヌの歴史や文化を、五感で多角的に学べる施設。「ウポポイ」はアイヌ語で歌うことの意味。

BEST **7**

サッポロビールの歴史を学び
復刻ビールをゴクリ

札幌 **サッポロビール博物館**／レンガ造りの建物は北海道遺産。開拓と醸造の歴史をたどるプレミアムツアーが人気。

BEST **8**

もこもこの**コキア**を見に行く

札幌 **国営滝野すずらん丘陵公園**／約400haの敷地内には、色とりどりの花畑をはじめ、森や渓流がある。秋のコキア畑も絶景。

BEST **9**

北大のイチョウ並木で
黄色いトンネルをくぐる

札幌 **北海道大学イチョウ並木**／約380mの通りの両側に、70本のイチョウが並ぶ。黄金色のトンネルは10月下旬〜11月上旬が見頃。

BEST **10**

時計台の前で記念撮影する

毎正時に
鐘の音が響く

札幌 **札幌市時計台**／札幌のシンボル。140年以上も正確に時を刻み続ける日本最古の時計台。館内資料館や2階ホールも必見

BEST 1
小樽運河でナイトクルージング！

小樽 小樽運河クルーズ／小樽運河と港を巡る約40分間の小さな船旅。発着は小樽観光に便利な中央橋。デイクルーズもおすすめ。

運河周辺の散歩も@

BEST 2
旧色内銀行街で名建築散歩

小樽 旧色内銀行街／色内地区には、商都小樽の繁栄の歴史を偲ばせるレトロな銀行建築群が現存している。

BEST 3
ステンドグラスに囲まれてうっとり

小樽 ステンドグラス美術館／19世紀末〜20世紀初頭にイギリスで制作され、実際に教会の窓を飾っていた約98点を展示。

BEST 4
ランプが灯るカフェでティータイム

小樽 北一ホール／歴史ある石造り倉庫を利用した空間。照明は石油ランプ167個の揺らめきのみという幻想的な雰囲気。

BEST 5
余市蒸溜所でウイスキー造りを見学

余市 ニッカウヰスキー余市蒸溜所／ニッカウヰスキーの原点がここに！工場見学と試飲ができる無料ガイドツアー（要予約）が人気。

高さ80mの岬の先端へ

BEST 6
積丹ブルーを眺めに神威岬の先端へ

積丹 神威岬／大海原に突き出た岬の先端までは、起伏のある遊歩道をたどって約20分。周囲300度の丸みを帯びた水平線が見渡せる。

BEST 7
三角市場で海鮮を食べる

小樽 小樽三角市場／毎日営業する活気ある市場。食事処は6店舗あり、新鮮な魚介を使った海鮮丼が楽しめる。

BEST 8
小樽ガラスをおみやげにゲット

小樽 小樽ガラス／吹きガラス工場や工房が数多く存在する小樽は、日本有数のガラス工芸品生産地。制作体験ができる施設も。

CM のロケ地でも有名！

BEST 1
八幡坂でスキップしたい！

函館　八幡坂／海へと続く美しい坂。正面には係留展示された青函連絡船・摩周丸が見える。歩道脇に手すり付き階段も。

BEST 2
函館山から夜景を一望！

函館　函館山／標高334mの陸繋島。格別の眺望が楽しめる山頂まではロープウェイが便利。

BEST 3
美しい教会の鐘の音を聞く

函館　函館ハリストス正教会　秀麗なビザンチン様式の聖堂は国指定重要文化財。拝観も可能。

BEST 4
桜の季節に合わせて
北海道唯一の城郭へ

松前　福山城（松前城）
日本最北の日本式城郭。松前公園として整備され、桜の名所としても知られる。

BEST 6

世界遺産の 縄文遺跡群 を見る

函館 大船遺跡／太平洋を望む段丘上に立地。盛土遺構や竪穴建物などがある大規模な集落跡。

BEST 5

貴重な明治時代の 洋風建築 を見学

函館 旧函館区公会堂／1910年建造のコロニアルスタイルの洋館。国指定重要文化財。

BEST 7

赤レンガ倉庫群 でショッピング

夜はライトアップも！

函館 金森赤レンガ倉庫／歴史あるレンガ造りの倉庫を再利用した複合施設。港に面してレンガ倉庫が並ぶ、風情ある景観が魅力。

BEST 8

ピンクの 五稜郭 を上から眺める

(C) Goryokaku Tower

函館 五稜郭公園／国指定特別史跡の星形要塞。四季折々の表情を見せ、全貌は五稜郭タワーから展望可能。

BEST 9

函館朝市で 活イカ を釣る

函館 函館朝市／約250軒の店舗が軒を連ねる大市場。活イカの釣り堀が名物。

BEST **1**

美瑛の畑や丘を360度堪能したい！

美瑛 新栄の丘展望公園／美瑛の丘と周囲の山並みを360度眺望できる丘陵上の公園。夕日の美しさでも知られる。園内にはトイレや休憩所も完備。

季節により
異なる景色

BEST **2**

雪と戯れるホッキョクグマに癒やされる

旭川 旭川市旭山動物園／日本最北端の動物園。野生に近い環境づくりと、動物の本来の能力を引き出す「行動展示」で有名に。

BEST **3**

まるで別世界！幻想的な青い池へ

美瑛 白金 青い池／水面が青く見え、立ち枯れのカラマツとあいまって幻想的な風景に。風のない晴れた日の午前中がおすすめ。

BEST **4**

しーんとした美瑛の丘の雪絶景に息をのむ

美瑛 美瑛の丘／南東側は「パノラマロード」、北西側は「パッチワークの路」と呼ばれる。その全てが白い雪に覆われる冬の静寂も魅力。

一面の
銀世界！

BEST 5

夏の富良野で
ラベンダー畑を歩きたい

ショップや
カフェも充実

中富良野 **ファーム富田**／ラベンダーを中心に100種類以上の花々が丘陵を彩る農園。14の花畑があり春から秋まで楽しめる。

BEST 6

富良野といえば!
名作のロケ地を巡る

BEST 7

畑一面に咲く
色とりどりの花が見たい

美瑛 **四季彩の丘**　緩くうねる15haの丘陵に数十種類の花が咲く展望花畑。園内には農産物直売所やレストラン、アルパカ牧場がある。

BEST 8

北海道の最高峰で
姿見の池周辺を散策

富良野 **五郎の石の家・最初の家**／ドラマ『北の国から』に登場した家。内部も見学でき、写真パネルや小道具などが展示されている。

東川 **旭岳**／「日本百名山」に選ばれており、標高2291mと北海道で最も高い山。ロープウェイで登れる。

27

BEST 1
雲海テラスで 夏の絶景 を狙う

占冠 星野リゾート トマム／ゴンドラで約13分、標高1088mにある雲海テラスからの絶景が楽しめる。現在6つの個性的な展望スポットが点在する。メインデッキには屋内カフェも。宿泊者以外も可。

5月〜10月中旬に営業

BEST 2
空にのびる ブルーサルビア の花畑へ

季節ごとに花が異なる

幕別 十勝ヒルズ／コンセプトは「花と食と農」。美しい7つのテーマガーデンが迎えてくれる。ブルーサルビアの見頃は8月中旬〜10月中旬。

BEST 3
クリスタルみたいな ジュエリーアイス が見たい

豊頃 ジュエリーアイス／例年1月中旬〜2月下旬頃、大津海岸に打ち上げられる透明な氷塊。マナーを守り見学を。
撮影：岸本日出雄

BEST 4
麦稈ロールが転がる 十勝らしい景色を撮影

帯広　**麦稈ロール**／刈り取り後の小麦畑に転がる巨大な麦わらのロールは、十勝の夏の風物詩。主に牛の寝わらとして利用される。

清水　**清水町営育成牧場**／日高山脈を背にした圧倒的なスケール。円山展望台からの眺めも◎。

BEST 5
これでしょ感100%! 十勝の放牧が見たい

BEST 6
力強く走るばん馬に大興奮!

帯広　**ばんえい十勝**／大きな馬たちが重い鉄のソリを曳きながら走る、世界で唯一の「ばんえい競馬」は迫力満点。

BEST 7
北海道で紅葉を 見るなら三国峠で!

樹海と橋のコラボ絶景

上士幌　**三国峠**　標高1139mと北海道の国道では最も高い峠。深緑の大樹海、秋には黄葉が見事。展望台脇に休憩所も。

BEST 8
幻の橋が見たくて 冬の糠平湖まで

上士幌　**タウシュベツ川橋梁**／渇水期にのみ姿を現す、長さ130m、高さ10mのアーチ橋。

清水　**十勝千年の森**／広大な敷地に4つの庭園をデザイン。ヤギの乳を使った濃厚なチーズも製造している。

BEST 9
広い丘を駆け回る ヤギたちを愛でる

BEST 10
十勝名物の豚丼で スタミナアップ!

帯広　**豚丼**／帯広グルメの筆頭にあがる豚丼は専門店も豊富。各店こだわりの豚丼が食べられる。

BEST 1

冬のオホーツク海で 流氷クルーズ

紋別 流氷観光船ガリンコ号Ⅲ IMERU
オホーツク海沿岸を埋め尽くす流氷を大きなドリルで砕きながら豪快に突き進む、冬季限定の人気クルーズ。

氷を割る音と振動が伝わる

BEST 2

ノロッコ号で釧路湿原を縦断

釧路 くしろ湿原ノロッコ号
釧路湿原をのんびり走る観光列車。車内アナウンスガイドもあり湿原の魅力を堪能できる。

釧路 阿寒湖／阿寒摩周国立公園内の深い森に包まれた湖。特別天然記念物に指定されている阿寒湖のマリモが生息している。

BEST 3

遊覧船でマリモが生育する 阿寒湖 を巡る

羅臼 知床ネイチャークルーズ
／知床の海のプロがガイドする自然探索クルーズ。シャチが見られるピークは4月下旬～7月中旬。

BEST 4

知床半島でシャチを発見！

BEST 5

博物館網走監獄で 北海道開拓の歴史を学ぶ

網走 博物館網走監獄／旧網走刑務所で明治時代から使用していた建物を移築復元し、保存公開する日本唯一の監獄博物館。

BEST 6
天に続く道をドライブしたい

真っすぐ
続く道!

斜里　天に続く道／海別岳の裾野を起点に国道334・244号を経て小清水町に至る約28kmの直線道路。道の先が空へと繋がって見える。

BEST 7
知床五湖を遊歩道で一周

斜里　知床五湖　原生林の中に佇む幻想的な5つの湖。高架木道の展望台から、第一湖と知床連山の大パノラマが見渡せる。

BEST 8
展望台からサロマ湖を一望

佐呂間　サロマ湖展望台／幌岩山山頂にあり、サロマ湖の全景を眺望できる唯一の展望台。2023年4月にリニューアルオープン。

BEST 9
屈斜路湖で白鳥に出会う

弟子屈　屈斜路湖／国内最大のカルデラ湖。11月末から4月にかけて白鳥が集まる飛来地としても知られている。

BEST 10
カムイテラスで摩周ブルーをひとりじめ

弟子屈　摩周湖カムイテラス／360度パノラマで摩周湖を展望。気象条件が合えば早朝の雲海も。夜は満天の星空が眺められる。

稚内・利尻島・礼文島 で行きたい！したい！
BEST 8

BEST 1
貝殻でできた白い道を歩く

稚内 宗谷丘陵／雄大な利尻山やオホーツク海の絶景を望む、日本最北の丘陵。なだらかな波状の地形で、貝殻を敷き詰めた白い道と、立ち並ぶ57基の風車が印象的。

牧草地では
牛の放牧も

BEST 2
日本最北の地に立ってみる

稚内 宗谷岬／北海道本島最北の地。岬の先端には北極星の一稜を象った「日本最北端の地の碑」と、探検家・間宮林蔵の像も。

サハリンの
島影が見える

BEST 3
ノシャップ岬で夕景フォトをパシャリ！

稚内 ノシャップ岬／稚内の西端、宗谷海峡に突き出す岬。夕日の名所でもあり、海全体がオレンジ色に染まる景色は感動的。

BEST 4
アザラシのショーを間近でウォッチング

稚内 ノシャップ寒流水族館／北の寒い海に棲む魚や海獣を中心に120種約1300点を飼育展示する、日本最北の水族館。

BEST **5**

広大な国立公園で **貴重な動植物** を発見

利尻 利尻礼文サロベツ国立公園／6千年以上の年月をかけてできたサロベツ湿原を有する国立公園。5月から9月にかけて多くの花々が入れ替わるように咲く。

エゾカンゾウは初夏が見頃

礼文 桃台猫台／「3大奇石」を望む絶景スポット。桃の形をした高さ150mの桃岩と、猫の形をした猫岩、地蔵岩が眺められる。

BEST **6**

奇岩と利尻富士の **雄々しい景色** を堪能

BEST **7**

姫沼で **逆さ利尻富士** を望む

利尻富士 姫沼／原生林に囲まれた、周囲約800mの神秘的な人工沼。湖畔の森には一周20分ほどの散策路が整備されている。

BEST **8**

高山植物 を眺めながらトレッキング

礼文 桃岩展望台／桃の形の巨岩が眼前に。一帯の高山植物群落は国指定天然記念物。人気トレッキングコースにもなっている。

北海道の 春夏秋冬 イベント

春

まつまえさくらまつり
松前さくらまつり
| 松前 | 4月下旬〜5月中旬 |

さくらの名所100選の松前公園では、約250種1万本の桜を4月下旬から5月中旬まで楽しめる。ライトアップイベントも開催。

春〜秋

とうやこロングランはなびたいかい
洞爺湖ロングラン花火大会
| 洞爺湖 | 4月28日〜10月31日 |

4月末から半年間毎日450発の花火が楽しめる。船上から打ち上げるので洞爺湖温泉のどこからでも花火が見られる。

初夏

ヨサコイソーランまつり
YOSAKOIソーラン祭り
| 札幌 | 6月中旬 |

「ソーラン」の掛け声と共に鳴子を手にした踊り子たちが、大通公園を中心に演舞する。約200万人を動員する夏の風物詩。

夏

ほっかいへそまつり
北海へそ祭り
| 富良野 | 7月28・29日 |

富良野市が地理的に北海道のへそであることにちなんでいる。おなかに顔を描き、頭を大きな笠で隠して踊る愉快な祭り。

秋

まりもまつり
まりも祭り
| 釧路 | 10月8〜10日 |

まりもの保護を目的に始まった祭り。アイヌの人々が丸木舟に乗り、阿寒湖でまりもを迎えて始まる3日間の神聖な儀式。

冬

さっぽろホワイトイルミネーション
| 札幌 | 11月下旬〜3月中旬 |

日本三大イルミネーション。雪景色と芸術的なオブジェは最高にロマンチック。雪まつりと併せて楽しもう。

冬

おたるゆきあかりのみち
小樽雪あかりの路
| 小樽 | 2月上旬〜中旬 |

小樽運河をメインに、約10万本のキャンドルが市内全域を幻想的にあたたかく照らし出す。

コチラもチェック!
さっぽろゆきまつり
さっぽろ雪まつり　P▶020
ちとせしこつひょうとうまつり
千歳・支笏湖 氷濤まつり　P▶020

\知っ得!/ ご当地ネタ帳

〜したっけね〜

北海道には梅雨が来ない!?
本州からの梅雨前線が北海道まで北上すると自然に消滅するため梅雨がない。涼しくて快適なこの時期の旅行もおすすめ。

広さが規格外すぎる!
札幌→函館の移動は4時間半かかる
北海道の面積は東京都の約40個分。そのため距離感をつかむのが難しい。特に車での移動は余裕を持って計画しよう。

地元の人とのトークに困らない!
よく使われる方言リスト

なんも	大丈夫
なまらうまい!	とってもおいしい!
けっぱる	がんばる
こわい	疲れた
したっけね〜	バイバイ、またね

全然読めない…
難読地名が多すぎる
外国?と勘違いしそうな難読地名は、アイヌ語の地名に漢字を当てたものが多い。道民でさえ正しく読めない地名も!?

はっさむ 発寒 札幌市西区	るすつ 留寿都 留寿都村
おしょろ 忍路 小樽市	しむかっぷ 占冠 占冠村
るべしべ 留辺蘂 北見市	くっちゃん 倶知安 倶知安町

海鮮

寿司
オホーツク海などでとれる新鮮なネタがたくさん！

海鮮丼
北海道を一度に味わうならこれ。こぼれる海の幸を堪能。

活イカ刺し
生け簀からのさばきたては、身が透き通りコリコリ食感。

札幌ラーメン
札幌に来たら味噌ラーメンを味わおう。ラーメン横丁が有名。

ラーメン

函館ラーメン
あっさりだが深い旨味の塩味はストレート麺によく合う。

釧路ラーメン
北海道第4のラーメン。ちぢれ細麺のあっさり醤油味。

お国自慢
ご当地グルメ

豚丼
甘辛いタレをからめた帯広名物豚丼。味の食べ比べも楽しい。

メロンスイーツ
ソフトクリームやパンなど豊富。どれも芳醇な香りが魅力的。

スイーツ

郷土料理

三平汁
塩漬けの魚からの塩味を生かし根菜類と一緒に煮込んだ汁物。

肉

ザンギ
濃い味付けの鶏の唐揚げのこと。タコザンギなど変わり種も。

ラベンダーソフト
富良野のラベンダー畑などで食べられる。味も香りも華やか。

＼ 欲しいをチェック ／
おみやげリスト

1 六花亭
マルセイバターサンド
特製バタークリームにホワイトチョコとレーズンの組み合わせが絶妙。

2 ISHIYA
白い恋人
45年以上変わらぬ美味しさ。空港などで買えるほかテーマパークでの購入も。

3 北菓楼
北海道開拓おかき
北海道の海の幸を使い7日間かけて作るおかき。帆立や昆布など、味は10種類。

4 カルビー
じゃがポックル
北海道産じゃがいものサクサク感がたまらない。個包装でバラマキにも最適。

5 伝統工芸
木彫りの熊
北海道の伝統的な民芸品。熊が鮭をくわえた姿が有名だが、様々なデザインがある。

6 柳月
三方六
「さんぽうろく」と読む。チョコレートで白樺の木肌を表現したバウムクーヘン。

一度は現地で見てみたい! 東北の夏祭りの歴史を紐解く

東北三大祭り 豆知識

8月上旬に開催される東北の夏を彩る三大祭りは、
例年全国から多くの人が集まる大イベント。
伝統ある3つの祭りの起源を紐解いてみよう。

東北三大祭りは
すべて七夕に関係あり?

東北三大祭りと称される「青森ねぶた祭」、「秋田竿燈まつり」、「仙台七夕まつり」。それぞれ特徴のある祭りだが、起源はすべて七夕という説がある。

七夕行事から始まった
秋田竿燈まつり

秋田竿燈まつりは、真夏の病魔や邪気を払う「ねぶり流し」の行事として、宝暦年間には祭りの原型があったとされ、寛政元(1789)年の文献にも登場している。ねぶり(眠り)流しは元々、笹竹やネムノキに願い事を書いた短冊を飾って町を練り歩き、最後に川に流すというものだった。それが宝暦年間に普及し始めたろうそくなどが組み合わさり、秋田独自の祭りへと発展したという。

大迫力のねぶたと呼ばれる山車に続き、ハネトと呼ばれる踊り子たちが踊り歩く。

まるで黄金の稲穂のような
竿燈が夜空に揺らめく。

華やかな伝統行事
青森ねぶた祭の変遷

では、明かりを灯した巨大なねぶたを山車に乗せて練り歩く青森ねぶた祭の起源はどうだろ

うか。中国から渡来した七夕祭りに、古くからの津軽の風習が合体したものがねぶた祭になったと考えられており、起源は定かではないものの、初期の頃は七夕の夜に川や海に穢れを流すため、灯籠を流して無病息災を祈ったという。このねぶり流しが「ねぶた」に転訛したことが名の由来だと考えられる。ローソクや紙、竹などを用いた人形型のねぶたが広まり、現在の華やかなねぶたへと変化していった。

伊達政宗が始めた?
仙台七夕まつりの歴史

仙台七夕まつりは旧暦7月7日に行われ、8日の朝に飾りをつけた笹を川に流していた。この様子を仙台藩祖伊達政宗は8首もの和歌にして奨励した。

その後、衰退と復活を繰り返しながらも、昭和22(1947)年、昭和天皇の巡幸の際に沿道に5000本の七夕飾りで7色のアーチを作って迎えた。ここから

次第に、現在の大規模な七夕祭りへと変化していった。

仙台の七夕を飾る大きなくす玉と吹き流し。

祭りに欠かせない!
華やかな衣装＆グッズ

青森ねぶた祭
ハネト
踊り子のハネトの衣装は購入やレンタルが可能。

仙台七夕まつり
7つの飾り
吹き流しや短冊、折鶴など、7つの飾りで1セットとなる。

東北

青森
旅のプロファイル

世界遺産に伝統の祭りと見どころ多し！

本州の最北に位置する青森県。太平洋側は南部、
日本海側は津軽と呼ばれ、異なる歴史と文化を持つ。
豊かな自然と人の営みが調和して、魅力たっぷり！

**大賑わいの祭りと
世界遺産の遺跡は必見！**

独特な地形
も魅力！

清らかな渓流や湖でリフレッシュ

青森 P▶040

青森ねぶた祭 P▶040

三内丸山遺跡 P▶041

青森県の中央に位置。
夏、青森ねぶた祭の時
期には多くの観光客で
にぎわう。縄文
集落跡の三内丸山遺
跡や青森県
立美術館など見
どころ多数。

十和田・八戸・奥入瀬 P▶044
（とわだ・はちのへ・おいらせ）

奥入瀬渓流 P▶045

大間のマグロ P▶047

十和田には奥入瀬渓流
とその水源地、十和田
湖が。八戸は南部地方
の中心都市で、活気ある
港町。下北半島では絶
景とグルメが楽しめる。

リンゴの産地＆北海道への玄関口

弘前・津軽・白神山地 P▶042
（ひろさき・つがる・しらかみさんち）

江戸時代に弘前藩が治めた県西部が津軽地
方。岩木山の麓ではリンゴ栽培が盛ん。弘前
は小京都と呼ばれ、弘前公園の桜も有名。

弘前公園 P▶042

白神山地 P▶042

白神山地は
秋田に
またがっ
ているよ

アクセスガイド

東京	✈ 飛行機	羽田→青森 約1時間15分
	✈ 飛行機	羽田→三沢 約1時間20分
	🚄 新幹線	東京→新青森 約3時間15分

大阪	✈ 飛行機	伊丹→青森 約1時間40分

北海道	🚄 新幹線	新函館北斗→新青森 約1時間

青森基本DATA

面積	約9646km²
人口	121万6386人（令和4年2月1日）
ベストシーズン	4～5月、8月～10月
県庁所在地	青森市
特産品	リンゴ、ニンニク、マグロ、ホタテなど
日本一	灯油消費量が日本一（令和2年）

地理	県の東西を分けるように奥羽山脈が走る。このため東側の南部地方、西側の津軽地方では、降水量も大きく異なる。
気候	冷涼な気候ながらも東と西では違いも。特に冬、日本海側を中心にまとまった雪が降るが太平洋側では晴天も多い。

移動のてびき

**1 空港は青森だけでなく
三沢にもあり！**

目的地が青森市や津軽地方なら、迷
うことなく青森空港をチョイス。南部
地方、特に下北半島を目指す旅なら
三沢の三沢空港が便利。

**2 青森タウン＆弘前は
意外とコンパクト！**

両エリアとも、見どころが徒歩または
バス圏内に集中していて巡りやすい。
青森駅から少し離れた三内丸山遺跡
まででもバスで約30分。

\\ 行ってみたい！を効率よく //

青森
BEST PLAN

電車やバス
でも回れるよ

1泊2日

PLAN | 世界遺産も絶景スポットも網羅

白神山地～津軽半島プラン

COURSE MAP

人気の観光列車で美しい海岸線を走り、
翌日は津軽半島の名所へドライブ！

1泊2日

PLAN | 電車＆バスで2大タウンを巡る

青森～弘前プラン

COURSE MAP

歴史と文化に彩られた青森県を代表する
二つの街で、知的好奇心を満たす旅。

1日目　青森市内の名所を巡る

10:00 青森駅発
🚶 5分

就航当時の
姿のまま！

11:00 青函連絡船
🚶 5分
メモリアルシップ
🚌 25分
八甲田丸の船内を見学
煙突は展望台に。青森港が一望できる！ P▶041

13:00 三内丸山遺跡を
🚶 7分
ぐるり！
ボランティアガイド
による無料ツアーへ
の参加がおすすめ。 P▶041

大規模で
びっくり

15:00 青森県立美術館へ。
🚶 12分
「あおもり犬」の前で記念撮影！
🚌 22分

17:30 青森市内に戻って
A-FACTORYで
お買い物
館内のガラス張りの
工房で醸造している
シードルも大人気。 P▶041

青森みやげ
が充実！

19:00 青森市内泊

2日目　ハイカラな城下町を散策

9:00 青森駅発
🚃 45分
🚌 20分

東北屈指の
桜の名所！

10:05 弘前公園は
🚶 5分
春がスゴイ！
東北で唯一の現存天守・弘前城と弘前公園
は、桜の季節以外も見ごたえ十分。 P▶042

12:00 旧弘前市立図書館など
洋館巡り！

14:30 新青森駅に戻り、
帰路へ P▶043

1日目　観光列車で白神山地へ

8:48 弘前駅からリゾートしらかみに乗車！
🚃 2時間35分
🚌 15分
日本海の絶景を車
窓から満喫。乗り
降り自由な五能線
フリーパスが便利。 P▶045

11:50 十二湖でウォーキング
🚌 15分
🚗 16分
🚙 5分
十二湖駅からバス
で約15分。白神山
地の麓で、神秘的
な湖沼を巡ろう。 P▶042

ブナの林に
癒やされる

15:00 黄金崎不老ふ死温泉で
癒やされる♪
日本海が
目の前に！

2日目　津軽の風景を堪能する

10:38 ウェスパ椿山駅から再び
🚃 1時間31分
リゾートしらかみに乗って出発！

12:09 五所川原駅下車。
🚗 18分
レンタカーを借りてドライブ！
津軽半島の玄関口・五所川原から金木へ

13:00 斜陽館で
🚗 30分
太宰治の世界に
浸る
生家が記念館に。直
筆原稿や初版本など
約600点を収蔵。 P▶043

680坪の
大豪邸！

15:00 鶴の舞橋へ。
🚗 40分
岩木山＆津軽富士見湖の
コラボ絶景にうっとり

夕焼け時が
おすすめ

全長300mの日本
一長い木造三連太
鼓橋。パワースポッ
トとしても人気。 P▶043

18:00 弘前駅着

東北／青森

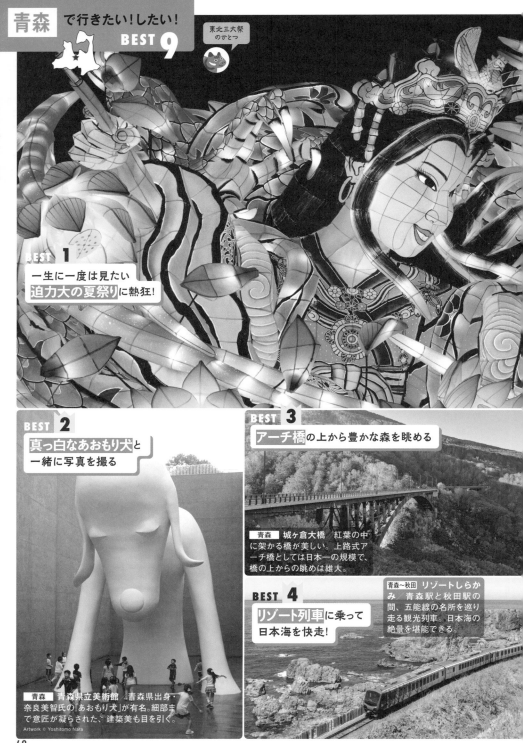

東北三大祭
のひとつ

BEST **1**

一生に一度は見たい
迫力大の夏祭りに熱狂！

BEST **2**

真っ白なあおもり犬と
一緒に写真を撮る

青森 **青森県立美術館** 青森県出身・
奈良美智氏の「あおもり犬」が有名。細部ま
で意匠が凝らされた、建築美も目を引く。

Artwork © Yoshitomo Nara

BEST **3**

アーチ橋の上から豊かな森を眺める

青森 **城ヶ倉大橋** 紅葉の中
に架かる橋が美しい。上路式ア
ーチ橋としては日本一の規模で、
橋の上からの眺めは雄大。

青森〜秋田 **リゾートしらか
み** 青森駅と秋田駅の
間、五能線の名所を巡り
走る観光列車。日本海の
絶景を堪能できる。

BEST **4**

リゾート列車に乗って
日本海を快走！

40

BEST 7
縄文時代の貴重な集落跡を見学

青森 三内丸山遺跡／日本最大級の縄文集落跡で国の特別史跡。復元された15棟の竪穴住居などは古代ロマンを感じられる。

青森 酸ヶ湯温泉地獄沼／立ち込める湯気と硫黄臭は地獄さながら。緑がかった沼と紅葉のコントラストは絵画のよう。

BEST 8
熱湯が立ち上る地獄沼で紅葉狩り

青森 青森ねぶた祭／巨大な灯籠（＝ねぶた）を山車に載せて練り歩く。ハネトと呼ばれる踊り手がはね踊る姿もにぎやか。

BEST 5
青森と函館を結んだ連絡船の歴史を学ぶ

青森 青函連絡船メモリアルシップ 八甲田丸
青函連絡船の歴史や構造などが学べるミュージアム。展望台からは青森港を一望できる。

青森 A-FACTORY／旅の思い出を彩る土産物を多数販売。幻想的な景観が楽しめる夜のライトアップも。

BEST 6
A-FACTORYで県産土産をゲット

青森 浅虫温泉／陸奥湾に面した温泉街。海水浴や森林浴も楽しめ、むつ湾展望所からは陸奥湾を一望できる。

夏は花火大会も開催！

BEST 9
北東北の温泉地で陸奥湾の眺望に感動する

弘前・津軽・白神山地 で行きたい！したい！ BEST 10

BEST 1
満開の時期に訪れたい
桜の城に酔いしれる

樹齢100年を超える桜も

`弘前` 弘前公園／公園内には約50種類、2600本の桜が咲き誇り、迫力ある桜の様子は圧巻。夜はライトアップされ、幻想的な風情で人々を魅了する。

BEST 2
ブナの森に包まれた
十二湖周辺を歩いてみる

`深浦` 十二湖／十二湖とは白神山地西部の湖沼群の総称。その一つ「青池」はコバルトブルーが目にも鮮やか。

BEST 4
世界遺産 **白神山地**
をのんびり散策する

`西目屋` 白神山地トレッキング／白神山地の自然環境を体感できる散策コース。ブナ林のなかでリラックスを。

BEST 3
千本鳥居をくぐって
異世界のような神社へ

`つがる` 高山稲荷神社／五穀豊穣、海上安全、商売繁盛の神様。美しい曲線を描く千本鳥居がSNSでも話題。

BEST 5

フォトジェニックな
木造の太鼓橋を渡る

鶴田　鶴の舞橋／津軽富士見湖の両岸を繋ぐ橋。夕焼け時に、オレンジや赤のグラデーションを背景に見る大橋は絶景。

青森県産のひばで建造

BEST 6

海絶景を眺めながら
野趣あふれる**温泉**に浸かる

深浦　黄金崎不老ふ死温泉　白神山地の麓、日本海に沈む夕日を一望できる景勝地に佇む露天風呂で知られる。

8

赤い屋根の
おしゃれな洋館へ

弘前　旧弘前市立図書館　明治期を代表する洋風建築。館内は当時の雰囲気を残し、タイムスリップした気分に。

五所川原　太宰治記念館「斜陽館」　愛用のマントや直筆原稿など貴重な資料を展示。建物も見ごたえあり。

BEST 7

斜陽館で幼少期の**太宰治**に出逢う

9

津軽平野のシンボル
岩木山を眺める

弘前　岩木山／青森県内で一番高く、周辺地域のどこからも鑑賞可能。場所や季節で異なる表情を魅せる。

BEST 10

巨大な**田んぼアート**が想像以上すぎる

田舎館　田舎館村田んぼアート　田んぼをキャンバスに見立て、色の異なる稲で絵を描く。芸術性の高さは見る者を魅了。

BEST 1

十和田の秘境で 紅葉絶景 に息をのむ

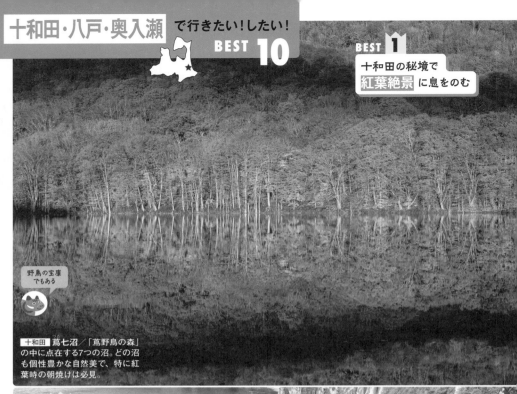

野鳥の宝庫でもある

十和田 蔦七沼／「蔦野鳥の森」の中に点在する7つの沼。どの沼も個性豊かな自然美で、特に紅葉時の朝焼けは必見。

BEST 2

下北半島にある 奇岩・巨岩 が神秘的！

佐井 仏ヶ浦／海岸沿い2kmにわたり連なる奇岩スポット。約2000万年前の海底火山活動によりできたとされる。

BEST **3** 奥入瀬の清らかな清流に心が洗われる

紅葉時期も
人気!

十和田 奥入瀬渓流／十和田八幡平国立公園内にあり、千変万化の渓流美を構成。新緑の時期が特に美しい。

BEST **4** 十和田の美術館で世界の現代アートを体感

草間彌生の
常設展示も

十和田 十和田市現代美術館／官庁街通りをひとつの美術館に見立てたアートを展開。日常に溶け込んだ作品展示がおもしろい。

チェ・ジョンファ《フラワー・ホース》 撮影・小山田邦哉

青森 田代平湿原　約15種の湿原植物が生育。木造歩道が整備され、緑に癒やされながら1周1時間ほどでハイキングが楽しめる。

BEST **5** 多様な植物が群生する美しい湿原を散歩

BEST **6** ニッコウキスゲを見に初夏の種差海岸へ

八戸 種差海岸／三陸復興国立公園内にあり、650種超の植物が自生。初夏のニッコウキスゲが見もの。

十和田・八戸・奥入瀬 で行きたい！したい！

ロープウェイで
空中散歩も◎

BEST 8
霊場恐山のご本尊 延命地蔵尊 を参拝

むつ　霊場恐山／死者の魂が集まると言われる霊場。『延命地蔵尊』には延命を誓願する参拝客が訪れる。

BEST 9
新鮮な鮮魚 も野菜もここに来たら揃う！

八戸　八食センター／八戸名物が勢揃いする市民の台所。お土産物のほか、磯料理や郷土料理も味わえる。

BEST 7
八甲田で神秘的な 冬の風物詩 を鑑賞する

青森　八甲田の樹氷／例年1〜2月に、大きな怪物のように見える樹氷が真っ白で幻想的な世界をつくる。

BEST 10
早起きして八戸漁港の 大規模な朝市へ

八戸　館鼻岸壁朝市／日曜朝に開催される約300店の巨大朝市。海産物や農産物の販売のほか、飲食街も充実。

青森の春夏秋冬イベント

春

ひろさきさくらまつり
弘前さくらまつり
弘前 4月下旬～5月上旬

ソメイヨシノや八重桜など52種類約2600本の桜が咲き誇る。花びらが濠の水面を流れる様子も美しい。

夏

はちのへさんしゃたいさい
八戸三社大祭
八戸 7月31日～8月4日

八戸最大の祭りで、古式ゆかしい神社行列と豪華絢爛な山車の競演が見もの。ユネスコ無形文化遺産に登録。

秋

ひろさきじょうきくともみじまつり
弘前城菊と紅葉まつり
弘前 10月下旬～11月上旬

1962年から続く弘前の秋の風物詩。菊のフラワーアートが弘前城植物園を彩る。夜は紅葉特別ライトアップが行われる。

冬

はちのへえんぶり
八戸えんぶり
八戸 2月17～20日

八戸地方を代表する民俗芸能で、春を呼ぶ豊年祈願の郷土芸能。約30組のえんぶり組が一日を通して八戸市各所でえんぶりを披露する。

知っ得！ご当地ネタ帳

地域により特色あり！

地元の人とのトークに困らない！
よく使われる方言リスト

どんだば！	▶	びっくりした！(津軽弁)
めじゃ～	▶	おいしい～(津軽弁)
もっとけ	▶	もっと食べて(津軽弁)
せば(な)	▶	さようなら(下北弁)
たなぐ	▶	持つ(下北弁)
あんべ	▶	行こう(南部弁)
うぇー	▶	私・自分(南部弁)

青森の夏は短い!?夏はお盆まで！

本州最北端の青森県。夏の暑い日は35度前後まで上がるが、お盆を過ぎると気温は下降。8月末になれば例年30度を下回る日もあり、一気に秋めいてくる。

青森の「下北」は「下北沢」ではないのです！

「シモキタ」といえば有名なのが東京都世田谷区の下北沢だが、青森では下北半島のこと。ちなみに西海岸は日本海側を指す。

お国自慢 ご当地グルメ

スイーツ
アップルパイ

りんごの生産量日本一の青森。アップルパイの名店も多い。

郷土料理
いちご煮

八戸市などに伝わる漁師の浜料理で、ウニとアワビの吸い物。

海鮮
大間のマグロ

津軽海峡、特に大間で水揚げされた天然の本マグロ。

郷土料理
八戸せんべい汁

鍋に南部せんべいを割り入れて煮込む八戸地方の郷土料理。

欲しいをチェック おみやげリスト

1 ラグノオ
気になるリンゴ
青森県産リンゴのシロップ漬けをまるごとパイで包んだアップルパイ。

1

2 はとや製菓
ソフトりんご
生のりんごを1cmの厚さにカットし、そのままフリーズドライにしたお菓子。

2

3 伝統工芸
こぎん刺し
保温と補強のために麻布に木綿の糸で刺し子を施した津軽地方の刺し子の技法。

3

4 伝統工芸
津軽塗
津軽地方で作られる伝統漆器の総称。ヒバの生地に漆を塗り重ねて研いでいく。

4

岩手
旅のプロファイル

本州一の広さを誇り山と海の豊かな自然が魅力

北上山地と奥羽山脈という二つの山岳地に
挟まれて広がる盆地。県東部には三陸海岸。
地域ごとに、歴史も風土も実に多彩！

文豪の街や高原、温泉を
満喫できる北西エリア

盛岡・花巻・八幡平 P▶050
もりおか　はなまき　はちまんたい

世界遺産が
3カ所も！

世界遺産に民話・伝承、
海も魅力の南東エリア

平泉・遠野・三陸海岸 P▶052
ひらいずみ　とおの　さんりくかいがん

小岩井農場 P▶050

雪の回廊 P▶051

浄土ヶ浜 P▶053

毛越寺 P▶052

わんこそば P▶055

三陸鉄道 P▶053

城下町の面影を
今に残す盛岡。
宮沢賢治の故郷
として知られる
花巻は、西側山
間部に温泉郷も。
広大な八幡平高
原はドライブに
最適。周辺に名
湯・秘湯が多数。

平泉は奥州藤原
氏の栄華を偲ば
せる世界遺産の
町。日本の原風
景の中、民話や
伝承が息づく遠
野。三陸海岸で
は断崖や奇岩な
ど息をのむ景観
に出合える。

三陸海岸の
魚介も魅力

【地図内ラベル】
二戸駅 / 御所野遺跡 / 世界遺産 / 久慈市 / 久慈港 / コンブ / 安比高原 / 八幡平 / 雪の回廊（八幡平アスピーテライン）/ いわて沼宮内駅 / 北山崎 / 松川温泉 / 岩手山 / 乳牛 / 龍泉洞 / ウニ / 小岩井農場まきば園 / 岩手銀行赤レンガ館 / 盛岡 / 盛岡IC / 雫石駅 / 秋田新幹線 / 東北新幹線 / 奥羽山脈 / 北上高地 / 三陸海岸 / 三陸鉄道 / 浄土ヶ浜 / 宮古市 / 三陸縦貫自動車道 / 南部鉄器 / 三陸海岸 / はなまき / 星めぐりの夜 / 花巻空港 / 新花巻駅 / ボランの広場 / 花巻 / 宮沢賢治童話村 / 北上盆地 / めがね橋ライトアップ / 橋野鉄鉱山 / 遠野 / 世界遺産 / 北上市 / 秋田自動車道 / 北上JCT / 釜石自動車道 / 前沢牛 / 歴史公園えさし藤原の郷 / 東北自動車道 / 水沢江刺駅 / 奥州市 / 大船渡市 / カキ / 平泉前沢IC / 平泉 / 世界遺産 / 中尊寺 / 祝鳥渓 / 厳美渓 / みちのくあじさい園 / 毛越寺 / 一ノ関駅 / 栗駒山 / ワカメ / アワビ / 宮城県

アクセスガイド

| 東京 | 新幹線 東京→盛岡 約2時間15分 |
| | 夜行バス 東京→盛岡 約7時間40分 |

| 大阪 | 飛行機 伊丹→いわて花巻 約1時間20分 |

| 仙台 | 新幹線 仙台→盛岡 約40分 |
| | 高速バス 仙台→盛岡 約2時間30分 |

岩手基本DATA

面積	約1万5280km²
人口	118万512人（令和4年10月1日）
ベストシーズン	4〜5月、11月
県庁所在地	盛岡市
特産品	もち米、いわて牛、地酒、三陸わかめなど
日本一	ホップの生産量日本一（令和2年）

地理 県中央部に北上高地、県西部には奥羽山脈がそれぞれ南北に走る。県東部の三陸海岸は日本最大のリアス式海岸。

気候 夏は猛暑日でも熱帯夜になることは稀。内陸部の冬は季節風の影響で雪が多くなるが、沿岸部では比較的少ない。

移動のてびき

1 一ノ関から二戸まで新幹線で約1時間かかる！

南北に約189kmもある、北海道に次ぐサイズの岩手県。県南の一ノ関駅から県北の二戸駅までなら、新幹線移動も十分視野に。

2 東北各地からは高速バスでの移動もあり

高速バスが多く乗り入れる盛岡。東北他県では青森、宮城、秋田との間に路線が結ばれている。ほとんどが昼行便で体力的にもラク。

\\ 行ってみたい！を効率よく //

岩手
BEST PLAN

PLAN ｜ 岩手で世界遺産と夢の世界を巡る

平泉～花巻プラン

COURSE MAP

いにしえの黄金文化が香る平泉から、宮沢賢治ゆかりの地へ。歴史と文学と温泉に、心満たされる旅。

1日目 平泉から北上して花巻を目指す

東北新幹線で一ノ関へ

9:00 一ノ関駅から出発
🚗 1時間10分

10:10 陸前高田に立ち寄って奇跡の一本松を見に行く
🚗 1時間15分
高田松原津波復興祈念公園内にある。一ノ関からは距離があるが震災遺構を見て感じるため立ち寄りたい。

たくましく立つ一本松

12:30 中尊寺に到着！平安美術の宝庫をじっくり拝観
🚗 3分
堂宇内外に金箔を押したきらびやかな金色堂は圧巻。 ▶P-052

13:30 毛越寺の優美な浄土庭園へ
🚗 10分
開放的な雰囲気
いにしえの美しい庭園と伽藍遺跡が残る毛越寺へ。浄土庭園を歩けば気分は平安貴族！

▶P-052

14:30 厳美渓で、全長2kmにわたる渓谷美を堪能
🚗 45分
展望ポイントは天工橋を渡った右岸の石畳。近くに東屋があり、対岸の郭公屋からロープ伝いに運ばれてくる「空飛ぶだんご」が名物。 ▶P-054
険しくも美しい眺め

16:00 歴史公園えさし藤原の郷で平安時代に思いを馳せる
🚗 46分
各種体験も充実！
奥州藤原氏の軌跡を辿りながら、古代から中世にかけての東北の歴史文化を体感できるテーマパーク。大河ドラマのロケ地にもなった。

▶P-053

18:00 花巻温泉郷泊

2日目 宮沢賢治ワールドを堪能する

10:00 花巻温泉郷発
🚗 20分
台川と豊沢川、2本の川沿いに連なる名湯を満喫したら、いよいよ北上川が流れる花巻の町、宮沢賢治のふるさとへ。

10:20 宮沢賢治童話村で賢治童話の世界を堪能
🚗 5分
緑豊かな森の中
メインの「賢治の学校」では映像なども駆使し、賢治の心象風景を5つのテーマゾーンで表現。

▶P-051

11:30 ポランの広場でおさんぽ
🚗 50分
見学自由！

▶P-050

南斜花壇と日時計花壇は宮沢賢治の設計。当時は経済的、技術的理由で実現せず、残された設計図や手紙をもとに復元！

14:00 小岩井農場まきば園で動物に癒やされる
🚗 20分
宮沢賢治が愛した農場

▶P-050

体験アトラクションや、動物と触れ合えるイベントも盛りだくさん。岩手山をバックに、雄大な自然の中で楽しめる。

17:00 東北道盛岡ICから帰路へ

盛岡・花巻・八幡平 で行きたい！したい！ BEST 9

BEST 1

花巻温泉郷に泊まって スカイランタン を体験

花巻 はなまき星めぐりの夜／願いを込めたランタンを一斉に放つ冬限定の感動体験。花巻温泉郷宿泊者限定。

1〜2月に開催！

BEST 2

盛岡のランドマーク 岩手銀行赤レンガ館を見学

盛岡 岩手銀行赤レンガ館／1911年に建設され約100年間銀行として営業。当時の洋風建築を体感できる。

BEST 3

小岩井農場 で動物たちに癒やされる

雫石 小岩井農場まきば園／のどかな自然の中で、農場ならではの体験やグルメなど楽しみ満載。

花巻 ホランの広場／賢治の作品名から名付けられた広場。残された設計図や手紙をもとに再現。

BEST 4

宮沢賢治設計の 日時計花壇 に見惚れる

BEST 6

雪壁 が続く銀世界で絶景ドライブする

八幡平 雪の回廊（八幡平アスピーテライン）／道路両脇にある高さ数mの雪の壁は迫力満点。4月中旬から5月中旬頃まで楽しめる。

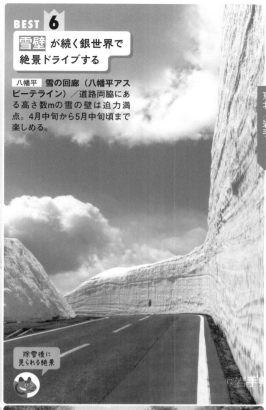

除雪後に見られる絶景

BEST 5

宮沢賢治の 童話世界 に入り込む！

花巻 宮沢賢治童話村／広がる童話の世界で、賢治の理想郷を感じよう。散歩道には童話のオブジェも。

BEST 7

八幡平の山々が染まるカラフルな秋景色 を見に行く

八幡平 八幡平／紅葉は10月上旬が見頃。なだらかで見晴らしが良いので登山初心者でも楽しめる

八幡平 松川温泉／絶景ドライブの終点には、秘湯ムード漂う乳白色の湯が待つ。日帰り入浴も可能。

BEST 8

静かに湯けむり上る松川沿いの温泉へ

BEST 9

国の名勝、猊鼻渓で舟下り がしたい

一関 猊鼻渓／雄大な断崖を見上げながら船頭さんの舟唄と90分の舟下りを満喫できる。

BEST 1

黄金色に輝く中尊寺の 平安仏教美術 を観賞

平泉 **中尊寺**／奥州藤原氏が眠る国宝「金色堂」は必見。黄金には平泉の平安を祈る想いが込められている。

世界文化遺産に登録！

BEST 2

優美な 浄土庭園 で 平安の世に思いを馳せる

平泉 **毛越寺** 仏教の世界を地上に再現した庭園は四季折々に美しい。5月に開催する曲水の宴も必見。

遊覧船観光も
おすすめ

宮古　浄土ヶ浜／火山岩からできた白い岩肌が極楽浄土を思わせる景勝地。海岸からの眺めが最高。夏は海水浴客でにぎわう。

BEST 3
景勝地・浄土ヶ浜の絶景に心奪われる

奥州　歴史公園えさし藤原の郷／時代衣装の着付や弓矢体験で平安時代にタイムスリップ。

BEST 4
みちのくの歴史文化を
テーマパークで体験

ドラマの
ロケ地にも

遠野　めがね橋ライトアップ／童話「銀河鉄道の夜」をイメージさせる橋。点灯は日暮れから22時まで。

BEST 5
銀河鉄道の夜みたいな
めがね橋のライトアップ

BEST 6
かわいいローカル線で
三陸海岸沿いを駆け抜ける

三陸海岸　三陸鉄道「さんてつ」の愛称で親しまれ、全線163kmの変化に富む沿岸部を縦貫する。

BEST 7

池いっぱいに敷き詰めた
あじさいが見たい！

一関 みちのくあじさい園／広大な杉山の中にあり、約400種4万株のあじさいが咲き誇る。

岩泉 龍泉洞／神秘的な洞窟内の奥には三つの地底湖がある。水深98mで世界有数の透明度を誇る。

日本三大鍾乳洞のひとつ

BEST 8

ドラゴンブルーの
湖水が美しすぎる

BEST 9

浸食された**巨岩の渓谷**を
間近に見る

一関 厳美渓／川沿いを散策しながら約2kmの渓谷美を楽しめる。奇岩・怪岩は迫力満点。

BEST 10

北山崎の迫力ある
海岸風景に大感激

田野畑 北山崎／高さ200mの大迫力の断崖が連なる。船上から絶景を見渡せる「北山崎断崖クルーズ」も。

岩手の 春夏秋冬 イベント

ゆきやがわダム フォリストパークかるまい
雪谷川ダム フォリストパーク・軽米

`軽米` **4月下旬〜5月中旬**

雪谷川ダム湖畔に位置する自然公園。展望風車台と約30品種約15万本のチューリップが咲き誇る。

もりおかさんさおどり
盛岡さんさ踊り

`盛岡` **8月1〜4日**

鬼退治ができた喜びを踊りにしたのが起源とされる。世界一の太鼓パレードと優雅な舞いは必見。

`夏`

`秋`

はなまきまつり
花巻まつり

`花巻` **9月第2土曜を中日とした3日間**

430年を超える歴史ある祭り。100基超えの神輿パレードは会場で披露される神輿の数で世界記録達成。特に夜の山車は幻想的。

`冬`

げいびけいふなくだりふゆのやかたぶね
猊鼻渓舟下り冬の屋台船

`一関` **11月下旬〜3月下旬**

一関市の観光名所。12〜2月限定運航「こたつ舟」で温まりながら2kmにわたる雪景色の奇岩を満喫。船頭さんの舟唄も見事。

知っ得！ ご当地 ネタ帳

地元の人とのトークに困らない！
よく使われる方言リスト

あべ	▶	行きましょう
おあげんしぇ	▶	お召し上がりください
おはよがんす	▶	おはよう
おばんです	▶	こんばんは
おもさげねぇ	▶	申し訳ない
なして	▶	なぜ
はっけ	▶	冷たい

盛岡は雪が少なくて、 花巻は雪が多い？

盛岡は寒いが雪は少なめ。また都心部は除雪も頻繁にされる。一方花巻は西部の奥羽山麓が寒冷多雪の気候なので積雪が多い。

岩手名物といえばわんこそば。
でも、地元の人は 滅多に食べない…！

本来は美味しいそばをたくさん食べてもらう、おもてなしから始まった料理。だから接待などがなければ、味わう機会はないそう。

お国自慢 ご当地 グルメ

`肉`

前沢牛
奥州前沢のブランド牛。極上の霜降りが口の中でとろける。

`海鮮`

瓶ドン
牛乳瓶に入った旬の食材を自分のご飯にかける宮古のご当地丼。

`麺`

わんこそば
給仕さんのかけ声に合わせて何杯食べられるか挑戦しよう。

`麺`

盛岡冷麺
つるっとしたコシの強い麺に牛だしスープがクセになる。

欲しいをチェック おみやげリスト

1 `岩手県産`
サヴァ缶
パッケージがおしゃれな洋風味付け鯖缶。仏語のÇavaには復興の願いも。

2 `さいとう製菓`
かもめの玉子
しっとり黄味餡を、カステラとホワイトチョコで包んだ岩手を代表する銘菓。

3 `中村家`
三陸海宝漬
めかぶ・いくら・あわびの三陸の宝を特製醤油タレにつけた、ご飯がすすむ逸品。

4 `伝統工芸`
南部鉄器
盛岡市と奥州市で作られる鉄鋳物。手入れをすれば一生ものとして使える。

宮城
旅のプロファイル

歴史的スポットや風光明媚な観光地がいっぱい

伊達政宗公によって栄えた杜の都・仙台を中心に、東は太平洋に面し、西は奥羽山脈に接する宮城県。名勝や名刹、人気温泉地など盛りだくさん！

蔵王連峰の大自然と
こけしで有名な温泉郷

白石・蔵王・鳴子 P-060

鳴子温泉は電車でも行けるよ

御釜 P-061

鳴子峡 P-061

江戸時代の面影が色濃く残る城下町、白石。蔵王では大自然が生み出すダイナミックな景観を堪能。鳴子は開湯1100年を超える出湯の里。

美しい海絶景に感動！
フカヒレなどの魚介も堪能して

松島・石巻・気仙沼 P-062

松島 P-062

瑞巌寺 P-062

松島には伊達家ゆかりの名刹など見どころ多数。石巻はマンガの街としても有名。気仙沼では活気ある魚市場の見学を。

気仙沼氣嵐出船送り
気仙沼

フカヒレ

サンマ

岩手県

奥

鬼首かんけつ泉

くりこま高原駅

鳴子温泉
鳴子
こけし

古川IC
古川駅

羽

笹かま
牛タン

山

瑞鳳殿
仙台城跡
大崎八幡宮
SENDAI光のページェント
秋保温泉
秋保大滝

脈

仙台宮城IC
国営みちのく
杜の湖畔公園
山形自動車道

蔵王山
蔵王の樹氷
滝見台
蔵王エコーライン
御釜 蔵王町
宮城蔵王キツネ村
白石IC
白石城 白石
白石蔵王駅

阿武隈川

常磐自動車道

仙台平野

瑞巌寺
五大堂
松島
塩竈神社

石巻
石ノ森萬画館
石巻港

仙台港

仙台湾
田代島

仙台うみの杜水族館

カキ

マグロ

三陸縦貫自動車道

陸

海

岸

牡鹿半島

海沿いには
カキ小屋も！

東北最大の都市で
グルメも祭りも
味わい尽くす

仙台 P-058

仙台七夕まつり P-059

牛タン P-065

東北唯一の100万都市。牛タンやずんだをはじめ、県内の名物グルメが集まる。仙台七夕まつりなど季節ごとのイベントも要チェック！

福島県

アクセスガイド

	新幹線	東京→仙台 約1時間30分
東京	高速バス	東京→仙台 約6時間
	電車	東京→仙台 約4時間30分

大阪	飛行機	伊丹→仙台 約1時間10分

	電車	山形→仙台 約1時間10分
山形	高速バス	山形→仙台 約1時間10分

宮城基本DATA

面積	約7282km²
人口	226万4921人（令和5年4月1日）
ベストシーズン	4～5月、8月、10～11月
県庁所在地	仙台市
特産品	ササニシキ、牛タン、フカヒレ、笹かまぼこなど
日本一	仙台大観音（高さ100m）

地理	北上川などの大河が貫流。流域に平野が広がる。沿岸部は仙台湾とリアス式海岸に二分され、県西部は秀峰を。
気候	夏は猛暑日も少なく快適。冬は季節風の影響で山間部は豪雪地帯に。晴れの多い平野部も平均気温は全国でも低め。

移動のてびき

1 仙台までは全国各地から飛行機で行けて便利！

東京からの移動は新幹線になるが、宮城県には仙台空港あり、大阪の伊丹空港や北海道の新千歳空港からなら約1時間と好アクセス。

2 仙台を拠点に県内各地へ移動が可能

宮城県は鉄道やバスなど交通機関が充実。松島や白石などもカバーする、2日間乗り放題のフリーきっぷ「仙台まるごとパス」が便利！

\\ 行ってみたい！を効率よく //

宮城
BEST PLAN

PLAN | 仙台市内から松島まで！よくばりに行く

仙台〜松島プラン

史跡に絶品グルメを楽しめる仙台市内から、日本三景の松島までの見どころ満点の旅。

1泊2日

COURSE MAP

1日目　仙台市中心に歴史散策

9:30　仙台駅発
🚃 15分
🚗 12分

> 仙台から近い港へ！

10:00　ゆりあげ港の活気ある青空市場を堪能！
🚌 13分
👣 5分

> 日曜祝日に開催！

日曜・祝日のみ開催の朝市。炉端焼きも◎。

12:30　豪華絢爛な仙台藩祖伊達政宗公の霊屋を見学
🚌 7分
👣 5分

> 瑞鳳殿は必見！

発掘調査時に発見された武具などの副葬品を展示する資料館も。

P▶058

14:00　仙台城跡で伊達政宗公騎馬像を撮影！
🚌 21分
👣 6分

> 修復を終え雄姿再び！

瑞鳳殿のあとに訪れたい場所。独眼竜で知られる伊達政宗公騎馬像と市街を展望できる。

P▶058

16:00　大崎八幡宮に到着
🚌 27分

> 伊達政宗公により創建

社殿は国指定文化財に選定されている。

P▶058

17:30　仙台駅着。歴史ある文化横丁の居酒屋へ！

「ブンヨコ」の愛称で親しまれる昭和レトロな横丁で一杯。約50軒がひしめき合う。

19:00　仙台市内ホテル泊

2日目　天下の景勝地を満喫！

10:00　仙台駅発
🚃 39分
👣 8分

11:00　松島海岸から遊覧船クルーズ！
👣 10分

> 多島美を間近で堪能

P▶062

中央観光桟橋から出発。約50分で主要な島を巡る「仁王丸コース」がおすすめ。

13:00　瑞巌寺の障壁画を鑑賞し散策する
👣 7分

> 目もくらむ美しさ！

本堂各室に配された絢爛豪華な障壁画は必見！境内をじっくり巡ろう。

P▶062

14:30　透かし橋を渡って松島湾に浮かぶ小さな島へ
🚃 16分
🚗 20分

> 昔は丸太橋だったそう！

橋桁の隙間から下の海が見える「透かし橋」にヒヤヒヤ。

P▶063

16:00　大高森で美しい夕景を望む
🚃 48分
👣 20分

> 標高は約106m！

ここからの松島の眺めは松島四大観の一つに。

18:30　仙台駅着。帰路へ

冬ならスノーモンスターを見に行こう！

スノーモンスターと呼ばれる希少な蔵王の樹氷は、例年1〜2月が見頃。

P▶060

BEST **1**
豪華絢爛な霊廟で
桃山文化を体感する

仙台　瑞鳳殿／伊達政宗公の遺言により建立された霊屋。2001年に大改修。桃山文化を彷彿とさせる豪華絢爛な彫刻が甦った。

公益社団法人瑞鳳寺

仙台　仙台城跡／伊達家の居城跡。伊達政宗公の銅像も見られ、台座には、政宗公の一生を表したレリーフが施されている。

夜はライト
アップも

BEST **2**
伊達政宗公騎馬像と
共に仙台の街を一望する

BEST **3**
桃山様式の貴重な国宝建造物を見学

仙台　大崎八幡宮／伊達政宗公が創建した総鎮守。黒塗りに金彩や色鮮やかな彫刻が施された社殿は、国宝に選定。

BEST 5
日本三名瀑の一つ
秋保大滝が迫力満点

BEST 4
仙台の夏といえば!
大きな七夕飾りは必見

仙台 **仙台七夕まつり**／伊達
政宗公の時代から続く伝統行事。
期間中は美しい七夕飾りで街が
彩られ、飾りの一つ一つに願い
が込められている。

江戸から続く
伝統行事

仙台 **秋保大滝**／日本の滝100
選のひとつ。落差約55m、幅約6
mの瀑布は、秋保大滝不動尊内に
ある滝見台から全景が見られる。

BEST 6
きらめく光に包まれた
冬の仙台を歩く

仙台 **SENDAI光のページェント**
／杜の都仙台の象徴「定禅寺通」
で1986年から始まったイベン
ト。数十万個の電球が一斉に点
灯され光り輝く光景は感動的。

BEST 7
きらめく大水槽で
海の生き物を間近に見たい

仕切りのない
巨大水槽!

仙台 **仙台うみの杜水族館**／
三陸の豊かな海を再現した大き
な水槽には、50種3万点の生き
物が飼育展示されている。

白石・蔵王・鳴子 で行きたい！したい！ BEST **9**

BEST **1**
大自然がつくった芸術品 蔵王の樹氷を間近に見る

ハッと息を呑む美しさ

蔵王　蔵王の樹氷／蔵王ならではの特別な気象条件とアオモリトドマツが織りなす、世界でも珍しい樹氷。自然が生み出した宝石は一見の価値あり。

BEST **2**
初夏のポピーを見に 釜房湖畔のみちのく公園へ

川崎　国営みちのく杜の湖畔公園／釜房ダム湖畔にある国営公園。花畑では蔵王連峰を背景に季節の花が咲く。

BEST **3**
高く積もった雪壁の道を 迫力満点ドライブ！

蔵王　蔵王エコーライン／宮城と山形をつなぐ山岳道路。5月中旬までは雪の壁、9月下旬からは紅葉が見られる。

一度に3つの滝が見られる

BEST **4**
滝見台に上って 3つの滝を望む

蔵王　滝見台／蔵王エコーラインの途中に位置。「日本の滝100選」の一つである三階の滝や不動滝、地蔵滝も見られる。

大深沢橋から
絶景を一望！

BEST 5
変化に富んだ**峡谷**で
鮮やかな紅葉を眺める

大崎　**鳴子峡**／深さ100m
にもおよぶ大谷川沿いのV
字峡谷。紅葉の見ごろは、
例年10月中旬〜11月上旬。

大崎　**鬼首かんけつ泉**／
約10分間隔でお湯が15m噴
出する「弁天」と、2〜3
m噴出する「雲竜」がある。

BEST 6
噴き上がる高温の
間欠泉を見学する

蔵王　**御釜**／火口にでき
たお釜のようなカルデラ湖。
晴れた日は、湖面が美しい
エメラルドグリーンになる。

BEST 7
エメラルドグリーンの
神秘の御釜に感動

BEST 8
白壁の白石城は
桜と共に眺めたい

白石　**白石城**／仙台藩の
要衝で、関ヶ原の戦いから
約260年間伊達家の重臣・
片倉氏の居城となった。

白石　**宮城蔵王キツネ村**
100匹以上のキツネが暮
らす動物のテーマパーク。
珍しいキツネも見られる。

BEST 9
キツネのかわいさに
メロメロになる！

61

BEST 1

日本三景松島の絶景を
朝日と共に眺める

桜と松島湾の
コラボ絶景！

BEST 2

政宗公創建の国宝建築で
豪華な襖絵が見たい

由緒ある
伊達家の菩提寺

松島 瑞巌寺／伊達政宗公
により創建された菩提寺。本
堂の襖絵は桃山美術をあらわ
す豪華絢爛さ。

松島 松島／穏やかな松島湾には260もの小島や奇岩が浮かぶ。この風光明媚な景色は伊達政宗や松尾芭蕉にも愛されたという。

松島 五大堂／政宗により再建され、慈覚大師が五大明王像を安置したことに由来。赤い欄干の透かし橋は縁結びのスポット。

BEST **3**

豊漁と安全を願う
出船おくりに感動

BEST **4**

透かし橋を渡って小島に建つ**五大堂**へ

気仙沼 **出船送り**／航海の安全と豊漁を願い、家族や友人が漁船を岸壁から見送る。色鮮やかなテープや大漁旗が空を舞う。
©フィッシャーマン・ジャパン

こちらでも
松島を一望

東松島 大高森／松島湾に浮かぶ宮戸島にある標高約106mの低山。展望台から奥松島のパノラマが広がる。

BEST **5**

大高森から望む
松島がとにかく美しい！

BEST **6**

名作を生み出し続けた
漫画家の世界を体験

石巻 石ノ森萬画館／宮城出身の漫画家・石ノ森章太郎。代表作の世界が体感できる展示コーナーは必見。 ©石森プロ・東映

塩竈 鹽竈神社／創建は奈良時代以前で1000年超の歴史をもつ。拝殿や石鳥居などは国の重要文化財。

BEST **8**

ネコたちのユートピアにおじゃまする

石巻 田代島／猫を大漁の神として大切にしている田代島。仁斗田港を中心に、島のいたるところで猫たちに出会える。

BEST **7**

202段の石段の先にある
鹽竈神社でパワーチャージ

BEST **9**

冬を運ぶ風物詩を見に
早朝の気仙沼湾へ

気仙沼 気仙沼氣嵐／朝日が昇り、海面から霧が立ち込め幻想的な景色が広がる。気仙沼に冬の訪れを告げる現象。

宮城の春夏秋冬イベント

せんだいあおばまつり
仙台・青葉まつり
`仙台` 5月第3日曜とその前日

宵まつりでは仙台すずめ踊りが披露。本まつりでは武者行列や荘厳な山鉾が巡行し、時代絵巻は豪華絢爛。

しおがまみなとまつり
塩竈みなと祭
`塩竈` 7月第3月曜

海上の安全と大漁祈願のおまつり。御神輿を載せた御座船が、供奉船を従え松島湾内を勇壮に巡幸する。

秋

まつしまのこうようライトアップ
松島の紅葉ライトアップ
`松島` 10月下旬～11月下旬

松島離宮・瑞巌寺・円通院が華麗にライトアップされる。特に円通院の池に映り込む紅葉は必見。期間中の週末には特別クルーズ運航も。

冬

こごたどんとさい
こごたどんと祭
`美里` 1月中旬

小牛田駅から約2kmの場所にある山神社で行われるどんと祭。無病息災や家内安全を願って、多くの参拝客でにぎわう。

地元の人とのトークに困らない！
よく使われる方言リスト

いがったなや ▶	よかったね
いぎなし ▶	いきなり、急に
いしけんぎー ▶	じゃんけんぽん
うめがす ▶	おいしいです
おがる ▶	大きくなる
はらきゃ ▶	おかしい
おもしぇ ▶	おもしろい

宮城の七夕はなぜ8月に行われる?

本来旧暦の7月7日の行事として行われていたが、旧暦の行事を新暦で行うと季節感が合わないため、1928年から中暦を用い8月開催に。

秋の風物詩といえば…
スーパーに置かれるレンタル鍋!?

毎年9月の終わり頃になると、河川敷に近いスーパーでは大きな鍋のレンタルや販売を開始。「芋煮会」というイベントのためのもの！

お国自慢
ご当地グルメ

`肉`
牛タン
牛タン発祥の仙台でヘルシーな牛タンと麦飯の定食を堪能。

`海鮮`
牡蠣
濃厚でクリーミーな味わいは、生でもフライでも楽しめる。

`スイーツ`
ずんだ餅
鮮やかな緑色の館は枝豆をすり潰したもの。仙台の伝統食。

`麺`
冷やし中華
発祥の地仙台では夏だけでなく、通年メニューのお店も。

1 `伝統工芸`
こけし
県内5つの地域ごとに魅力が違う宮城の伝統工芸品。お気に入りを見つけよう。

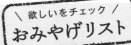
1

2 `菓匠三全`
萩の月
名月をイメージしたふんわりカステラとカスタードクリームが絶妙な仙台銘菓。

2

3 `定番`
笹かまぼこ
木の葉の形に香ばしく焼き上げたかまぼこ。魚の旨味とプリッとした食感が人気。

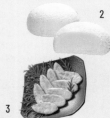
3

4 `お茶の井ヶ田 喜久水庵`
喜久福
柔らかいお餅でこだわりの館と生クリームを包んだ絶品大福。抹茶味が人気。

4

秋田
旅のプロファイル

華やかな伝統の祭りと美しい自然を体感

東北ならではの圧倒的な自然景観を有し、
一方で、有形・無形の文化財が数多くある秋田県。
おいしい米、美酒、山奥の秘湯と魅力は尽きない。

男鹿半島は絶景揃い

美しい湖や神秘の沼は必見！

田沢湖・八幡平・大館 (たざわこ・はちまんたい・おおだて) P▶070

八幡平ドラゴンアイ P▶070

鳥海山から男鹿半島まで
ドライブで絶景を巡りたい

秋田・男鹿半島 (あきた・おがはんとう) P▶072

白神山地 P▶070

瑠璃色の湖水が美しい
田沢湖。岩手との県境
に広がる八幡平の麓に
名湯が点在する鹿角。
大館の北側は白神山地
の玄関口。

秋田竿燈まつり P▶074

鳥海山 P▶073

城下町の面影と県都
の賑わいが共存する
秋田市街。なまはげ
の里としても知られ
る男鹿半島は国定公
園を有し、海岸美と
草原美を併せ持つ。

夏の花火に冬の雪
イベントが目白押し

横手・大曲・角館 (よこて・おおまがり・かくのだて) P▶068

横手や大曲の
祭りも必見

大曲の花火大会 P▶068

横手の雪まつり P▶069

大小のかまくらが並ぶ横手の雪まつ
り、全国の一流花火師が腕を競
う大曲の花火は要注目。角館では
歴史情緒香る街並みを散策できる。

アクセスガイド

東京	新幹線 東京→秋田 約3時間50分	大阪	飛行機 伊丹→秋田 約1時間15分
	飛行機 羽田→秋田 約1時間5分	仙台	新幹線 仙台→秋田 約2時間20分
	夜行バス 東京→秋田 約8時間40分		高速バス 仙台→秋田 約3時間35分

秋田基本DATA

面積	約1万1640㎢
人口	91万8811人（令和5年4月1日）
ベストシーズン	4〜8月
県庁所在地	秋田市
特産品	きりたんぽ、日本酒、ハタハタ、いぶりがっこなど
日本一	人口比率で美容院・理容院の数が全国1位（令和2年度）

地理 三方を山々に囲まれた地形。東の県境、奥羽山脈を源とする雄物川流域に広がる秋田平野は日本有数の米どころ。

気候 冬は降雪が多く、内陸部の横手盆地などは豪雪地帯として知られる。夏は沿岸部はフェーン現象の発生で猛暑に。

移動のてびき

1 電車や高速バスを使えば、車がなくても県内各地に移動が可能

観光主要駅からは路線バスに加え、観光タクシーや乗り合いタクシーなど、交通手段はエリアごとに充実。横手や湯沢、能代へは高速バスも。

2 秋田市内の観光は、「秋田市観光myタクシー」がお得で便利！

3時間または4時間の貸し切りで、秋田市内の観光地を周遊、お得な定額料金で利用できる。男鹿や潟上の観光スポットを回るコースも。

行ってみたい！を効率よく
秋田
BEST PLAN

PLAN | 男鹿半島の絶景を満喫！

男鹿半島〜角館プラン

男鹿半島で絶景ビュードライブを満喫したら、みちのくの小京都・角館へ。田沢湖にも寄る眼福プラン。

COURSE MAP

1泊2日

1日目 男鹿半島

男鹿半島をドライブ！

11:00 昭和男鹿半島ICを出発！
🚗 50分

12:00 約400種の生き物に出合える
🚗 15分 男鹿水族館GAOへ

表情にも癒やされる〜

秋田の県魚ハタハタやゴマフアザラシ、水族館では珍しいホッキョクグマに会うことができる。 P▶073

14:00 なまはげ館＆男鹿真山伝承館へ
🚗 25分

なまはげ館には各地区の面が勢ぞろい。隣接する男鹿真山伝承館ではなまはげ来訪を体験できる。

築100年の曲り家で！ P▶072

16:00 秋田のウユニ塩湖！
🚗 10分 鵜ノ崎海岸をドライブ

幻想的な水鏡の絶景

P▶072

鏡のような水面が空の色をそのまま映す、SNSで話題の"映えスポット"へ！干潮時には沖合約200mまで歩いて行ける。

17:00 ゴジラ岩を眺めて
🚗 20分 一日を
締めくくる

火を噴いているよう！

日本海に沈む夕日をバックにしたシルエットはまさにゴジラ！ P▶072

18:00 男鹿温泉郷泊

2日目 角館〜田沢湖〜乳頭温泉郷

9:00 男鹿温泉郷発。角館へ！
🚗 2時間

11:00 情緒溢れる
‼ 12分 武家屋敷通りを散策

江戸時代に来たみたい

黒板塀が連なる内町で武家屋敷巡り。桜に彩られる春も素敵！ P▶069

12:30 あきた角館西宮家でランチ
🚗 40分

休憩にぴったり！

5つの蔵と母屋があり、それぞれレストランや雑貨店、資料館などになっている。

14:00 日本一の深さを誇る田沢湖へ
🚗 50分

瑠璃色が神秘的！

P▶071

辰子姫伝説の舞台として知られ、湖岸にはブロンズのたつこ像が佇む。湖畔のフィンランド式サウナも人気急上昇中！

16:30 仙北市から帰路へ

大仙 大曲の花火大会／全国の一流花火師が競い合い、珠玉の花火を打ち上げる。大迫力の音と光の芸術作品は感動必至。

BEST 1
秋田の夜空に咲く
日本三大花火が見たい

日本三大霊地のひとつ

BEST 2
灰白色の**不気味な霊地**を
恐る恐る歩いてみる

湯沢 川原毛地獄／草木が生えない灰色の山肌から蒸気が噴き出し、一帯に硫黄臭が漂う。荒涼とした世界観を味わえる。

BEST 3
桜が広がる
桧木内川堤を歩く

仙北 桧木内川堤の桜並木／全長2kmにわたる桜のトンネル。満開時だけでなく一斉に散る様や清流に映える夜桜も美しい。

BEST 4
人力車に乗って
武家屋敷通りを散策

仙北 武家屋敷通りの枝垂れ桜／半径2kmほどの風情ある町並みに、春は枝垂れ桜が彩りを添える。人力車での鑑賞も。

BEST 5
雪国横手の伝統行事で
日本の雪景色を体験

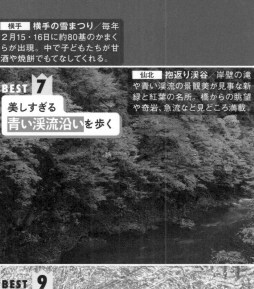

水神様を祀る
小正月行事

横手 横手の雪まつり／毎年2月15・16日に約80基のかまくらが出現。中で子どもたちが甘酒や焼餅でもてなしてくれる。

BEST 6
貴重な原画を見に
横手市のまんが美術館へ

企画展も好評！

横手 横手市増田まんが美術館　全国でも珍しいマンガ原画をテーマにした美術館。名作や名シーンの原画の息づかいを間近で体感できる。

BEST 7
美しすぎる
青い渓流沿いを歩く

仙北 抱返り渓谷　岸壁の滝や青い渓流の景観美が見事な新緑と紅葉の名所。橋からの眺望や奇岩、急流など見どころ満載。

BEST 8
武家屋敷を活かした複合施設を訪問

仙北 武家屋敷通り／江戸時代に栄えた城下町、角館。国の重要伝統的建造物群保存地区に指定され、武家屋敷が立ち並ぶ。

BEST 9
秋田のローカル線で
県内を縦断する

角館～鷹巣　秋田内陸縦貫鉄道／沿線には四季折々の自然に、のどかな田園、里山の生活を感じさせる日本の原風景が広がる。

東北／秋田

BEST 1
神秘的な龍の瞳が
見られたらラッキー！

展望台からも鑑賞可能

BEST 2
貴重な植物が息づく
白神山地を訪ねる

手つかずの自然が残る

BEST 3
ピンク色の絨毯！
カタクリの花に見惚れる

仙北 八津・鎌足のカタクリ群生地／栗林に自生し、20haにも及ぶ国内最大級のカタクリ群生地。4月中旬から5月にかけて開園される。

BEST 4
強酸性の温泉で
旅で疲れた体をほぐす

藤里 白神山地／世界自然遺産に登録されたブナの原生林。運がよければニホンカモシカに出会うことも。

仙北 玉川温泉／世界でも珍しい強酸性の泉質。療養・静養を目的とした客も多く、湯治相談室も併設。

BEST **5**

大沼と周辺の森に癒やされる

紅葉の季節は
観光客が殺到

鹿角 **大沼**／八幡平を代
表する景勝地。周囲を歩け
ば、湿原植物やブナ林など
の自然を観察できる。

仙北 **乳頭温泉郷**／山麓
に七湯が点在し、湯巡りが
楽しめる。雪を眺めなから
入浴できる冬が人気。

BEST **6**

森にひっそりと佇む
校舎を見学

仙北 **思い出の潟分校**／
廃校となった分校を修復し、
公開。当時のまま残された
校舎や教室が趣深い。

BEST **7**

乳頭温泉郷で湯巡りを楽しむ

BEST **8**

瑠璃色の田沢湖畔で
たつこ姫の像を撮影

仙北 **田沢湖**／日本一深
い湖。瑠璃色の湖面や周囲
の四季折々の自然に、たつ
こ姫のブロンズ像が映える。

水量は豊富で迫力あり

BEST 1
岩肌から湧き出る
元滝伏流水が見応えあり！

にかほ 元滝伏流水／溶岩の末端崖からあふれ出す湧水の繊細さは実に見事。霧が生じる夏はより幻想的に。

BEST 2
秋田の**ウユニ塩湖**で
見渡す限りの絶景を体感

男鹿 鵜ノ崎海岸／遠浅で、満潮でも歩いていけるほどの水位。まるでウユニ塩湖のような、絶景の水鏡を見ることができる。

BEST 3
炎を出しているような
ゴジラ岩の夕景を眺める

4月と10月がおすすめ

男鹿 ゴジラ岩／この名はシルエットがゴジラに似ていることに由来。晴れた日の夕方には、「火を噴くゴジラ」が現れる。

男鹿 男鹿真山伝承館／古来伝わるなまはげの風習が学べる。伝統の曲り家民家の中で、本物のなまはげを体感しよう。

BEST 4
男鹿の**なまはげ行事**を
体験したい！

夜はライト
アップも

BEST **5**
青色一色に染まる
あじさい寺が絶景すぎる

男鹿　雲昌寺　あじさい一株につく花の数が多く、満開時は一面が青色に。青色にこだわり、まさに絨毯のように咲き誇る。

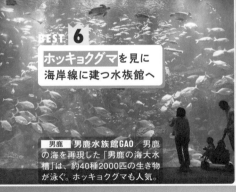

BEST **6**
ホッキョクグマを見に
海岸線に建つ水族館へ

男鹿　男鹿水族館GAO　男鹿の海を再現した「男鹿の海大水槽」は、約40種2000匹の生き物が泳ぐ。ホッキョクグマも人気。

BEST **7**
凛とそびえたつ
名峰・鳥海山を眺める

にかほ　鳥海山　日本海に面し、標高は2236m。凛とした姿は「出羽富士」とも呼ばれ、山麓周辺に住む人々の守り神でもある。

BEST **8**
水門のシルエットが浮かぶ夕景に感動

大潟　八郎潟防潮水門　日本海からの海水をさえぎる防潮水門。高床式家屋が並んでいるかのような佇まいで、風情が漂う。

能代 能代七夕「天空の不夜城」／2013年に約1世紀の時を超えて復活。天まで届きそうな2基の城郭七夕灯籠が街を練り歩く。

BEST 9

天まで届く2基の灯籠に圧倒される

秋田 秋田竿燈まつり／稲穂に見立てた竿燈を用い、五穀豊穣を願う。差し手たちが竿燈を手のひらや額、肩、腰にのせる妙技は必見。

職人芸で観衆が熱狂

BEST 10

黄金の稲穂のような竿燈の実演は大迫力！

秋田の春夏秋冬イベント

さくらとなのはなまつり
桜と菜の花まつり
大潟 4月下旬～5月上旬
県道298号線沿いの約11kmにわたり桜並木と菜の花のコラボレーションが楽しめる。各種イベントも開催。
春

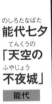
のしろたなばた
能代七夕「天空の不夜城」
てんくうの
ふやじょう
能代 8月上旬
江戸時代後期から明治にかけて運行していた城郭型灯籠を、当時の文献や写真を基に現代によみがえらせた。
夏

秋
かくのだてまつりのやまぎょうじ
角館祭りのやま行事
仙北 9月7～9日
神の降臨を願い、日々の生活を安泰に過ごせるよう庶民の祈りを込めた行事。今から約400年前に始まった。ユネスコ無形文化遺産に登録。

冬
なまはげせどまつり
なまはげ柴灯まつり
男鹿 2月第2土曜を含む金～日曜
真山神社で行われる男鹿の冬を代表する冬祭り。境内に焚き上げられた柴灯火のもとで、勇壮で迫力あるなまはげの乱舞が見る人を魅了する。

知っ得！ご当地ネタ帳
へばな～はじゃあね～！

地元の人とのトークに困らない！
よく使われる方言リスト

めんけ	▶	かわいい
んだ、んだから	▶	そうだね
がっこ	▶	漬物
わらし	▶	子ども
け	▶	来い、かゆい
けっぱる	▶	がんばる
しゃっこい	▶	冷たい

秋田の小学校では「なべっこ遠足」が恒例行事！
なべっこ遠足は秋田の小学校で行われる秋の恒例行事。子どもたちが鍋を作って野外で食べる。ちなみに秋田では名詞によく"っこ"を付ける。

治安がよく、平和な秋田県
ニュースを揺るがすのは…熊？
のどかで治安のよい秋田だが、クマの出没が多く、ニュースで話題にのぼることもしばしば。山など出没の多い地域に行くときは細心の注意を。

お国自慢 ご当地グルメ

米
あきたこまち
奥羽292とコシヒカリの交配種。小粒で後味はスッキリ。

麺
稲庭うどん
湯沢市稲庭町発祥の手延べ製法による干しうどん。

郷土料理
きりたんぽ鍋
ごはんをすり潰したきりたんぽと野菜を入れた鍋料理。

麺
横手やきそば
目玉焼きをトッピングした横手市のご当地グルメ。

欲しいをチェック おみやげリスト

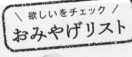
1 金萬
金萬
ほんのりと上品な甘さが特徴の、一口サイズのカステラまんじゅう。
1

2 伝統工芸
大館曲げわっぱ
秋田杉の薄板を筒状に曲げて作られる箱。弁当箱として使用される。
2

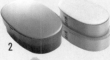
3 伝統工芸
樺細工
ヤマザクラ類の樹皮を用いて作られる工芸品。秋田県のみに伝承されている。
3

4 定番
いぶりがっこ
生の大根を囲炉裏の天井に吊るし、広葉樹の薪を焚いて乾燥させて作る。
4

山形
旅のプロファイル

出羽三山を仰ぎ、最上川がうるおす豊かな地

滔々と流れる最上川づたいに、北から
庄内・最上・村山・置賜の4地方に分かれる山形県。
それぞれ異なる風土や文化も旅の大きな楽しみに。

自然に癒やされながら
最上川で舟下りを体験！

最上・鶴岡・出羽三山 P▶080

最上川舟下り P▶082

羽黒山 P▶081

月山湖大噴水 P▶082

最上川流域でも随一の景観を誇る最上峡で舟下り。出羽三山の玄関口の羽黒山へは、街歩きも楽しいレトロな城下町・鶴岡を起点に。

山寺に名湯に祭りに。
人気の観光スポット勢揃い！

山形・天童・米沢 P▶078

山寺 P▶078

銀山温泉 P▶078

さくらんぼ P▶083

山形市内から意外に近い山寺や蔵王。天童は四季折々に多彩な果物が楽しめる果物王国。名所旧跡が多い米沢では歴史探訪がおすすめ。

最上川が南北に流れる

十六羅漢岩
鳥海山
酒田市
酒田港
山居倉庫
庄内空港
日本海
鶴岡市立加茂水族館
庄内平野
我道博物館
鶴岡
羽黒山
あつみ温泉
出羽三山
月山湖大噴水

秋田県

幻想の森
（土湯杉群生地）
小杉の大杉（トトロの木）
お米
最上
新庄盆地
新庄駅
リンゴ
月山
弥陀ヶ原湿原
西洋ナシ
月山
湯殿山
サクランボ
大石田駅
銀山温泉
村山駅 将棋駒
さくらんぼ東根駅
山形空港
天童
天童駅
山寺
山形駅 山形蔵王IC
山形
蔵王
蔵王駅
置賜
赤湯駅
米沢盆地
高畠駅
上杉神社
米沢
米沢中央IC
米沢駅
米沢牛

新潟県

山形自動車道
日本海東北自動車道
山形自動車道
奥羽山脈

宮城県

蔵王山は宮城との県境に

福島県
吾妻山
山形新幹線

アクセスガイド

東京
🚄 新幹線 東京→山形 約2時間45分
🚄 新幹線 東京→新潟（特急）→鶴岡 約4時間
✈ 飛行機 羽田→庄内 約1時間

大阪
✈ 飛行機 伊丹→山形 約1時間20分

仙台
🚃 電車 仙台→山形 約1時間10分
🚌 高速バス 仙台→山形 約1時間10分

山形基本DATA

面積	約9325km²
人口	103万1642人（令和5年4月1日）
ベストシーズン	4〜5月、7月
県庁所在地	山形市
特産品	さくらんぼ、尾花沢スイカ、もも、ぶどう、こんにゃくなど
日本一	ラーメンの消費量日本一（令和4年）

地理	隣り合う4県との県境に山があり中部には出羽丘陵。内陸に盆地が点在する。県の面積の約72%を森林が占める。
気候	盆地特有の内陸性気候の影響で、日本海側を除く大半の地域は夏は蒸し暑く、冬は寒い。昼夜の気温差も大きい。

移動のてびき

1 県内には山形、庄内の2カ所に空港がある

目的地が内陸部なら山形空港、日本海側なら庄内空港というふうに使い分けが可能。ただし、庄内空港に就航しているのは羽田便のみ。

2 近隣の県からは、電車や高速バスでの行き来もラク

仙台からは山形市と米沢への直行便の高速バスが運行し、便数も多い。ほかの近隣県の主要都市からの交通アクセスも充実している。

山形
BEST PLAN

見所が
いっぱい！

1泊2日

PLAN | ノスタルジックな映えスポット

鶴岡～最上プラン

COURSE MAP

羽黒山、鶴岡、酒田と巡り、投宿は銀山
温泉。翌日は最上峡谷から肘折温泉へ。

1日目　県北西部からスタート

8:25	鶴岡IC発	厳かな空気が漂う
🚗 35分		
9:00	修験の山、	
🚗 50分	羽黒山へ。	P▷081
	国宝の五重塔に圧倒される	

長い石段参道に杉並木が続き、幽玄な趣。

12:30	鶴岡市立加茂水族館で	泳ぐクラゲが幻想的
🚗 30分	クラネタリウム鑑賞	

ライトアップされた
大水槽で神秘的な写
真を撮ろう♪　P▷081

14:00	「おしん」のロケ地として有名な、	
🚗 2時間	山居倉庫へ	

1893年に建てられ
た米保管倉庫。日没
後はライトアップも。　P▷081

17:00	銀山温泉に宿泊し、
	ノスタルジックな
	温泉街を散策　P▷078

2日目　最上峡から肘折温泉へ

9:30	まずは最上峡へ。	大自然を体感！
🚗 60分 / 🚶 7分	古口駅へ向け出発！	

11:00	最上川舟下りを	
🚗 15分	体験！	P▷082

船頭の舟唄を聴きな
がら、ダイナミック
な景色を楽しんで。

13:00	「幻想の森」で	巨木の森で深呼吸
🚗 50分	神秘的な写真を	
	撮影　P▷082	

CMなどのロケ地にもなった土湯杉群生地。

15:00	肘折源泉公園の足湯で	ダム風景が滝のよう
	旅の疲れを	
	癒やす	

自噴する温泉とダム
を眺めて温まろう。

16:00	舟形ICから帰路へ

1泊2日

PLAN | 擬洋風建築とパワースポット巡り

山形～米沢プラン

COURSE MAP

山寺で絶景を堪能し、蔵王温泉で1泊。
翌日は山形市で建築巡りのあと、米沢へ。

1日目　山形市を起点に山寺へ

10:00	山形駅発	納得のパワースポット！
🚃 19分 / 🚶 5分		
11:00	山寺の山道を	
	歩き、絶景に感動	P▷078

登山口から大仏殿のある奥の院までの道の
りはそこかしこに絶景が！

🚌 45分 / 🚶 18分	山形駅に戻り	大自然の湯を満喫
15:00	蔵王温泉	
	大露天風呂で	
	湯浴み	

渓流のせせらぎに
癒やされる。

17:00	蔵王温泉に宿泊

2日目　山形市内と米沢を観光

10:00	再び山形駅から	重厚感ある佇まい
🚌 8分 / 🚶 1分	出発！	
10:30	山形県郷土館	
🚶 25分	「文翔館」で	P▷079
	大正ロマンな空間に浸る	

映画のロケ地としても人気の旧県庁舎。

12:00	明治初期の建築	形状がユニーク！
🚶 15分 / 🚃 48分	旧済生館本館を	
	見学	P▷079

明治の擬洋風建築。
現在は山形市郷土館。

14:00	山形駅から	ご宝物の数々は必見
🚌 8分 / 🚶 5分	米沢駅へ移動	
14:30	上杉謙信を祀る	
	上杉神社を参拝	P▷079

戦国最強の武将を祀るパワースポット。

16:00	米沢駅に戻り帰路へ

BEST 1

大正時代の面影残す 温泉街をそぞろ歩く

雪景色はさらに
ムード満点

尾花沢｜銀山温泉／延沢銀山が由来となり、閉山後も湯治場として人気の温泉街。ガス灯とレトロな洋風の木造旅館が並ぶ景色がなんともロマンチック。

山形｜山寺／正式名称を「宝珠山立石寺」といい、山全体が修行と信仰の場。奥の院への道中は奇岩怪石が点在。

BEST 2

石段を上った先の 絶景に感動！

BEST 3
豪華絢爛な **文翔館** が
見応え満点

東北／山形

山形　山形県郷土館「文翔館」
／創立1916年、英国近世復興様
式の旧県庁舎と旧県会議事堂は、
国の重要文化財に指定される。

美しい中庭
も見もの

BEST 4
華やかな **花笠踊り** に酔いしれる

山形　山形花笠まつり
／威勢のいい太鼓の音と掛け
声に合わせ、あでやかな花
笠を持った踊り手が街を群
舞する山形の夏の風物詩。

山形　山形市郷土館
／国指定重要文化財の
旧済生館本館を活用し
た施設。ドーム型の緑色
の屋根が特徴的な三層
楼は内装も和洋折衷。

BEST 5
舞鶴山山頂で
人間将棋 を観戦

天童　天童桜まつり人間
将棋／甲冑などを着た人を
駒に見立て将棋を対戦。将棋
駒の名産地ならではの祭り。

BEST 7
洋風モダン な建物は
一見の価値あり

米沢　上杉神社　名将・
上杉謙信公を祭神として祀
る神社。境内にある宝物殿
が見もの。

BEST 6
山形城跡の公園で
花見を楽しむ

山形　霞城公園（山形城
跡）／最上家初代の斯波兼頼
が築城した山形城跡。春に
は約1500本もの桜が咲く。

BEST 8
上杉謙信公 を祀る神社で
運招福を祈る

BEST 1
月山の八合目で
清々しい空気を吸う

八合目までは
車で行ける

鶴岡 **月山弥陀ヶ原湿原** 月山の八合目に広がる草原。夏には約130種の高山植物が繁り、秋は紅葉して黄金色に包まれる。

BEST 2
岩に彫られた仏様に
海の安全を祈願

間近で
見たい

遊佐 **十六羅漢岩** 岩壁に現れる16体の羅漢像が大迫力！仏道の繁栄と海上安全を祈願し、地元の石工が彫ったとされる。

BEST 3
杉並木が続く参道で
国宝五重塔に圧倒される

全長29mの
五重塔

鶴岡　**羽黒山**／出羽三山の中心である羽黒山。
五重塔は平将門により創建。現在の塔は1300年
代に再建されたもので、国宝に指定されている。
※現在、柿の葺き替え中。2024年秋に竣工予定。

BEST 4
神秘的な**クラゲの世界に**
酔いしれる

鶴岡　**鶴岡市立加茂水族館**／
世界各国のクラゲ約80種を展示。
「クラゲドリームシアター」では1
万匹のミズクラゲが泳ぐ。

BEST 5
米の**貯蔵庫群で**
おみやげ探し

酒田　**山居倉庫**／旧藩主
酒井家が1893年に建造した
米保管用倉庫。連続テレビ
小説『おしん』の舞台。

鶴岡　**致道博物館**／庄内藩主・酒井家の伝
来品を収蔵する博物館。国指定重要文化財の
旧西田川郡役所など、重要な建築物も見もの。

BEST 6
致道博物館の建物群で
鶴岡の歴史を知る

幹周りは
15m超え！

BEST 7

杉の巨木群生地が
幻想的すぎる

戸沢 幻想の森（土湯杉群生地）／幹や枝がねじれながら伸びる樹齢1000年超の土湯杉。一帯に広がる風景は神秘的。

BEST 8

国道沿いの月山湖で
大噴水の打ち上げを見学

西川 月山湖大噴水／1時間ごとに約10分間、最高で地上112mまで水を噴き上げる世界有数の大噴水。

BEST 9

船上から最上川の絶景を楽しむ

戸沢 最上川舟下り／船頭の舟唄やガイドを聞きながら、約1時間かけて川を下る人気のアクティビティ。

山形の 春夏秋冬 イベント

春

よねざわうえすぎまつり
米沢上杉まつり
`米沢` 4月29日〜5月3日
藩祖上杉謙信を祭神とする上杉神社を中心としたまつり。メインの激闘「川中島合戦」の再現は大迫力。

夏

しんじょうまつり
新庄まつり
`新庄` 8月24〜26日
260年以上続く夏の風物詩。歴史絵巻を再現した豪華絢爛な山車が、新庄囃子でにぎやかに練り歩く。

秋

にほんいちのいもにかいフェスティバル
日本一の芋煮会フェスティバル
`山形` 9月中旬
直径6.5mの大鍋と重機で、郷土料理「芋煮」を振る舞う光景は、まさに日本一。1989年に始まった山形県民の秋の恒例行事。

冬

うえすぎゆきとうろうまつり
上杉雪灯篭まつり
`米沢` 2月第2土・日曜
上杉謙信を祀る上杉神社がある松が岬公園を主会場に開催され、約200基の雪灯篭と、1000個の雪ぼんぼりに灯りが灯される幻想的なまつり。

知っ得！ ご当地ネタ帳

んだ！はよく使うよ

地元の人とのトークに困らない！
よく使われる方言リスト

どさいぐなやっす？	▶	どこに行くのですか？
でっちり	▶	たくさん
ごっつぉ	▶	ごちそう
べご	▶	牛
ぐずらもずら	▶	のろのろ
こわい	▶	疲れる
たがぐ	▶	持つ

お客さんが来たら、ラーメンを出前する！
そば屋でもラーメンを出すほど、ラーメン文化が根付く山形。そのためおいしいラーメンが大切なお客へのもてなしとされている。

電話のときは「〜でした」と名乗るのが山形流！
電話だけでなく、玄関先で名乗る時や料理の紹介まで「〜でした」が山形県民の会話。過去形ではなく現在完了の感覚らしい。

お国自慢 ご当地グルメ

`フルーツ`
さくらんぼ
「佐藤錦」が有名。深紅で甘酸っぱい味はまさに初夏の味。

`肉`
米沢牛
きめ細かな霜降りと香りの良い脂、赤身の甘みが特徴。

`郷土料理`

芋煮
里芋とこんにゃく、牛肉をしょうゆ味で煮込むのが山形流。

`郷土料理`

玉こんにゃく
通称「玉こん」。だし醤油で煮込んだ山形の名物料理。

欲しいをチェック おみやげリスト

1 `日本製乳`
おしどりミルクケーキ
薄い板状でパリッとした食感が人気。優しいミルク味は食べる牛乳そのもの。

2 `酒田米菓`
オランダせんべい
庄内米を使用し、極薄3ミリの食感と塩味が人気。名前の由来は方言から。

3 `伝統銘菓`
ゆべし
割れた米を粉にして、砂糖やしょうゆを混ぜ、指で押した（ゆべし）餅。

4 `伝統工芸`
将棋駒
木目と書体の美しさが特徴の伝統工芸品。天童市は将棋駒の生産日本一。

福島
旅のプロファイル

山岳地帯や渓谷、湖沼など豊かな自然が広がる

全国で3番目に広い面積を誇る福島県は、
首都圏からもアクセスしやすい東北地方の玄関口。
雄大な自然に抱かれ、歴史と伝統が息づいている。

歴史ある街に温泉に。
喜多方グルメも楽しめる

福島は
果物王国！

喜多方・会津・磐梯
きたかた　あいづ　ばんだい
P▶088

鶴ヶ城 P▶089

大内宿 P▶088

喜多方ラーメン P▶091

歴史に彩られた会津地方。蔵の街・喜多方はラーメンでも有名。幕末の物語を今に伝える会津若松。大内宿ではタイムスリップした気分に！

赤べこは
会津発祥だよ

山形県

宮城県

相馬市

三ノ倉高原
ひまわり畑

モモ

福島
福島駅
福島西IC
花見山

吾妻山

喜多方

磐梯吾妻スカイライン

土湯温泉郷

会津盆地
会津

磐梯

五色沼
湖沼群

磐梯山

こけし

会津武家屋敷
会津若松市

会津さざえ堂

磐越自動車道

鶴ヶ城

安積疏水
十六橋水門
猪苗代湖

郡山IC
郡山盆地
郡山
郡山駅

三春滝桜

安積疏水

第一只見川橋梁

会津

赤べこ

大内宿

塔のへつり

お米

米

福島空港

阿武隈高地

あぶくま洞

奥只見ダム

越後山脈

奥羽山脈

中通り

浜通り

常磐自動車道

白河IC
新白河駅

栃木県

檜枝岐歌舞伎

燧ヶ岳

尾瀬
国立公園

いわき
スパリゾートハワイアンズ
アクアマリンふくしま

いわき中央IC

国宝
白水阿弥陀堂

小名浜港

サンマ

茨城県

大自然あり、ビーチリゾート
観光＆レジャーエリア

スパリゾートハワイアンズ P▶086

福島・郡山・いわき
ふくしま　こおりやま
P▶086

果物や温泉が楽しめる福島市内。春の名所である三春滝桜や、あぶくま洞など絶景も豊富。いわきはレジャースポットが充実。

国宝 白水阿弥陀堂 P▶086

三春滝桜 P▶086

アクセスガイド

東京	新幹線 東京→郡山 約1時間17分	
	新幹線 東京→福島 約1時間40分	
	電車 東京→いわき 約2時間30分	
大阪	飛行機 伊丹→福島 約1時間10分	
仙台	新幹線 仙台→福島 約25分	
山形	新幹線 山形→福島 約1時間5分	

福島基本DATA

面積	約1万3780km²
人口	177万3723人（令和5年4月1日）
ベストシーズン	4月、10〜11月
県庁所在地	福島市
特産品	もも、干し柿、川俣シャモ、日本酒など
日本一	福島市の納豆支出額全国1位（令和3年）

移動のてびき

1 広い福島。プラン作成時必ず移動時間の確認を！

全国で3番目の面積を有し、縦にも横にも広いのが福島県。実現可能な旅の計画を立てるには、移動距離と所要時間の確認がマスト！

2 福島空港と仙台空港も上手に利用して福島へ

遠方からなら飛行機が便利。福島空港から郡山駅まではリムジンバスで約40分。仙台空港から福島駅までは新幹線も使えば1時間強。

地理　東側から阿武隈高地、奥羽山脈、越後山脈が連なり、山地を境に気候や風土が大きく三分されるのが特徴。

気候　内陸の会津地方は豪雪地帯で、夏は盆地ならではの蒸し暑さに。太平洋側の夏は過ごしやすく、冬も比較的暖かめ。

福島
BEST PLAN

会津かいわき
を拠点に！

1泊2日

PLAN | 歴史溢れる会津＆周辺エリア満喫

喜多方〜会津プラン

COURSE MAP

猪苗代湖などの湖沼を巡ったら、喜多方、
会津、大内宿の歴史街道散策。

1日目　猪苗代湖から喜多方へ

9:00	猪苗代駅発	日本で4番目に大きい湖
▼11分		
9:30	猪苗代湖で遊覧船に乗る	
▼37分 4分	遊覧船やボートで猪苗代湖を遊覧しよう	P▶090
11:00	五色沼で遊歩道を歩いて散策	神秘的な青沼！
▼1時間	青沼や毘沙門沼など森に点在する沼を巡ろう。	P▶088
14:00	喜多方で蔵の街並みを散歩する	山あいの温泉へ！
▼19分 5分	重厚な土蔵を眺めつつ、ふれあい通り周辺を町歩き！	P▶089
16:00	東山温泉郷泊	
	会津の奥座敷に泊まり、からだの芯までポカポカに♪	

2日目　会津若松と大内宿を満喫

9:30	会津若松駅前から周遊バス「ハイカラさん」に乗車！	会津みやげを探してふらり
▼5分 1分		
9:40	七日町通りを朝から散策	
▼10分 6分	大正時代のようなレトロな町並み。	
11:00	会津若松のシンボル、鶴ヶ城を訪問	赤瓦の名城！
▼8分 35分 6分	戊辰戦争の舞台にもなった会津若松市のシンボル。	P▶089
13:00	塔のへつりの吊り橋を渡ってみる	
▼5分 20分	塔の形をした断崖は迫力満点！	P▶089
14:30	大内宿で江戸時代の面影残る町並み散策	P▶088
▼20分 48分	江戸時代の面影を残す茅葺き屋根の民家が軒を連ねる。	日光今市とを結ぶ宿場町
16:30	会津若松駅に戻り、帰路へ	

1泊2日

PLAN | 常夏リゾートと天空ドライブで気分爽快！

いわき〜福島プラン

COURSE MAP

シーサイドに遊び、地底で大自然の神秘に触れ、大自然の中を駆け抜ける。

1日目　極楽浄土から常夏の楽園へ

8:45	いわき湯本IC発	佇まいが美しい
▼15分		
9:00	国宝 白水阿弥陀堂で平安時代に思いを馳せる	CMのロケ地にもなった阿弥陀堂は、県内唯一の国宝建造物。 P▶086
▼15分		
10:30	スパリゾートハワイアンズで気分は常夏！	たっぷり遊べる！
	広々としたプールに温泉、フラガールショーなどが楽しめる。	P▶086
18:00	ハワイアンズ直営ホテルに宿泊	

2日目　海のあとは内陸部へ

10:00	ハワイアンズ発	東北最大級の水族館
▼23分		
10:30	海辺の水族館アクアマリンふくしまへ	
▼1時間6分	福島沖の海を表現した大水槽「潮目の海」に注目。バックヤードツアーなど体験も。	P▶086
13:00	あぶくま洞で大自然のアートに感動	国内有数の鍾乳石群
▼1時間18分	公開部分約600mの洞内に、悠久の歳月をかけて生まれた神秘の世界。	P▶087
15:30	磐梯吾妻スカイラインで天空を快走しちゃう！	
	四季折々で楽しめる天空パノラマコース。温泉も楽しめる。	P▶087 絶景の中をドライブ！
17:00	福島西ICから帰路へ	

福島・郡山・いわき で行きたい！したい！ BEST 7

三春 三春滝桜／樹高13mを超える日本三大桜の名木。伸びた枝から垂れる滝のような花は、ライトアップでさらに幻想的。

BEST 1

樹齢1000年以上！
滝桜が美しすぎる

樹齢千年超えの桜！

いわき 国宝 白水阿弥陀堂／御堂は国宝建造物。大規模な浄土庭園は平安時代からのもの。

いわき スパリゾートハワイアンズ／6つのテーマパークがある温泉レジャー施設。フラダンスショーは必見。

BEST 2

古代蓮が咲く
夏の**浄土庭園**を散歩

BEST 4

ハワイアンズのフラダンスを
間近に鑑賞！

3

大水槽のトンネルを
うっとりとくぐり抜ける

いわき アクアマリンふくしま／潮目を表す三角トンネルで神秘的な海の世界を感じよう。館内には約800種類の生物を展示。

BEST 5
吾妻連峰を走る道路で絶景の中をドライブ

福島　磐梯吾妻スカイライン／高湯温泉から土湯峠へ向かう観光道路。荒涼とした山岳風と紅葉とのコントラストは絶景。

BEST 6
春色に染まる花見山で桃源郷を体感する

福島　花見山　花木生産農家が公園を無料開放。3月初旬からさまざまな花で彩られる。

田村　あぶくま洞／洞内最大の「滝根御殿」は高さ29m。ライトアップされた鍾乳石は幻想的。

貴重な鍾乳石を見学！

BEST 7
あぶくま洞で自然の神秘にふれる

BEST 1

茅葺き屋根の家々が並ぶ
江戸時代へタイムスリップ

みやげ店や
食事処も！

下郷 大内宿／30軒以上の
茅葺き屋根の民家が並ぶ、江戸
当時の姿を残す宿場町。7月に
「半夏まつり」が開催される。

BEST 2

エメラルドグリーンに
輝く湖にうっとり

時間や天候で
色が変わるよ

北塩原 五色沼湖沼群／水蒸気
爆発により数百もの湖沼が形
成。一番大きな毘沙門沼では手
漕ぎボートも楽しめる。

BEST 3

見渡す限り咲き誇る
大輪のひまわりに息をのむ

喜多方 三ノ倉高原ひまわり畑／スキー場のゲレンデを利用した、東北最大級のひまわり畑。見晴らしの丘には「幸福の鐘」がある。

BEST 4

二重螺旋設計の御堂で
不思議な錯覚を体験

会津若松 会津さざえ堂／正式名称は「円通三匝堂」。独特な二重螺旋スロープが珍しい。国の重要文化財。

BEST 5

喜多方の**蔵の町並み**で
懐かしい郷愁を感じる

喜多方 喜多方 蔵の町並み 路地裏や郊外にまで多彩な蔵が立ち並ぶ。現役の蔵が多く、歴史や文化を体感できる。

BEST 6

会津若松のシンボル
鶴ヶ城の天守閣へ

別名は
会津若松城

会津若松 鶴ヶ城／白亜五層の城壁に赤瓦が美しい。天守の内部には博物館やショップがある。

BEST 7

紅葉の季節に訪れたい
奇岩怪石が並立する景勝地

下郷 塔のへつり／へつりとは険しい断崖のこと。全長200mにわたり並ぶ奇岩が紅葉と重なり美しい。

BEST 8
広大な猪苗代湖の輝く湖面に感動

猪苗代 猪苗代湖／磐梯山が映る湖面は「天鏡湖」とも。マリンスポーツが楽しめる。

BEST 9
リフレクションが美しいローカル線を見に行く

三島 第一只見川橋梁／沿線景観の美しさで知られる只見線。雄大な渓谷に架かる橋は絶好の撮影スポット。

BEST 10
檜枝岐村に伝わる手作り歌舞伎に歓声を上げる

役者は全て村民が担当

檜枝岐 檜枝岐歌舞伎／村人が代々継承してきた伝統芸能。夕暮れから上演される神聖な舞台を堪能。

福島の春夏秋冬イベント

`春`

かんのんじがわさくらまつり
観音寺川桜まつり

`猪苗代` **桜の見頃の時期により変動**

満開時には約1kmの桜のトンネルが続く。7色LEDのライトアップされた川沿いは幻想的。

`夏`

ふくしまわらじまつり
福島わらじまつり

`福島` **8月第1金曜～日曜**

長さ12mの日本一大きいわらじを担いで練り歩く。健脚を祈りながら「わらじ音頭」で踊る夏の風物詩。

`秋`

にほんまつのちょうちんまつり
二本松の提灯祭り

`二本松` **10月第1土曜～月曜**

かがり火から点火され、燃え盛る提灯を曳き回す光景は大迫力。太鼓台には約300個の提灯が掛けられている。日本三大提灯祭りの一つ。

`冬`

あいづえろうそくまつり
会津絵ろうそくまつり

`会津若松` **2月第2土曜とその前日**

会場の「鶴ヶ城」では天守閣へ上って、雪景色と絵ろうそくの幻想的な景色が見られる。淡く照らす光は「ゆきほたる」と形容される。

知っ得！ご当地ネタ帳

使ってみるだべ

地元の人とのトークに困らない！
よく使われる方言リスト

ありがとない	▶ ありがとう
こらんしょ	▶ どうぞ来てください
だげんちょも	▶ ～けれども
あるってく	▶ 歩いて行く
ひゃっこい	▶ 冷たい
めんげ	▶ かわいい
さすけねぇ	▶ 申し訳ない

海水浴ではなく、湖水浴を楽しむのが福島流！

海が遠い郡山や会津では、波が穏やかでべたつかない猪苗代湖の湖水浴が夏の定番。磐梯山を眺めながら水遊びを楽しんでいる。

同じ県内なのに？
会津といわきでは天気がガラッと変わる

会津は日本海側の気候で、いわきは「浜通り」と呼ばれるように太平洋側の気候。会津には雪があるが、いわきには全くないことも。

お国自慢ご当地グルメ

`フルーツ`
桃

甘みが強く果肉が締まっているのが特徴。食べ頃は7月～8月。

`そば`
高遠そば

辛味大根おろしを使ったつゆが美味。ネギが箸代わりの店も。

`ラーメン`
喜多方ラーメン

醤油スープに縮れた平打ち麺が特徴。食べ比べてみよう。

`ラーメン`
白河ラーメン

喜多方よりもさらに縮れた麺が特徴のご当地ラーメン。

欲しいをチェック おみやげリスト

1 `三万石`
ままどおる

バターを使った生地でミルク餡を包んだ焼き菓子。福島の代表的な銘菓。

2 `伝統工芸`
赤べこ

疫病を払った赤い牛が由来の張り子の民芸品。ゆらゆら動く姿が愛らしい。

3 `伝統工芸`
起き上がり小法師

会津で最古とも言われる民芸品。倒しても起き上がる七転八起のかわいらしい縁起物。

4 `伝統工芸`
絵ろうそく

職人により草花が繊細に描かれ、幕府にも献上された会津が誇る伝統工芸。

各地を繋ぐ道はどうやってできた？
江戸と五街道の発展

レトロな雰囲気が観光スポットとしても人気の
宿場町。それらが置かれた街道はどのようにして
発展していったのか。日本の主要道路の歴史に迫る。

五街道ルート

日本橋から各地に延びる。最も長いのは中山道で約534km。

古代の五畿七道

畿内を中心に区分。現在の九州は西海道としていた。

大化前代からある
五畿七道が街道の原型

街道の原型は奈良時代末期頃までさかのぼる。かつて都のあった大和（奈良）や山城（京都）ほか、河内、和泉、摂津を畿内または五畿と呼び、そのほか本州は7つの地域に分けられた（右上図参照）。これらは地域の呼称であると同時に都から延びる道路の名称としても使われている。

徳川家康により
街道が拡充・整備される

時は過ぎて江戸時代、徳川家康は江戸と各地を結ぶ「五街道」（東海道、甲州街道、奥州街道、日光街道、中山道）の拡充と整備に取り組んでいった。この五街道の原点が、五畿七道である。

家康の当初の目的は、反乱を起こした地方の大名に対し、江戸から討伐軍を派遣するための軍用道路を整備することだった。街道に「宿駅（宿場）」を設け、

宿駅ごとに人馬を交代して運ぶ「伝馬制」を導入。五街道すべてが完成し、起点を江戸（現在の日本橋）に置くことで、江戸は日本の中心だと印象付けた。

参勤交代でも
活用された五街道

軍用道として整備された五街道の道幅は、4間（約7.2m）以上とかなり広くなった。その後、2代将軍徳川秀忠により武家諸法度が出され、3代将軍徳川家光が参勤交代を制度化。各大名は大名行列を組んで所領と江戸とを行き来した。また、すべての地方を網羅するため、「脇往還」が全国に整備される。これにより、参勤交代がより効率的に行われるようになった。

往時の面影を残す
宿場町を歩いてみよう

街道の拠点となった宿駅は、当時商業集落として発展していっ

た。200年近く経った今でも、古い町並みを残す場所があり、宿場町として観光客が散策に訪れている。往時に思いを馳せながら、ノスタルジックで情緒あふれる宿場町を散策しよう。

P▶192

奈良井宿 中山道34番目の宿場町。茶屋やそば処がおすすめ。

P▶255

馬籠宿 こちらも中山道の43番目宿場町。島崎藤村ゆかりの地。

関東

茨城
旅のプロファイル

海・山・湖のある都心に近い自然スポット

関東の北東部に位置する。東部は太平洋に面し、中央部～南部は関東平野で、南西部は筑波山がそびえる。自然が豊かである一方、研究都市の一面も持つ。

名峰・筑波山周辺とパワースポット巡り

つくば・鹿嶋 P▶096

大きな大仏も見られる

城下町の名園＆花畑を歩いて県北の自然スポットへ！

水戸（みと）・ひたちなか・袋田（ふくろだ） P▶098

国営ひたち海浜公園 P▶099

鹿島神宮 P▶096
牛久大仏 P▶097

筑波大学やJAXAなどの機関、研究者が集まり、国内最大級の研究学園都市とも呼ばれる。筑波山の玄関口や、鹿島アントラーズのホームタウンとしても賑わう。

筑波山 P▶096

偕楽園 P▶098
わら納豆 P▶101

福島県
八溝山
袋田の滝
袋田
竜神大吊橋
常磐自動車道
日立中央IC
日立市
東海村
ひたちなか
アンコウ
那珂川
偕楽園
水戸城跡
水戸市西部図書館
水戸IC
笠間つつじ公園
石切山脈
国営ひたち海浜公園
アクアワールド
茨城県大洗水族館
笠間稲荷神社
水戸
茨城港
栃木県
笠間市
つむぎの館
結城市
鬼怒川
レタス
北関東自動車道
ナシ
東関東自動車道
筑波山
クリ
茨城空港
関東平野
納豆
国立研究開発法人宇宙航空研究開発機構筑波宇宙センター
土浦市
メロン
圏央道
つくば
桜土浦IC
土浦全国花火競技大会
鉾田市
サツマイモ
牛久大仏
利根川
霞ヶ浦
水郷潮来あやめまつり
北浦
鹿嶋
鹿島神宮
鹿島港
埼玉県
アクセスが良好！
取手市
神栖市
千葉県
利根川

県中央部に位置する県庁所在地・水戸。江戸時代に水戸徳川家が置かれ、現在も徳川家ゆかりの地が点在している。太平洋側には漁港や魚市場が多数ある。

アクセスガイド

東京	電車	秋葉原→つくば 約45分
	電車	東京→水戸 約1時間15分
	車	三郷JCT→つくば 約40分
	車	三郷JCT→水戸 約1時間20分

栃木	電車	小山→水戸 約1時間30分
神戸	飛行機	神戸→茨城 約1時間10分
千葉	電車	香取→鹿島神宮 約20分
	車	京葉JCT→ひたちなかIC 約1時間30分

茨城基本DATA

面積	約6097k㎡
人口	283万4970人（令和5年2月1日）
ベストシーズン	2～3月、11月
県庁所在地	水戸市
特産品	納豆、柔甘ねぎ、メロン、シェーブルチーズなど
日本一	メロン・鶏卵の生産量日本一

地理 北は福島県、西は栃木県、南は千葉県と埼玉県に接する。中央部～南西部には関東平野の一部が広がる。

気候 年平均気温は約14度。夏は降水量が多く、多湿。冬の県南部では冷たく乾燥した北西風「筑波おろし」が吹く。

移動のてびき

1 東京からのアクセスはとても便利。往復でルートを変えるのもあり

東京駅からJR常磐線を利用して水戸駅まで約1時間15分。つくばエクスプレスを使えば、秋葉原駅からつくば駅まで約45分と便利。

2 SLもおかに乗って栃木までSL旅もおすすめ！

筑西市の下館駅から観光列車「SLもおか」に乗車して、栃木県茂木町の茂木駅まで、田園風景を楽しみながら旅するのも◎。

茨城
BEST PLAN

PLAN | GWに行きたい茨城の名所巡り

水戸〜ひたちなかプラン

COURSE MAP

県中央部を中心に、1日目は歴史スポットを、2日目は豊かな自然とグルメで、茨城を満喫しよう。

1日目 | 笠間エリアで名所を巡る

9:00
🚌 29分
🚃 4分
🚶 2分
水戸駅発。笠間駅に移動
JR水戸線に乗り、千波湖や偕楽園の横を通過して笠間駅へ。

歴史ある笠間を散策

10:00
🚶 17分
日本三大稲荷の一つ 笠間稲荷神社に到着！

商売繁盛のご利益も！

P▶099

笠間市のシンボルであり、日本三大稲荷の一つ、笠間稲荷神社からスタート。門前町にも立ち寄ってスイーツをいただく。

12:00
🚕 タクシー 5分
笠間つつじ公園のふもとから つつじ山の山頂まで散策

8500株のつつじが咲く

ふもとから標高143メートルの山頂まで、ゆっくり歩いて約1時間弱のハイキングを。

P▶098

15:00
🚕 タクシー 8分
🚃 22分
笠間焼の陶器市に 気になる器をゲット

春先なら梅まつりを楽しもう
2月中旬〜3月下旬頃に偕楽園で「水戸の梅まつり」が開催される。

200店を越す出店者が！

例年GWに笠間芸術の森公園イベント広場にて陶炎祭を開催。

18:00 **水戸駅周辺ホテル泊**

2日目 | 大洗&ひたちなかのレジャスポへ！

10:00
🚌 20分
🚃 6分
🚶 2分
水戸駅発
水戸駅を出発して、電車は太平洋側へ。海の恵みと花の美しさを堪能しよう。

10:30
🚶 20分
アクアワールド・大洗へ。多種多様なサメを観察

約50種類のサメが登場

P▶100

国内最大級の規模を誇る水族館。約50種類のサメの展示やマンボウなど、世界に棲む海の生き物たちに出会える水族館。

12:00
🚌 28分
🚶 14分
那珂湊おさかな市場で 新鮮な海鮮をゲット

那珂湊漁港前に飲食店や鮮魚店が並ぶ。旬な鮮魚を使った丼や寿司でお腹も満たして。

魚介類は鮮度抜群！

14:00
🚌 25分
国営ひたち海浜公園で 花畑に埋もれる♪

みはらしの丘で見よう

P▶099

開園面積215haにも及ぶ園内では四季折々のさまざまな草花が楽しめる。春のネモフィラは4月中旬〜5月上旬が見頃。

17:00 **勝田駅から帰路へ**

楼門は高さ
約13m！

BEST 1

朱塗りの楼門をくぐって
鹿島神宮の本宮へ

鹿嶋　鹿島神宮／楼門は日本
三大楼門の一つで、1634年に
水戸藩初代藩主の徳川頼房が
奉納したもの。

BEST 2

茨城で愛される
筑波山から夜景を一望

ロマンチック
な夜景を

つくば　筑波山／男体山と女体
山の２つの峰からなる筑波山。
日没後、標高約870mの山頂か
ら関東平野の夜景を鑑賞できる。

潮来　水郷潮来あやめまつり／毎年5月中旬〜6月中旬ごろに開催され、約500種100万株のあやめ（花菖蒲）が見られる。

咲くあやめ約500種

BEST 3
初夏を告げる
あやめや花菖蒲を見に行く

BEST 4
秋の夜空を彩る
大輪の花に感激！

土浦　土浦全国花火競技大会／日本三大花火のひとつ。毎年11月上旬に開催され、約1万8000発の花火が打ちあがる。

関東／茨城

BEST 5
ロケットエンジンは必見

日本歴代のロケット模型の前で記念撮影する

つくば　国立研究開発法人 宇宙航空研究開発機構 筑波宇宙センター／展示館「スペースドーム」では、実物大の人工衛星の試験モデルなどを間近に見られる。

BEST 6
伝統の結城紬の
おみやげをゲット

結城　つむぎの館／製作工程がユネスコ無形文化遺産に登録されている結城紬。結城紬の展示や、染め織り体験ができる。

牛久　牛久大仏／高さ120mと世界一高く、ギネス世界記録にも登録されている。胎内には、展望台や模型の展示コーナーも。

BEST 7
ギネスに認定された
巨大な大仏を発見！

BEST 8
霞ヶ浦の夏から秋の風物詩
帆引き船をパシャリ

南東部　霞ヶ浦／日本第2位の広さの湖。大きな帆で風を受け、船を横流しにする。元は網漁法として、人々の生活を支えてきた。

BEST 1
梅の季節に訪れたい 偕楽園で春を感じる

梅の見頃は2月下旬から

水戸　偕楽園／江戸時代に造園された。園内には100品種、約3000本の梅の木が植えられ、12月下旬から3月下旬まで楽しめる。

BEST 2
公園いっぱいに咲き誇る つつじの花に癒やされる

笠間　笠間つつじ公園　4月中旬から5月上旬にかけてつつじが咲き誇る。公園内を1時間弱ハイキングすればつつじ山の山頂に辿り着ける。

BEST 3
迫力満点の 袋田の滝を眺める

大子　袋田の滝　日本三名瀑のひとつ。高さ120m、幅73mで、四段の大岩壁を落下することから「四度の滝」とも呼ばれる。

BEST 4

水戸徳川家 の居城を訪問

水戸 水戸城跡／日本最大級の土造りの平山城。明治以降、多くの建物が失われたが、大手門や二の丸角櫓が復元された。

BEST 5

仕事運アップを願って
笠間稲荷神社を参拝

藤棚は樹齢400年に及ぶ

笠間 笠間稲荷神社／第36代孝徳天皇の御代に創建されたとされる。商売繁盛や五穀豊穣など様々なご利益がある。

BEST 6

一面ブルーの世界!
ネモフィラ畑に埋もれたい

例年4月中旬からが見頃!

ひたちなか 国営ひたち海浜公園／開園面積約215haの広大な園内では、ネモフィラをはじめ、四季を感じられる草花を楽しめる。

BEST 7

日本最大級の採石場のダイナミックな景色に感動

古代遺跡のような荘厳さ！

笠間　**石切山脈**／約6000万年前に海底深くで冷えて固まった花崗岩の一種「稲田石」の採掘現場。別名「白い貴婦人」とも呼ばれる。

常陸太田　**竜神大吊橋**／竜神峡に架かる大吊橋。例年4月下旬から5月中旬にかけて竜神峡鯉のぼりまつりが開催される。

BEST 8

竜神峡の上を泳ぐこいのぼりが圧巻！

BEST 9

円形フォルムが美しすぎる図書館へ

水戸　**水戸市立西部図書館**／建築家の新居千秋氏が設計した、中世ヨーロッパ建築を思わせる美しい図書館。映画のロケ地にもなった。

大洗　**アクアワールド茨城県大洗水族館**／大洗町にある大型水族館。約580種6万8000点の生き物たちを展示。

BEST 10

大水槽で大洗の魚たちに出会う

茨城の
春夏秋冬イベント

春

つくばさんうめまつり
筑波山梅まつり
`つくば` 2月中旬～3月中旬
標高約250メートルにある筑波山中腹の梅林で開催。園内からは紅白の梅花と関東平野が見渡せる。

夏

おおつぼんふなながし
大津盆船流し
`北茨城` 8月16日
初盆を迎える家の盆行事。8月16日の早朝、木で作られた船に戒名などが書かれた白帆を張り海に流す。

秋

いしおかのおまつり
石岡のおまつり
`石岡` 敬老の日を最終日とする3日間
創建1000年を超える常陸國総社宮の例大祭。石岡囃子の演奏に合わせて、面をつけた踊り手が山車の舞台で踊る。飾られる人形にも注目。

冬

ひかりがつくるアートすいごうさくらイルミネーション
光がつくる"Art" 水郷桜イルミネーション
`土浦` 12月～1月中旬頃
高さ25m、羽根の直径約20mのオランダ型風車のイルミネーションを中心に様々な光が会場を幻想的に彩る。

知っ得！ご当地ネタ帳

いいところ「あまだ」あるね

地元の人とのトークに困らない！
よく使われる方言リスト

あまだ	▶	たくさん
かっぽる	▶	捨てる
くっちゃべる	▶	いっぱいしゃべる
むそえ	▶	持ちがよい
だいじ？	▶	大丈夫？
えがい	▶	大きい
さむしー	▶	寂しい

黄色いロング缶の「MAXコーヒー」は地元の味！
マックスコーヒーの甘さは、練乳です。発売当時は茨城県と千葉県のみで販売され、現在は栃木でも手に入れることができる。

茨城スタンダード！
切り干し大根が混ざった「そぼろ納豆」
水戸の伝統的な総菜。納豆と切り干し大根の食感の違いを楽しめる。そのままで温かいご飯に、酒のつまみに、お茶漬けにもおすすめ。

お国自慢 ご当地グルメ

納豆

わら納豆
納豆の水分を適度に吸収し、ほどよい歯ごたえを感じられる。

海鮮

あんこう鍋
冬の味覚の代名詞。コラーゲンたっぷりで、上品な味わい。

いも

ほしいも
国内シェアの9割を占める。自然の甘みと柔らかな食感。

栗

笠間の栗
栗の生産量日本一の茨城。9月上旬～10月下旬が収穫時期。

欲しいをチェック おみやげリスト

1 `お菓子のきくち`
ほっしぃ～も
ひたちなか産の干しいもを、サクサクのパイで包んだスイーツ。1個180円。

2 `伝統工芸`
笠間焼
笠間の土を使った、窯元たちの自由な作風が魅力。丈夫で日常使いに向いている。

3 `山西商店`
おみたまプリン
常陸の台地で育った鶏の平飼い卵と搾りたてのノンホモ牛乳で作る人気のプリン。

4 `木内酒造`
常陸野ネストビール
文政6（1823）年創業の日本酒の酒蔵である木内酒造が造るクラフトビール。15種類ある。

1

2

3

4

栃木
旅のプロファイル

世界遺産から独自のグルメまで多彩に楽しめる！

関東地方最大の面積を持つ内陸県の栃木。世界遺産の日光の社寺をはじめ、鬼怒川や那須などの温泉郷も有名。自然公園も多く、四季折々の花畑も見逃せない。

日光東照宮を中心に世界遺産が集まるエリア

豪華絢爛な建造物が並ぶ

日光・鬼怒川 P>108

日光東照宮 P>108

中禅寺湖 P>109

国内有数の観光地、日光。山岳信仰の聖地として、鎌倉時代以降に将軍の帰依により一層栄え、徳川家の廟地となる。鬼怒川の上流域には温泉地も。

足利の大藤は樹齢160年

東京や東北と結ぶ栃木へのアクセス拠点

宇都宮・那須塩原 P>106

那須どうぶつ王国 P>107

宇都宮餃子® P>107

宇都宮市は「餃子の街」としても知られる。開湯1200年を超える塩原温泉やサファリパークなど、一日中遊べるスポットもたくさん。

あしかがフラワーパーク P>104

益子陶器市 P>105

栃木市は蔵造りの家屋が並ぶことから関東の倉敷とも。窯元や陶芸販売所が集まる益子、足利のあしかがフラワーパークなど名所も多い。

史跡や社寺の多い江戸情緒香る街を散策

足利・栃木・益子 P>104

地図内の地名:
福島県 / 那須ロープウェイ / 那須高原 / 那須どうぶつ王国 / アートビオトープ那須 / 那須高原りんどう湖ファミリー牧場 / 旧青木家那須別邸 / 那須 / 那須塩原市 / 那須IC / 塩原 / 那須野原 / 乳牛 / 大田原市 / 那須塩原駅 / 日光市霧降高原キスゲ平園地 / 白根山 / 女峰山 / 鬼怒川温泉 / 東武ワールドスクウェア / EDO WONDERLAND / 男体山 / 戦場ヶ原 / 日光東照宮 / 日光山輪王寺 / 中禅寺湖 / いろは坂 / 日光 / 華厳滝 / 足尾銅山跡 / ニラ / カネホン採石場 / 宇都宮IC / 大谷石地下採掘場跡・大谷資料館 / 鹿沼市 / 宇都宮 / 宇都宮駅 / ココ・ファーム・ワイナリー / イチゴ / 餃子 / イチゴ / 真岡市 / 益子陶器市 / SLもおか / 益子町 / 足利織姫神社 / 栃木 蔵の街並み / 出流原弁天池 / 栃木 / カンピョウ / 足利 / 渡良瀬川 / あしかがフラワーパーク / 小山市 / 小山駅 / 佐野市 / 佐野ラーメン / 佐野厄よけ大師 / 茨城県

アクセスガイド

東京	新幹線	東京→宇都宮 約50分
	電車	浅草→東武日光 約1時間50分
福島	新幹線	福島→宇都宮 約40分
	電車	西若松→鬼怒川温泉 約2時間
埼玉	電車	大宮→栃木 約50分
	車	川口JCT→佐野藤岡IC 約50分

栃木基本DATA

面積	約6408km²
人口	190万8380人（令和4年10月1日）
ベストシーズン	4～5月、10～11月
県庁所在地	宇都宮市
特産品	とちおとめ、かんぴょう、もやしなど
日本一	イチゴの生産量日本一

地理 北西部に白根山や男体山といった標高ある山がそびえる。東部には八溝山地が連なり、南部に開けている。

気候 北部はほかの地域に比べて5度ほど気温が低い。夏は雷の発生が全国1位。冬は乾燥した晴れた日が多い。

移動のてびき

1 関西方面から訪ねるなら夜行バスも利用できる

夜行バス「とちの木号」は、大阪・京都と栃木・宇都宮間を結ぶ。ゆったり座れる3列独立シートで、充電設備やフリーWi-Fiも完備。

2 車で訪れるならサービスエリア巡りも楽しい

サービスエリアのフードコートなどで、佐野ラーメンや宇都宮餃子®などご当地グルメを味わいながらドライブするのもおすすめ。

栃木 BEST PLAN
行ってみたい！を効率よく

1泊2日

PLAN ｜ 世界遺産に温泉！ 夏の日光を旅する

日光～鬼怒川プラン

COURSE MAP

日本を代表する世界遺産エリア。豪華絢爛な建造物を見学し、温泉や滝に癒やされよう。

1日目 世界遺産巡りはバスが便利

日光観光は外せない！

9:00 日光駅発
🚌 8分
🚶 6分

10:00 まずは日光山輪王寺の杉林に囲まれた荘厳な門へ。
🚶 5分

3代将軍家光の霊廟

家康公を深く尊敬した家光公の遺言から4代将軍家綱公により建てられた。
P▶108

11:00 日光東照宮に到着。豪華絢爛な建物群は圧巻！
🚌 18分
🚃 22分
🚶 4分

どの棟も圧巻の美しさ
P▶108

境内には、国宝8棟、重要文化財34棟を含む55棟の建造物が建てられている。漆や極彩色の美しさはもちろん、名工によって施された多くの彫刻も見逃せない。

14:00 日光ゆばの名店でとろけるゆばに舌鼓
🚶 2分

日光ゆばは二枚仕立て

日光駅前付近や鬼怒川温泉街周辺には日光名物のゆば料理を提供する店が点在している。

P▶110

16:00 鬼怒川温泉で1泊

2日目 世界の有名建造物と雄大な自然の中を巡る

9:00 鬼怒川温泉駅発
🚃 5分

9:30 東武ワールドスクウェアですっかり海外旅行気分に♪
🚃 45分
🚌 48分
🚶 2分

世界の有名建造物や世界遺産を25分の1のスケールで楽しめ、世界一周した気分に！
P▶110

カフラー王のピラミッド！

12:00 迫力満点の華厳滝に到着豪快に落ちる滝は迫力満点！
🚌 14分
🚶 12分

豪快な水しぶきと爆音

日本三大名瀑の一つ、華厳滝。高さ97ｍを中禅寺湖から流れる水が一気に落下する。観瀑台から壮大な滝と滝つぼを眺めよう。
P▶109

13:00 中禅寺湖の湖畔をぐるり
🚌 13分
🚶 12分

かつて外国人の避暑地としてにぎわった。どの季節も美しく、初夏のツツジや秋の紅葉が見事。

遊覧船も楽しめる
P▶109

15:00 戦場ヶ原の木道を散策
🚶 15分
🚌 1時間3分

奥日光に広がる湿原。秋のすすきが有名だが、ワタスゲなどが見頃になる夏もおすすめ。

350種類の植物が自生！
P▶109

17:00 日光駅へ戻り、帰路へ

BEST 1
600畳敷きの大藤の花の真下に立ってみたい

4月下旬頃からが大藤の見頃

足利 | あしかがフラワーパーク／世界一の美しさを誇る樹齢160年の大藤棚は圧巻。開花中ライトアップされる夜の藤は必見。

BEST 2
蔵の街並みを船頭と共に遊覧する

栃木 | 栃木 蔵の街並み／巴波川沿いに並ぶ白壁の土蔵を舟に乗りゆったり眺められる。街の中心部にも歴史ある蔵が多い。

BEST 3
春と秋の
年2回開催

伝統ある陶器市で
お気に入りの 益子焼探し

益子｜益子陶器市／町中が会場となり、立ち並ぶテントで窯元の職人や作家たちの作品を直接会話しながら購入できる。

BEST 4

足利織姫神社 で良縁を願う

足利｜足利織姫神社／機織りの神様が祭神で、産業振興と縁結びの神社。色鮮やかな縁結びの7色の鳥居がある。

BEST 5

お守りは自販機でも販売！

新年の厄除けを求めて
佐野厄よけ大師 まで

佐野｜佐野厄よけ大師 正式名は惣宗寺。944年創建され厄除け・方位除けに多くの人が参拝に訪れる関東三大師。

BEST 6

足利｜ココ・ファーム・ワイナリー／1950年代、特殊学級の生徒たちとその担任教師が開墾した葡萄畑。ワイナリー見学やテイスティングが可能。

足利のブドウ畑と
ワイナリーを見学

BEST 7

紅葉の中を走る SLもおか を撮影！

筑西〜茂木｜SLもおか おもに週末に運行（祝日を除く）。沿線はのどかな田園風景でその中を走るSLの姿は大迫力。

BEST 8

透明度の高い弁天池 で
マイナスイオンを浴びる

佐野｜出流原弁天池／水底までくっきり見える透明な湧水で泳ぐ鯉が美しい。すぐ隣に白蛇が祀られる磯山弁財天がある。

BEST 1

ダンジョンみたいな 地下世界 に侵入！

大谷石で作る雑貨もある

宇都宮 **大谷石地下採掘場跡・大谷資料館** ／大正～昭和にかけて使われていた採掘場跡が見られる資料館は必見。地下に広がる巨大空間は映画の撮影にも使われる。

BEST 2

那須の森にある アートな庭 をゆっくり歩く

那須 **アートビオトープ那須** ／那須岳の麓に建築家の石上純也氏が設計した「水庭」が美しいボタニカルガーデン。宿泊施設も併設。

BEST 3

花々が咲き誇る 那須の別荘 におじゃまする

那須塩原 **旧青木家那須別邸** ／明治21年、外交官の青木周蔵が建てたドイツ風西洋建築。道の駅の一施設として公開。

BEST 4

真っ赤に染まる那須高原を
ロープウェイで空中遊覧！

那須 **那須ロープウェイ**／茶臼岳の9合目までナナカマドやツツジなどの自然の絶景が続く。山頂駅からの登山も気軽に楽しめる。

BEST 5

希少動物の
マヌルネコとご対面！

那須 **那須どうぶつ王国**／150種600頭の動物たちが暮らすテーマパーク型動物園。マヌルネコなどレアな動物たちに会える。

BEST 6

りんどう湖の牧場で動物たちとたわむれる

那須 **那須高原りんどう湖ファミリー牧場**　湖を中心に牧場と遊園地が楽しめる。アルパカの飼育数は日本一で、餌やりなど体験が多数。グランピングもある。

宇都宮 **宇都宮餃子®**／白菜やニラなど、甘みのある野菜がたっぷりと入ったヘルシーで食べやすい餃子。店舗により味わいが異なる。

宇都宮駅前に
お店が集結

BEST 7

宇都宮の駅前で
名物餃子をぱくっ

BEST 8

現在も稼働する**採石場**の
ガイドツアーに参加！

宇都宮 **カネホン採石場**／大谷石を生み出す現役の露天掘りを見学できるほか、大谷石の窯でピザを焼く体験も。石の購入もできる。

日光 **日光東照宮**／徳川家康を祀る神社として創建。中でも国宝「陽明門」は508もの精巧な彫刻で装飾され美しい。

別名は陽明門！

BEST 1

神社のテーマパーク!?
豪華絢爛な社殿群が圧巻

BEST 2

1250年超の歴史を誇る
輪王寺を訪ねる

日光 **日光山輪王寺**／日光山に建てられた寺院の総称。家光公を祀った大猷院霊廟、御本尊三仏堂は必見。

日本三大
名湯の一つ

BEST 3

岸壁を落下する
壮大な滝が迫力大!

日光 **華厳滝**／中禅寺湖を水源とし、97mの高さから流れ落ちる壮麗な滝。観瀑台の正面から見る滝つぼは迫力満点。

BEST 4

男体山の麓に広がる
美しい湖畔でのんびり

日光 **中禅寺湖**／約2万年前に男体山の噴火でできた湖。遊覧船に乗って観光スポット巡りができる。釣り人にも人気。

BEST 5

かつて神が争ったという
戦場ヶ原を散策

日光 **戦場ヶ原**／400haの湿原に自然研究路が整備され、展望台から四季折々の自然を体感。野鳥の種類が多いことで有名。

日光・鬼怒川 で行きたい！したい！

BEST 6

いろはに…と数えながら
日光の山道を下る

日光　**いろは坂**／48の急カーブに「い」「ろ」「は」…の看板がつけられている。紅葉時の明智平展望台からの眺めは絶景。

BEST 7

天空回廊を歩いて
高原植物を愛でる

日光　**日光市霧降高原キスゲ平園地**／赤薙山中腹、標高1300〜1600mに広がる高原。春から秋に100種類以上の花が咲く。

BEST 8

世界の数々の名所を
一日で巡れちゃう

人々の表情にも注目！

日光　**東武ワールドスクウェア**／世界22カ国・地域の102点の有名建造物を、25分の1の縮尺で精巧に再現。無料ガイドツアーも。

BEST 9

歴史のテーマパークで
時代劇の世界へいざ！

日光　**EDO WONDERLAND 日光江戸村**／江戸の街並みをリアルに再現。体験はもちろん、花魁道中や忍者ショーも必見。

BEST 10

寺社巡りのあとは
鬼怒川沿いの温泉へ

日光　**鬼怒川温泉**／江戸時代に開湯。渓谷沿いに多くの旅館が立ち並ぶ関東の人気温泉地。日光にも近く、観光の拠点にも。

栃木の 春夏秋冬 イベント

春

おおたわらやたいまつり
大田原屋台まつり
大田原 4月中旬
江戸時代、大田原神社の例大祭で屋台行事を奉納したことが起源。9台の屋台とお囃子の競演を楽しむ。

夏

ばしょうのさとくろばねあじさいまつり
芭蕉の里くろばね紫陽花まつり
大田原 6月下旬〜7月上旬
黒羽城址公園に植えられた約6000株のアジサイが、黒羽城（の本丸、お堀の斜面）に咲く姿を鑑賞できる。

秋

うつのみやじょうしまつり
宇都宮城址まつり
宇都宮 10月下旬
宇都宮の歴史を周知するために始まったまつり。宇都宮城主が将軍の代理で日光東照宮へ参詣した様子を再現する。

冬

ゆにしかわおんせん かまくらまつり
湯西川温泉 かまくら祭
日光 1月下旬〜2月下旬
冬の風物詩。大きなかまくらや、ライトアップされるミニかまくらなど、雪国の情緒を味わえる。

知っ得！ ご当地 ネタ帳

したっけは接続詞で使う

地元の人とのトークに困らない！ よく使われる方言リスト

だいじ ▶	大丈夫
おばんです ▶	こんばんは
いごう ▶	行こう
がめる ▶	横取りする
ちんたら ▶	遅い
いかんべ ▶	いいでしょう
〜したっけ ▶	そしたら

牛乳なのに牛乳じゃない!? 栃木のローカルドリンク、 レモン牛乳
戦後まもなく誕生した乳飲料。平成16年に当時の製造元は廃業したが、翌年、栃木乳業が製造法を受け継ぎ、「関東・栃木レモン」として復活。

「おもちゃのまち駅」という ワクワクするような駅がある！
玩具メーカーが、駅の近くに玩具製造関連会社が集まる工業団地「おもちゃ団地」をつくったことが始まり。地名にもなっている。

お国自慢 ご当地 グルメ

餃子

P-107
宇都宮餃子®
野菜多めが特徴の餃子。酢だけで食べるのが宇都宮流。

いちご

とちおとめ
糖度が高く、ほどよい酸味のある円錐形で大きめのいちご。

佐野ラーメン
醤油ベースのスープにコシのあるちぢれ麺が基本のラーメン。

麺

出流そば
出流山満願寺の門前にあるそば街道で食べられる。

麺

欲しいをチェック おみやげリスト

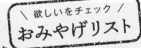

1 **チーズガーデン**
御用邸チーズケーキ
年間150万個販売するチーズケーキ。数種類のチーズをブレンドして、濃厚な味わいに。

2 **栃木乳業**
関東・栃木レモン
県産の生乳に砂糖やレモン香料などを加えた、ほんのり甘酸っぱいレモン色の乳飲料。

2

3 **伝統工芸**
益子焼
江戸時代末期から作られている陶器。約250の窯元があり、春と秋に陶器市が開かれる。

3

4 **伝統工芸**
日光彫
東照宮造営のために集められた彫物大工が仕事の余暇に彫ったのが起源とされている。

4

群馬
旅のプロファイル

温泉に歴史に避暑地に…大人旅が満喫できる！

関東地方の北西部に位置する群馬県。養蚕や繊維工業などの伝統工業や、利根川の豊かな水量を生かした農業が盛ん。草津や伊香保などの温泉郷も魅力。

温泉大国群馬が誇る
名湯巡りを楽しむ

伊香保・草津・みなかみ
P116

草津温泉の湯畑 P118

鬼押出し園 P117

尾瀬国立公園 P116

県の北西部は、温泉地が豊富。湯畑のある草津温泉や、レトロな温泉街も楽しめる四万温泉などで、湯めぐりもおすすめ。

歴史的遺産と文化が揃う
群馬観光のハイライト

高崎・前橋
P114

富岡製糸場 P114

群馬サファリパーク P115

高崎だるま P119

県庁所在地の前橋は県の中央部に位置する。江戸時代から陸運の中継地として栄えた高崎は、現在も交通や経済の要所。

温泉で癒やされよう

関東平野の北側だよ

アクセスガイド

東京	新幹線	東京→高崎 約50分	
	電車	東京→高崎 約1時間30分	
	車	練馬IC→高崎IC 約1時間	
	高速バス	三郷JCT→水戸 約1時間20分	

埼玉	新幹線	大宮→高崎 約30分
長野	新幹線	軽井沢→高崎 約20分
栃木	電車	小山→高崎 約2時間
	車	鹿沼IC→高崎IC 約1時間

群馬基本DATA

面積	約6362km²
人口	190万2834人（令和5年4月1日）
ベストシーズン	4〜5月、10〜11月
県庁所在地	前橋市
特産品	下仁田ネギ、こんにゃく、絹製品、ほうれん草など
日本一	こんにゃく芋の収穫量日本一

地理 北・西側は山地、南側は平野部が広がる群馬県。活火山の浅間山や、三国山脈など山々に囲まれている。

気候 夏の暑さが厳しい南東部では40度まで上がることもある一方、極冬季の北部ではマイナス10度まで下がることも。

移動のてびき

1 東京から高崎まで新幹線で約50分！

新幹線を利用すれば、東京から高崎まで約50分と、アクセスは良好。桐生市と栃木県日光市を結ぶ、わたらせ渓谷鐡道も人気。

2 関越＆上信越自動車道が県内移動の要に

拠点となる高崎から伊香保やみなかみへ移動する場合は関越自動車道を使おう。上信越自動車道を使えば、長野県の軽井沢まで行ける。

群馬 BEST PLAN
行ってみたい！を効率よく

1泊2日

PLAN | 史跡＆神社を巡り、名湯をはしごする

富岡〜高崎〜草津プラン

CORCE MAP

国宝や重要文化財などを観光しながら、名湯に浸かって気分をリフレッシュしよう！

1日目 世界遺産や重要文化財に 見て・触れる

富岡は車移動が便利

9:00 富岡IC発
🚗 19分

9:30 世界遺産「富岡製糸場」を見学
🚗 49分

国宝の繰糸所の内部へ
P▶114

世界遺産の富岡製糸場は、観光スポットとして外せない。国宝の東置繭所や重要文化財の施設は見学可能。ショップで富岡シルクのアイテムをゲットしよう。

12:00 関東屈指のパワースポット！ 榛名神社を参拝
🚗 26分

国の重要文化財のひとつ
586年に創建された神社。参道は約700m。15haの境内はパワースポットとしても人気。

15:00 伊香保温泉石段街から河鹿橋を 散策＆お土産選び
🚗 3分

伊香保のシンボル

伊香保温泉の起源は400年前。温泉街の中央にあり、伊香保神社まで続く365段の石段を上って、温泉街散策スタート！
P▶118

16:00 伊香保温泉に宿泊

2日目 足湯から温泉まで 名湯めぐりを楽しむ

10:00 渋川伊香保ICから出発！
🚗 50分

11:00 四万温泉 積善館で日帰り入浴♪
🚗 1時間15分

歴史的価値のある建物

P▶118

現存する日本最古の木造湯宿建築といわれる建物の本館。昔ながらの湯治スタイルを味わえる。

13:30 鬼押し出し園で 溶岩石が広がる景色を一望
🚗 35分

無料のガイドツアーも！

P▶117

観光名所の鬼押し出し園へ。溶岩石と共に季節の花を愛でながら園内を一周しよう。

15:30 西の河原公園を散歩したら 無料の足湯で休憩
👣 5分

開放感のある温泉

P▶117

草津温泉の西側に位置する。河川のあちらこちらからは、毎分1400Lの温泉が湧いている。

17:00 ライトアップされた 草津温泉湯畑にうっとり♪

湯畑が光り輝く

P▶118

歴史ある湯もみを間近で体感！

「草津温泉 熱乃湯」では、草津の伝統、湯もみを体験できる。

満喫したら帰路へ

国宝の
東置繭所

BEST 1
日本近代化のシンボル
富岡製糸場を見学

富岡 | 富岡製糸場 1872年設立の模範器械製糸場。工場内はほぼ当時の姿のまま残されている。ガイドツアーも行われる。

26万株の
芝桜！

BEST 2
鮮やかな**芝桜のじゅうたん**が素敵

高崎 | みさと芝桜公園 2.9haの敷地に、「織姫が置き忘れた桜色の羽衣」をイメージした芝桜が帯状に連なり、模様を描く。

BEST 4
伝統の桐生織の展示室で
ワークショップに挑戦

桐生 | 桐生織物記念館 1300年以上の歴史を持つ桐生織の伝統的な技法等を展示。足踏み式手織機の機織り体験も。

BEST 3
榛名山の麓に広がる
美しい湖畔でのんびり

高崎 | 榛名湖 榛名山の標高1100mに位置し、1年通じて景観や自然を満喫できる。また、多くのスポーツイベントも行われる。

BEST 5
満開に咲き誇る**桜のトンネル**をくぐる

前橋 | 赤城南面千本桜 桜の満開時には約1.3kmにわたり、見事な桜のトンネルをくぐれる。桜まつりは4月上旬に開催。

BEST **6**

3月下旬から
5月上旬まで

4000以上のこいのぼりが
水面を泳ぐ姿は圧巻!

館林 世界一こいのぼりの里まつり
／市内4カ所の水辺で、総数4300匹以
上のこいのぼりが優雅に泳ぐ姿を見る
ことができる。

BEST **7**

美しいレンガ造りの
めがね橋を渡る

安中 めがね橋／1892年に
完成したレンガ造りのアーチ橋
で、通称めがね橋という。川底か
らの高さは31mで日本最大級。

チーターの
赤ちゃんも

BEST **8**

サファリパークで
チーターを間近にキャッチ!

富岡 群馬サファリパーク／
8つのゾーンに分けられた園内
では、ホワイトタイガーなど約
100種の動物が観察できる。

115

伊香保・草津・みなかみ で行きたい！したい！ BEST 10

ミズバショウの
咲く湿原

BEST 1

名峰に囲まれた初夏の尾瀬で
ミズバショウを愛でる

片品　尾瀬国立公園／2000m級の山々に囲まれた、日本最大の山岳湿地。雪解けの5月中旬〜10月中旬が楽しめるシーズン。

BEST 2

展望台から
絶景を望む

エメラルドグリーンの
神秘の湖水を眺める

草津　湯釜　直径約300メートル、水深30メートルで草津白根山頂にある火山湖。白い岩肌にエメラルドグリーンの湖が映える。2023年8月現在、入山規制中。

BEST 3

整備された遊歩道から
諏訪峡の絶景を眺める

みなかみ　諏訪峡／利根川の流れが生み出した渓谷。遊歩道を歩けるほか、諏訪峡大橋から絶景が望める。

BEST 4

東洋のナイアガラで
水しぶきを浴びる！

沼田 ｜ 吹割の滝／高さ7m、幅30m
余りの滝。河床が、巨大な岩が吹き
割れたように見えるところから吹割
の滝と呼ばれるようになった。

BEST 5

園内に散らばる
溶岩アート群の周りを散策

嬬恋 ｜ 鬼押出し園 浅間山の噴火
によって流れ出た溶岩の奇岩が、長さ
5km、広さ約6.8㎢にわたって広がる。

足湯スポット
もあろ！

草津 ｜ 西の河原公園／大量の湯け
むりを上げ、毎分1400Lの温泉が湧
き、川として流れる。石畳の道が整
備され、散策に◎。

BEST 6

あちこちから温泉が湧く
西の河原公園を散策

117

伊香保・草津・みなかみ で行きたい！したい！

日本三名泉 のひとつ

草津 草津温泉の湯畑／草津温泉の中央に位置するシンボル。毎分3万2300L以上も湧き出す湯の、温度調節などを行う。

BEST 7
湯けむりを舞い上げる湯畑は圧巻！

BEST 8
胃腸の名湯として名高い癒やしの湯に浸かる

中之条 四万温泉 積善館／1694年築の温泉旅館。日本三大胃腸病の名湯とも呼ばれ、温かいままの湯を飲むと胃腸が活発に。

BEST 9
コバルトブルーに輝く奥四万湖へ

中之条 奥四万湖／四万川ダムにより造られたダム湖。四万ブルーと呼ばれる神秘的な湖面の色が特徴。

BEST 10
石段を上りながら脇の店に寄り道

渋川 伊香保温泉 石段街／365段の石段は「温泉街が365日、にぎわうように」という願いが込められている。稀に十二支の印も。

118

群馬の 春夏秋冬 イベント

あさまこうげんしゃくなげえんまつり
浅間高原シャクナゲ園祭り

嬬恋 5～6月

約15万本のシャクナゲが咲き誇り、園内で各種イベントも開催される。ハイキングもおすすめ。

おおいずみまつり
大泉まつり

大泉 7月第4土・日曜

郷土産業の発展と町民のふれあいのためのまつり。山車や神輿、パレードなど国際色豊かな催し物でにぎわう。

秋

すわじんじゃ しゅうきれいたいさい
諏訪神社 秋季例大祭

下仁田 10月上旬

天保年間（1830～44）から続く、五穀豊穣・無病息災を祈願する歴史あるまつり。下仁田の7地区の山車と神輿渡御が地域を回る。

冬

かわらゆおんせん ゆかけまつり
川原湯温泉 湯かけ祭り

長野原 1月20日

奇祭として有名。ふんどし姿の若衆が、湯の神様に感謝するために「お祝いだ」と言いながら早朝から湯をかけあう、迫力満点な祭り。

知っ得！ ご当地 ネタ帳

郷土菓子を味わって

地元の人とのトークに困らない！
よく使われる方言リスト

いきあう	▶	偶然会う
おだいじなさい	▶	お大事にしてください
かたす	▶	片付ける
くっちゃべる	▶	話す
じゅーく	▶	生意気
～だんべえ	▶	～だろ
ちっとんべえ	▶	少し

群馬にしかない郷土料理！
お祭りで食べる 焼きまんじゅう

中身のない、ふかふかの白いまんじゅうを竹串に刺し、こんがりと焼いて甘辛い味噌ダレを塗ったローカルフード。

群馬特有のからっ風 赤城おろしが強風すぎる！

赤城おろしは、冬季に北から吹く乾燥した冷たい強風のこと。畑地の砂が巻き上げられ、空が黄色く染まることも。電車の遅延もあり。

お国自慢 ご当地グルメ

肉

おおいずみ…
上州和牛

群馬の豊かな大地で育んだ優秀な血統のブランド牛。

こんにゃく
こんにゃく

こんにゃく芋の生産シェア9割を占める。刺し身や煮物に。

麺

おっきりこみ

大根などの根菜と幅広の生うどんを一緒に煮込んだ郷土料理。

麺

水沢うどん

日本三大うどんの一つ。コシが強く喉ごしの良さが自慢。

欲しいをチェック おみやげリスト

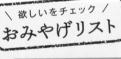

1 おゝみや
かりんとうまんじゅう

日本一硬いかりんとうまんじゅう。カリカリとした食感の皮で、上品なあんを包む。

2 ガトーフェスタ ハラダ
グーテ・デ・ロワ

群馬発祥のガトーラスク。芳醇なバターの香りが楽しめる。贈答品としても人気。

1

2

3 伝統工芸
高崎だるま

「縁起だるま」と呼ばれる。少林山達磨寺9代目和尚が作り方を信徒の農民に伝授した。

3

4 荻野屋
峠の釜めし

安中市の荻野屋が製造し、これまで約1億7000万個を販売した駅弁。陶器の器も人気。

4

埼玉
旅のプロファイル

首都圏からも日帰りで！ 自然＆レジャー目白押し

東京都の北側に位置する埼玉県。蔵造りの町並みが残る
小江戸・川越や山々に囲まれ自然豊かな秩父、
鉄道博物館など観光スポットも豊富。

**友人家族と楽しめる
おでかけスポットが満載！**

大宮・熊谷
おおみや くまがや
P▶122

武蔵一宮氷川神社 P▶123

鉄道博物館 P▶122

国営武蔵丘陵森林公園 P▶122

県の南東部には県庁所在
地のさいたま市がある。J
リーグの浦和レッドダイヤ
モンズのホームタウンでも
あり、観光名所も豊富。

秩父で
アウトドアも！

群馬県

本庄早稲田駅
深谷駅
深谷市
上越新幹線
熊谷
妻沼聖天山
ネギ
利根川

花園フォレスト
長瀞町
長瀞渓谷
花園IC
関越自動車道
行田市
熊谷駅
稲荷山古墳

尾ノ内氷柱
国営武蔵丘陵森林公園
権現堂堤
（県営権現堂公園）

三国山
秩父
秩父夜祭
羊山公園 芝桜の丘
秩父盆地
関東平野
久喜IC
東北自動車道

中津川
武甲山
圏央道

関東山地
武信ヶ岳
豊かな動植物
に出合える
ムーミンバレーパーク
入間市
川越一番街
鉄道博物館
大宮公園
武蔵一宮
氷川神社
さいたま市
ひな人形
ひな人形
さいたま市
岩槻区
大宮

常磐自動車道

風情豊かな小江戸に
大自然が
いっぱいのエリア

狭山市
お茶
角川武蔵野
ミュージアム
所沢
狭山湖
西武園ゆうえんち
川越
東京外環自動車道
川口市
草加市
東京都
千葉県

川越・秩父・所沢
かわごえ ちちぶ ところざわ
P▶124

川越城の城下町として栄えた川越
には、今も江戸の面影が残るスポ
ットが多数。西武園ゆうえんちや、
所沢航空記念公園もおすすめ。

川越一番街 P▶124

秩父夜祭 P▶126

巾着田の曼珠沙華 P▶124

アクセスガイド

東京	🚃電車	新宿→大宮 約30分	千葉	🚃電車	柏→大宮 約1時間	
	🚃電車	池袋→西武秩父 約1時間20分		🚗車	市川中央IC→川口東IC 約40分	
	🚗車	練馬IC→川越IC 約30分	栃木	🚄新幹線	栃木→南栗橋 約40分	
				🚗車	栃木都賀JCT→浦和IC 約1時間	

埼玉基本DATA

面積	約3798㎢
人口	732万7470人（令和5年2月1日）
ベストシーズン	4～5月、7～8月
県庁所在地	さいたま市
特産品	深谷ねぎ、川越いも、さといもなど
日本一	市の数が日本一（40市）

移動のてびき

**1 東京都内から約30分で
日帰り観光にぴったり**

JR東京駅や新宿駅から大宮駅まで
約30分圏内。県内の移動にも大宮
駅が拠点に。鉄道路線間を結ぶバ
ス路線も充実している。

**2 熊谷から秩父には
秩父鉄道のSLに乗って**

大宮から秩父へ向かうには、熊谷で
秩父鉄道へ乗り換えて約2時間。土
日は熊谷と三峰口を1日1往復する
SLパレオエクスプレスが走る。

地理 1都6県と隣り合う内
陸県。県西部は秩父山
地に囲まれ、東部は平野部で、利
根川などの大きな河川が流れる。

気候 夏は酷暑となり、2018
年に熊谷で国内最高気
温（41.1度）を観測。冬は北西の
季節風が吹き、乾燥しやすい。

埼玉 BEST PLAN

行ってみたい！を効率よく

1泊2日

PLAN | ローカル線に乗ってのんびり鉄道旅

秩父〜熊谷〜深谷プラン

COURSE MAP

都心から近い秩父で、美しい自然と景観を望もう。
2日目は、パワースポットや定番名所を巡る。

1日目 秩父と長瀞の自然を満喫

羊はふれあい牧場で会える

10:00 20分
秩父鉄道御花畑駅スタート！

10:30 20分 / 1分
羊山公園で季節の花々やふれあい牧場の羊に癒やされる

ふわふわの花絨毯

武甲山の麓にある羊山公園の芝桜の丘。
10品種、40万株以上の芝桜が植えられている。開花は4月中旬から5月初旬。
P▶125

12:00 4分
秩父鉄道長瀞ラインくだりで長瀞の大自然を満喫！

絶景を見ながら川下り

長瀞ラインくだりのコースは2つ。20分程度かけて、自然を望みながら、緩急ある流れに乗る和舟で川を豪快に下ろう。
P▶125

夏の長瀞ならひんやりかき氷はマストで！
天然氷は氷の密度が高く、削るとふわふわでなめらかな口当たりに。かき氷はマストで！
P▶127

15:00 **長瀞の宿に宿泊**

2日目 美しい庭園と建築を巡る

10:00 22分 / 10分
長瀞駅発！

牧場のチーズタルトが人気

11:00 25分 / 30分 / 1分
花園フォレストでおみやげを購入

スイーツのテーマパーク

ヨーロッパの閑静な邸宅がモチーフ。バラ庭園を散策して、スイーツもゲットしよう。
P▶122

13:00 15分
妻沼聖天山を拝観豪華な本殿は国宝！

江戸時代中期に再建

日本三大聖天の一つ。良縁成就や厄除け開運など、あらゆる良縁を結ぶご利益がある。近世装飾建築の頂点といわれる。
P▶123

15:00
ひときわ目を引く深谷駅は煉瓦の町ならでは

東京駅の面影あり！

深谷市産の煉瓦を用いて造られた東京駅を模している。煉瓦の町、深谷のシンボリックな建造物と一緒に記念撮影を。
P▶123

深谷駅から帰路へ

シュミレータで
疑似運転も

BEST 1

昔懐かしの
歴代車両を見学

さいたま **鉄道博物館**／国内最大級の鉄道ミュージアム。見ものは、実物車両や大規模な鉄道ジオラマなど。

羽毛ケイトウ
が見られる

BEST 2

ケイトウの花畑で
秋の訪れを感じる

滑川 **国営武蔵丘陵森林公園**／広大な園内には、季節により美しい花々が咲き誇る。9月中旬〜10月中旬はケイトウが見頃。

深谷 **花園フォレスト**／スイーツとバラの庭園が楽しめるお菓子のテーマパーク。名物のバウムクーヘンは種類も豊富で絶品。

BEST 3

おいしいおやつを求めて
スイーツのテーマパークへ

BEST 4

春限定のコラボが天国すぎる

幸手 **権現堂堤（県営権現堂公園）**／約1000本のソメイヨシノが1kmにわたり開花。堤周辺に咲く菜の花とのコントラストが見事。

駅北口には
渋沢栄一像も

BEST **5**

煉瓦の町・深谷で
美しい駅舎に目を奪われる

深谷 **深谷駅**／明治初期から
煉瓦の町として知られる深谷市
のシンボル。西洋様式のレトロ
な建築物は東京駅を参考に建造。

さいたま **武蔵一宮氷川神社**／
2000年以上もの歴史を持つ古
社。朱塗りの楼門は、思わず写
真に収めたくなる美しさ。

BEST **6**

大宮のトレードマーク
日本有数の古社を参拝

BEST **7**

桜色に染まる
春の大宮公園に出かける

さいたま **大宮公園**／春になると
約1000本の桜が開花する自然
豊かな公園。レジャーシートを
広げてのんびりお花見を。

BEST **8**

輝き放つ本殿の**豪華絢爛な装飾**に感動

熊谷 **妻沼聖天山**／良縁を結
ぶご利益があると言われる妻沼
聖天山。その本殿である華やか
な歓喜院聖天堂は、国宝に指定。

川越・秩父・所沢 で行きたい!したい! BEST 9

BEST 1
蔵造りの建物が立ち並ぶ
江戸の街にタイムスリップ!

川越　**川越一番街**／蔵造り商家の
町並みが今も残る小江戸ならではの
商店街。鐘つき堂である時の鐘や国
指定重要文化財の大沢家住宅は必
見。

食べ歩きも
おすすめ

BEST 2
小鹿野の人々が作る
氷柱が神秘的すぎる

小鹿野　**尾ノ内氷柱**／尾ノ内沢から
水を引き込み作った、巨大な人工の
氷柱。期間限定でライトアップされ、
渓谷に幻想的な光景が広がる。

日高　**巾着田の曼珠沙華**／秋
には曼珠沙華が辺り一面を真っ
赤に染める。その様はまるで赤い
絨毯を敷いたかのように美しい。

曼珠沙華は
彼岸花とも

BEST 3
一面深紅に染まる
曼珠沙華の世界を訪れる

BEST 4

新感覚のミュージアムで感性を研ぎ澄ます

知的好奇心を刺激！

所沢 角川武蔵野ミュージアム
図書館、美術館、博物館などが融合した複合施設。高さ約8mの巨大本棚に囲まれた本棚劇場は圧巻。
©角川武蔵野ミュージアム

BEST 5

長瀞の渓谷美の中で舟に乗って川下り！

長瀞 長瀞渓谷／全長約6kmの荒川上流部にある岩畳の渓谷で、国の名勝天然記念物に指定。舟下りも楽しめる。

BEST 6

懐かしの昭和感！遊園地で一日はしゃぐ

所沢 西武園ゆうえんち／昭和の熱気あふれる体験やアトラクションが盛りだくさん。昭和情緒あふれる園内は、歩いているだけでウキウキ。

BEST 7

芝桜の丘を訪ねて春の気分が高まる！

秩父 羊山公園 芝桜の丘／春には山の斜面を芝桜が埋め尽くす。色とりどりの芝桜に彩られた山はまるで花のパッチワークを纏ったかのよう。

BEST 8

冬の秩父を彩る
秩父神社の夜祭りに参加

秩父　**秩父夜祭／**胸に響く秩父
屋台囃子のリズムとともに、豪華
な笠鉾・屋台が練り歩く。夜空を
彩る大輪の花火も見もの。

秩父市の
師走名物

BEST 9

北欧の雰囲気たっぷりな
ムーミンの物語の世界へ

飯能　**ムーミンバレーパーク／**
ムーミンの物語を追体験できるテー
マパーク。ムーミン屋敷や、お
馴染みの仲間たちと出会える。
©Moomin Characters™

埼玉の
春夏秋冬
イベント

春

こうのすはなまつり
こうのす花まつり

`鴻巣` 5月中旬

日本一広いポピー畑が、見渡す限り咲き誇る「花のまち」鴻巣市の一大イベント。直売などの催しもある。

夏

くまがやうちわまつり
熊谷うちわ祭

`熊谷` 7月20〜22日

江戸時代から続く伝統行事。関東一の祇園と言われ、12基の山車・屋台がお囃子と巡行する様子は大迫力。

秋

かわごえまつり
川越まつり

`川越` 10月中旬

370年以上続き、江戸天下祭を今に伝える山車行事。精巧な人形を載せた絢爛豪華な山車が、小江戸の象徴、蔵造りの町並みを中心に曳行する。

冬

あしがくぼのひょうちゅう
あしがくぼの氷柱

`横瀬` 1月上旬〜2月下旬

山肌を利用し作られた、高さ30m幅200mの氷柱が楽しめる。週末には時間ごとに変化するライトアップで幻想的な世界が体験できる。

埼玉はいい所だべ〜！

知っ得！ ご当地ネタ帳

地元の人とのトークに困らない！
よく使われる方言リスト

あめんぼー ▶	つらら
うちゃる ▶	捨てる
きぬー ▶	昨日
けなりー ▶	うらやましい
ちゃぞっぺー ▶	お茶菓子
とぶぐち ▶	玄関口
よっぴて ▶	夜通し

あのアニメも埼玉が舞台！
アニメ好きなら
聖地巡礼旅もいいかも

東京にも近く、北部は自然豊かで物語の舞台にもってこいの埼玉は、聖地巡礼旅が楽しめる。お気に入りの場所をはしごしてみては。

日本一暑い街、熊谷は
なぜ気温が高い？

内陸部に位置するため、南からの風が東京などを通る間に熱い風になり気温が上がってしまう。また、「フェーン現象」も原因の一つ。

お国自慢 ご当地グルメ

`うなぎ`

浦和のうなぎ

昔は沼地が多くうなぎが採れたことから名店が揃っている。

`かき氷`

秩父の天然かき氷

新雪のようなふわふわの食感は感動的。人気店は行列必至。

`お茶`

狭山茶

甘くて濃厚なお茶。狭山市を中心とする県西部で作られる。

`麺`

武蔵野うどん

特徴はコシが強い、やや茶色い太麺。肉汁うどんが人気。

欲しいをチェック おみやげリスト

1 `十万石ふくさや`
十万石まんじゅう

自家炊きこし餡と国産つくね芋が入ったもちもちの皮が絶妙。行田発祥の銘菓。

2 `銘菓`
草加せんべい

うるち米を丁寧に手焼きした堅焼きせんべい。しょうゆの香ばしさが美味。

3 `銘菓`
五家宝

江戸時代から親しまれる埼玉三大銘菓の一つ。控えめな甘さで柔らかい食感が魅力。

4 `コエドブルワリー`
COEDOビール

川越で生まれたクラフトビール。数種類ある味は世界的にも評価が高い。

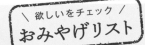
1

2

3

4

千葉
旅のプロファイル

日本の空の玄関口＆海に山に豊かな自然が満載

太平洋と東京湾に面し、海・山の自然だけでなく、
東京ディズニーランドなどの観光スポットも多い千葉県。
冬でも温暖な房総半島は、一年中見どころ満載。

風情あるレトロタウンや歴史スポットが魅力

船橋・成田・内房
（ふなばし・なりた・うちぼう） P▶130

成田山新勝寺 P▶131

マザー牧場 P▶130

小湊鉄道 P▶131

歴史を感じるスポットが豊富。都心に近いが佐倉のチューリップなど自然豊かな遊び場も多いので、家族連れにも人気。

醤油生産量日本一！

茨城県

水郷佐原

佐原

利根川

イワシ

銚子港

犬吠埼

大吠埼灯台

しょう油

野田市

しょう油

柏IC

柏市

ナシ

印旛沼

成田山新勝寺

成田国際空港

佐倉チューリップフェスタ

東京外環自動車道

船橋

東関東自動車道

下総台地

八街市

九十九里

旭市

浦安市

幕張新都心

東京ディズニーリゾート

千葉市

落花生

山武市

九十九里浜

自然を生かしたスポット多し

南房総・九十九里
（みなみぼうそう・くじゅうくり） P▶132

鴨川シーワールド P▶132

大山千枚田 P▶134

屏風ケ浦 P▶132

東京湾

市原市

小湊鉄道

東京湾アクアライン

木更津金田IC

木更津市

圏央道

一宮町

富津岬

房総半島

マザー牧場

房総丘陵

濃溝の滝・亀岩の洞窟

勝浦市

養老渓谷

月の沙漠記念公園

鋸山

大山千枚田

鴨川シーワールド

鴨川市

南房総

伊勢エビ

館山自動車道

館山市

沖ノ島公園

房州うちわ

房総フラワーライン

菜の花

サーフィンのメッカ！

館山～鴨川エリアは家族で楽しめるスポットが沢山。穏やかな海岸線をのんびりドライブした後は、「魚のまち」銚子港で新鮮な海の幸を堪能しよう。

アクセスガイド

東京	🚃電車	東京→木更津 約1時間30分
	🚃電車	東京→成田 約1時間20分
	🚗車	大井JCT→木更津金田IC 約35分

| 栃木 | 🚗車 | 宇都宮上三川IC→柏IC 約1時間30分 |
| 大阪 | ✈飛行機 | 関西→成田 約1時間25分 |

千葉基本DATA

面積	約5157km²
人口	627万2900人（令和4年1月1日）
ベストシーズン	3～4月、10～11月
県庁所在地	千葉市
特産品	日本なし、落花生、びわ、すいかなど
日本一	千葉モノレールは懸垂式モノレールの営業区間の長さが日本一

地理 太平洋に突き出た半島で、山がある房総丘陵を除き、ほぼ平坦。変化に富んだ海岸線は約531kmに及ぶ。

気候 三方を海に囲まれ、夏は涼しく冬は暖かく、過ごしやすい。特に南房総は黒潮の影響でほとんど霜が降りない。

移動のてびき

1 東京湾アクアラインを使わない手はない！

東京湾を横断し、川崎と木更津を結ぶアクアライン。都心から房総半島へのアクセスが大きく短縮。「海ほたるPA」も人気。

2 ローカル線の旅もまったりとしておすすめ

広い県内を走るローカル線に乗ってみよう。その中でも小湊鉄道、いすみ鉄道、銚子電鉄は人気。のどかな風景に癒やされる。

\\ 行ってみたい！を効率よく //

千葉
BEST PLAN

内房と外房どちらに行こう

1泊2日

PLAN | 房総の自然と生き物とのふれあい旅

房総半島プラン

COURSE MAP

温暖な気候の房総半島をぐるり巡る。水族館などのレジャーと絶景を堪能。

1日目 | 君津から鴨川を通り館山まで

9:00 君津ICから房総スカイラインを使って出発！
🚗 36分

10:00 幻想的でフォトジェニックなスポット亀岩の洞窟へ！ P.130
🚗 16分 絵画のように美しい洞窟と滝を見学。ハイキングコースもあり。

SNSでも話題の場所

12:00 鴨川シーワールドを満喫 P.132
🚗 30分 イルカショーを楽しもう！

15:00 大山千枚田で里山の景観に感動
🚗 55分 東京から一番近い棚田がこちら。夏はカエルが鳴き、里山らしい景色が広がる。 P.134

四季により表情が違う

16:30 沖ノ島公園できれいな貝殻探し♪
🚗 10分 陸続きの小島。シェルビーチにはタカラガイが落ちている。 P.134

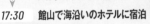

17:30 館山で海沿いのホテルに宿泊

2日目 | 鋸山＆マザー牧場へ

10:30 富津金谷IC発
🚗 5分

11:00 ロープウェイで鋸山山頂に到着
🚗 27分 山麓駅からロープウェイで山頂駅へ。約4分で到着する。

12:30 マザー牧場でひつじを見学！
🚗 43分 牧羊犬の誘導で羊たちが走る！ 羊の毛刈りショーや動物とのふれあいも人気。 P.130

約200頭の羊が登場

17:00 袖ヶ浦海浜公園まで海岸沿いをドライブ
🚗 11分 袖ケ浦海浜公園へと続く東京湾沿いの道、通称「千葉フォルニア」を爽快ドライブ。

まるでカリフォルニア

18:00 木更津金田ICから帰路へ

1泊2日

PLAN | 水郷の町＆神社参拝で開運招福旅

成田〜銚子プラン

COURSE MAP

千葉県北部エリアを旅する。開運を祈願したあとは、自然の絶景に感動。

1日目 | 千葉県屈指のパワスポへ

9:00 成田駅発 P.131
🚶 15分

9:20 表参道を
🚃 31分 散策しながら
🚶 10分 成田新勝寺へ

御本尊は不動明王

運気アップを願い、年間1000万人が参拝に訪れる。

12:00 水郷佐原で
🚌 15分 舟めぐりや町歩き♪
まるでタイムスリップしたような街並みを、舟の上から楽しもう。 P.131

舟上で行う嫁入り行事も

14:00 香取神宮でご利益を授かろう
🚃 1時間10分 2600年以上の歴史を持つ、全国の香取神社の総本社を参拝。
🚶 7分

16:30 銚子電鉄を満喫したら犬吠埼で宿泊

2日目 | 銚子で絶景巡り

10:00 犬吠埼発
🚶 3分

10:15 犬吠埼灯台に到着！
🚗 8分 波打つ海と共に写真を撮ろう♪
岬の先端に立つ銚子のシンボル。99段のらせん階段を上ると大海原が広がる。 P.133

近くに温泉もあり！

犬吠埼は朝日が日本一早い！地軸の傾きの関係で、元日前後の時期だけ日本一早く朝日が昇る。

11:30 断崖絶壁が続く屏風ケ浦へ
🚗 10分 遊歩道に沿って歩くと、特徴的な地層が見られ、自然の凄さに圧倒される。
🚃 2分

ロケ地としても有名

P.132

13:00 銚子駅へ戻り、帰路へ

船橋・成田・内房 で行きたい！したい！ BEST 9

濃溝の滝も
広場内にあり

BEST 1
ハート形の光に見える
洞窟が幻想的！

君津　濃溝の滝・亀岩の洞窟
／清水渓流広場内にある亀岩の
洞窟はハート形の光が話題。3月
と9月の彼岸前後の早朝が狙い目。
※一部立ち入り禁止あり

BEST 2
印旛沼湖畔に咲き誇る
チューリップ畑を見に行く

佐倉　佐倉チューリップフェス
タ／佐倉ふるさと広場のオラン
ダ風車を背景に、約100種類65
万本のチューリップが咲き誇る。

BEST 3
日本の空の玄関口
成田空港で飛行機を見学

成田　成田国際空港／展望デ
ッキや見学デッキがあり、飛行機
を自由に鑑賞できる。間近で見
る離着陸の様子はダイナミック。

富津　マザー牧場／季節の花
畑や動物とのふれあいが楽しめ
る。動物が主役のイベントが毎
日開催されており、グルメも充実。

BEST 4
約200頭の羊が走る！
ひつじの大行進がかわいすぎる

BEST 5
山頂からの絶景を目指し
鋸山を登ってみる

鋸南　鋸山／険しい稜線だが
初心者も安心の登山コースがあ
り、ロープウェイも開通。展望
台からは富士山も見渡せる。

BEST **6**

あやめ咲く 初夏の**佐原で舟巡り**

あやめは5～
6月に開花

香取 水郷佐原／江戸情緒あふれる街並みに定評あり。水郷佐原あやめパークではあやめを鑑賞しながら舟巡りの体験も。

BEST **7**

春の房総といえばこの景色！
菜の花畑と小湊鉄道を撮影

市原 小湊鉄道／養老渓谷駅と上総大久保駅の間を菜の花が埋め尽くす。その中をレトロな鉄道が走る人気フォトスポット。

木更津 東京湾アクアライン／木更津と川崎を結ぶ全長15.1kmの有料道路。海上パーキングエリアの海ほたるがある。

成田 成田山新勝寺／"成田のお不動様"として人々の信仰を集める。広大な境内には重要文化財指定の御堂や自然溢れる公園がある。

BEST **8**

木更津～川崎
間は約15分

BEST **9**

成田山のお不動様の
広～い敷地を歩いて参拝

©大本山成田山新勝寺

BEST 2
シャチたちのジャンプは大迫力！

シャチショーは日本一とも

鴨川 鴨川シーワールド／太平洋に面し、川や海の生き物に出合える水族館。シャチやベルーガ（シロイルカ）のパフォーマンスも好評。

館山ほか 房総フラワーライン／館山市下町交差点から南房総市和田町を結ぶ約46kmの海岸線道路。季節の花々が道沿いを彩る。

BEST 3
早春の絶景ロードで菜の花がお出迎え

縞模様が
見事！

BEST 1
断壁が続く屏風ケ浦で
自然のすごさに圧倒される

銚子 屏風ケ浦／銚子市から隣の旭市まで約10kmにわたり高さ40〜50mの断崖が続く。銚子マリーナ海水浴場へと続く遊歩道から望むと断崖が目前！

大多喜 養老渓谷／いくつもの滝が点在。遊歩道はマイナスイオン全開で、初夏には新緑が、秋には色づいたモミジやウルシが堪能できる。

BEST 4
養老渓谷の滝を巡って
マイナスイオンを浴びる

BEST 5
銚子半島の最東端で
美しい夕景を望む

銚子 犬吠埼灯台／銚子半島の最東端にあり、3方を海に囲まれた断崖に立つ。夕方には空と海が茜色に染まり、幻想的な雰囲気に包まれる。

133

夏になると
海水浴場に

BEST 6

歩いて渡れる沖ノ島で
海の見える洞穴を発見

館山　沖ノ島公園／南房総館山
湾の南側に位置する陸続きの無人
島で、海岸動植物が共存する。貴
重なサンゴも見られる。

BEST 7

日本の原風景が残る
大山千枚田を訪ねる

鴨川　大山千枚田／長狭平野の
大山のふもとにある棚田。3.2ha
もの広大さを誇り、名画のような
日本の原風景が広がる。

BEST 9

千葉に砂漠があるなんて！
オブジェを入れて映え狙い

御宿　月の沙漠記念公園／童謡
「月の沙漠」のモデルになった御
宿海岸に位置。歌詞に出てくる王
子と姫の銅像が設置されている。

BEST 8

新鮮な伊勢海老を
浜焼きにして贅沢食い

南房総　浜焼き／南房総市をはじ
めとする房総半島や九十九里町周
辺には、おいしい海の幸を浜焼き
にして提供する専門店が点在する。

千葉の 春夏秋冬 イベント

春

かつうらビッグひな祭り
勝浦　2月下旬〜3月3日
徳島県勝浦町から人形を譲り受け始まった。遠見岬神社の60段の石段に1800体の雛人形が並び圧巻。

夏

もばらたなばたまつり
茂原七夕まつり
茂原　7月下旬
関東三大七夕祭りの一つで、1955年から始まった。豪華な七夕飾りや阿波おどりなど県内最大の祭り。

秋

りゅうてつびあでんしゃ
流鉄BEER電車
流山　9月または10月
流鉄開業100周年を記念して2015年より行われ、非日常空間で食とお酒と音楽を楽しめるイベント。事前にチケットの購入が必要。

冬

なりたさんせつぶんえ
成田山節分会
成田　2月3日
一年の幸福を祈る伝統行事。誰でも豆まきに参加できる。俳優や有名力士による豆まきが盛大に行われ、多くの参拝者で賑わう。

知っ得！ ご当地ネタ帳

茨城弁に似てるっぺよ

地元の人とのトークに困らない！
よく使われる方言リスト

うっちゃらかす ▶	放っておく
おかしい ▶	はずかしい
おしゃらぐ ▶	おしゃれ
がい ▶	たくさん
ねねこ ▶	赤ん坊
ひでっぷしー ▶	まぶしい
やしやし ▶	どんどん

東京ディズニーランドだけじゃない！
東京ドイツ村など テーマパークが豊富
超有名なテーマパークの他にもたくさんの施設があり、レジャー施設数は日本一の千葉県。海、山など自然を活かした施設も多い。

二十世紀梨といえば鳥取。 しかし発祥は松戸
1888年に松戸市で苗木が偶然発見されたのが始まり。その後鳥取県に持ち込まれ特産品に。「二十世紀公園」など由来のある地名も。

お国自慢 ご当地グルメ

名産品

落花生
国内産は8割が千葉県で生産され、甘い味わいが人気。

フルーツ

鎌ヶ谷の梨
県内有数の梨の産地なので直売所や観光農園が多い。

海鮮

なめろう
古くから伝わる味噌で味付けされた魚のたたきの一種。

麺

勝浦タンタンメン
ラー油をたっぷり使用した勝浦市のご当地ラーメン。

欲しいをチェック おみやげリスト

1　銘菓
びわゼリー
涼しげなゼリーの中にジューシーな果肉が丸ごと入っている爽やかなスイーツ。

2　亀屋本店
鯛せんべい
大正時代から作られている小湊・鯛の浦に生息する鯛にちなんだ郷土菓子。

3　銚子電鉄
銚子電鉄のぬれ煎餅
おかげさまで開業100周年！鉄道会社が作るやわらかいお煎餅。

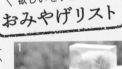
1

4
伝統工芸
房州うちわ
南房総の伝統工芸品。竹の丸みを生かした「丸柄」が特徴。装飾品としても人気。

3

東京
旅のプロファイル

日々発展する最先端スポットと古き良き町が融合する

人口約1407万人、日本の政治・経済・文化の中心である東京都。伝統と流行、奥多摩や伊豆諸島の大自然など、多彩な魅力を持つ。

歴史と自然が魅力の緑豊かな郊外

多摩 P.146

東京の西側に位置し、高尾山や国営昭和記念公園などの行楽地がある。自然が豊かで、都心からのアクセスもよく、日帰り観光も人気のエリア。

国営昭和記念公園 P.146

高尾山 P.146

井の頭恩賜公園 P.147

太平洋に浮かぶ諸島は豊かな自然が魅力！

伊豆諸島・小笠原諸島 P.148

南島 P.148

ホエールウォッチング P.148

椿オイル P.149

伊豆諸島は東京南部に浮かぶ島からなる、都心から船で約2時間の南国リゾート。小笠原諸島は独自の生態系が残り、世界遺産に登録されている。

都内のベッドタウン

雲取山
日原鍾乳洞
奥多摩湖

山梨県

埼玉県

青梅市
圏央道
多摩
ウド
立川市
国営昭和記念公園
中央自動車道
八王子IC
八王子市
高尾山
江戸東京たてもの園
秋川渓谷

神奈川県

東京基本DATA

面積	約2194km²
人口	1406万3564人（令和5年4月1日）
ベストシーズン	3〜5月、9〜11月
都庁所在地	新宿区
特産品	佃煮、江戸切子、東京狭山茶、武蔵野うどんなど
日本一	都市公園の数が日本一

地理　東西に長く、西から標高の高い順に関東山地、多摩丘陵、東京低地と分類。いわゆる下町と言われる地域には海抜0m地帯が広がる。

気候　夏は高温多湿、冬は小雨乾燥の太平洋側気候。島しょ部は海洋性気候。小笠原諸島は亜熱帯気候にも属する。

東京大島かめりあ空港　大島の椿
三原山
伊豆大島
利島
ツバキ
新島
黒根海岸
式根島
神津島
三宅島
伊豆諸島

東洋のガラパゴス

ホエールウォッチング
御蔵島
小笠原諸島

アシタバ
八丈島空港
八丈植物公園
母島
父島
八丈島
南島

江戸情緒漂う下町と
オフィスが集まる経済の中心地

浅草・上野・丸の内
（あさくさ・うえの・まるのうち）P▶140

シンボルである東京ス
カイツリーを中心に広
がる、下町「浅草」。東
京駅は構内や周辺での
買い物も充実。限定の
おみやげ探しも楽しい。

東京スカイツリー® P▶140

東京駅丸の内駅舎 P▶140

東京観光の
定番が揃う

もんじゃ焼き P▶149

アクセスガイド

大阪	✈ 飛行機	伊丹→羽田 約1時間10分
	🚄 新幹線	新大阪→東京 約2時間30分
	🚌 夜行バス	大阪→新宿 約8時間30分
青森	✈ 飛行機	青森→羽田 約1時間25分
	🚄 新幹線	新青森→東京 約3時間05分
福岡	✈ 飛行機	福岡→羽田 約1時間35分
	🚄 新幹線	博多→東京 約5時間

移動のてびき

1 初めての東京観光なら
定期観光バスの利用もあり

ガイドの説明付きで、短時間で効率よく回れる観光
バスツアー。東京グルメを満喫できたり、夜景スポッ
トを巡るなど、コースもさまざま。

2 東京は意外と広い！
観光の拠点を事前に決めよう

網の目のように走る地下鉄は、便利だけど、慣れて
いないと乗り継ぎなどで、思ったより時間がかかる。
どこを拠点にするか決めて移動しよう。

3 飛行機？高速バス？
全国各地を結ぶ「東京の玄関口」

飛行機利用もいいが、東京には新宿バスタや池袋など
全国を結ぶ高速バスターミナルがある。移動手段はさ
まざまなので予算や時間などを考えて選択してみて。

表参道のイルミネーション
サンシャイン水族館
ーブラザーズ
ーツアー東京
京葉道路自動車道
東京外環自動車道
三鷹の森美術館
恩賜公園
練馬IC
新大久保
コリアンタウン
竹下通り
調布市
下北線路街
東京IC
谷スクランブルスクエア
東海道新幹線
東京都庁
東急歌舞伎町タワー
目黒川沿いの桜
東京都庭園美術館
六本木ヒルズ展望台
東京タワー

夕やけだんだん
上野恩賜公園
上野動物園
江戸切子
浅草寺 雷門
浅草
上野駅
上野
丸の内
東京駅
日本橋
銀座四丁目交差点
歌舞伎座
築地場外市場
お台場
東京港
レインボーブリッジ
東京駅丸の内駅舎
東京国際空港
（羽田空港）

千葉県

東京スカイツリー®
隅田川
荒川

東京湾

カルチャーが生まれる
遊び場揃いのエリア

新宿・渋谷・お台場
（しんじゅく・しぶや・だいば）P▶142

東京タワー P▶143

渋谷スクランブルスクエア P▶142

レインボーブリッジ P▶142

遊ぶ・食べる・見るの流行が全部揃った、まるで巨
大なテーマパークのようなエリア。日々アップデート
される最新の遊び場を楽しもう。

開発で新スポットが誕生する
個性派揃いのエリア

23区全域
（くぜんいき）P▶144

下北線路街 P▶145

ワーナー ブラザース
スタジオツアー東京 P▶144

高層ビルが多い23区中心部から少し離れれば、
緑があふれ、住居が立ち並ぶ。各町には独自
のカルチャーがあり、近年では再開発による新
スポットが、注目を集めている。

東京
BEST PLAN

PLAN | 23区を西へ東へ！東京のレジャスポを観光

浅草〜お台場〜渋谷プラン

COURSE MAP ★

東京の王道観光プラン。浅草エリアで下町のシンボルを巡り、原宿や渋谷を歩いて話題の新名所へ。

1日目 下町エリアから水上バスでお台場へ

9:50 押上駅発

町展望からスタート

6分

10:00 雲の上の世界！東京スカイツリー®の展望台へ

3分 / 4分

東京タワーも見えろよ

P▶140

まずは、世界一高いタワーから東京の街並みを眺めよう。足元には「東京ソラマチ®」も。注目のショップがたくさん入っている。

12:00 浅草のシンボル「雷門」をくぐり仲見世通りをぶらり

55分 / 1分

グルメ店が豊富！

歴史ある参道には約90店舗のみやげ物屋・食べ物屋が軒を連ねる。

15:00 水上バスに乗りお台場を観光！

36分 / 6分

水上移動が気持ちいい

浅草から約60分の水上クルーズのあとは、海辺のエンタメタウンを散策しよう。

18:00 ネオン輝く夜の銀座をぶらぶら＆ディナータイム

7分

夜は大人な雰囲気に

シンボルの時計台がある銀座四丁目付近を歩いたら、名店揃いの銀座グルメを堪能して。

P▶140

21:00 東京駅周辺のホテルに宿泊

2日目 原宿から渋谷、旬スポットまで

9:30 東京駅発

00分

10:00 トレンドを求めて！原宿でショッピング

19分 / 2分

竹下通りは外せない

話題のコスメや雑貨、プチプラでかわいい洋服などをショッピング。名物のクレープやジェラートの食べ歩きも楽しんで。

12:00 SHIBUYA SKYからスクランブル交差点を一望

35分 / 1分

渋谷の町を上から眺める

P▶142

渋谷スクランブルスクエア内にあるSHIBUYA SKYの屋上展望空間からは、渋谷スクランブル交差点を見下ろせる。

14:00 話題のスタジオツアーへ！おみやげもゲット

12分

ショップも雰囲気たっぷり

ヘドウィグのぬいぐるみも

P▶144

練馬区としまえんの跡地にハリー・ポッターの世界を堪能できるワーナー ブラザース スタジオツアーが登場。映画の世界へ行こう！

17:00 池袋駅から帰路へ

多摩プラン

PLAN｜自然一杯の多摩エリアでバス旅

COURSE MAP

住みたい町で常に上位の吉祥寺周辺や自然豊かな多摩地区を楽しむ。

1日目｜調布〜武蔵野

10:00 三鷹駅発
🚶 15分

10:30 ジブリ美術館で映画の世界観を体感
🚌 25分
🚶 4分
トトロに迎えられ、扉を開ければそこはもうジブリの世界。空間自体がまるで映画。

ジブリアニメの美術館

13:00 由緒ある深大寺を参拝。参道も巡る
🚌 25分
🚶 3分
参道には湧き水を利用した深大寺そばの店や茶屋がズラリ。

鬼太郎茶屋が人気

15:00 井の頭恩賜公園でひと休み。ボートや動物園も楽しめる
🚶 10分

白鳥ボートで池を周遊

公園内には「リスの小径」など、動物と身近に触れ合える動物園と、水生物館がある。

P.147

17:00 ハモニカ横丁でグルメ＆飲み！
新旧の店が混ざり合う横丁で、ディープな夜の町に迷い込む。

はしご酒が楽しい

20:00 吉祥寺周辺ホテルに宿泊

2日目｜奥多摩へ

9:00 吉祥寺駅発
🚃 1時間35分
🚌 35分

年間通じて中は11度ほど

P.146

12:00 神秘の日原鍾乳洞で探検気分♪
🚌 35分
🚌 20分
鍾乳洞に囲まれた、東京のひんやりスポットで、自然の神秘を体感しよう。

15:00 奥多摩湖の景観と澄んだ空気に癒やされる
🚌 20分
ダム湖でありながら、湖畔には観光スポットが点在。

P.147

東京都の貴重な水源

17:00 奥多摩駅から帰路へ

伊豆諸島プラン

PLAN｜東京の南国へクルーズ旅

COURSE MAP

いくつものビーチが点在する新島と、白砂の温泉島、式根島を船旅で。

関東／東京

1日目｜新島を一周

7:30 東京竹芝港発
🚢 約2時間20分

日本水浴場88選の一つ

10:00 新島に到着！
🚶 1分

10:10 黒根海岸で透き通った海で泳ぐ
🚶 10分
港に着いてすぐに出合える絶景海岸

11:30 新島のモヤイ像と記念撮影
島の人々や観光客が作った像が点在。

隠れモヤイ像も！

12:00 電動自転車を借りてGO！

12:10 新島のシンボル羽伏浦海岸のメインゲートに到着
🚲 15分
約6.5kmも続くビーチの白亜の門。

結婚式もできる

13:30 十三社神社を参拝
🚲 30分
13の神様が祀られる絶壁を背に立つ神社。

15:00 大峰展望台から周辺の島を眺める
🚲 30分
島の南側から、村内を眺めてみよう。

飛行場も見える

17:00 自転車を返却し、新島で一泊

2日目｜隣の式根島へ

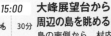

8:00 新島港から式根島へ
🚢 15分
🚶 5分

遠浅の美しい海

8:30 式根島の泊海水浴場でシュノーケリング！
🚲 10分
岩に囲まれた入江で、のんびり海水浴。

10:00 地鉈温泉で絶景露天風呂を満喫！
🚲 10分
神経痛や冷え症への効果が期待できる。

別名は「内科の湯」

12:05 式根島から帰路へ

※2023年8月現在、式根島への連絡船修繕工事のため利用制限中。状況は要問い合わせ。

139

BEST 1
天高くのびるタワーの展望台から都内を眺める

天気がよいと富士山の姿も

墨田区 東京スカイツリー®／高さ634mの電波塔。展望台から360度絶景が見渡せる。350mを約50秒で急上昇するエレベーターも楽しみ。

BEST 2
伝統の歌舞伎を鑑賞する

中央区 歌舞伎座／1889年開場。歌舞伎の殿堂として、一年中毎月公演している。食事処や喫茶もある。

BEST 6
銀座四丁目交差点を颯爽と歩きたい

中央区 銀座四丁目交差点／中央通りと晴海通りが交わる、銀座和光の時計台でおなじみの銀座の中心地。

BEST 7
築地でおいしい魚をゲットする

中央区 築地場外市場／市場の機能が豊洲に移転してからも、活気あふれる水産市場。おいしいグルメ店が揃う。

BEST 3

上野恩賜公園の
蓮が咲く不忍池をぐるり

台東区 上野恩賜公園／広い敷
地内には東京国立博物館などの
文化施設が点在。池の中央にあ
る辯天堂からも蓮を見渡せる。

台東区 上野動物園／日本で最初
の動物園。人気のジャイアントパ
ンダやアジアゾウをはじめ、アイ
アイなど珍しい動物にも会える。

BEST 4

ジャイアントパンダを見に上野動物園へ!

BEST 5

赤レンガの駅舎の建築美に感動

千代田区 東京駅丸の内駅舎／創業当
時のように復原されたレトロな外観
は、高層ビル群との対比が美しく印
象的。国の指定重要文化財。

駅舎内には
ホテルも

セリフがが
入ります

BEST 8

浅草のシンボル!
大提灯と一緒に記念撮影

台東区 浅草寺 雷門／浅草寺の
総門。両側には風神・雷神様が
いる。提灯下の龍の彫刻も見逃
せない。

写真提供「浅草寺」

 **新宿・渋谷・お台場** で行きたい！したい！ **BEST 8**

BEST 1
渋谷のランドマークタワーの 屋上展望空間が気持ちいい！

絶景とお酒も
楽しめる

渋谷区 **渋谷スクランブルスクエア**／展望施設「SHIBUYA SKY」は絶景の撮影スポット。屋上では空に浮いているような感覚を味わえる。

BEST 2
原宿の名物通りで スイーツを食べる！

渋谷区 **竹下通り**／ティーン向けの雑貨やファッション、最新スイーツ、グルメなどトレンドの店がひしめくエリア。

BEST 3
ライトアップされた 冬の表参道を歩く

渋谷区・港区 **表参道のイルミネーション**／12月になると、表参道のシンボルであるケヤキ並木がシャンパンゴールドの光に彩られる。

港区 **レインボーブリッジ**／長さ約800mの吊り橋は二重構造。下層が遊歩道になっていて東京湾やお台場の夜景が一望できる。

BEST 4
東京湾に輝く レインボーブリッジを渡る

入室料は
無料

BEST 6
ライトアップが美しい
夜の都庁にうっとり

新宿区｜東京都庁／高さ202m上
45階の展望室からは富士山まで望む
ことができる。夜は世情を反映した
色でライトアップされ美しい。

BEST 7
歌舞伎町に誕生した
エンタメ満載のタワーへ

新宿区｜東急歌舞伎町タワー／歌舞
伎町に誕生した、国内最大級のホテル
と映画館や劇場、ライブホールなどエ
ンタメ施設が入った超高層複合施設。

BEST 5
韓国コスメを
買いに行く!

新宿区｜新大久保コリアンタウ
ン／韓国料理店や韓国コスメ、
K-POPアイドルグッズの店が集
まる都内屈指のコリアンタウン。

外階段ウォーク
が楽しめる

BEST 8
ランドマークとして愛される
東京タワーに上る

港区｜東京タワー／1958年に開業し
た東京のランドマーク。高さ333mで、
150mと250m地点に展望デッキがある。
毎週月曜日は月毎のカラーで輝く。

BEST **1**

憧れの9と3/4番線も！
映画「ハリー・ポッター」の世界を体験

BEST **2**

アール・デコ様式の美術館で
緑豊かな庭園を楽しむ

港区 **東京都庭園美術館**
／1933年に朝香宮邸として
建てられた本館には、アー
ル・デコ装飾が施されてい
る。緑豊かな庭園が美しい
美術館。

練馬区　ワーナー ブラザース スタジオツアー東京 - メイキング・オブ・ハリー・ポッター／映画「ハリー・ポッター」の制作の舞台裏を学べる体験型エンタメ施設が、としまえん跡地に誕生。

世田谷区　下北線路街／小田急線の東北沢駅から世田谷代田駅の地下化に伴い、再開発された線路跡地。個性的な施設がオープンしている。

BEST 3
下北沢の新名所
下北線路街をぶらり

BEST 5
ノスタルジックな
夕日輝く階段を下る

BEST 4
目黒川沿いを歩いて
お花見がしたい

荒川区　夕やけだんだん「谷中銀座商店街」に向かう石段は、夕方になると夕日に染まり、下町の情景が楽しめる。

豊島区　サンシャイン水族館／サンシャインシティのビルの屋上にある水族館。空中を泳いでいるかのような「天空のペンギン」水槽は必見。

目黒区　目黒川沿いの桜／約4kmにわたり800本もの桜が目黒川を覆うように咲き誇る。桜のトンネルをくぐる花見クルーズも。

BEST 6
空飛ぶペンギンが見たい！

多摩 で行きたい！したい！ BEST 8

夏はプールと
花火も

BEST 1

広大な国営公園を訪ね
四季の花を愛でる

立川　国営昭和記念公園／昭和
天皇在位50年を記念して造られた。
園内5つのゾーンでは、年間を通じ
多彩なイベントが開催される。

石柱が乱立する
神秘の世界

BEST 2

立体迷路のような
日原鍾乳洞を探検！

BEST 3

登山コースが選べる
高尾山でハイキング

奥多摩　日原鍾乳洞／全長約
800mの規模は関東有数。白衣
観音やガマ岩と名付けられた鍾
乳石の幻想的な世界が広がる。

八王子　高尾山／標高は約599m。
初心者向けから上級者向けまで7つ
の登山ルートがある。ケーブルカー
を使えば約1時間で山上に到着。

BEST **4**

東京の歴史を刻んだ
建物を見学

30棟の建築物を復元

小金井 **江戸東京たてもの園**／1993年に小金井公園内に開園。江戸前期から昭和中期の町並みを再現している。銭湯などの歴史的建物が立ち並ぶ。

BEST **5**

水鳥が泳ぐ井の頭池の
周辺を散歩する

武蔵野 **井の頭恩賜公園**／井の頭池を一周する1.6kmの散策路をぐるり。ベンチもあり、ひと休みしながらのんびり過ごせる。

BEST **6**

里山風景が広がる
秋川渓谷で紅葉狩り

あきる野 **秋川渓谷**／多摩川支流最大とされる秋川の約20kmの渓谷。なかでも全長96mの吊り橋「石舟橋」を囲む木々の紅葉は絶景。

BEST **7**

自然に囲まれた
奥多摩湖の畔でピクニック

奥多摩 **奥多摩湖**／周辺には温泉や散策コースがあり、都心から近いので、自然を求め日帰り旅行で訪れる人も多い。

BEST **8**

大きなトトロに挨拶し
迷路みたいな美術館へ

三鷹 **三鷹の森ジブリ美術館**／井の頭公園の西園にある緑に囲まれたアニメーション美術館。スタジオジブリの世界観を体感。予約制。

147

伊豆諸島・小笠原諸島 で行きたい！したい！ BEST 4

小笠原（父島）南島／小笠原諸島の父島南西沖に浮かぶ無人島。扇池はターコイズブルーの水色が美しい入り江で、海水浴も可能。

珍しい沈水カルスト地形

BEST 1
無人島・南島の
海水の入江で泳ぐ

BEST 2
迫力満点のクジラを
間近で観察する！

小笠原（父島）ホエールウォッチング
年間を通してさまざまなクジラを見るチャンスがある。目の前で雄大な姿を観察しよう。

BEST 3
八丈島の温室内で
熱帯植物たちを観賞

八丈島 八丈植物公園／亜熱帯植物を中心にハイビスカスなどの花が咲き、南国ムードが漂う。小型の鹿「キョン」も見られる。

BEST 4
伊豆大島名物の
椿が咲く道を歩く

大島 大島の椿／大島には約300万本の椿が自生。特産品の椿油など産業にも利用されている。

東京の春夏秋冬イベント

秋

木場の角乗
きばのかくのり

江東　10月中旬

都の無形民俗文化財に指定。江戸時代に水辺に浮かべた材木を鳶口ひとつで乗りこなして筏に組む仕事の余技から芸能として発達した。

春

神田祭
かんだまつり

千代田　5月中旬

神田明神で行われる、2年に一度の大祭。大小200基の神輿行列が、江戸の粋を載せ付近を練り歩く。

夏

隅田川花火大会
すみだがわはなびたいかい

墨田　7月最終土曜

約2万発の花火が上がる、国内最大級の夏の風物詩。腕自慢の花火師の競演が見もの。屋形船から観覧も。

冬

湯島天神梅まつり
ゆしまてんじんうめまつり

文京　2月上旬～3月上旬

学問の神様、菅原道真を祀る湯島天神は、江戸時代から梅の名所として知られる。白梅を中心に約300本の梅の花が咲き誇る。

知っ得！ご当地ネタ帳

標準語と異なる東京方言がある

地元の人とのトークに困らない！よく使われる方言リスト

だべる	▶	おしゃべりする
あてずっぽう	▶	いい加減
あんまり	▶	あまり
しょっぱな	▶	最初
かたす	▶	片づける
せけんさま	▶	世間の方々
なり	▶	服装

家賃や駐車場代は地方と比べて高め！

東京の月極駐車場は地方の家賃と同じくらいで、一番高い千代田区はなんと5万円！地価が高く、スペースがないのが原因とか。

車より電車＆バス移動が多い。そのため気づけばよく歩いてる！

一方通行も多く、道路が複雑な東京は、公共交通機関が充実。乗り継ぎを上手く使えば、あらゆる場所に早く、便利に行ける。

お国自慢 ご当地グルメ

鍋

ちゃんこ鍋

相撲部屋で力士が食べる料理。栄養満点の具を大鍋で食す。

寿司

江戸前寿司

東京湾でとれた魚介を使った握り寿司。酢〆などが特徴的。

郷土料理

もんじゃ焼き

東京下町の定番。香ばしく焼けた生地はクセになる味。

郷土料理

深川めし

もとは漁師飯。煮たあさりとねぎを出汁ごとご飯にかける。

欲しいをチェック おみやげリスト

1　特産品

椿オイル

伊豆諸島で育った良質な椿の実を搾って作る。髪や肌への使用から食用まで用途は豊富。

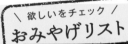

1

2　銀座たまや

東京たまご ごまたまご

黒ごまあんとホワイトチョコの風味がマッチした、たまご形のお菓子。東京駅などで販売。

2

3　東京ばな奈ワールド

東京ばな奈

発売以来、東京みやげの大定番。バナナカスタードのほか、限定品など種類も多い。

3

4　伝統工芸

江戸切子

色ガラスの表面を削る、多彩な文様が美しい。全て手作業の伝統工芸品。

4

神奈川
旅のプロファイル

商業施設が集まる都市から海、山が楽しめるエリアまで多彩

東京都の南に位置する神奈川県。人口は全国第2位。
自然豊かな温泉地の箱根、歴史を感じる古都鎌倉、
流行とレトロな街並みの横浜など、魅力がいっぱい。

温泉や美術館が集まる箱根と
城下町として栄えた小田原

箱根・小田原
（はこね・おだわら）P▶158

箱根は全国有数の温泉リゾート。アートと四季折々の自然が魅力。小田原には難攻不落と言われた「小田原城」がある。

箱根登山鉄道 P▶159

大涌谷 P▶158

おしゃれなベイサイドや
旬が集まるスポット豊富

横浜・川崎
（よこはま・かわさき）P▶152

横浜みなとみらい21 P▶152

異国情緒漂う街並みと近未来的な建物などにあふれた横浜。ロープウェイは世界最先端。工業の町、川崎では夜景ツアーも。

YOKOHAMA AIR CABIN P▶152

中央自動車道
相模湖
東京都
相模原市
関東平野
丹沢山
丹沢山地
▲大山
厚木市
厚木IC
新東名高速道路
東名高速道路
相模川
平塚市
東名川崎IC
川崎の工場夜景
川崎
多摩川
横浜町田IC
横浜みなとみらい21
新横浜駅
東海道新幹線
YOKOHAMA AIR CABIN
横浜
横浜赤レンガ倉庫
山下公園
横浜中華街
横浜港
横浜ベイブリッジ
明月院
鎌倉
高徳院
建長寺
鶴岡八幡宮
横浜・八景島シーパラダイス
三渓園

金時山
仙石原高原
箱根ローブウェイ
大涌谷
彫刻の森美術館
箱根山▲
箱根温泉郷
箱根
芦ノ湖
かまぼこ
小田原駅
小田原城
箱根登山鉄道
箱根小涌園ユネッサン
小田原
相模湾
江の島
江ノ島電鉄
由比ヶ浜海岸
リビエラ逗子マリーナ
横須賀
自動車
猿島
三浦半島
三浦は野菜も魚もおいしい

静岡県
湯河原町
ミカン

箱根駅伝の
山越えで有名

落ち着きある古都と
海絶景が楽しめる

鎌倉・横須賀
（かまくら・よこすか）P▶154

長井海の手公園
ソレイユの丘
マグロ
ダイコン
三崎港
三浦

古都鎌倉と海水浴もできる江の島周辺は、はずせない観光スポット。かつて軍港都市として栄えた横須賀。要塞だった猿島も。

BEST 1
鶴岡八幡宮 P▶154

BEST 2
江の島 P▶156

移動のてびき

1 横浜は移動の拠点に最適！

さまざまな電車が乗り入れる横浜駅は、各地へのアクセスが抜群。観光地ごとにフリーきっぷなどがあるので、利用して楽しもう。

2 わざわざ寄りたい魅力的なSA・PAが多い

話題のグルメや、限定のお土産で人気のサービスエリアが点在。高速道路で移動の際には、ぜひ立ち寄って欲しい！

アクセスガイド

東京		
電車	渋谷→横浜 約30分	
電車	東京→逗子 約1時間	
電車	新宿→箱根湯本 約1時間30分	
車	芝浦JCT→横須賀IC 約1時間	

静岡		
新幹線	静岡→新横浜 約40分	
車	静岡IC→保土ヶ谷IC 約2時間	

愛知		
新幹線	名古屋→新横浜 約1時間20分	

神奈川基本DATA

面積	約2416k㎡
人口	923万4566人（令和5年5月1日）
ベストシーズン	4〜5月、10〜11月
県庁所在地	横浜市
特産品	穴子、三崎マグロ、地だこ、三浦大根など
日本一	Jリーグのチーム数（計6チーム）

地理 県西部は箱根・丹沢山地があり、東部は多摩丘陵や三浦半島が広がる。また南部は相模湾に面している。

気候 年平均気温約16度。夏は多雨多湿、冬は乾燥した晴天が続くが、箱根や丹沢の山間部では降雪もある。

神奈川 BEST PLAN

行ってみたい！を効率よく

観光地が多いニャ

鎌倉～横浜プラン

1泊2日

PLAN｜横浜から鎌倉まで電車＆バスで行く

COURSE MAP

古都鎌倉をのんびりと散策。2日目は華やかな横浜の町を楽しもう。

1日目　鎌倉の町歩き＆社寺へ

12:00　横浜駅発
- 🚃 30分
- 👣 10分

鎌倉文化の起点！

12:40　小町通りを散策
- 🚃 10分
- 👣 5分

したら、鶴岡八幡宮で参拝
食べ歩きグルメが目白押しの小町通りを歩いて鶴岡八幡宮に向かおう。

15:00　江ノ電で鎌倉大仏殿高徳院へ
- 🚃 50分

P▶156

鎌倉駅から長谷駅までは江ノ電で。長谷の商店街を歩けば高徳院に！

国宝の大仏！

17:30　横浜市内のホテルに宿泊

2日目　横浜のレジャスポへ

10:00　元町・中華街駅発
- 👣 4分

肉まんの名店多数！

12:00　横浜中華街で食べまくり
- 👣 6分

P▶153

肉まんやごま団子などを販売する飲茶の店をはしごしよう。

14:00　潮風に吹かれながら山下公園でひと休み
- 👣 9分

横浜ベイブリッジや港を行き交う船を眺められる。ベンチに座って休憩を。

バラ園も見どころ

P▶152

16:00　みなとみらいでショッピング
- 👣 20分

MARK IS みなとみらいでショッピング！ 赤レンガ倉庫に立ち寄りも◎。

P▶152

18:00　横浜駅に戻り、帰路へ

1泊2日

PLAN｜箱根温泉でパワーチャージ旅

箱根～小田原プラン

COURSE MAP

温泉はもちろん、絶景やアートも楽しめる箱根エリアを満喫する。

1日目　大涌谷や仙石原を散策

9:30　箱根口ICからスタート
- 🚗 30分

10:00　箱根ロープウェイに乗車！ 眼下は絶景
- 🚡 15分

早雲山駅からロープウェイで大涌谷駅へ。所要約15分。

12:00　噴煙立ち込める大涌谷へ
- 🚡 15分
- 🚗 12分

硫黄の匂いが漂う！

大涌谷からは大きな富士山の姿が見え、眼下には迫力ある谷底が広がる。

P▶158

12:00　仙石原高原で四季折々の表情を楽しむ
- 🚗 15分

豊かな自然に囲まれた高原。秋は黄金色に輝くすすきが、初春には草原の山焼きが見られる。

P▶158

すすきの時期が一番賑わう

14:00　彫刻の森で自然と芸術の調和を体感しよう
- 🚗 3分

P▶160

彫刻作品が展示された野外で自然の中のアートを鑑賞しよう。

16:00　強羅周辺の温泉宿に宿泊

2日目　芦ノ湖や小田原城へ

10:00　強羅駅発
- 🚗 5分

10:05　箱根小涌園ユネッサンでプールや温泉を楽しむ
- 🚗 17分

水着で入る温泉も！

日帰り温泉施設のユネッサンでは変わり種温泉やプールのほかキャンプも楽しめる。

P▶159

13:00　芦ノ湖畔で優雅な時間を♪
- 🚗 39分

豪華海賊船に乗船！

きらびやかで豪華な海賊船でクルージングができる湖。湖上からは雄大な富士山の姿も。

P▶160

15:00　小田原のランドマーク小田原城へ
- 🚗 14分

帰る前に戦国大名・北条氏の本拠地として知られる小田原城に立ち寄り。

P▶159

17:00　小田原西ICから帰路へ

横浜・川崎 で行きたい！したい！ BEST 9

豪華客船
氷川丸が係留

横浜 山下公園／横浜港沿いにあり、目の前に横浜ベイブリッジや港が広がる。風光明媚なバラの名所としても知られる。

BEST 1
ベンチに座って
港を行き交う船を眺める

BEST 2
横浜の夜景スポットで
夜のお散歩を楽しむ

横浜 横浜みなとみらい21
近代的な建物が並ぶ都会的な街並み。夜はイルミネーションに彩られ、ロマンチックな空間に。

BEST 3
最先端のロープウェイで
みなとみらいを空中散歩

横浜 YOKOHAMA AIR CABIN／桜木町駅前と運河パークを結ぶロープウェイ。移動しつつ、みなとみらいを満喫。

BEST 4
山手の西洋館を巡り
ちょっぴりセレブ気分

横浜 横浜山手西洋館 外国人居留地の歴史を持つ山手エリアには、「外交官の家」などの西洋館が点在する。

BEST 5
水族館にアトラクションも
シーパラで一日遊ぶ！

横浜 横浜・八景島シーパラダイス／4つの水族館やアトラクションなどが揃ったテーマパーク。5万尾ものイワシがパフォーマンスする姿は圧巻！

BEST 6
ライトアップされた 赤レンガ倉庫でお買い物

横浜 横浜赤レンガ倉庫／レンガ造りの歴史的建造物で、買い物や食事が楽しめる。夜はライトアップで幻想的な雰囲気。

港の夜景も一望できる

川崎 川崎の工場夜景／浮島町の工場地帯は製油所や化学工場、発電所が隣接。夜は美しくも迫力ある景観が目前に！

BEST 7
迫力満点の 鋼の要塞を間近で見る

BEST 8
横浜ベイブリッジで 夜景の中をドライブ

横浜 横浜ベイブリッジ／有名な夜景スポットで、下層部にある歩行者専用の展望施設からは横浜港や海沿いの街を望む。

BEST 9
肉まんに、焼き小籠包に 中華街で食い倒れ

横浜 横浜中華街／高級店から食べ放題、テイクアウトグルメまで、多種多様な中華料理店がにぎやかに軒を連ねる。

BEST 1

雨上がりに訪問し
明月院ブルーに見惚れる

源頼朝ゆかり
の神社

BEST 2

鎌倉を見守り続ける
鶴岡八幡宮へご挨拶

鎌倉 鶴岡八幡宮／11世紀後半源
氏の守り神として創建された、鎌倉
の代表的な史跡。境内には自然の息
吹が満ち、清らかな空気が流れる。

あじさいは
約2500株！

鎌倉 明月院／別名はあじさい寺。
境内を埋めるように咲く数千株のあ
じさいは明月院ブルーとも言われ、
例年5月下旬〜6月に見頃を迎える。

BEST **3**

迫力満点の天井画
雲龍図に圧倒される

鎌倉 建長寺／北条
時頼が創建した日本初
の禅宗専門道場。日本
画家の小泉淳作によっ
て描かれた天井画の雲
龍図は一見の価値あり。

155

藤沢 江の島／湘南海岸から弁天橋を歩いて行く離島。魚介がおいしい飲食店や展望灯台、江島神社など、見どころも満載。

車でも徒歩でも渡れる

BEST 4

相模湾に突き出た小島
江の島までドライブ！

BEST 5

満開の桜を入れて
鎌倉大仏と記念撮影

鎌倉 高徳院(鎌倉大仏)
武家政権と民衆の安寧を願って造られた青銅の鋳造仏。表情や後光山を背に佇む姿が美しい。

BEST 6

古都鎌倉のおだやかなビーチを散歩

鎌倉 由比ヶ浜海岸／砂浜が続く鎌倉を代表するビーチ。青い海を眺めながら、ゆっくり散歩をするだけでも気持ちいい。

BEST 7

海岸沿いを走る
レトロな江ノ電を発見

鎌倉 江ノ島電鉄／レトロな車両が印象的な通称江ノ電。鎌倉高校前駅からほど近い踏切はアニメに登場する人気のフォトスポット。

BEST 8

まるで**海外のリゾート地**!マリーナでのんびり過ごす

開放感が
抜群!

逗子 **リビエラ逗子マリーナ**／ヨットハーバー、ホテル、レストランなどを有するマリーナリゾート。海と富士山を眺めながら贅沢なひと時が楽しめる。

関東／神奈川

BEST 9

東京湾に浮かぶ**無人島の要塞**を探検

横須賀 **猿島**／横須賀から船で10分の無人島。要塞の島だったため、砲台やレンガの建造物など歴史遺産が多く残る。

BEST 10

青空と海に囲まれた**夏のひまわり畑**へ

横須賀 **長井海の手公園 ソレイユの丘**／絶景を望む岬のエンターテイメントパーク。四季折々の花が咲き、特に夏のヒマワリが人気。

BEST 1
仙石原高原で
波打つすすきの中に立つ

すすき草原
が名所！

BEST 2
噴煙が上る大涌谷を
ロープウェイから眺める

ロープウェイ
で行こう

箱根　**大涌谷**／箱根火山の火山性地すべりによる崩壊地形。今なお噴気孔から白煙が上るなど、火山のダイナミックな様子を観察できる。

箱根 仙石原高原／秋には一面すすき野原になり、金色の絨毯を敷きつめたよう。小道を進み、高台に登ると野原を一望できるスポットも。

箱根 箱根登山鉄道／箱根湯本から強羅までを約40分かけて走る山岳鉄道。季節によって表情を変える箱根の自然を車窓から鑑賞しよう。

BEST **3**
秋景色の箱根山を
真っ赤な電車で登る

BEST **5**
温泉のテーマパークの
泳げるお風呂で遊ぶ

箱根 箱根小涌園ユネッサン／ワイン風呂など、水着で楽しめるユニークな風呂が集結。泳いだり、湯に浸かったりと楽しみ方もさまざま。

BEST **4**
温泉饅頭を食べ比べ!

箱根 箱根湯本商店街／箱根湯本駅を出てすぐの商店街。名産や工芸品などみやげ物が豊富。

BEST **6**
桜が映える**小田原城**でお花見

小田原 小田原城／戦国大名・北条氏の居城として知られる。春には約300本のソメイヨシノが咲き誇り、城の周りが淡いピンク色に染まる。

天守からの
眺めも見事

BEST 7

富士山を望む
芦ノ湖を遊覧する

富士山が
間近に！

箱根 芦ノ湖／周囲の新緑や花火、紅葉そして湖面に映る逆さ富士など、訪れるたびに異なる魅力を放つ。船でのクルーズもおすすめ。

BEST 8

自然と調和した
野外美術館を観賞

箱根 彫刻の森美術館／近・現代を代表する彫刻作品を野外に展示。自然と芸術にふれあいながら、ゆっくりと過ごせる。

神奈川の 春夏秋冬 イベント

おおおかがわさくらクルーズ
大岡川桜クルーズ
`横浜` **3月下旬～4月上旬**
約600本、全長約3kmにわたる桜の名所を船上で鑑賞。両川岸から垂れる満開の桜の風景が楽しめる。

春

まなづるきぶねまつり
真鶴貴船まつり
`真鶴` **7月最終土曜とその前日**
華やかな装飾の神輿船が海上で豊漁、無病息災を祈願しながら巡行する。300年以上続く伝統行事。

夏

秋
ふじさわえのしまはなびたいかい
ふじさわ江の島花火大会
`藤沢` **10月**
秋の湘南の風物詩。特に江の島をバックにして打ち上げられる片瀬海岸からの花火は、夜の海と花火の両方を楽しめて格別。

えのしまシーキャンドルライトアップ
冬
江の島シーキャンドルライトアップ
`藤沢` **11月下旬～2月下旬**
展望灯台から360度に広がるイルミネーションがつくる直径70mの「光の大空間」は圧巻。その他の会場も幻想的な光に包まれる。

知っ得！ ご当地 ネタ帳

～じゃんを付けるのは神奈川発！

地元の人とのトークに困らない！
よく使われる方言リスト

いさしかぶり	▶ 久しぶり
くいぞー	▶ 食いしん坊
ざっかけだ	▶ こだわらない
～じゃん	▶ ～ではないか
ひだりっぽい	▶ まぶしい
よこっちゃり	▶ 横の方向
あんきだ	▶ 安心だ

東西に広い神奈川県
県内といえど横浜から箱根まではプチ旅行！
横浜は神奈川県の東側で箱根はすぐ隣が静岡。県内を横断して移動する距離と、人気観光地ならではの渋滞のせいで旅気分になるのかも。

横浜は都会的な印象だけれど少し離れれば緑や川が豊富！
東京都心へも近い横浜だけど、中でも「緑区」はその名の通り、自然豊かなエリア。また横浜駅からは30分ほどで行ける海水浴場もある。

お国自慢 ご当地 グルメ

`ラーメン`
サンマーメン
野菜や肉が入った旨味たっぷり横浜発祥あんかけラーメン。

`海鮮`
生しらす
江の島では春先から初冬にかけて、しらすが水揚げされる。

`海鮮`
マグロ丼
マグロ漁で有名な三崎港で、趣向を凝らしたマグロに舌鼓。

`カレー`
よこすか海軍カレー
旧日本海軍のレシピを忠実に再現したご当地カレー。

欲しいをチェック おみやげリスト

1 `崎陽軒`
シウマイ弁当
1954年誕生。干帆立貝柱の旨みが広がるシウマイは、冷めてもおいしい。

2 `鎌倉紅谷`
クルミッ子
自家製キャラメルとクルミをバター生地で挟んだ、贅沢なおいしさの焼き菓子。

3 `豊島屋`
鳩サブレー
歴史ある味は神奈川を代表する有名銘菓。鎌倉土産には欠かせない焼き菓子。

4 `伝統工芸`
箱根寄木細工
多様な木の色を活かし、それを精巧に組み合わせて、文様を作る伝統工芸品。

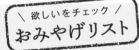

1
2
3
4

日本のワイン造りに140余年の歴史あり

日本ワイン誕生秘話

年々ワイナリーが増え、おいしさも増している日本
ワイン。明治時代からスタートしたワイン造りは、
多くの功労者の苦労の上に成り立っている。

日本発のワインブドウ 甲州ブドウの伝説

今から1300年前、東西交易とともにシルクロードを経て、ブドウが日本に上陸した。甲州ブドウの起源で有名なのが行基説。夢で見たブドウを持った薬師如来を自ら刻み、大善寺を建立。ブドウを薬として伝え、それが甲州ブドウとなっている。

勝沼の大善寺には行基が安置したブドウを持った薬師如来像がある。

2人の若者が ワイン造りをスタート

本格的なワイン造りが始まったのは明治時代。甲府の僧侶である山田宥教と、日本酒造の詫間憲久が「ぶどう酒共同醸造所」を設立し、日本初の国産ワインを生産。その後、勝沼に民間ワイン醸造場「大日本山梨葡萄酒会社」が発足。高野正誠と土屋龍憲の2人の青年がワイン醸造を学ぶためフランスへと派遣された。帰国後、本場で学んだブドウ栽培法と醸造技術を駆使し、甲州ブドウでワイン醸造を開始。明治12（1879）年に念願の国産本格ワインが完成。その後会社は解散したものの、2人が造り上げた最古の日本ワインは、高野家の蔵で発見され、今も大切に保管されている。

全国各地で栽培されているマスカット・ベーリーA。（画像提供：岩の原葡萄園）

ワイン造りへの情熱が 新品種誕生に繋がる

明治22（1889）年、土屋龍憲は宮崎光太郎とともに東京で「甲斐産商店」を開き、そこにワイン醸造を志す多くの若者が集まった。そのうちの一人が越後国高田出身の川上善兵衛だった。

地主であった川上は、荒れ果てた土地でも栽培できるブドウが、豪雪に悩まされていた高田地区の農民救済につながると考え、明治23（1890）年に岩の原葡萄園を開園。また、品種改良の研究も重ね、甲州種に次ぐ重要品種である「マスカット・ベーリーA」など22品種を生涯かけて世に送り出した。

川上善兵衛は、ワインの温度管理に「雪室」を発案。

歴史に関わる ワイナリーを訪ねよう

日本ワインの歴史に名を刻んだ功労者たちが創業したワイナリーを紹介。

山梨　**まるき葡萄酒**
土屋龍憲が明治24（1891）年に創業。地下セラーには60年以上熟成した貴重な古酒が保管されている。

新潟　**岩の原葡萄園**
川上善兵衛が開いたワイナリー。敷地内にはショップのほか、川上善兵衛の記念館や雪室がある。

甲信越

甲信越

新潟
旅のプロファイル

日本海と越後山脈に面した南北に広がる県

本州中北部の日本海側に位置する新潟県。日本一の長さを誇る信濃川は、越後山脈から田んぼの広がる新潟平野を悠々と流れ、日本海へと注ぎ込む。

旅の拠点・新潟市と
地域の文化が色濃く残る町々

新潟・村上・佐渡 P.166

萬代橋 P.166

月岡温泉 P.166

明治時代に入り、県庁が置かれ、急速に近代化が進められた新潟。新潟の西、日本海に位置する佐渡島は、金・銀の鉱山でも知られる。

花火、スキー、音楽フェスと
全国を代表するイベントを開催

長岡・越後湯沢 P.170

長岡まつり大花火大会 P.172

彌彦神社 P.171

日本三大花火の一つ、長岡まつり大花火大会が開催される長岡。越後湯沢は、夏は音楽フェス、冬はスキーでにぎわう。

温泉から高原まで
自然を生かしたスポットが点在

上越・妙高 P.168

高田城址公園観桜会 P.168

妙高山 P.168

戦国武将・上杉謙信が居城を構えていた上越地方。さわやかな散策が楽しめる妙高高原はハイキングにぴったり。

アクセスガイド

東京	新幹線 東京→新潟 約1時間30分	
	夜行バス 東京→新潟 約5時間20分	
	車 練馬IC→新潟中央IC 約3時間40分	

大阪	飛行機 伊丹→新潟 約1時間5分

宮城	高速バス 仙台→新潟 約4時間20分
	夜行バス 仙台→新潟 約5時間45分

新潟基本DATA

面積	約1万2580km²
人口	213万4480人（令和5年5月1日）
ベストシーズン	4～5月、12～1月
県庁所在地	新潟市
特産品	米、日本酒、洋梨、のどぐろ、南蛮えびなど
日本一	日本一長い信濃川がある

地理 330kmの長い海岸線に沿って、信濃川や阿賀野川などの河川が作り出した平野が広がる。県境付近は急峻な山岳地帯。

気候 夏はフェーン現象により蒸し暑い。冬は豪雪地帯で、北西部からの季節風が吹き込み、山間部では大雪となる。

移動のてびき

1 新潟県内の移動はローカル線もあり

JR上越新幹線と信越本線がメインとなる鉄道路線。北越急行ほくほく線などのローカル線に乗って、のんびりと旅するのもおすすめ。

2 佐渡島へは船に乗って2つの航路がある

新潟港から両津港、または直江津港から小木港行きの船を利用。新潟港からカーフェリーで約2時間30分、ジェットフォイルで約65分。

新潟 BEST PLAN

\\ 行ってみたい！を効率よく //

歴史ある町々を巡ろう

新潟～村上プラン

PLAN | 車じゃなくてもOK！ 新潟北部を巡る

1泊2日

COURSE MAP

時代の流れを感じられる別邸や街並みを散策して、温泉で体を癒やそう。

1日目 新潟市内を巡る

10:00	新潟駅発
14分	
10:15	6連アーチのモダンな萬代橋を渡る
🚌5分 / 👣6分	花崗岩などで飾られたアーチが特徴的な橋。

歩いても渡れる
P▶166

| 11:00 | 旧齋藤家別邸の美しい庭園に見惚れる |
| 🚌5分 / 👣6分 | 砂丘の斜面を生かした回遊式庭園。 |

赤い紅葉が映える
P▶167

| 12:00 | 新潟市水族館マリンピア日本海でかわいいイルカショーに拍手！ |
| 🚌27分 | 約600種2万点の水生生物を展示する。 |

| 14:30 | 新潟駅から豊栄駅へ |
| 🚃20分 / 🚌20分 | |

ショーは毎日開催！

| 16:00 | 月岡温泉で寛ぎのひと時を♪温泉街も散策 |

P▶166

2日目 村上の名所歩き

| 10:00 | 豊栄駅発 |
| 🚃1時間5分 / 👣20分 | |

小路に黒塀が続く♪

| 11:30 | 黒塀が続く安善小路を散策 |
| 🚃20分 / 👣5分 | 寺院など、城下町の風情を感じられる。 |

P▶167

| 13:00 | 笹川流れで遊覧船に乗ってカモメに餌やり♪ |
| 🚃1時間50分 | 潮風を感じながら約40分の船旅を楽しむ。 |

餌付け体験もできる
P▶167

| 17:00 | 新潟駅から帰路へ |

1泊2日

上越～妙高プラン

PLAN | 上越の街&妙高の山々をドライブ

COURSE MAP

上杉謙信ゆかりの地と、豊かな水が育む観光スポットを巡る。

1日目 上越の歴史&水族館へ

10:00	上越妙高駅からスタート！
🚗7分	
10:15	高田の雁木通りで昔ながらの知恵に触れる
🚗15分	上越地域発祥の主屋から張り出す軒や庇。

日本一長い雁木の通り道
P▶168

| 12:00 | 上杉謙信の居城春日山城跡を散策 |
| 🚗12分 | 複雑な地形を利用し、難攻不落といわれた堅固な名城。 |

標高約180mで登りやすい
P▶169

| 14:00 | 上越市立水族博物館うみがたりの海中トンネルに感動♪ |
| 🚗15分 | 360度アクリルガラスでできた「うみがたりチューブ」が人気。 |

P▶169

| 17:00 | 上越市内のホテルに宿泊 |

海の中にいるみたい！

2日目 妙高の自然を満喫

10:00	上越妙高駅発
🚗40分	
11:00	迫力満点の苗名滝へ！
🚗35分	落差55mで、轟音を響かせ落ちる。

滝つぼ近くから見よう
P▶169

| 13:00 | 上杉謙信の隠れ湯黄金の湯で癒やされる |
| 🚗40分 | 妙高山の登山口、燕温泉にある弱乳白色の露天風呂。 |

無料の野天風呂
P▶169

直江津港または新潟港から佐渡島へ行こう♪
フェリーで佐渡島へ。たらい舟体験などを楽しもう。

P▶167

| 15:00 | 上越妙高駅から帰路へ |

BEST 1

海岸からの
絶景夕日を見たい！

夕景が
美しい！

佐渡　七浦海岸／相川地区の7つの浦からなる約10kmの海岸線。高瀬の夫婦岩など大小さまざまな岩礁が見られる。

BEST 2

舟下りで渓谷美を眺める

阿賀　阿賀野川／豊かな自然が織りなす風景は、春夏秋冬いつでも楽しめる。ライン舟下りで雄大な景色をゆったり楽しもう。

BEST 3

新潟市のシンボルの橋で
日本一の大河を渡る！

新潟　萬代橋／日本一長い信濃川にかかる萬代橋。美しい連続アーチが特徴的で信濃川の遊歩道から見る姿もいい。

BEST 4

硫黄の香りに包まれながら
情緒ある街でひと休み

新発田　月岡温泉／良質な泉質から「美人の湯」として名高い。硫黄が香る温泉街には、大小10軒以上もの旅館が立ち並ぶ。

日本屈指の景勝地

BEST 5
澄んだ碧い海に心洗われる

村上 笹川流れ　約11km続く海岸線には、奇岩や岩礁、洞窟などが点在。豪壮な景観は、車窓や観光船からも楽しめる。

BEST 6
情緒あふれる城下町で趣を感じる

村上 安善小路（黒塀通り）／城下町の風情が漂う黒い板の塀が続く小路。国の指定重要文化財である寺院や割烹が軒を連ねる。

BEST 7
風景を楽しみながら野鳥に出会える!?

新潟 水の公園 福島潟／新潟市の東方に位置する湖沼で、「潟」の名が付く湖の中では県内最大。貴重な動植物が見られる。

BEST 8
新潟三大財閥の豪邸を見る

新潟 旧齋藤家別邸　新潟を代表する豪商・齋藤喜十郎が1918年に建てた別荘。砂丘地形を取り込んだ回遊式庭園も。

BEST 9
たらい舟に乗って入り江をどんぶらこ!

佐渡 たらい舟体験（矢島体験交流館）／矢島経島を眺望する入り江の中からたらい舟が出発。舟からは舟底の様子が見られる。

BEST 10
佐渡金山の遺構を訪ねる

時期によりライトアップも

佐渡 北沢浮遊選鉱場跡　採掘された鉱石から不要鉱物を取り除く鉱石処理をするために使われていた施設。SNSで人気に。

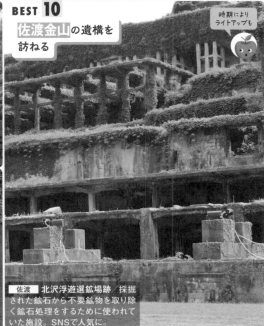

上越の人々の
心の故郷

BEST **1**
妙高山の山頂から
大パノラマに心震わす

妙高 妙高山／標高2454mの秀
麗な姿から別名・越後富士とも。
山麓の温泉街やウィンタースポー
ツのメッカとしても知られる。

BEST **2**
雪国の知恵が詰まった
雁木通りを歩く

上越 高田の雁木通り／雁
木とは降雪の際にも通れるよ
う、家々の軒をつなげた通路。
高田の雁木通りは日本一長い。

BEST **4**
日本三大夜桜の
妖艶な美しさに魅せられる

上越 高田城址公園観桜会／
徳川家康の六男・松平忠輝の居
城跡。公園周辺を含めて約4000
本の桜が咲く、夜桜の名所。

BE**3**T
自然あふれる高原で
トレッキングを楽しむ

妙高 笹ヶ峰／標高1330m
に広がる草原。ドイツトウヒ
の森を散策したり、牧場で放
牧されている牛とも出会える。

落差55m！
妙高高原の名湯

BEST 5
水しぶきをあげるほどの
豪快な滝に興奮！

妙高　苗名滝／妙高山麓からの雪解け水が大量に流れ込む春や、真っ赤に染まる紅葉が美しい。滝の轟音にも圧倒される。

BEST 6
国の指定史跡で
歴史をたどる

上越　春日山城跡／戦国時代の名将・上杉謙信の居城跡で難攻不落といわれた山城。曲輪や空堀などが残る。

画像提供：上越市教育委員会

BEST 7
新潟の秘湯で登山の疲れを癒やす

妙高　黄金の湯／濁り湯が特徴の燕温泉にある野湯。紅葉が映る湯が黄金に輝くことが名の由来。

BEST 8
まるでスイスの景色！
大迫力の明星山へ

糸魚川　明星山と高浪の池／荘厳な明星山を背景に、四季折々の風景が水面に映る。時期によって道が閉鎖するので注意。

BEST 9
日本海を感じる大水槽と
可愛いペンギンを間近に！

上越　上越市立水族博物館 うみがたり／約50種3万8000尾の魚類が遊泳する大水槽や、100羽以上飼育するマゼランペンギンに注目。

つなぐ棚田
遺産に認定

BEST 1

雲海が広がることも！
絶景の棚田を見る

十日町 越後松代棚田群 星峠の
棚田 十日町市に点在する棚田。
時期により早朝には雲海が見ら
れることも（冬季観賞不可）。

3月に
開催！

BEST 2

夜空にランタンが浮かぶ
幻想的な雪まつり

津南 つなん雪まつり／世界
有数の豪雪地帯・津南町の雪ま
つり。会場ではかまくらや雪灯篭
といった雪国ならではの体験も。

BEST 3

清津峡のトンネルを撮影

©マ・ヤンソン／
MADアーキテクツ
「Tunnel of Light」
（大地の芸術祭作品）

十日町　清津峡／雄大な柱状節理の岩肌と清流が感動的。

長岡　寺泊魚の市場通り／魚のアメ横と呼ばれ鮮魚店が軒を連ねる。地元の港で獲れた海産物の浜焼きも◎。

BEST 4

活気あふれる市場で浜焼きを堪能！

BEST 5

酒造を中心に魚沼の文化を体験

南魚沼　魚沼の里　新潟の銘酒・八海山の醸造元が運営。雪中貯蔵庫の見学や、日本酒の販売、飲食店なども。

BEST 6

新潟のパワースポットで運気向上を祈る！

弥彦　彌彦神社　「おやひこさま」と呼ばれ、古くから親しまれてきた神社。本殿での拝礼作法は二礼四拍手一礼となる。

BEST 7

草間彌生「花咲ける妻有」Photo Nakamura Osamu

アートを通して農耕文化を体感する

十日町　まつだい「農舞台」　アートと食と農のフィールドミュージアム。館内ほか、田畑や森林にも作品を展示。
©YAYOI KUSAMA

BEST 8

壮大なスケールの
打ち上げ花火に圧倒される

長岡 長岡まつり大花火大会／開花幅約2㎞もの復興祈願花火フェニックスなど圧倒的なスケールの花火が夜空を飾る。

全国各地から見物客が集まる

新潟の 春夏秋冬 イベント

あわしまじまびらき
粟島島びらき

新潟浦 ┃ 5月上旬

島の観光シーズンを告げるイベント。歓迎セレモニーや名物料理の「わっぱ煮」の提供などが行われる。

春

ぎおんかしわざきまつり うみのおおはなびたいかい
ぎおん柏崎まつり 海の大花火大会

柏崎 ┃ 7月下旬

長さ600mの堤防で打ち上げられるワイドスターマインなど、約1万6000発が打ち上げられる。

夏

にいがたそうおどり
にいがた総おどり

新潟 ┃ 9月中旬

2002年から開催される、日本最大級のダンスフェスティバル。HIP HOPやよさこいなど、さまざまな踊りが見られる。

秋

おぢやふうせんいっき
おぢや風船一揆

小千谷 ┃ 2月下旬

雪原にカラフルな熱気球が浮かぶ、春を呼ぶ風物詩。初日の夜には、熱気球と花火、雪灯籠による光のショーも開催される。

冬

知っ得！ ご当地ネタ帳

〜かね？はよく使うよ

地元の人とのトークに困らない！
よく使われる方言リスト

いちどきに	一気に
そろっと	そろそろ、ぼちぼち
おまんた	あなたたち
〜かね？	〜ですか？
かんべんね	ごめんね
たまげる	びっくりする
めっけた	見つけた

高速道路じゃないけど信号なし！無料で走れる新潟バイパスが便利！

3つのバイパスが一体となったもので、一般道路の交通量が全国第2位といわれる。住民の交通の利便性を図るため、延長する事業も進行中。

天気予報で見かける地方の分け方 上越・中越・下越の位置がややこしい！

越後国と呼ばれていた頃、京都に近い南部から上越後、中越後、下越後に分けられたとされる。その後、「後」が略され、現在の呼ばれ方となった。

お国自慢 ご当地グルメ

米
コシヒカリ

魚沼産がブランド米で有名。1956年に品種として指定された。

郷土料理
のっぺ

里芋を中心とした野菜などを薄味で煮て、とろみをつけた料理。

そば
へぎそば

へぎ（片木）という器に載せて食されるため名付けられたと言われる。

地酒
新潟の日本酒

新潟は日本酒の一大産地。すっきりと淡麗な味わいが特徴。

欲しいをチェック おみやげリスト

1 郷土菓子
笹団子

笹の葉に包んだ、俵形の団子。上杉謙信が携帯保存食にしていたとも伝えられている。

2 亀田製菓
サラダホープ

新潟県内限定発売の、ひとくちサイズのあられ。サクサク食感で、とまらないおいしさ。

3 浪花屋製菓
柿の種

化粧缶に詰められた、懐かしさを感じられる元祖柿の種。ピリ辛の味わいがクセになる。

4 伝統工芸
越後三条打刃物

三条市で作られている打ち刃物。包丁やハサミなど日用品も製造されている。

1

2

3

4

山梨
旅のプロファイル

富士山や八ヶ岳に囲まれ、高原と果物が魅力

南は富士山、西は八ヶ岳と南アルプスの山脈が連なり、東は奥秩父山地に囲まれた山梨県。戦国武将・武田信玄が治めた地としても有名。

八ヶ岳の麓に広がる優雅な高原リゾート
八ヶ岳・南アルプス
P.178

清泉寮 P.179

北岳 P.178

長野県から山梨県にまたがる八ヶ岳。麓は高原リゾートが広がり、カフェやショップも多数。南西部には、日蓮宗の総本山、身延山がある。

南アルプスは絶景広がる

夏〜秋は果物の季節

勝沼のブドウ園 P.180

甲州夢小路 P.180

フルーツ＆ワインを味わう
甲府・勝沼
P.180

甲府盆地の中心に市街地が広がる。甲府の地を治めた武将・武田信玄が有名。勝沼周辺はワインの産地として知られる。

地図内ラベル:
長野県 / 八ヶ岳 / 清泉寮 / 清里高原 / ビーマン通り（星野リゾート リゾナーレ八ヶ岳）/ サントリー白州蒸溜所 / 八ヶ岳 / 増富温泉 / レタス / 北杜市 / 北杜市明野サンフラワーフェス / 昇仙峡 / ブドウ / ほうとう / ほったらかし温泉 / ワイン / 西沢渓谷 / 甲州市 / 関東山地 / 東京都 / 北岳 / 赤石山脈（南アルプス）/ 南アルプス / 信玄堤 / 甲斐市 / 武田神社 / 甲州夢小路 / 甲府昭和IC / 甲府 / 勝沼 / 甲府盆地 / 笛吹市 / 勝沼のブドウ園 / 勝沼IC / 大月市 / 中央自動車道 / スモモ / サクランボ / モモ / 都留市 / 大石公園 / 河口湖 / 新倉山浅間公園 / 精進湖 / 西湖 / 鳴沢氷穴 / 河口湖IC / 富士急ハイランド / 忍野八海 / 本栖湖 / 青木ヶ原樹海 / 山中湖 / 富士川 / 中部横断自動車道 / ミネラルウォーター / 身延山久遠寺 / 富士山 / 富士山

山中湖 P.177

富士絶景を満喫する
富士山・山梨・昇仙峡
P.176

山梨と静岡にまたがる日本最高峰の富士山。富士五湖や富士急ハイランドが観光名所。山梨市周辺の自然も魅力。

アクセスガイド

東京	🚗 車	高井戸IC→勝沼IC 約1時間10分
	🚗 車	東京IC→山中湖IC 約1時間30分
	🚆 電車	新宿→勝沼ぶどう郷 約1時間40分
	🚌 高速バス	新宿→山中湖 約2時間15分
愛知	🚌 高速バス	名古屋→甲府 約4時間
長野	🚆 電車	松本→甲府 約1時間10分
	🚆 電車	小諸→小淵沢 約2時間20分

山梨基本DATA

面積	約4465km²	地理	5都県に囲まれた内陸県で、全体の面積の約8割を森林が占める。長野県と合わせて甲信地方と呼ばれることも。
人口	79万8194人（令和5年3月1日）		
ベストシーズン	3〜4月、6〜9月		
県庁所在地	甲府市	気候	盆地部は山脈で気流が遮られ暑いが、高原地帯は冷涼で過ごしやすい。冬は1日の寒暖差が激しいのが特徴。
特産品	ブドウ、とうもろこし、ワイン、甲州牛など		
日本一	日本一高い山・富士山がある		

移動のてびき

1 富士山周辺は富士急バスで周遊できる

河口湖駅を起点に発着する3つの周遊バス。7路線あり、共通フリークーポン（1700円）を利用すれば、観光地をたっぷり楽しめる。

2 ワイナリーを巡るならワインタクシーがおすすめ

「やまなしワインタクシー」は、石和温泉駅と笛吹・勝沼地区のワイナリーを回遊し、乗り合いバスのように利用できる。

山梨
BEST PLAN

PLAN ｜ 魅力いっぱい山梨ぐるり旅

八ヶ岳〜甲府プラン

八ヶ岳周辺でマイナスイオンをたっぷり浴びて、フルーツ王国・山梨の果物を味わおう。

COURSE MAP

甲信越／山梨

1日目 八ヶ岳周辺

すがすがい気分に

10:00 須玉ICからスタート！
🚗 37分

11:00 清泉寮の大展望テラスへ。
🚗 6分 風が心地よくて最高！

名物ソフトクリームを味わう

P.179

清里高原の総合宿泊施設「清泉寮」の敷地にある大展望テラス。牧草地と大パノラマの山々を一望！

12:30 童心に帰って八ヶ岳倶楽部で
🚗 30分 探検する

木漏れ日の下を歩く

標高1360mの山の中に位置する。雑木林を眺めながらお茶をしたり、枕木に沿った道を散策して過ごそう。

14:00 名水が湧き出る
🚗 45分 尾白川渓谷を散策

いくつもの滝がある

エメラルドグリーンの淵が美しい千ヶ淵や、渓谷の最深部を流れる不動滝などを眺めながら渓谷美を堪能。

16:00 甲州夢小路の
カフェでひと休み

小江戸情緒があふれる

P.180

甲府城下町を再現。昔の建築様式を取り入れた店舗が立ち並ぶ。

18:00 甲府駅周辺ホテル泊

2日目 甲州・勝沼〜山梨市

10:00 甲府駅発
🚗 30分

10:30 甲州市勝沼ぶどうの丘で
🚗 20分 お土産にワインを購入！

地下のワインカーヴを見学

約180種類の山梨県産のワインを試飲できる専門店。ショップやレストラン、宿泊施設も兼ねる。

12:00 笛吹川フルーツ公園の
🚗 20分 ガーデン＆おやつを楽しむ

果物たっぷりのパフェも

四季折々の花やフルーツを楽しめる公園。レストランやカフェがあり、天気のいい日は富士山も望める。

15:00 勝沼ICから帰路へ

+1日 富士山周辺

8:00 勝沼ICから中央自動車
🚗 45分 道を通って河口湖ICへ

9:00 富士急ハイランドを
🚗 16分 オープンから楽しむ！

オープン時間は要チェック！

P.177

富士の裾野にある遊園地。急降下、急旋回など世界最大級に激しいコースターなどのアトラクションが人気。

17:00 山中湖畔から富士山を
🚗 8分 眺める

絶景ポイントを見つけて

春は色とりどりの花、秋は紅葉など季節によって異なる富士山の風景を満喫しよう。
P.177

18:00 山中湖ICから帰路へ

BEST 1
花畑越しに見る
富士山が絶景すぎる！

花と富士山
のコラボ！

富士河口湖 大石公園　富士山と
河口湖を一度に眺められる絶景
ポイント。湖畔の遊歩道に沿っ
て四季折々の花々が咲く。

BEST 2
自然がつくり出した
芸術的な滝は圧巻！

山梨　西沢渓谷／笛吹川の上
流に位置する美しい渓谷。巨大
な花崗岩の岩壁や七ツ釜五段の
滝をはじめとした滝が点在する。
提供：山梨市観光協会

BEST 3
夏でも溶けない氷柱！
神秘の洞窟を探検

富士河口湖 鳴沢氷穴／青
木ヶ原樹海の東の入り口
に位置する全長153mの
溶岩洞穴。年間通して氷
柱が見られる。

BEST 4
五重塔と富士山を一望

富士吉田 新倉山浅間公園　新倉
山の中腹にあり、公園内の五重
塔越しに富士山を望む絶景スポッ
ト。桜の名所としても知られる。

BEST 5
厳かで神秘的な湧き水の透明さに驚く

忍野　忍野八海／富士山の雪解け水が湧出する8つの池の総称。形状、水質、仏教思想などの観点から国指定の天然記念物に。

BEST 6
絶叫しまくって気分爽快!

富士吉田　富士急ハイランド「FUJIYAMA」や「ええじゃないか」など絶叫マシンに乗りながら広大な樹海と富士山が一望できる。

約4kmの遊歩道も

BEST 7
日本一の渓谷美に酔いしれる

甲府　昇仙峡　白い岩肌と木々が織りなす自然美は、ハイキングやロープウェーで弥三郎岳の山頂まで行っても楽しめる。

山中湖　山中湖／富士山の東北麓に位置する淡水湖で富士五湖のひとつ。白鳥が飛来し、ワカサギ釣りが楽しめる冬もおすすめ。

逆さ富士も見られるよ

BEST 8
富士山の麓で白鳥を愛でる

日本百名山
のひとつ

BEST 1
南アルプスの ダイナミックな展望を味わう

南アルプス 北岳／標高3193m、富士山に次ぐ高さを誇る。山頂付近には固有種の高山植物キタダケソウが自生する。

BEST 2
由緒あるお寺で 修行を体験！

身延 身延山久遠寺／鎌倉時代に日蓮聖人が開いた日蓮宗の総本山。寺の塔頭が宿坊になっており、修行体験ができる。

BEST 3
一面のひまわり畑で 最高の写真を撮ろう！

BEST 4

高原のマルシェで買い物を楽しむ

北杜 ピーマン通り（星野リゾートリゾナーレ八ヶ岳）／イタリアの山岳都市をイメージした全長150mのメインストリート。レストランや雑貨店など19店舗が並ぶ。

BEST 5

清里のシンボル清泉寮で自然を満喫する

北杜 清泉寮／1938年、アメリカ人のポール・ラッシュ博士が創設し、清里の開拓拠点となった。宿泊施設や牧場、ショップやレストランもある。

7月下旬〜
8月中旬に開催

BEST 6

自然あふれる白州蒸溜所でウイスキーづくりを見学

工場見学後、
試飲も可能

北杜 サントリー白州蒸溜所／南アルプスの良質な水でシングルモルトウイスキーを製造。要予約で工場見学ができる。

北杜 北杜市明野サンフラワーフェス／南アルプス山脈や八ヶ岳、富士山を背景にひまわり畑が一面を彩る。

※23年10月リニューアルオープン

179

BEST 1

たわわに実る**ブドウ畑**が
勝沼に秋を告げる

甲州 勝沼のブドウ園／勝沼は奈良時代から始まった日本のブドウ栽培発祥の地。「日本ワイン140年史」は日本遺産にも認定。

BEST 2

城下町を再現した
レトロな町でショッピング

甲府 甲州夢小路／明治から昭和にかけての甲府の城下町を再現した複合施設。「時の鐘」や古民家風のレトロな建物が並ぶ。

BEST 3

絶景日帰り温泉で甲府盆地を眺める

山梨 ほったらかし温泉／標高約700ｍの山頂にある日帰り天然温泉。富士山を望み甲府盆地を見下ろす眺望が人気。

日の出1時間前からオープン！

山梨の春夏秋冬イベント

春

新倉山浅間公園 桜まつり
あらくらやませんげんこうえん さくらまつり

富士吉田　4月上旬
2週にわたり開催される桜まつり。有名な桜と富士山、五重塔の景色をリアルに見ることができる。

夏

吉田の火祭り
よしだのひまつり

富士吉田　8月26・27日
400年以上の歴史がある、日本三奇祭の一つ。約2kmの道を松明の明かりで照らす、美しい光景は必見。

秋

ハタオリマチフェスティバル

富士吉田　10月中旬
山梨のハタオリ産地を伝えるマーケット。全国から、生地製品や衣服、雑貨、古道具、フードなど、多彩な出店者が集まる。

冬

山中湖アイスキャンドルフェスティバル
やまなかこアイスキャンドルフェスティバル

山中湖　2月10・11日
夕暮れの終わりごろに、氷で作成したアイスキャンドルに灯をともし、冬の花火とともに幻想的な雰囲気を楽しめるイベント。

知っ得！ご当地ネタ帳

ブドウにはをを付ける！

地元の人とのトークに困らない！
よく使われる方言リスト

いっさら	▶	全く
おいし	▶	あなた
おぶどー	▶	ブドウ
〜さ	▶	〜んだよ
じぶり	▶	本降り
たいへん	▶	たくさん
とぶ	▶	走る

山梨特有の飲み会文化「無尽」って知ってる？

月1回程度特定のメンバーで集まって飲み会を開く際に、食事代とは別にお金を出し合って酒代を積み立てる山梨独自の文化。

知らないと危険な運転事情！
右折優先など山梨ルールがある

独自の交通ルールがある。たとえば、直進する車が進む前に強引に右折したり、20〜30kmの速度超過は当たり前だったりするそう。

お国自慢 ご当地グルメ

ワイン

山梨ワイン
明治初期に醸造技術が伝わり、山梨で日本のワイン生産が始まった。

郷土料理

ほうとう
平打ちの麺に、カボチャなどの具材を入れて煮込んだ郷土料理。

フルーツ

ブドウ
全国で生産量1位。5月下旬から収穫シーズンがスタート。

麺

吉田のうどん
歯ごたえとコシの強い麺が特徴。醤油と味噌の出汁で味わう。

欲しいをチェック おみやげリスト

1　桔梗屋
桔梗信玄餅
きな粉をまぶした3切れのお餅に、特製の黒蜜をかけていただく、山梨の銘菓。

1

2　葡萄屋kofu
レーズンサンド
県産の大粒ブドウのレーズンで作る。甲州夢小路や富士大石ハナテラスで購入可能。

2

3　シフォン富士
ふじフォン
雪化粧をした富士山をイメージしたシフォンケーキ。日本ギフト大賞を受賞。

3

4　印伝の山本
甲州印伝
400年以上前から甲府市に伝わる伝統工芸品。鹿革を用いて、漆で模様を付ける。

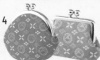

4

長野
旅のプロファイル

山脈に囲まれ、高原リゾートやスキー場のメッカ

かつて信濃国であったことから「信州」とも呼ばれる長野県。
同じ県内であっても、地理的要因の異なりによって、
歴史的背景の地域によって風土や文化が異なる。

信州の2大パワスポがある 長野の中心エリア

長野・戸隠 P▶184

善光寺 P▶184

戸隠神社 P▶185

県北部の中心都市の長野市。善光寺の門前町や宿場町として発展。神話の聖地、戸隠神社も必見。

暑い夏に訪れたい 人気の避暑地

軽井沢・上田 P▶186

旧軽銀座 P▶187

小諸城址懐古園 P▶187

上信越高原国立公園の一部にあたる軽井沢。冷涼な高原が過ごしやすい。戦国ロマン感じる上田城も。

満天の星空＆美しい自然

飯田・伊那・木曽 P▶190

千畳敷カール P▶190

乗鞍岳 P▶191

中山道や三州街道の旧街道が延びる。奈良宿などの宿場町を散策しよう。阿智村は、日本一の星空が見える。

開放感満載の高原巡り

松本・上高地・白馬 P▶188

なわて通り P▶189

国宝松本城 P▶189

北アルプスや美ヶ原高原に囲まれ、自然豊かな県中央部。松本は、城下町でもあり、貴重な史跡も点在。

アクセスガイド

東京			
新幹線	東京→軽井沢 約1時間5分		
新幹線	東京→長野 約1時間20分		
車	練馬IC→碓氷軽井沢IC 約1時間30分		
高速バス	新宿→長野 約3時間45分		

石川	
新幹線	金沢→長野 約1時間5分

愛知	
電車	名古屋→長野 約3時間
車	名古屋IC→更埴IC 約3時間5分

長野基本DATA

面積	約1万3560㎢
人口	200万7647人（令和5年4月1日）
ベストシーズン	5〜8月、10月、12〜3月
県庁所在地	長野市
特産品	信州そば、野沢菜、信州りんごなど
日本一	博物館の数が日本1位（平成30年度）

地理 3つのアルプスをはじめ、標高2000〜3000m級の山脈に囲まれた山岳県。内部にも山や盆地が点在する。

気候 夏は冷涼で過ごしやすいが、長野や松本などの盆地は日中に気温が上がる。冬になると特に北部は豪雪地帯に。

移動のてびき

1 新幹線をはじめ鉄道が便利 県内の移動も楽々

長野を拠点に、木曽方面へはJR特急しなの、白馬方面へはJR篠ノ井線などを利用。南部はJR飯田線が通り、移動もしやすい。

2 無料のシャトルバスで スキーシーズンも快適

12月上旬以降にオープンを迎えるゲレンデが多い長野。長野駅や松本駅など大きな駅から無料シャトルバスが出ていることも。

名城＆自然を巡ろう

1泊2日

PLAN｜避暑地＆城下町で歴史まち巡り

軽井沢〜上田・千曲プラン

COURSE MAP

江戸時代の面影や、旧軽井沢の雰囲気を感じられるスポットを散策しよう。

1日目 軽井沢を満喫　P.187

10:00 碓氷軽井沢IC発　歴史ある別荘地
🚗 28分

10:30 観光客でにぎわう
🚗 9分 旧軽銀座を散策
約750m続く、旧軽井沢のメイン通り。

11:30 軽井沢タリアセンの
🚗 26分 湖畔でのんびり
過ごす
自然豊かな湖をぐるり
塩沢湖を中心にアート施設などが点在。　P.186

14:00 軽井沢の癒やしスポット
🚗 1時間 白糸の滝へ
12分 高さ3m、幅70mの滝。マイナスイオンたっぷり。

16:00 信州最古！
別所温泉に宿泊
流れる姿が絹糸のよう　P.186

2日目 上田城下から千曲市へ

10:00 別所温泉駅からスタート
🚃 25分

10:30 上田合戦や映画「サマーウォーズ」の
🚗 4分 舞台としても
有名な上田城へ
真田昌幸によって築城された城。　P.187

日本百名城の一つ

12:00 旧北国街道
🚗 39分 柳町で散歩
旧北国街道の情緒ある町並みが残る通り。

江戸時代の面影を残す

14:00 姨捨の棚田の
🚗 15分 景色を撮影！
千曲市にある約1800枚の棚田。　P.186

国の名勝と日本遺産にも

15:00 更埴ICから帰路へ

1泊2日

PLAN｜美しい水と自然に触れて体験する

松本〜上高地プラン

COURSE MAP

松本城と城下町の散策を楽しんだあとは雄大な自然の景色を見に行こう。

1日目 松本〜安曇野散策

11:00 松本駅に到着！
🚃 10分

11:10 松本のシンボル国宝 松本城の中へ
👣 4分
現存する最古の木造天守
五重六階の天守の日本最古の城。本丸庭園内を順路に沿って進み、天守内を観覧。　P.189

12:00 なわて通りで
🍴 10分 食べ歩きする！
🚶 30分 長屋風に、いくつも
🚃 12分 の店が軒を連ねる商店街。　P.189
松本城から歩いて5分

15:00 安曇野の大王わさび農場の
🚗 25分 水の美しさに感動
🚃 30分 大正時代以降、清らかな湧き水を利用し、わさび栽培が盛んに。
農場面積は15ha！

P.189

18:00 松本市内で宿泊

2日目 バスで上高地へ

9:00 上高地に向け出発！
🚌 1時間50分

11:00 空気がきれいすぎる！
🚌 1時間 上高地の絶景に癒やされる
10分 標高1500mの山岳リゾート地。森林浴をしながら、ウォーキングなどもおすすめ。　P.188
美しい風景に出会える
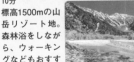

15:00 白骨温泉で日帰り入浴
🚌 1時間 乳白色で、肌に
45分 優しい弱酸性の湯は、なめらかな肌触り。
天然温泉のかけ流し

P.192

18:30 松本駅前に到着。帰路へ

長野・戸隠 で行きたい！したい！ BEST 10

長野　善光寺／創建約1400年を誇る古刹。宗派にかかわらず、誰にでも御利益があるとされ、国宝である壮大な本堂も見もの。

BEST 1
日本最古の仏像とされる
長野のパワースポットを訪れる

牛に引かれて
善光寺！

BEST 2
ナウマンゾウ化石が出土！
考古学のロマンをくすぐる湖

信濃　野尻湖／標高654mにあり、形が芙蓉の花に似ていることから別名「芙蓉湖」という。湖底からはナウマンゾウの化石も出土。

BEST 3
風情あふれる共同浴場で
9（苦）を流す！

山ノ内　湯田中渋温泉郷／9つの外湯と老舗旅館が立ち並び、湯治場の風情が残る。「歴史の宿 金具屋」は温泉街のシンボル。

小布施　小布施の栗／将軍にも献上された小布施の栗。小布施には栗の木の間伐材を敷き詰めた遊歩道「栗の小径」も。

BEST 4
栗の小径で**小布施の栗**を発見

BEST 5
フランスの田舎のような
美しい景色に心が和む

飯綱　サンクゼールの丘／小高い丘の上にあるワイナリー。レストランやチャペル、ワインを飲みながら、くつろげるガーデンもある。

BEST 6
野沢温泉スキー場でパウダースノーを体感!

野沢温泉 **野沢温泉スキー場**／極上のパウダースノーが楽しめるスキー場。44ものコースがある。麓には温泉も。

BEST 7
北斎の集大成傑作を間近に見る

小布施 **北斎館**／葛飾北斎が描いた肉筆画や版画、版本などを展示。とくに絢爛豪華な2基の祭屋台の天井絵は見もの。

BEST 8
温泉に浸かるニホンザルを発見

山ノ内 **地獄谷野猿公苑**／檻を設けずより自然に近い状態でニホンザルを観察できる施設。冬には温泉に浸かるサルの姿も。

参道の奥にもお社がある

BEST 9
樹齢400年の杉並木の参道を抜け、参拝する

長野 **戸隠神社**／日本屈指のパワースポット。天の岩戸伝説ゆかりの戸隠山に点在する五社からなり、2000年余りの歴史がある。

甲信越／長野

BEST 10
竜王山頂で雲海広がる絶景に遭遇!

山ノ内 **SORA terrace**／166人乗りのロープウェイに乗って標高1770m、雲の上の世界へ。条件が合えば雲海が出現。

軽井沢・上田 で行きたい！したい！ BEST **10**

BEST **1**
紅葉の名所で
季節の景観を楽しむ

池の遊歩道は
1周約20分

軽井沢 雲場池　秋になるとドウダンツツジやモミジが赤く染まり、それと同時に池の水面も色鮮やかに染まる紅葉の名所。

BEST **2**
塩沢湖のほとりで
自然・アート・歴史を堪能

軽井沢 軽井沢タリアセン／塩沢湖を中心とした複合レジャー施設。緑に囲まれた湖畔はまるで美しい絵画のよう。

BEST **3**
国の名勝！
美しい夜景にうっとり

千曲 姨捨の棚田／標高460～560mに位置し、約1800枚もの棚田が広がる。夜は市街地の夜景を一望。

BEST **4**
清涼感あふれる滝で
癒やされる

軽井沢 白糸の滝／湯川源泉にかかる落差3m、幅は70mの滝。糸のように見える繊細な流れは実に秀麗。

BEST 5

木漏れ日が降り注ぐ教会で
夏夜に**幻想的な空間**を楽しむ

軽井沢 軽井沢高原教会／
1921年からの歴史をもつ。
夏はサマーキャンドルナイ
ト、冬は星降る森のクリス
マスが催される。

梅雨時は100本超の
傘で彩られる催しも

甲信越／長野

BEST 8

自然と共存する空間で
軽井沢の日常を体感

軽井沢 ハルニレテラス／ハ
ルニレの木々に囲まれた小さ
な街。レストランやカフェ、生活
雑貨を販売する専門店もある。

BEST 6

老舗からトレンドまで
個性豊かなお店でお買い物！

軽井沢 旧軽銀座／かつて中
山道の宿場町として栄え、今も
軽井沢を象徴する商店街。ご当
地グルメや買い物を楽しもう。

BEST 9

長野の名城で歴史探訪をする

上田 上田城／1583年
真田昌幸によって築城。徳
川の大軍を2度撃退し、難攻
不落の城として名を馳せた。

BEST 7

島崎藤村ゆかりの地で
四季折々の風情を感じる

小諸 小諸城址懐古園／
本丸跡に懐古神社を祀った
ことから命名。桜と紅葉の
名所。

BEST 10

断崖絶壁に建つ
朱色の絶景寺へ

小諸 布引山釈尊寺／行
基創建の天台宗の名刹。断
崖絶壁にある観音堂には観
音像を安置。「牛にひかれて
善光寺参り」の舞台。

BEST **1**
上高地の山岳風景の中で 思いっきり深呼吸する

通年マイカー 規制あり

松本 上高地／標高約1500 mの山岳景勝地。本格的な登山 から、気軽なハイキングが楽し めるコースも。

水鏡が 絵画のよう

BEST **2**
白馬三山が映る 絶景池に息をのむ

白馬 八方池／白馬三山を望 む、標高2060mに表れる神秘的 な自然池。条件が揃うと、白馬 連峰を鏡のように映し出す。

BEST **3**
自然豊かな 霧ケ峰高原でデトックス

諏訪 霧ケ峰高原／標高1600 mに位置し、緩やかな起伏が続く 知る人ぞ知るグライダー発祥地。 高山植物が草原を埋め尽くす。

BEST 4

そびえ立つ 松本城 に魅了される

松本 国宝松本城／アルプスを借景に佇む姿は今も昔も松本のシンボル。五重六階の天守が現存している日本で最古の城。

BEST 5

黄昏時の 諏訪湖 を一望

諏訪 諏訪湖／諏訪市、岡谷市、下諏訪町にまたがる周囲約15.9kmの湖。立石公園からアルプス連峰とともに一望できる。

BEST 6

なわて通り の雰囲気あるお店を巡る

松本 なわて通り／松本駅や松本城のほど近くにある趣深い長屋風の商店街。石畳の通りで24時間歩行者天国なのもうれしい。

安曇野 大王わさび農場／日本最大級のわさび田。3月中旬〜4月中旬に咲き誇るわさびの花が見事。

BEST 7

安曇野で 日本最大のわさび田 の水辺の絶景に感動

BEST 8

北アルプスの絶景を見に 白馬岩岳の山頂 へ

白馬 HAKUBA MOUNTAIN HARBOR 美しい白馬三山の絶景が一望できる白馬岩岳の山頂テラス。山頂にはゴンドラに乗り約8分で到着する。

BEST 9

アルプスの展望台で大パノラマに感動

松本ほか 美ヶ原高原／標高2000mに高原が広がり、アルプスが見渡せる。早朝は雲海の発現率が高い。

BEST 1
ダイナミックな自然に
カメラが手放せない！

悠久の時を経た
自然の造形美

駒ヶ根 **千畳敷カール** 2万年前に氷河で侵食された椀状の谷で宝剣岳直下に広がる。夏には150種ほどの高山植物が咲く。

BEST 2
空中散歩をしながら
大自然を望む

木曽 **おんたけロープウェイ**／鹿ノ瀬から標高2150mの飯森高原までを結ぶ。飯森高原駅の展望台では南アルプスや雲海も。

箕輪 **もみじ湖（箕輪ダム）** 秋になると箕輪ダムの湖畔を染める1万本の紅葉が見事。ブルーの水面と紅葉の赤のコントラストが際立つほど秋の深まりを感じさせる。

BEST **3**

一面を彩る
鮮やかな紅にくぎ付け

箕輪 **赤そばの里**／ヒマラヤ原種を品種改良した希少なそばの品種・高嶺ルビー。9月下旬頃に高嶺ルビーの花が畑一面に咲く。

BEST **4**

まるで花の絨毯
そば畑が深紅に染まる

提供：箕輪町観光協会

甲信越／長野

BEST **5**

雄大な自然を感じながら
みんなで登山を楽しむ

松本 **乗鞍岳** 主峰は、標高3026mの剣ヶ峰。2702mの畳平まではバスがあり、初心者でも3000m級の登山ができる。

BEST **6**

降ってくるほどの
満天の星空に感動する

星の瞬きは
日本一とも

阿智 **阿智の星空**／阿智は街の光が届きにくい地形で、星の輝きがダイレクトに伝わる。空気の澄んだ新月の夜が狙い目。

BEST **7**

歴史を伝える町並みの雰囲気に浸る

塩尻／奈良井宿／木曽路の宿場町として賑わった千本格子の建物が並ぶ街並みは、まるで江戸にタイムスリップしたかのよう。

BEST **8**

絹のようになめらかな白く濁ったお湯に浸かる

松本／白骨温泉／乗鞍岳山麓にある名湯。乳白色の肌に優しい弱酸性のお湯で、「3日入れば3年風邪を引かない」という逸話も。

文人墨客も好んだ湯

192

長野の 春夏秋冬 イベント

春

ぜんこうじはなかいろう ながのはなフェスタ
善光寺花回廊 ながの花フェスタ
`長野` 5月上旬
善光寺の表参道にあたる長野中央通りに、たまり水に浮かべた花や幾何学模様を描いた花鉢などが飾られる。

夏

すわこまつりこじょうはなびたいかい
諏訪湖祭湖上花火大会
`諏訪` 8月15日
湖上ならではの水上スターマインをはじめ、圧倒的なスケール感を誇る演出が目白押し。

秋

ほたかじんじゃおくみやれいさい みょうじんいけおふねまつり
穂高神社奥宮例祭(明神池お船祭り)
`松本` 10月8日
山の安全を神に感謝する祭り。平安装束を着た神官たちが「龍頭鷁首(りゅうとうげきしゅ)」をつけた二艘の船に乗り明神池を周遊する。

冬

くろひめこうげんクロスカントリースキーたいかい
黒姫高原クロスカントリースキー大会
`信濃` 1月中旬
黒姫山、妙高山を望める絶景のコースを駆けるクロスカントリースキー大会。小学生からシニアまで幅広い年代層が楽しめる。

知っ得! ご当地ネタ帳

登山が学校行事に!

地元の人とのトークに困らない!
よく使われる方言リスト

おった	▶	落ちた
ぐるわ	▶	周り
こわい	▶	濃い
しみる	▶	冷える
ひとっきり	▶	少しの時間
へぞる	▶	反り返る
まあず	▶	まったく

長野には学校登山がある。 中学生で2000m級に挑戦!?
120年以上、県内の中学校の多くで行われている学校行事。日帰りや1泊2日で、標高3000m超えの乗鞍岳に登る学校もある。

毎年6万部も売れている!
県内で販売している 長野県民手帳
県の統計調査員が使用していた冊子の使いやすさが評判となり、一般販売されている。スケジュール帳のほかに県内の情報が付く。

お国自慢 ご当地グルメ

麺

戸隠そば
日本三大そばのひとつ。一口大の量に分けて盛りつける。

フルーツ

りんご
全国第2位の産地。濃厚な甘みが特徴のシナノスイートなど。

郷土料理

おやき
小麦粉とそば粉で作った皮に、あんや野菜などを包んで焼く。

漬物

野沢菜
野沢温泉村で作られてきた漬け菜で、信州菜とも呼ばれる。

欲しいをチェック おみやげリスト

1 `根元 八幡屋礒五郎`
七味唐辛子
唐辛子を始め、一部県産の材料を使って製造。善光寺の参道入り口に本店を構える。

2 `竹風堂`
栗おこわ
1972年創製。国内産の栗をふっくら炊き上げた、北信濃の郷土料理。

3 `飯島商店`
みすゞ飴
6種類の完熟果汁に、寒天とグラニュー糖と水飴を加えて固めたゼリー菓子。

4 `丸山珈琲`
ドリップバッグ
軽井沢が本店。生産地から買い付けた高品質な豆を使うこだわりのコーヒー。贈り物にも。

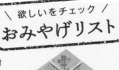

193

命をかけて一獲千金の夢を運ぶ
北前船ドリーム

江戸から明治時代にかけて、経済動脈となった北前船。巨額の富を築こうとする船乗りたちは、夢を抱きながら日本海の荒波を命がけで航海した。

北前船航路と主要港

北海道から大阪までの主な寄港地。日本海回りで往復していた。

江差
松前
十三湊
能代
秋田
酒田
小木　岩船
輪島　新潟
福浦　寺泊・出雲崎
伏木　今町　柏崎
石見　境　　敦賀（直江津）　江戸
下関　尾道　小浜
　　　大阪

陸路の発展により役目を終える

時代が変わり、明治20（1887）年になると、電信という通信手段が普及。その後、東京と青森間で東北本線が全通したことで、北前船は姿を消していった。

北陸エリアで行きたい北前船ゆかりの地

富山　旧馬場家住宅

江戸後期から活躍した北前船主廻船問屋の家。北陸の五大北前船主の一つ。

石川　旧福浦灯台

日本最古とされる木造灯台。かがり火で船を導いたことが灯台の始まり。

福井　河野北前船主通り

南越前町河野地区にある港町の通り。右近家などの豪壮な船主屋敷が並ぶ。

商売しながら航海した北前船とは？

船で物資を運ぶのが主流だった江戸時代。北前船は、寄港地で安い品を買い、船の荷物で高く売れるものがあればその場で売る。商売をしながら大阪と北海道を日本海回りで往復するため「買積船」と呼ばれていた。

一航海千両とも！膨大な富を生み出す

北前船が売買した品はさまざまで、大阪では酒や日用品、瀬戸内では塩、福井では紙や刃物を仕入れ、売り買いしながら北海道を目指した。大型の船には米を1千石（150t）積むことができ、大阪と北海道を1往復すると千両（6000万〜1億円）もの利益を得たという。船乗りたちはお金を貯めて自分の船を持ち、大金持ちになることを夢見て航海に出ていた。しかし、航海は命がけ。船が沈んで全財産を失う船乗りも少なくなかった。

代々北前船の船主であった右近家の西洋風の別邸（福井県）。

富だけではなく文化も運んだ

北前船は物資だけでなく、文化も運んだ。京都、大阪など西日本では、北海道から昆布が運ばれたことで、出汁という和食の基礎が誕生した。そのほか、九州発祥の「ハイヤ節」は船乗りたちが酒席の騒ぎ歌としていたことから、新潟では佐渡おけさに、青森県では津軽アイヤ節へと変化して今に根付いている。

北陸

北陸

富山
旅のプロファイル

日本海と山脈を有し、貴重な自然景観や海の幸の宝庫

海と山、それぞれの自然の恵みやパワーを
感じながら人が紡いだ歴史や文化も楽しめる。
両方満喫できるのが富山旅行のよいところ。

豊富な魚がとれる氷見漁港と
伝統工芸や文化が根付く

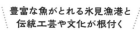

氷見・高岡・五箇山 P-198

菅沼合掌造り集落 P-198

となみ
チューリップ
フェア P-198

寒ブリ P-199

富山が誇る新鮮な
海の幸を楽しんだら
ものづくりの街、高
岡へ。壮麗な国宝や
職人たちの技巧、世
界遺産を通じ富山の
文化を体感しよう。

黒部ダム P-200

富岩運河環水公園

黒部峡谷
トロッコ電車 P-201

黒部渓谷などの大自然と
美術館や美しい公園を有する

富山・黒部 P-200

豊かな自然はトロッコから楽し
むのもおすすめ。富山湾の魅力
を体験しつつ城下町として栄え
た富山市ではカフェやアートも
楽しもう。

自然と歴史を
楽しもう！

ホタルイカ

氷見 氷見漁港
雨晴海岸

富山湾

黒部宇奈月温泉駅 黒部IC

魚津市

宇奈月温泉

黒部

ブリ

シロエビ

滑川市

黒部峡谷

高岡古城公園
金屋町
千本格子の家並み

海王丸パーク

神通川

黒部峡谷
トロッコ電車

高岡 高岡山 瑞龍寺

呉羽

富山駅

立山連峰

砺波市 能作 本社工場

富山

富岩運河環水公園
富山市ガラス美術館
富山城址公園

越中八尾
おわら風の盆

富山IC

富山空港

ます寿司

雪の大谷

室堂平

飛騨山脈（北アルプス）

黒部川

黒部ダム

剱岳

弥陀ヶ原

みくりが池

チューリップフェア

となみ

井波彫刻

チューリップ

お米

米

ライチョウ

長野県

東海北陸自動車道

菅沼合掌造り集落

五箇山

富山は五箇山
岐阜は白川郷

岐阜県

北陸自動車道

北陸新幹線

アクセスガイド

東京	🚄 新幹線	東京→富山 約2時間10分	
	✈ 飛行機	羽田→富山 約1時間	
	🚌 夜行バス	新宿→富山 約7時間	
	🚌 高速バス	池袋→富山 約6時間30分	

愛知	🚃 電車	名古屋→富山 約4時間
	🚌 夜行バス	名古屋→更埴IC 約5時間20分
大阪	🚃 電車	大阪→金沢→富山 約3時間10分

富山基本DATA

面積	約4248km	地理	3000m級の山々から水
人口	100万9050人（令和5年4月1日）		深1000m超えの富山湾
ベストシーズン	6〜10月		まで高低差のある地形。多種多様
県庁所在地	富山市		な動植物が見られる。
特産品	寒ブリ、ホタルイカ、白エビ、富山しろねぎなど	気候	日本海特有の気候で夏場は湿度が高く、冬場
日本一	黒部ダムの堤高が日本一		は寒さが厳しい。平野と山地で気候が異なるのも注意。

移動のてびき

**1 移動は北陸新幹線がメイン
特急やお得な高速バスも**

東京からは北陸新幹線「かがやき」
なら2時間ちょっとで到着。名古屋
からは特急「ひだ」も便利！ 各地か
らの高速バスも多い。

**2 富山県内では
フリー切符でお得に移動**

市内や各所観光地には公共交通機
関が充実しており、フリー切符がた
くさん。中には富山名物と交換でき
るものもあるので要チェック！

\\ 行ってみたい！を効率よく //

富山
BEST PLAN

海も山も
魅力的！

1泊2日

PLAN | 黒部ダムを満喫し、富山市内をぶらり

黒部～富山プラン

COURSE MAP

豊かな自然と黒部のパワーを体感し、アートやお酒を楽しめる富山シティへ。

1日目　黒部ダムを制覇！

9:00 富山駅発

🚃 ▼ 50分

11:50 立山駅から乗り継いで
立山黒部アルペンルートを抜ける
2時間50分　立山ケーブルカー、立山高原バス、立山トンネルトロリーバス、立山ロープウェイ、黒部ケーブルカーを乗り継ごう。

遊歩道で
巡ることも

13:00 ようやく
黒部ダムに到着！
巨大なアーチ式のダムは一見の価値あり。

P▶200

14:40 黒部ダムを出発
4時間　黒部ケーブルカー、立山ロープウェイ、立山トロリーバス、バスを乗り継ぐ。

18:40 宇奈月温泉に宿泊。疲れを癒やそう♪

2日目　富山市内を巡る

10:00 宇奈月温泉駅発

🚃 ▼ 1時間30分

映像で
解説！

10:30 ほたるいか
🚃 ▼ 5分　ミュージアム到着
👣 ▼ 1分　ホタルイカの生態や富山湾を楽しく学ぼう。

11:00 富山城址公園を散策
👣 ▼ 8分　憩いの場は季節ごとに違う魅力が楽しめる。

13:00 隈研吾氏設計
🚃 ▼ 30分　富山市
👣 ▼ 10分　ガラス美術館へ
ガラスアートを鑑賞。TOYAMAキラリ内にある。

収蔵作品は
400点以上！

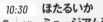
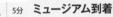
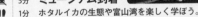

P▶201

15:00 問屋や酒蔵が並ぶ岩瀬へ
🚃 ▼ 30分　歴史ある町並みを歩いて、まったり酒蔵巡りを。

17:00 富山駅から帰路へ

レトロな町並み
が人気

1泊2日

PLAN | 個性ある文化が根づく町をドライブ

高岡～五箇山プラン

COURSE MAP

日本有数の好漁場、氷見漁港と世界遺産の五箇山。富山の2大魅力スポットを贅沢にまわる。

1日目　氷見&新湊の漁港巡り

10:00 新高岡駅発
🚗 ▼ 32分

市場で
海鮮丼も

11:00 「天然の生簀」氷見漁港で
25分　新鮮な海の幸をいただく♪　P▶199
氷見漁港の場外市場「ひみ番屋街」で海鮮グルメをいただこう。

12:30 活気ある新湊漁港の昼セリを見学
🚗 ▼ 4分　冬季はカニの昼セリを開催。事前予約して見学しよう。

14:00 憩いのベイエリア
🚗 ▼ 23分　海王丸パークで
ホッとひと息
年間100万人が来場。展望広場や野鳥園があり人気。

人気の
ベイエリア

P▶198

16:00 高岡駅周辺ホテルに宿泊

2日目　瑞龍寺&世界遺産の地へ

10:00 高岡駅発
🚗 ▼ 4分

10:10 美しい佇まいの国宝、
🚗 ▼ 35分　高岡山
瑞龍寺へ
美しい佇まいは国宝・重要文化財として高く評価されている。

どの空間も
見どころ！

P▶199

13:00 八日町通りで井波彫刻の工房や
🚗 ▼ 32分　彫刻品を見てまわる
通りを歩けば、伝統工芸の技術を駆使した彫刻品が点在。

木彫りの音
が聞こえる

P▶199

15:00 世界遺産
🚗 ▼ 17分　五箇山 菅沼合掌造りへ！
家屋はもちろん、喫茶やみやげ処も。ライトアップも人気。

秘境にある
歴史的風景

P▶198

17:00 五箇山ICから帰路へ

北陸／富山

氷見・高岡・五箇山 で行きたい！したい！
★★★ BEST 10

BEST 1

日本の原風景
世界遺産の集落に行く

現在9戸の
家屋が残る

南砺　菅沼合掌造り集落／集落
の豊かな自然の中で歴史や伝統を
体験できる施設が充実。季節限定
のライトアップも魅力。

BEST 3

色鮮やかなチューリップを
眺めながら癒やされる

砺波　となみチューリップフェア
毎年300万本のチューリップが
咲き誇る。迫力の地上絵や水上
花壇など見ごたえのある演出も。

BEST 4

海王丸を望むベイサイドで
海のロマンに触れる

射水　海王丸パーク／商船
学校の練習船を現役当時のま
ま公開。爽やかな潮風と芝生
に囲まれたベイサイドは恋人
の聖地としても人気。

BEST 2

水濠に囲まれた公園で
花見を楽しむ

高岡　高岡古城公園／土塁や石垣はほぼ築城
当時のまま。桜と紅葉の時期には見事な景色に
出合える。地元の散歩コースとしても人気。

BEST 5

国宝にも指定される
美しいお寺に見惚れる

> 富山唯一の
> 国宝!

高岡 **高岡山 瑞龍寺**／江戸初期の禅宗寺院建築。壮麗で厳かな雰囲気の中で、早朝座禅会にも参加できる（要予約）。

BEST 8

伝統ある**井波彫刻**の
繊細な技術から目が離せない

南砺 **井波彫刻**／荒彫りから仕上げまでに200本以上のノミ・彫刻刀を駆使する技術は、250年以上続く伝統の技。

北陸／富山

BEST 6

富山随一の好漁場で
朝セリを見学

氷見 **氷見漁港**／天然の生け簀と呼ばれ、富山湾随一の水揚げを誇る。市場では朝6時から活気あるセリの見学ができる。

BEST 9

400年以上受け継がれる
鋳物職人の技術を見学する

> 施設内には
> カフェも

高岡 **能作 本社工場**／鋳物づくりのにおいや温度、空気感を肌で感じながら、高岡で400年受け継がれてきた職人の技を見学できる。

© Koizumi Studio

BEST 7

冬の氷見で食べたい
寒ブリをしゃぶしゃぶで

氷見 **寒ブリ**／富山湾の冬の味覚で、11月から1月頃まで水揚げされる。なかでも「ひみ寒ぶり」は全国で有名なブランド魚。

BEST 10

格子造りの家々と
石畳の道で風情を感じる

高岡 **金屋町 千本格子の家並み**／高岡鋳物発祥の地。格子造りの町並みと調和する石畳で、ハートや星形の銅片を見つけて。

富山・黒部 で行きたい！したい！ BEST 10

BEST 1
湖面に空と山々を映す
鏡のような湖に息をのむ

BEST 2
大迫力の放水に
間近で圧倒される

立山 **黒部ダム**／毎秒10t以上の水が日本一の高さから放出される観光放水が人気。圧巻のスケールで運がよければ虹がかかることも！

約1万年前に
できた火山湖

BEST 4

トロッコ電車の車窓 から
壮大な自然美を満喫する

宇奈月駅〜欅平駅

黒部峡谷トロッコ電車／
4月から11月の期間、ト
ロッコ電車で四季折々の
渓谷を走り抜けることが
できる。窓がないオープ
ンタイプの車両も走る。

日本有数の
深さの峡谷

北陸／富山

立山 みくりが池／7月から10月
の間、紺碧の湖面に立山連峰を映し
出す姿はまさに絶景。美しい景観を
目当てに多くの観光客が訪れる。

BEST 5

巨大な雪壁に
圧倒される

立山 雪の大谷／除
雪の際にできる雪の壁
でできあがった約500m
の区間。4月から6月に
見られ、バスで行くこ
とが可能。

BEST 3

緑豊かな公園で
春には桜も楽しめる

富山 富山城址公園／富山城址に
整備された公園で、城内部は博物館
に。園内には石垣やお濠も残り、水
面に映る満開の桜が美しい。

BEST 6

ガラス文化が根付く街で
ガラスアートを鑑賞する

富山 富山市ガラス美術館／ガラ
ス芸術が盛んな富山の象徴的なミュ
ージアム。ガラスの器にこだわった
カフェも人気。

201

BEST **7**

伝統民謡で優美に舞う**おわら**に魅了される

毎年9月頭に開催！

富山 越中八尾おわら風の盆／300有余年の歴史がある伝統行事。情緒ある町並みに、数千のぼんぼりが灯る風景も幻想的。

BEST **8**

四季折々の絶景を見ながら
心も体もリラックス

富山市内から日帰りも可能

黒部 宇奈月温泉／四季折々の姿を見せる黒部渓谷を眺めながら入る露天風呂は格別。駅前の温泉噴水も人気。

BEST **9**

新鮮な**ホタルイカ**は
マストで食べたい

滑川 ホタルイカ／春になると富山湾沿岸で水揚げされる。刺身のほか、茹でたり酢味噌で和えて食べることが多い。

富山 富岩運河環水公園／富山の自然と富岩運河の歴史を生かした緑美しい水辺の公園。夜のイルミネーションも見どころの一つ。

BEST **10**

中心地の公園で
美しい運河を見渡す

富山の春夏秋冬イベント

越中八尾曳山祭
えっちゅうやつおひきやままつり

富山 5月3日

坂の町を練り歩く雅な囃子と豪華な曳山。夜には堤灯山車となり、夜更けまで祭りは続く。

春

氷見祇園祭り
ひみぎおんまつり

氷見 7月13・14日

悪病の平癒祈願を所以とする祭りは、日吉神社と日宮神社の氏子が神輿や太鼓台を引き連れて巡行する。

夏

城端むぎや祭
じょうはなむぎやまつり

南砺 9月中旬

民謡・むぎや節の哀調を帯びた三味の旋律とともに、唄や踊りが町の至る所で行われる。むぎや踊り競演会や総踊りなども開催。

秋

日本海高岡なべ祭り
にほんかいたかおかなべまつり

高岡 1月中旬

アルミや銅製のジャンボ鍋の中に、新鮮な魚介や野菜をたっぷり入れた鍋料理を楽しむ冬の高岡の風物詩。2日間で約1万4000杯が提供される。

冬

知っ得！ご当地ネタ帳

富山は少し関西なまりに

地元の人とのトークに困らない！
よく使われる方言リスト

いのく	▶	動く
かたがる	▶	傾く
きときと	▶	新鮮
さいさい	▶	毎度
だやい	▶	だるい
ねばい	▶	ねばっこい
やこい	▶	やわらかい

日照時間が短い富山県 冬は特に天気のよい日は貴重！

日本海側気候で、11～4月にかけて、日照時間が短く降水量が多いのが特徴。平野部と山間部で気候も違うので注意が必要。

富山湾があり、新鮮な魚が豊富。
全国に出回らない 質の高い魚が食べられる！

「天然の生け簀」と称される富山湾。水揚げされる魚種は日本一とも言われるきときと（新鮮）な魚が食べられるのも富山の醍醐味。

お国自慢 ご当地グルメ

海鮮

ブリしゃぶ

脂ののったぶりをさっと湯にくぐらせて薬味と一緒に食す。

海鮮

白エビ

通称「富山湾の宝石」。水揚げされるのは世界でも富山湾だけ！

海鮮

ホタルイカ

鮮度が抜群で魚体が大きいのが特徴。調理方法もさまざま。

ラーメン

富山ブラックラーメン

富山市発祥の醤油ラーメン。黒いスープとキレのある味！

欲しいをチェック おみやげリスト

1 郷土料理
ます寿し

富山の新鮮なますの身を閉じ込めた押し寿司。人気の富山みやげの一つ！

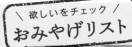

2 名産品
細工かまぼこ

鯛などのかたどりはまるで芸術品のよう。節目のお祝いに使われる。

3 能作
錫物製品

高岡は鋳物の一大産地として400年以上の歴史がある。お気に入りを探そう！

4 大野屋
高岡ラムネ

富山県産コシヒカリや国産素材を組み合わせた職人の手作りラムネ。

石川
旅のプロファイル

移りゆく四季を生きる、伝統と文化の地

北陸新幹線開業により活気が増し、北陸経済の中心でありながら、自然が豊かで伝統と文化が息づく、趣ある街並みを堪能できる石川県。

美しい渓谷や庭園と名湯が集まる温泉郷

加賀・小松 P>212

山代温泉古総湯 P>212

那谷寺 P>212

四季折々の景観を堪能できる自然豊かな地。伝統工芸に触れるのもおすすめ。旅の思い出にゆったりとくつろげる温泉も。

海と山に恵まれた能登

里山風景が広がる海に囲まれた能登半島

能登 P>210

青林寺 P>211

能登のキリコ祭り P>211

歴史ある建物から水族館、美術館など伝統文化と現代の共存。日本海でとれる新鮮な食材を使った季節の料理も旅の楽しみに。

着物を着て街歩きしたい

着物で歩きたくなる風情ある城下町

金沢 P>206

兼六園 P>207

ひがし茶屋街 P>206

出格子の街並みが残るひがし茶屋街を歩けば、非日常の世界を感じることができるはず。日本三名園の一つ、兼六園は必見。

空中展望台スカイバード
輪島塗
白米千枚田
輪島市　珠洲市
輪島塗　能登
のと里山空港
能登半島
九十九湾
カニ
別所岳スカイデッキ
能登ゆめてらす
能登島
青林寺 湯っ足りパーク 妻恋舟
能登のキリコ祭り（石崎奉燈祭）
七尾市
千里浜なぎさドライブウェイ
加賀友禅
貝利伽羅峠
金沢東IC
金沢駅　金沢
兼六園
金沢城公園
ひがし茶屋街
長町武家屋敷通り
願掛け寺　香林寺
近江町市場
八百萬本舗
金沢21世紀美術館
金沢駅
九谷焼
能美市
小松
小松空港
片山津IC
加賀
那谷寺
滝ヶ原　石切場跡
鶴仙渓
あやとりはし
山中温泉総湯　菊の湯
九谷焼
魯山人寓居跡
いろは草庵
山代温泉　古総湯
北陸新幹線
2024年春延伸予定
富山県
岐阜県

アクセスガイド

東京	🚄 新幹線	東京→金沢 約2時間30分	
	✈ 飛行機	羽田→小松 約1時間	
	🚗 車	練馬IC→金沢東IC 約5時間20分	
	🚌 夜行バス	八重洲→金沢　約8時間50分	
愛知	🚃 電車	名古屋→金沢 約3時間	
	🚌 高速バス	名古屋→金沢 約4時間	
大阪	🚃 電車	大阪→金沢 約2時間40分	

石川基本DATA

面積	約4186㎢
人口	111万1885人（令和5年5月1日）
ベストシーズン	4〜5月、8〜9月、12〜2月
県庁所在地	金沢市
特産品	日本酒、ルビーロマン、のどぐろ、輪島塗など
日本一	金沢市の1世帯当たりアイスクリーム・シャーベットの支出額日本一（2022年）

地理　日本海に面し、海岸線の総延長は581.0kmに及ぶ。南西側は福井県に、東側は富山県に、南東側は岐阜県に隣接。

気候　日照率の低い日本海側の気候。冬季は季節風により気温が低く雷を伴う雪が降りやすく、ブリ起こしと呼ばれる。

移動のてびき

1　金沢や加賀方面へは新幹線や空港が起点に

主要観光地へは北陸新幹線や小松空港を利用。中心地へは市バスや徒歩で。バスの本数は少ない地域もあり、時間を事前に調べよう。

2　広い能登半島内の移動は乗り合いタクシーが便利

能登エリアの移動に便利なのが「ふるさとタクシー」。のと里山空港から送迎してくれる乗合タクシーで、ネット予約も可能。

石川
BEST PLAN

1泊2日

PLAN │ 古き良き日本の美と海辺ドライブ

金沢～能登プラン

COURSE MAP

日本海の新鮮な海の幸を堪能し、文化が残る街並みや自然豊かな美しい景観のスポットを巡る。

1日目 中心地金沢で 文化とグルメを満喫

2日目 能登半島で シーサイドドライブ

まずは金沢で 腹ごしらえ

10:45	**JR金沢駅発**
🚗 7分	
11:00	**金沢の台所「近江町市場」で**
🚗 3分	**新鮮な魚介を堪能！**

これが 日本海の幸！

P-208

活気と人の往来も市場ならではの醍醐味。江戸時代から300年以上続く市民の台所を堪能。

12:30	**趣あるひがし茶屋街で**
🚗 6分	**デザート休憩＆お買い物♪**

和装も 一興！

P-206

情緒あふれる街並みを、歩いて写真に撮って、グルメも堪能。着物のレンタルもおすすめ。

14:00	**美しい日本庭園の兼六園を散策**
🚗 2分	

名所は 見るべし

P-207

日本三名園として知られる兼六園。四季を通じてさまざまな表情を見せる美しさ。築山、池、茶屋などが点在し景観を楽しめる。

16:00	**金沢21世紀美術館で**
🚗 5分	**現代美術に触れる**

無料の 屋外展示も

見て触れて、感じることができる作品を多数展示。子どもが遊べる作品も。

P-209

18:00	**金沢に宿泊**

8:00	**輪島に向け出発！**
🚗 2時間	
10:00	**日本三大朝市「輪島朝市」で**
🚗 15分	**海鮮三昧＆おみやげを購入♪**

朝8時から 12時まで

P-210

地元の人たちと会話を楽しむのも朝市の醍醐味。

朝市名物の 串刺身も

12:30	**海と白米千枚田の**
🚗 1時間 13分	**風光美に心和む**

時間をずらして 夕景狙いもあり

P-210

1004枚もの田が連なる、日本の棚田百選にも選ばれた名勝。絶景は四季により見せる姿を変え、季節ごとにイベントも。

15:00	**千里浜なぎさドライブウェイの**
🚗 41分	**砂浜で車を走らせる！**

砂浜ロード を快走！

P-210

海水を含んだきめ細かな砂浜は固く引き締まり、国内唯一の「車で走れる砂浜」。旅の思い出も握りしめて帰路へ。

17:00	**金沢駅から帰路へ**

金沢 で行きたい！したい！ BEST 10

伝統的建造物が並ぶ

BEST 1
和の情緒あふれる街で
種類豊富なグルメを楽しむ

金沢 ひがし茶屋街／かつて茶屋街としてにぎわった情緒溢れる町並みの中、金沢らしいグルメやショッピングが楽しめる。

江戸時代からの姿が残る

BEST 2
城下町のシンボルの公園で
豪華な建築を見て歩こう

金沢 金沢城公園／加賀藩前田家の居城跡。古地図や古文書などをもとに当時の姿が忠実に再現された建物は必見。

BEST 3

日本三名園 のひとつで
四季折々の美しさを感じよう

金沢 兼六園／広大な園内に
は築山、池、茶屋などが点在し
ており、四季を通じて様々な景
観や自然美が堪能できる。

BEST 4

江戸時代の景観 が残る通りで
タイムスリップしたような感覚に

金沢 長町武家屋敷通り／土
塀や石畳の小路が残り、趣のあ
る景観が維持されているエリア。
豪壮な武家屋敷が立ち並ぶ。

BEST 5
ひゃくまんさんと記念撮影がしたい！

金沢 八百萬本舗／厳選された個性的な商品が並ぶ町家。ひゃくまんさんと写真を撮るとご利益があると言われている。

BEST 6
金沢の和スイーツをいただく！

金沢 和スイーツ／城下町である金沢には和菓子処が豊富。あんみつやきんつばのほか、新しいスタイルの和スイーツも充実。

金沢 願掛け寺 香林寺 願掛け十二支の庭にある「幸福の道」を三周し、自身の干支像の前で願掛けを。

BEST 7
金沢のパワースポット
願掛け寺でお願いをしよう

愛称は「おみちょ」

金沢 近江町市場／約300年間金沢の人々の生活を支えてきた市場。人気店は行列必至、早い時間の訪問がおすすめ。

BEST 8
金沢の台所で
とれたての魚介に舌鼓

BEST 9
おもてなしの新名所鼓門に迎えられる

金沢 金沢駅／駅を降りた人に傘を差し出すおもてなしの心がコンセプト。別名もてなしドーム。

BEST **10**

公園のような美術館で<mark>現代アート</mark>を鑑賞する

金沢　金沢21世紀美術館／市内中心地にある現代アートの美術館。レアンドロのプールなど全国的に知られる作品も。館内中央にある展覧会ゾーン以外は無料で見られる。

（上から左回りで）「スイミング・プール」レアンドロ・エルリッヒ／2004年　「アリーナのためのクランクフェルト・ナンバー3」フロリアン・クラール／2004年
「カラー・アクティヴィティ・ハウス」オラファー・エリアソン／2010年　「まる」妹島和世＋西沢立衛／SANAA／2016年

能登 で行きたい！したい！
BEST 9

輪島　白米千枚田／急斜面に幾重にも段をなし日本海へと広がっていく田んぼは絶景。四季折々の姿が棚田を美しく彩る。

BEST 1
つなぐ棚田遺産の絶景を見よう

春の水鏡の時期が素敵

羽咋　千里浜なぎさドライブウェイ／波打ち際を自動車で走行できる砂浜は世界でも珍しく、国内ではここだけ。ノーマルタイヤで走行OK！

BEST 2
車が走れる砂浜でドライブする

輪島ほか　能登丼／奥能登産の新鮮な魚介や米などの食材に加え、器も地場産品にこだわって作られる丼。

BEST 3
ランチなら能登丼で決まり！

BEST 4
優美な漆器の美しさに見惚れる

輪島　輪島塗／輪島の地の粉で作られたがゆえの丈夫さ、塗り上げまでに20以上の工程を踏む丁寧さが魅力。

七尾ほか 能登のキリコ祭り（石崎奉燈祭）／巨大な灯籠「キリコ」が威勢の良い掛け声とともに町を練り歩く。7月から10月にかけて能登半島の約200カ所で行われる。

BEST **5**

伝統的な祭りに熱狂する

エネルギーに圧倒される！

BEST **6**

スリルある展望台で
大自然のパワーを感じる

珠洲 空中展望台スカイバード／「聖域の岬」と呼ばれる岬周辺は、気流や海流が集中することからパワースポットとしても有名。

BEST **7**

ドライブ途中に
七尾湾の美景でひと息

七尾 別所岳スカイデッキ 能登ゆめてらす／七尾湾に浮かぶ能登島や和倉温泉のほか、晴れた日には立山連峰までを望むことができる。

BEST **8**

フォトジェニックなお寺で
思い出の写真を撮る

森林浴も楽しめる

七尾 青林寺／のちの大正天皇の訪問所として建てられた御便殿で、庭を反射させた写真が撮れる。

BEST **9**

海を見ながら**足湯**でゆったり

七尾 湯っ足りパーク 妻恋舟の湯／能登島大橋やツインブリッジを望むことができ、マリンランプが点灯する夜も人気。足湯は無料。

BEST 1
明治の総湯を復元した
こだわりの空間で癒やされる

北陸随一の
古湯！

加賀 山代温泉 古総湯／外観はもちろん、内装の床や壁の九谷焼タイルも当時のままに再現。体験型温泉博物館としても人気。

BEST 2
季節の景色を楽しめるお寺で
自然に囲まれリフレッシュ

小松 那谷寺 「楓月橋」を渡った展望台からは絶景が！紅葉シーズンには、色付く木々に彩られた岩壁が見事な景観を生み出す。

212

BEST 3
紅葉の季節が格別
北陸随一の渓谷美を体感

加賀 **鶴仙渓** 渓谷沿いには遊歩道があり、四季の景観はもちろん、紅葉の時期には絶景が広がる。風情溢れる散策スポット。

BEST 6
山中温泉の湯元でゆっくり温まる

加賀 **山中温泉総湯 菊の湯**／1300年の歴史を誇る山中温泉にはかつて芭蕉も訪れた。さらりとした湯質で地元の人からも愛される。

BEST 4
魯山人が訪れた別荘で
当時を再現した展示を見る

加賀 **魯山人寓居跡 いろは草庵**／芸術家北大路魯山人が大正4年に滞在した。刻字看板を彫った仕事部屋や書斎などを見学できる。

BEST 7
色鮮やかな九谷焼の
かわいらしさに釘付けに

美しい
色絵陶磁器

加賀ほか **九谷焼**／九谷五彩で描かれた色彩効果と優美な絵模様が特徴。作り手の数だけ作風がある。

BEST 5
江戸時代から続く
神秘的な石切り場を見学

小松 **滝ヶ原 石切場跡**／アーチ形の石橋が現存し、「石の里」としての風景を今に残す。石切り場の見学ツアー（要予約）も人気。

BEST 8
ユニークなS字形の橋から
鶴仙渓を眺める

加賀 **あやとりはし**／橋からは鶴仙渓の四季折々の自然美を望むことができ、期間限定でオープンする川床も人気。散策は歩きやすい靴で。

石川の 春夏秋冬 イベント

春

金沢城 兼六園四季物語～春の段～
（かなざわじょう けんろくえんしきものがたり はるのだん）

| 金沢 | 5月上旬 |

兼六園・金沢城公園・玉泉院丸庭園が無料開放。期間限定でライトアップが行われ、幻想的な庭園散策を楽しめる。

春

浅の川 鯉流し
（あさのがわ こいながし）

| 金沢 | 5月上旬 |

浅野川梅ノ橋周辺にて、端午の節句に空を泳ぐ鯉のぼりを友禅流しのように川に流す、全国的にも珍しい鯉のぼりを見ることができる。

春

お旅まつり
（おたびまつり）

| 小松 | 5月中旬 |

8基の曳山が勢ぞろいし、可憐な子供歌舞伎が上演される「曳山八基曳揃え」では、ライトアップされた曳山が見事！ 350年の歴史を持つ。

夏

金沢百万石まつり
（かなざわひゃくまんごくまつり）

| 金沢 | 6月上旬 |

藩祖前田利家公の偉業を偲んで行われる百万石行列をはじめ、百万石薪能や百万石茶会など、期間中は多彩な行事が開催される。

夏

あばれ祭
（あばれまつり）

| 能登 | 7月第1金・土曜 |

能登のキリコ祭りの先陣を切って行われる祭りの一つで、神輿が海や川、火の中に投げ込まれたり、地面に叩きつけられる姿は勇壮。

秋

お熊甲祭
（おくまかぶとまつり）

| 七尾 | 9月20日 |

屈強な若衆が高さ20mの深紅の枠旗や神輿を担ぐ。天狗面をつけた猿田彦が鉦や太鼓に合わせて乱舞し、五穀豊穣に感謝する。

冬

白峰雪だるままつり
（しらみねゆきだるままつり）

| 白山 | 2月中旬 |

白峰の住民が、大小さまざまな雪だるまを作り、夕刻に灯りが灯ると幻想的な雰囲気に。白峰名物の出店では食べ歩きもできる。

知っ得！ ご当地ネタ帳

石川県のソウルフード
ラーメンといえば 8番らーめんでしょ！
石川県内を中心に親しまれるラーメン店。一番人気の「野菜らーめん」は創業当時からこだわって作られる看板メニュー。

お茶請けに食べる 「かきやま」とは？
あられやおかき、煎餅といった米菓全般を意味する方言で、地元ではポピュラーに使われる言葉なので、方言と認識している人の方が少ないかも？

地元の人とのトークに困らない！
よく使われる方言リスト

いものこ	▶	サトイモ
うまそな	▶	元気そうな
おんぼらーと	▶	のんびりと
たっだ	▶	とても
へしない	▶	待ちきれない

全然読めない…
難読地名が多すぎる

珍しい漢字が使われていたり、読みが一般的な読みと異なったりする地名が石川県にはたくさん！ あなたはいくつ読める？

羽咋（はくい）能登半島	珠洲（すず）能登半島
主計（かずえ）金沢市	大豆田（まめだ）金沢市
観音下（かながそ）小松市	鳳至（ふげし）輪島市

海鮮

寿司
日本海で水揚げされる鮮度抜群の魚で握られる寿司は絶品。

加能ガニ
たっぷり詰まった身は繊細な味わい、濃厚なミソは極上の味！

のどぐろ
脂のりが良く、白身魚のトロと言われるほど絶品！

能登丼
能登でとれた食材や器を使用。能登産の箸はプレゼント！

お国自慢 ご当地グルメ

上生菓子
和菓子に金箔を使うなど五感で楽しめる高い芸術性が魅力。

和スイーツ

金沢カレー
ソースがかかったカツと付け合わせの千切りキャベツが特徴。

ソウルフード

ハントンライス
卵の上にのったフライとタルタルソースがポイント。

栃もち
さっぱりとした後味が特徴。栃の実の程よい風味が香る。

落雁
加賀百万石の文化に咲いた加賀銘菓。今も伝統製法で作られる。

金沢おでん
加賀野菜、車麩、旬の魚介など金沢ならではのおでんダネが魅力。

＼ 欲しいをチェック ／
おみやげリスト

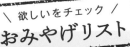

1 伝統工芸
輪島塗
お椀はもちろん、名入れしてもらえる箸は大切な方への贈り物にもぴったり。

2 伝統工芸
九谷焼
色絵陶磁器で360年以上の歴史がある。五彩手という色鮮やかな上絵付けが美しい。

3 伝統工芸
金沢漆器
漆器の制作も盛んな石川。生産量日本一の金沢の金箔を使った高級な質感が特徴。

4 伝統工芸
加賀八幡起上り
縁起物の郷土玩具で子どもの健やかな育ちと多幸を願って作られたのがはじまり。

5 丸八製茶場
加賀棒茶
甘く香ばしい香り、くせのないすっきりとした飲み心地で季節を問わず楽しめる。

6 中田屋
きんつば
ふっくら艶やかな大納言小豆の粒餡と薄焼きの皮が織りなす、美しく上品な味わい。

福井
旅のプロファイル

幸福度No.1！ 海の恵みや絶景をたっぷりと楽しめる

天空に浮かぶ大野城や東尋坊をはじめとする
景勝地が点在。絶景城下町ならではのレトロな
街並みに加え、豊かな自然が広がっている。

奇岩が織り成す景勝地をはじめ
歴史スポット、博物館が名所多し

福井・東尋坊・永平寺

P▶220

東尋坊 P▶220

越前おろしそば P▶223

福井県立恐竜博物館 P▶221

重要文化財に触れ、日本随一の
迫力と言われる東尋坊では、日本
海の荒波を体感できる。恐竜の全
身骨格が見られる恐竜
博物館も人気。

道中には恐竜
のオブジェも

美しい夕日
も魅力！

東尋坊 ・東尋坊

九頭竜川

福井空港
丸岡城

ラッキョウ

永平寺
中部縦貫自動車道
勝山市
福井県立恐竜博物館
平泉寺白山神社

石川県

福井

福井IC
大本山
永平寺
恐竜化石

両
白
山
地

越前岬

一乗谷朝倉氏遺跡
越前大野城

九頭竜湖

越前ガニ

鯖江市

メガネ

越前市

北陸新幹線
2024年春開通予定

北陸自動車道

花はす公園

敦賀市立博物館
敦賀まつり

水島

敦賀湾

敦賀IC

若狭湾

敦賀半島

海鮮グルメが発展した
若狭湾や
敦賀の港町を満喫

敦賀・小浜

P▶218

美浜町
レインボーライン山頂公園
三方五湖

フグ

敦賀
小刀根トンネル

大島半島

小浜

サバ寿司

小浜湾

瓜割の滝
熊川宿

舞鶴若狭自動車道

京都府

若狭湾に面したエリア。
かつては塩や海産物な
どの食材を都に運んで
いた地。食や祭礼など
当時の文化が今も息づ
く。

敦賀まつり P▶219

へしこ P▶223

レインボーライン
山頂公園 P▶218

アクセスガイド

東京	新幹線	東京→米原→敦賀 約2時間50分
	飛行機	羽田→小松→福井 約2時間
	夜行バス	東京→福井 約9〜10時間
京都	電車	京都→敦賀 約1時間20分
	車	京都南IC→敦賀IC 約1時間30分
大阪	電車	大阪→福井 約2時間

福井基本DATA

面積	約4190km²
人口	74万6781人（令和5年5月1日）
ベストシーズン	3〜5月、9〜10月
県庁所在地	福井市
特産品	らっきょう、福井米、六条大麦、そば・越前がになど
日本一	幸福度が日本一（2022年）

地理 海岸線はおだやかな良港が多く、養殖業が盛んなリアス式海岸。石川県、滋賀県、岐阜県、京都府に隣接。

気候 県内全域が豪雪地帯に指定されている。冬期は北西の季節風により低温となり、雪や雨となる日が多い。

移動のてびき

**1 県内に直通空港はなし。
小松空港を利用しよう**

小松空港から福井駅まで、バスと電車を利用して約1時間かかる。1日4往復ある直通の小松空港連絡バスも利用可能。

**2 新幹線の開業で
福井までの移動が便利に！**

2024年春に向けて東京と福井間の北陸新幹線を開業予定（2023年8月現在の情報）。福井までの移動がかなり快適になる。

\\ 行ってみたい！を効率よく //

福井
BEST PLAN

1泊2日

PLAN | 自然も伝統文化も満喫ドライブ

福井～勝山プラン

自然の迫力に圧倒され、歴史的スポットでロマンを楽しみ尽くすドライブ旅。

COURSE MAP

1日目 　福井～坂井

10:00 🚗37分　**福井駅発**
主要エリアへのアクセスもよく、旅の拠点となる福井駅から出発！

11:00 🚗7分　**世界三大奇勝・東尋坊の景観に圧倒！**

荒波が作り上げた奇跡

P▶220

自然の力によってできた迫力ある岸壁。国の天然記念物及び名勝に指定されている。遊歩道や遊覧船、展望用のタワーなども。世界に3カ所と言われる奇岩は必見。

13:00 🚗5分　**三國湊きたまえ通りでレトロなまち歩き♪**

町屋を改装した店が点在

200mほどの通りに古い町屋が並ぶ。北前船で栄えた三国港の歴史が分かる史料館「マチノクラ」もおすすめ。

14:30 🚗8分　**関西の奥座敷、あわら温泉の足湯に浸かってぽかぽかに**

散策のあとは足湯に入ろう

温泉街中心にある総ひのき造りの上質な足湯。源泉かけ流し、2種類の泉質を5つの浴槽で。

16:00 　**あわら温泉に宿泊**

2日目 　勝山

海側から山側へ！

9:00 🚗35分　**あわら温泉発**
あわら市を出発したら北陸自動車道で南下。坂井市街を通っていくルートもあり。

10:20 🚗29分　**杉並木の参道を通り大本山永平寺へ**

現在も続く厳しい修行

町の人々と関わり合い発展してきた永平寺。今は町全体が禅の里として人気の観光スポット。

P▶222

12:00 🚗50分　**福井県立恐竜博物館でロマンある恐竜時代を体感！**

ドーム型の展示も見事

P▶221

2023年7月にリニューアルオープン。恐竜骨格や化石、標本、ジオラマなどさらにパワーアップした大迫力の展示は必見。

14:00 🚗12分　**戦国時代の面影残る一乗谷朝倉氏遺跡を散策**

100年以上の歴史あり

P▶221

町並みがほぼ完全な姿で発掘された城下町を散策。テレビCMや大河ドラマ、映画などにも登場しており、ロケ地巡りも。

15:30 　**福井ICから帰路へ**

BEST **1**

山頂公園で
パノラマビューを楽しむ

テラスは
5か所あるよ

BEST **2**

昔ながらの景観が残る
宿場で**街歩き**

若狭　熊川宿／今も奉行所や番所
の跡が残り、道の駅や資料館の他、
蔵屋敷をリノベーションしたカフェな
どが軒を連ねる。

BEST **4**

プリップリの若狭ふぐを
刺し身でいただく

BEST **3**

渡し船に乗って
敦賀湾の**小さな島**へ

敦賀　水島／敦賀半島の先端に
浮かぶ小さな島。遠浅の砂浜と岩
場に囲まれていて、透明度の高い
青い海と白砂ビーチが魅力。

小浜ほか　**若狭ふぐ**／ふぐの王様と
称される「とらふぐ」。特に若狭湾
でとれた「若狭ふぐ」は、身が締
まり味わい深くて絶品。

若狭 レインボーライン山頂公園／三方五湖や若狭湾を望む360°パノラマビュー！ 足湯やソファテラスなど5つのテラスからの眺望は絶景。

BEST 7
敦賀の秋を告げる
敦賀まつりに参加

敦賀 敦賀まつり／氣比神宮のお祭り。9月2日から15日まであり「氣比の長祭り」としても有名。豪華な山車巡行は時代絵巻そのもの。

BEST 5
名水が流れる水の森で
豊かな自然に癒やされる

若狭 瓜割の滝／木々の間から差し込む光や、岩に群生する苔などの景観が魅力的。瓜も割れるほど冷たいことが由来。

敦賀 小刀根トンネル／現存する日本最古の鉄道トンネル。1881年竣工の建設当時の姿が残る。明治初期の規格で造られたため小さい。

BEST 8
現存最古の鉄道トンネルに立ち寄り

BEST 6
敦賀の発展を支えた
洋風な外観の博物館

敦賀 敦賀市立博物館／昭和創建、大和田銀行本店の建物を活用したレトロな外観で、建物には敦賀の歴史が丸ごと詰まっている。

北陸／福井

福井・東尋坊・永平寺 で行きたい！したい！
BEST 9

坂井　東尋坊／荒々しい岩肌の柱状節理が続く。高さ20m以上に及ぶ断崖に日本海の荒波が打ち寄せる姿は、恐ろしいほどの迫力。

BEST 1
断崖絶壁で海の壮大さを体感する

世界三大奇勝のひとつ

BEST 4
越前大野のシンボル
天空の城から街を見下ろす

大野　越前大野城／秋から春にかけて、気象条件により盆地全体が雲海につつまれ越前大野城だけが浮かんで見えることもある。

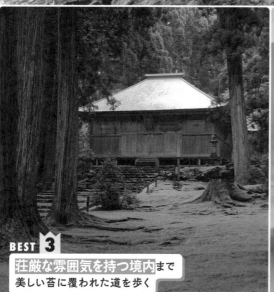

BEST 3
荘厳な雰囲気を持つ境内まで
美しい苔に覆われた道を歩く

勝山　平泉寺白山神社／一面が緑の美しい苔で覆われた境内は「苔宮」とも呼ばれる。梅雨から夏にかけての時期がおすすめ。

BEST 2

リニューアルオープン！
博物館で**恐竜の歴史**を知る

北陸・福井

勝山 福井県立恐竜博物館／恐
竜骨格や化石・ジオラマなど大迫
力の恐竜を間近で見ることがで
き、大人も子どもも楽しめる。

一乗文化が
花開いた地

BEST 5

名勝に指定される**遺跡**で
歴史を感じる

福井 一乗谷朝倉氏遺跡／103年
の栄華が眠る城下町跡で、発掘調
査に基づき、当時の町並みが約200
mにわたり復原された。

天井絵も
必見！

BEST 6

禅の修行道場で
厳しい修行を体験！

永平寺 **大本山 永平寺**／曹洞宗の
大本山。座禅体験のほか、泊まり込
みで雲水の修行に近い生活も送るこ
ともできる（要予約）。

BEST 7

風が吹き抜ける望楼から
城下町を眺める

坂井 **丸岡城**／春には満開の桜が作り
出す霞の中に浮かぶ姿が幻想的で、夜間
ライトアップも行われる。

BEST 9

夏の花はす公園で
艶やかな花々に酔いしれる

南越前 **花はす公園**／約130種の世界中の花
蓮が見られる鑑賞蓮園。6月下旬から8月上旬
にかけて「はすまつり」を開催。

BEST 8

豊かな自然に囲まれた
広大な九頭竜湖へ

紅葉が
特に人気

大野 **九頭竜湖**／岩を積み上げた
ロックフィル式ダムの建設によりで
きた人工湖。山岳に囲まれた湖で、
四季折々の表情を見せる。

222

福井の 春夏秋冬 イベント

あわらおんせんはるまつり
あわら温泉春まつり

`あわら` **4月29日**

巨大な人形山車や芸妓さんが乗り込む桜山車、大太鼓を打ち鳴らす太鼓山車が温泉街を練り歩く。

みくにはなびたいかい
三国花火大会

`坂井` **8月11日**

北陸最大級の「水中花火」や最大2尺の打ち上げ花火など、およそ1万発の花火を楽しむことができる。

たけふきくにんぎょう
たけふ菊人形

`越前` **10月上旬～11月上旬**

北陸の秋の風物詩。会場には2万株の菊花が咲き誇り、菊人形や菊花作品などを見ることができる。日本三大菊人形の一つ。

かつやまさぎちょうまつり
勝山左義長まつり

`勝山` **2月下旬**

左義長は平安時代から行われていた小正月の火祭り（どんど焼き）。高さ6mの櫓が立ち、その上から勝山左義長ばやしが奏でられる。

知っ得！ ご当地 ネタ帳

福井の文化を紹介！

地元の人とのトークに困らない！
よく使われる方言リスト

うら	▶	私
おつけ	▶	味噌汁
おもっしぇー	▶	面白い
きつい	▶	強い
～っさ	▶	～しようよ
ちゃっちゃと	▶	すばやく
へんもねー	▶	たいくつな

水ようかんを 冬に食べる風習がある！

福井のようかんは甘さ控えめで糖度が低いため保存がきかない。昔は夏の暑さで傷みやすく、積雪で冷やせる冬によく食べられた。

県の北部は北陸、南部は関西
2つの文化圏に 分かれている

古くは越前国と若狭国の2つの国で構成されていた福井県。現在は木ノ芽峠を境に嶺南と嶺北の2大生活圏に分けられている。

お国自慢 ご当地 グルメ

`そば`
越前おろしそば

大根おろしと削り節、きざみネギがかかった冷たいそば。

`郷土料理`
へしこ

鯖などを塩漬けし米糠に1年以上漬け込み熟成させた発酵食品。

`海鮮`
越前がに

福井県の漁港で水揚げされる雄のズワイガニのこと。

`海鮮`
若狭ふぐ

若狭湾のとらふぐは身が締まり、歯ごたえもよい。

欲しいをチェック おみやげリスト

1 `伝統工芸`
めがね

古き良き職人魂が息づく。掛け心地や耐久性に優れた世界的にも有名な産地。

2 `伝統工芸`
越前和紙

厚くて丈夫な越前和紙を手揉みして作ったがま口はまるで革製品のような質感！

3 `銘菓`
羽二重餅

おすすめの食べ頃は、粘りとコシのバランスが絶妙になる、製造翌日以降。

4 `郷土菓子`
水ようかん

寒天をベースに水分を多くして柔らかく作る。甘さ控えめなのでヘルシー。

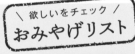

楽しい!おいしい!癒やされる!
進化系サービスエリア 東日本編

長距離のドライブ旅には欠かせない存在のサービスエリア(SA)＆パーキングエリア(PA)。ただ休憩するだけではない、今どきのSA&PAを東日本からご紹介。

(左)シンボルの観覧車(上)道の駅内「Cafe富士山のめぐみ」(下)道の駅にはプラネタリウムも。

富士山眺め放題!
充実の道の駅も隣接
富士川サービスエリア (上り)
道の駅 富士川楽座

東名高速道路にある静岡県富士市のSA。特徴は観覧車「フジスカイビュー」。観覧車に乗って、地上60mから見る富士山は迫力満点! 隣接する道の駅「富士川楽座」には、展望ラウンジ内にカフェがあり、大パノラマの富士山を眺めながら休憩できる。

時代劇のセットみたいで
風情たっぷり!
羽生パーキングエリア (上り)

埼玉県羽生市にある東北自動車道の羽生PA。江戸時代、羽生の隣町に日光街道の関所の一つで江戸の要所「栗橋関所」があった。このことから「鬼平江戸処」という名で、江戸の世界を再現したPAになっている。

江戸の町並みを再現。江戸にちなんだみやげも買える。

ドライブ疲れは
那須の森林浴で解消!
那須高原サービスエリア (上り)

栃木県那須高原の美しい自然が感じられる、東北自動車道のSA。エリア内には緑に囲まれた遊歩道があり、ベンチに座って休憩できる。グルメやみやげも充実。

コーヒーやワッフルを片手に遊歩道を散策。

勝手にランキング
絶対食べたい
SA & PAグルメ

SA & PA に立ち寄ったら、その土地ならではのグルメを楽しむのも醍醐味!

BEST **1**

那須高原SA(上り)
テラスグリル
「極」セット
[テラスレストラン]

とちぎ和牛をテラス席で食べるBBQプラン。悪天候時は店内の鉄板グリルで。

BEST **2**

国見SA(上り)
川俣シャモ丼 [フードコート]

福島県のブランド鶏、川俣シャモを使った親子丼と白石温麺のセット。

BEST **2**

羽生PA(下り)
ずんだシェイク
[ずんだ茶寮cafe]

バニラテイストのシェイクにつぶつぶ食感が楽しいずんだをブレンド。

心の赴くままに、テーマで巡る

ニッポン！諸国漫遊旅

\ この一瞬を目指して撮る旅へ！ /

話題の映え絶景スポット

全国の映えスポットをジャンル分けして紹介。カメラが手放せない旅を楽しもう！

北アルプスを背に広がる
春の風物詩

富山 **春の四重奏** 北アルプスの山々を背景に春の訪れを告げる花畑が広がる。桜並木、チューリップ、菜の花が彩る景色は息をのむ美しさ。

色鮮やかに咲き誇る
花畑

季節ごとに異なる景色を見せる花畑。花々が一面に広がり、カラフルに彩る絶景を訪れたい。

北海道 **フラワーランドかみふらの**／丘の上で色とりどりの花が咲き、空と花畑の境界を撮影できる。

山梨 **山中湖 花の都公園**／富士山をバックに鮮やかな花々を楽しめる、山中湖のほとりにある公園。

奈良 **馬見丘陵公園** 古墳が集中する馬見丘陵で、古代の遺跡を包み込むように自然が豊かな公園。

「チームラボプラネッツTOKYO DMM」
豊洲東京／チームラボ

光に魅了される
デジタルアート

デジタルからモダンな場所まで、さまざまなロケーションで光が彩る幻想的な空気に浸ろう。

京都　**キモノフォレスト**
／嵐山駅を覆うように600本の京友禅の柱が並ぶ。夜に訪れるのがおすすめ。

デジタルアート空間で
幻想的な映え写真を！

兵庫　**六甲ガーデンテラス**／眺望とアートが融合した「六甲枝垂れ」は六甲山で最も標高が高い展望台。

岡山　**倉敷春宵あかり**
倉敷美観地区の歴史的な町並みに、日本の宵をイメージしたあかりが灯る。

東京　**チームラボプラネッツTOKYO DMM**／デジタルアートと一体化する空間では、自分が動くことで変化する美しい作品への没入体験ができる。

愛知　**佐久島アート**／離島の佐久島内には22のアート作品が常設展示されており、日帰りで巡れる。

イーストハウス／南川祐輝

一緒に撮りたい！
映えスポット

ここに来れば自分まで映える！かわいいオブジェやきれいな景色と映えショットを撮ろう！

ヤシの木と
サンセットで撮りたい！

沖縄　**ヤシの木ロード**／ヤシ並木の遊歩道では昼間はもちろん、夕景からマジックアワーまで変わりゆく空の色を写真に収めたい。

熊本　**八角トンネル**／自然豊かな森の中に突如現れる鉄道遺構のトンネル。人工物がある違和感が人気。

長崎　**フルーツバス停**／国道207号を佐賀方面へ向かう道沿いに、全5種類16基のフルーツバス停が並ぶ。

おいしい観光列車旅

お気に入りの観光列車を見つけて、もっと旅を豊かに。

観光列車MAP

A.自然豊かな緑や空の青に映える真っ赤でかわいらしい外観 B.旬の食材のこだわりメニュー

上越妙高から糸魚川までを結ぶ、約3時間の観光列車。国内最大級の大きな車窓からは、雄大な山々と田園風景、日本海の絶景を楽しめる。旬の地元食材にこだわった食事は季節ごとにメニューが変わるため要チェック。

運行日／土・日曜、祝日
料金／¥2万4800〜
予約方法／公式HP上でのみ予約可
☎／025-543-8988

1 新潟の自然を五感で楽しむ
えちごトキめきリゾート雪月花

上越妙高 >>> 糸魚川

能生産
海鮮

西武秩父 >>> 池袋
西武新宿

2 自然をモチーフにした車内でくつろぐ
西武 旅するレストラン「52席の至福」

渓谷などの自然をイメージした車内にはオープンダイニングがあり、季節ごとに変わる料理を。池袋か西武新宿から出発するときにブランチコース、西武秩父から戻るときにはディナーコースのグルメを味わえる。

運行日／土・日曜、祝日など公式HPにて要確認
料金／¥1万5000(ブランチ)、1万8000(ディナー)
予約方法／公式HP
☎／04-2996-2888

季節の
料理

A.秩父の四季と荒川の水を表現 B.有名シェフが監修する季節ごとのメニュー

3 大きな窓の開放感は格別
しまかぜ

大阪難波・京都・近鉄名古屋 >>> 賢島

松阪牛
100%

車窓からの景色の美しさはもちろん、座席の種類も豊富。グループ用の和洋個室、サロン席や鉄道車両初の背もたれにエアクッションを採用したプレミアムシートでは前後の間隔が広く、ゆったりと過ごせる。

運行日／公式HPにて要確認
料金／区間により異なる
予約方法／特急券発売駅の窓口、WEB予約・発売サービス
☎ 050-3536-3957

A.伊勢志摩の晴れ渡る空をイメージした、爽やかなデザイン B.じっくり煮込んだ松阪牛重

東北の美味

4 列車全体がレストラン空間
TOHOKU EMOTION

八戸 >>> 久慈

三陸の海が広がる区間を走るTOHOKU EMOTIONは、デザイン、食、アートなどさまざまな魅力が詰められた、全席がレストラン空間の観光列車。東北各地の伝統工芸をモチーフにしたデザインも見どころの一つ。

A.窓からの景色を楽しみながら料理を楽しむことができる B.車内のライブキッチンスペース

運行日／公式HPにて要確認
料金／¥9500(ランチコース)
予約方法／のってたのしい列車予約サイト

西鉄福岡 >>> 大牟田

5 筑後の豊かな田園風景に癒やされる
THE RAIL KITCHEN CHIKUGO

九州の食材

九州・筑後の旬な食材を使用した、地域を味わう、モダンな車内の観光列車。運行日のランチタイムに1日2便運行しており、列車に搭載した窯で作られるできたての温かい料理を堪能できる。

運行日／木・金・土・日曜、祝日
料金／¥1万800
予約方法／公式HP、予約センター店舗、電話
☎ 092-534-8952

A.世界で活躍した3名のシェフが監修した季節ごとのメニュー（写真は2023秋メニュー）B.キッチンクロスがモチーフのデザイン

絶景ビューホテル

せっかくの旅だから、ひと息つけるステイ中も絶景を楽しもう。絶景ごとにおすすめホテル！

富士山ビュー

ホテルから見える 富士山がダイナミック！

日本平ホテル

日本平の山頂から世界遺産の富士山を望むことができ、夜には6階のスカイテラスから駿河湾の夜景も楽しめる。観光地へのアクセスもよく、ロープウェイに乗れば国宝の久能山東照宮を訪れることも。

☎054-335-1131 ♦静岡県静岡市清水区馬走1500-2 🏠1泊1名¥2万925〜 IN14:00 OUT12:00 🅿有

海風が気持ちいいリゾート空間

星野リゾート リゾナーレ小浜島

碧い海

コバルトブルーの海と白い砂浜に囲まれたリゾートホテル。約36万坪の広大な敷地には宿泊者限定のビーチをはじめ、ビーチのBOOKS&CAFE併設のプールやハンモックがありステイを満喫できる。

☎050-3134-8093（リゾナーレ予約センター）♦沖縄県八重山郡竹富町小浜2954 🏠1泊1名¥2万9500〜 IN15:00 OUT11:00 🅿有

A.ビーチプールからの美しい朝焼けは、水面を輝かせる B.離島ならではの開放的な雰囲気

沈む夕日が水面を輝かせる

IZUMO HOTEL THE CLIFF

崖からの夕景

全ての部屋が海に面しており、どの部屋からも日本海の絶景を堪能できる。遮るものが何もない水平線の、刻々と変わりゆく景色は唯一無二。丸みを帯びた窓からの景色が非日常をより感じさせる。

☎0853-86-3300 ♦島根県出雲市多伎町久村1870 B1F 🏠1泊1名¥3万3400〜 IN15:00 OUT11:00 🅿有

A.崖の中をイメージした客室からの景色はまるで絵画のよう B.サウナからも海の景色を楽しめる

星空

降ってくるほどの満天の星空！
八ヶ岳グレイスホテル

A

B

標高1375mに位置する日本三選星名所の八ヶ岳・野辺山高原にあり、「星ソムリエ」のスタッフが夜空にきらめく満天の星空を案内する。

☎0267-91-9515 📍長野県南佐久郡南牧村野辺山217-1 💰1泊1名¥1万〜 IN15:00 OUT10:00 P有

A.周囲に人工物や明かりがなく、どの季節も星空が見られる B.全室八ヶ岳を一望できる

氷

氷空間が神秘的！
星野リゾート リゾナーレトマム
氷のホテル

A

B

氷で造られたドームの中で宿泊体験ができる、冬季限定のホテル。机や椅子も全てが氷でできており、キラキラと輝く空間は神秘的。

☎0167-58-1111（代） 📍北海道勇払郡占冠村字中トマム 💰1日1組¥2万8000 IN22:00 OUT8:00 P有 ※冬季限定でリゾナーレトマム、ザ・タワー宿泊者のみ予約可。

A.眠る時は寒冷地用の寝袋（シュラフ）で朝まで暖かい B.氷の露天風呂

水田リフレクション

田んぼに浮かぶホテルでまったり
スイデンテラス

B

A

自然豊かな田園風景の中に立つ、庄内を象徴するランドスケープの一つである水田から着想を得たホテル。木のぬくもりを生かしたデザインは周囲の自然に馴染みながらも、水面に反射する景色は美しい。

☎0235-25-7424 📍山形県鶴岡市北京田字下鳥ノ巣23-1 💰1泊1名¥2万2000〜 IN15:30 OUT10:00 P有

A.風のない日には特に美しいリフレクションを見ることができる B.自然豊かな山並みに癒やされる

海辺のリゾート

広がるオーシャンビュー！
AQUASENSE Hotel & Resort

各部屋の広々としたバルコニーには屋外ジェットバスが完備。プライベート空間で至福のひとときを。

☎098-987-8031 📍沖縄県国頭郡恩納村字冨着黒崎原86番1 💰1泊1名¥2万1000〜 IN14:00 OUT11:00 P有

湖畔

芦ノ湖畔の自然に癒やされる
箱根・芦ノ湖 はなをり

箱根の森と雄大な芦ノ湖の景色を贅沢に満喫でき、歴史と文化が残る温泉郷である箱根でリラックスしながら自然と一体になれる空間。

☎0460-83-873 📍神奈川県足柄下郡箱根町元箱根桃源台160 💰1泊1名¥2万7100〜 IN15:00 OUT10:00 P有

雄大な自然

絵葉書のような景色が広がる
裏磐梯高原ホテル

周囲は季節ごとに表情を変える雄大な自然に囲まれ、少し歩き五色沼遊歩道を散策すればコバルトブルーの湖沼群が広がる絶景ホテル。

☎0241-32-2211 📍福島県耶麻郡北塩原村大字桧原字湯平山1171 💰1泊1名¥2万7000〜 IN15:00 OUT11:00 P有

文豪や偉人も愛した
歴史ある古湯で湯治気分 ♨

多くの人に愛される歴史ある古湯を、ゆかりある人物や書物などと紐づけて紹介！

温泉番付で見る！ 訪れたい名湯

日本には約3000カ所の温泉地があり、その数は世界トップだ。右の番付では、温泉好きでなくとも知る人気の温泉地をピックアップ。いい温泉に行きたい！と思った瞬間から気持ちは和みはじめ、温泉質によっては体の治癒能力を助ける、生命再生の湯だ。それは歴史上の偉人たちも実感していたことで、歴史書にも記されている。

東西	西	之	方
♨ 温泉番付	小結	関脇	大関 横綱
	愛媛	鹿児島	兵庫 大分
	道後温泉	指宿温泉	有馬温泉 別府温泉
	P▶400	P▶317	P▶466

Since631年 ✕ 豊臣秀吉

有馬温泉
泉質 含鉄・ナトリウム-塩化物強塩高温泉

計9回湯治を行った、秀吉が愛した名湯
日本最古の名湯。秀吉が長い戦で疲れた心身を癒やした。療養泉として指定される成分が7つ含まれており、世界的にも珍しい。

Since596年 ✕ 夏目漱石

道後温泉
泉質 アルカリ性単純温泉

『坊ちゃん』など、名作に登場する古湯
多くの文献に登場し、今もにぎわい続ける温泉街。すねに怪我を負った鷺が足を湯に浸けると、完治し飛び立ったという伝説も持つ。

Since1703年 ✕ 西郷隆盛

指宿温泉
泉質 塩化物泉

西郷隆盛が疲れを癒やした湯
群を抜く温泉好きだったと言われる西郷が、健康維持のために通った。海を望める温泉も多くあり、リフレッシュには最適。

Since1882年 ✕ 伊予国風土記

道後まで温泉の湯を運び

少彦名命の命を助けたと言われる名湯

別府温泉
泉質 単純温泉、二酸化炭素泉、炭酸水素塩泉、塩化物泉、硫酸塩泉、含鉄泉、含よう素泉、硫黄泉、酸性泉

2800以上の源泉があり、湧出量は日本一を誇る。泉質は大分類で日本最大級の7種類。コバルトブルーの湯は含有シリカによるもので治癒効果があるとされ、「伊予国風土記」にて語られる伝説も泉質の効能からきている。いたるところから湯気が上がる街並みも趣深い。

編集部調べ　定番をはずさない

東之方			
横綱	大関	関脇	小結
静岡	群馬	栃木	神奈川
熱海温泉	草津温泉	鬼怒川温泉	箱根湯本温泉
	P▶118	P▶110	

Since1882年 ※諸説あり ✕ 源頼朝

草津温泉
泉質　酸性泉、硫黄泉(硫化水素型)、含アルミニウム泉、硫酸塩泉、塩化物泉

源頼朝が訪れた由緒正しき白濁湯
江戸時代の温泉番付では、東の大関として当時の最高位。草津温泉のシンボル「湯畑」や「湯もみ」も見逃せない。

Since757年 ✕ 伊藤博文

箱根湯本温泉
泉質　アルカリ性単純温泉、塩化物泉、硫酸塩泉

伊藤博文が命名した宿も残る
遊興が盛んになった明治末頃に箱根七湯はとてもにぎわい、伊藤博文も訪れた。現在もその人気は衰えない。

Since1691年 ✕ 関東の奥座敷

鬼怒川温泉
泉質　天然アルカリ性単純泉

大名や僧侶のみが利用できた元は非公開の宿
今は一大温泉地だが、名が知れだしたのは昭和初期。鬼怒川温泉は元々、日光東照宮を詣でた大名や僧侶のみが利用可能だった。

Since749年 ✕ 徳川家康

家康が天下を取る前に訪れた「出世の湯」！

熱海温泉
泉質　塩化物泉、硫酸塩泉、アルカリ性単純温泉

提供：熱海市

家康が関ヶ原の合戦前に入湯することで、力を温存し、天下統一を成し遂げたという伝説も残る。家族で湯治に訪れた記録も残っている。もともとは「熱い海」を意味する「あたみ」と呼ばれ入浴利用はなかったが、現在は東京からも新幹線で約50分で着く好立地で日帰りも人気。

Since531年 ✕ 古今和歌集

秋保温泉
泉質　塩化物泉

「秋保の里」と歌われ、武将も訪れた
和歌として歌われる美しい自然に囲まれ、かつては伊達家の入浴場が置かれた。順徳天皇が選出した「日本三御湯」の一つ。

お酒を見て学んで楽しむ
全国酒造・酒蔵Pick up!

見学や体験ができる酒造や酒蔵を紹介。好きなお酒の種類ごとに訪れたい!

どんなお酒が好み?

醸造酒
最も古くから造られたお酒。デンプンや糖を酵母菌を使い発酵させたもので発酵のプロセスによりできるお酒が異なる。

ワイン・ビール・日本酒など

蒸留酒
醸造酒を蒸留することでアルコール分を取り出し、再び液体に戻すことで醸造酒よりもアルコール度数が高いお酒になる。

焼酎・ウイスキーなど

混成酒
醸造酒や蒸留酒に香料、果実、糖などを加えて造るお酒。もともとは薬用酒として作られた。缶チューハイやサワーも含む。

梅酒・リキュールなど

\ 泡盛の老舗 /
瑞泉酒造 [沖縄]

泡盛

沖縄の風土と文化に育まれた泡盛・古酒の伝統を受け継ぐ老舗の蔵元。

オススメ商品!
▶ おもろ21年

\ くつろぎながら味わえる /
焼酎の里
霧島ファクトリーガーデン [宮崎]

焼酎

霧島酒造直営の複合施設。工場見学では焼酎造りに使うサツマイモの試食や水の試飲も。

オススメ商品!
黒霧島MELT

\ 7つの蔵元が並ぶ /
西条酒蔵通り [広島]

日本酒

P▶371

美しい景観を誇る通りに7つの蔵元が密集し、限定酒などを販売。

オススメ商品!
▶ 大吟醸
特製ゴールド賀茂鶴

\ 体験型のVRも!? /
アサヒビールミュージアム [大阪]

ビール

スーパードライの缶の上に乗った目線での没入体験など、体験型で楽しめる。

オススメ商品!
▶ アサヒスーパードライ

\ 400有余年の歴史 /
上田酒造 [奈良]

日本酒

歴史ある酒造りの見学ができ、こだわりのラインナップの飲み比べも。

オススメ商品!
▶ 生駒山吟醸

\ 最新技術を見学できる /
酔鯨酒造 土佐蔵 [高知]

日本酒

2018年に最新醸造設備を取り入れたこだわりの酒造りの工程を見学できる。

オススメ商品!
純米大吟醸 丞

\ 見学ではニッカの歴史を学べる /
ニッカウヰスキー 余市蒸溜所［北海道］

ウイスキー

P▶023

ウイスキーファンに愛され続ける余市モルト。セミナーや蒸留所見学、テイスティングもできる。

オススメ商品！ **シングルモルト余市** ◀

\ ガイド付きプレミアムツアーも /
サッポロビール博物館［北海道］

ビール

P▶021

サッポロビールが歩んできた道のりを明治期からたどり、ツアーの最後には貴重な復刻ビールが飲める！

オススメ商品！ **サッポロ生ビール黒ラベル**

\ 好みのワインを試飲 /
高畠ワイナリー［山形］

ワイン

見学や試飲だけでなく、ピノ・ノワールの果実を収穫できる体験もある。

オススメ商品！
▶ **嘉（Yoshi）スパークリングシャルドネ**

\ 酒蔵ナイトツアーに参加したい /
世嬉の一酒造［岩手］

日本酒

酒蔵の構造、歴史、文学者との関わりを交えながら学べる！

▶ オススメ商品！ **大吟醸 世嬉の一**

\ 雪国だから造れるお酒 /
魚沼の里［新潟］

日本酒 焼酎

P▶171

雪国ならではの4度の天然冷蔵庫の世界を体感できるツアーを開催。

オススメ商品！
純米大吟醸 八海山 雪室熟成八年

\ きき酒ができる /
小澤酒造 澤乃井園［東京］

日本酒

酒造りの工程や蔵に関することを知り、見学の後はきき酒を。

▶ オススメ商品！ **澤乃井 純米大吟醸**

\ 森の中の蒸留所 /
サントリー白州蒸溜所［山梨］

ウイスキー

見学やツアーでつくり手のこだわりに触れ、テイスティングすると、魅力がよくわかる。

オススメ商品！
▶ **白州**

P▶179

\ 約170種のワイン！ /
甲州市勝沼 ぶどうの丘［山梨］

ワイン

約170銘柄・約2万本のワインをそろえたワインカーブで試飲を。

オススメ商品！ **甲州ワイン**

「築城」は技術と歴史の宝庫

かつて日本には3万もの城が築かれていた。99%は鎌倉時代から戦国時代が終わるまでの300年ほどの中世の間に築かれたもので、「中世城郭」と呼ばれ、主流は山城。領主の財力や権力が十分でなく、土木作業も最小限に抑えられたのだ。標高は300〜400mほどの高地に作られ、規模もそこまで大きくないため籠城の場だった。しかし、室町時代になると力を持つ大名の配下が増え、山城では手狭になることから廃れていった。そして、「近世城郭」は小高い丘の上に立つ「平山城」や平地に築城する「平城」が中心となった。現在もそれぞれの形で残る城をみていこう。

城は4つに分けられる！

山城 備中松山城 P▶362

城の99%は山城だった！
山城は守攻に優れていた。高い位置から見渡しやすく、山の斜面は防壁となる。戦乱の時代に主流だった。

平山城 姫路城 P▶315
提供：姫路市

戦国武将が理想とした城の形
シンボルとして天守が築かれ、華やかな美しい建物で領主の権力を示す。構造は山城と平城のいいとこ取り。

平城 広島城 P▶368

戦乱が落ち着き政治や経済の拠点に
平地に立ち、防御力が低いため土塁や堀に囲まれる。貿易の利便性を考え、交通の要所に多く築城された。

水城 今治城 P▶396

防御力の高さと物資の運搬のしやすさ
海や湖、川のそばに立ち、平城に含まれる。逃走経路が確保しやすく、海運が利用された中世で発展した。

平山城 松江城 国宝

山陰唯一の現存12天守として今も残る。姫路城天守よりも新しい技術が用いられており、豊臣秀吉の重臣が築城。P▶356

平山城 熊本城 築城1607年

P▶356

加藤清正が築城した最強の城

当時の最新技術を持って完成された、近世城郭の中でも美しさと実用性を備えている城。震災をも乗り越えた。現在も震災から復旧が続いている。
☎096-352-5900 📍熊本県熊本市中央区本丸1-1 🕐9:00〜17:00（入館は16:30まで）

国宝 **彦根城**

国宝・世界遺産 **姫路城**

世界遺産 **元離宮二条城**

平山城 大阪城 築城1583年

P▶118

豊臣秀吉が築城するも徳川家が再築…！

大阪の陣で豊臣方に勝利した徳川は、豊臣の城を破却し新たな大阪城を築き直した。戦国時代の終わりを告げた城。
☎06-6941-3044 📍大阪府大阪市中央区大阪城1-1 🕐9:00〜17:00（入館は16:30まで）

平城　上田城

築城1583年

P▶187

徳川軍を2度撃退！
真田昌幸 が築城した難攻不落の城

築城当時は尼ヶ淵という河原があり、
川を利用して天然の水堀としており、
徳川家と互角以上の戦いを展開した。

☎0268-23-5408 ◆長野県上田市二の丸（上
田城跡公園内）◯9:00〜17:00（入館は16:30
まで）

山城　岐阜城

P▶225

岐阜は織田信長が名づけ、安
土城を築くまでは岐阜城を本
城として天下統一を目指す。現
在は山麓から山頂までが城跡。

山城　仙台城

築城1600年

P▶58

天守ではなく懸造を造った
伊達政宗 、理想の城

伊達政宗は城の象徴として
懸造を高台に作り、仙台の
繁栄を祈った。現在は高石
垣と再建された脇櫓が往時
をしのばせる。

☎022-268-9568（（公財）仙台
観光国際協会）◆宮城県仙台
市青葉区川内1 ◯入園自由

平城　松本城

国宝

P▶189

連結複合式天守は、松本城だ
けの特徴的な構造。現存する
五重六階天守の中では日本最
古で、国宝に指定される城。

平山城　犬山城

国宝

P▶266

織田信長の叔父にあた
る織田信康が築いた
城。断崖を利用した平
山城で目の前の敵に集
中できる構造を持つ。

平城　名古屋城

築城1615年

P▶264

徳川家康 が
築城を命じた
近世城郭の完成形

家康は諸大名に名古屋城の公
儀普請を命じた。ここでも加
藤清正が築城に貢献し、精巧
な設計で徳川家の威厳を示す。

☎052-231-1700 ◆愛知県名古屋
市中区本丸1-1 ◯9:00〜16:30（本
丸御殿・西の丸御蔵城宝館への入
館は16:00まで）

ニッポン！諸国漫遊旅

窯元で出合う一期一会の器旅
心ときめく焼物を探しに

全国の窯元には多くの窯元があり、個性あふれる焼き物との出合いを求めて。

歴史をたどる日本全国焼物の発展

焼物の歴史は1万年以上も前から始まり、江戸時代には民間レベルで盛んに行われるように。しかし、文明開化には機械化の影響も受けた。そのとき「民藝運動」という「手仕事の価値」を広めようとする活動が行われ、今もなお全国各地に民窯が残る。

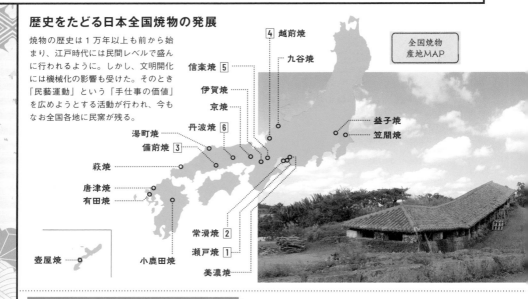

全国焼物産地MAP

越前焼 4
九谷焼
信楽焼 5
伊賀焼
京焼
丹波焼 6
益子焼
笠間焼
湯町焼
備前焼 3
萩焼
唐津焼
有田焼
常滑焼 2
瀬戸焼 1
美濃焼
壺屋焼
小鹿田焼

中世から生産が続く日本遺産
日本六古窯の焼物

中世から現代にまで生産が続けられている、瀬戸・常滑・信楽・越前・丹波・備前の6つの産地のことを指す。戦後1948年頃に陶磁研究家の小山冨士夫によって命名され、日本のやきものの歴史に大きな影響を与えてきた。

1 | 「せともの」はここから始まった！
瀬戸焼

中国からの輸入陶磁器を見本として、中世古窯の中で唯一「灰釉」を使用。施釉陶器を生産し、他の古窯から一歩リード。

2 | 急須の一大産地
常滑焼

古くは六古窯で最大規模を誇り、現在は朱泥焼に代表される急須の産地。高い技術による使い心地のよさで愛好者が多い。

作品名：焼締藻掛急須
作者名：清水北條
写真提供：常滑市（とこなめの森）

3 | シンプルを極めた焼物
備前焼

須恵器技術を継承し発展した産地で、他の五古窯とは異なる。1000年以上、無釉焼締というスタイルを続けている。

5 | 土味が生きる、独特な風合い
信楽焼

六古窯の中では一番最後に開窯した産地。主に日用品の生産から始まり、室町時代の茶人が多く使い、格が高くなった。

4 | 素朴で頑丈な日用品
越前焼

平安時代に常滑焼から技術を導入し、生産が始まった。昭和に本格的に復興され、現代まで伝統技法が受け継がれる。

6 | 生活用品として日常をともに
丹波焼

初期は常滑焼との類似性が指摘された。江戸時代に施釉技法で日用雑貨が、独特な模様の伝統技法でつくられる。

美を宿す日用品
民藝の焼物

全国各地に存在する民藝の産地では、それぞれの自然や風土から育まれる焼物が存在する。日本の手仕事の魅力と個性を感じられる旅に出かけよう。

小鹿田焼
世界一の民陶と言われた焼物
飛びカンナ、打刷毛目、櫛目、ポン描き、指描きなどの技法でつくられる。

湯町焼
英国の雰囲気をまとう器
由緒ある窯元でつくられ、代表作のエッグベーカーは愛らしい見た目。

益子焼
土の質感がぼってりかわいい
厚手で自然味のある見た目で、台所で使われる日用品として多くつくられた。

笠間焼
丈夫で汚れにも強い
昭和に衰退しかけたが、現在は個人作家が多彩な表現で作品をつくっている。

質感が日本の美意識と相性抜群！
江戸時代の磁器

江戸時代にはあらゆる技術を習得し、焼物は大きく繁栄した。有田をはじめとし日本独自の色絵磁器も生まれ、その多彩で豪華な様式の美しさは多くの人を魅了した。

美濃焼
陶磁器の約半数は美濃焼！？
江戸時代から日用品の食器が大量生産され、白い磁器が焼かれた。

日本磁器の発祥の地として、華麗な色づかいが継承される磁器。

有田焼
日本一の歴史を誇る磁器！

九谷焼
多彩な作風の色絵磁器
色絵磁器は主に「青手」「五彩手」「金襴手」など豪華な様式が特徴。

琉球文化が育んだ
沖縄の民窯・やちむん

やちむんのルーツである那覇市内で栄えた壺屋焼は1682年に琉球王国が涌田焼と知花焼などを統合する形で生まれ、今も文化が息づく。

やちむんの種類

マカイ

どんぶりの一種で、茶碗や汁物を飲む際に使われる。

カラカラ

泡盛を注ぎやすい形状に作られた酒器。

4寸以上ある平型や深型の皿。取り皿として使われることが多い。
ケーウチ

北窯の窯焚き

読谷村にある「やちむんの里」内に1992年に陶工4名が共同窯元として北窯を築いた。今もなお伝統が受け継がれ、やちむんの里には個性豊かな工房が集い、年に数回窯焚きが行われる。

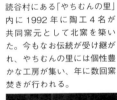

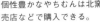

個性豊かなやちむんは北窯売店などで購入できる。

物語が生まれた舞台を旅する

\ 聖地と呼ばれるあの地で感動を再び /

あの物語の一場面のようなスポットを紹介。旅と物語をリンクさせよう。

旧豊後森機関庫［大分県］
映画『すずめの戸締まり』

2022年／「すずめの戸締まり」製作委員会

機関庫

**物語が始まった
扉の場所を訪れる**

扉を探す少年と出会った場所は、1970年に役目を終えた機関庫。現在も変わらぬ姿で歴史を伝えている。戦時中は米軍機の機銃掃射を受けた。

道の駅 小豆島 オリーブ公園［香川県］
映画『魔女の宅急便』

丘

魔法のほうきで空を飛べる

2014年／フィルムパートナーズ

ロケ地になったこの公園ではほうきの無料貸し出しがある。高台の素敵なギリシャ風車と一緒にキキになりきって空を飛ぶ映え写真を撮ることも。

亀ヶ谷坂［神奈川県］
ドラマ『岸辺露伴は動かない』

坂

岸部露伴の家へ向かう坂

2020年／NHK

ストーリの中でいつも見るこの坂は、上ろうとした亀が途中で引き返したとも伝わる急な坂道。現在も生活要路として使用される国指定史跡。

先斗町［京都府］
小説『夜は短し歩けよ乙女』

2006年／角川書店

街

**黒髪の乙女を追う
あの歓楽街へ**

作品の序盤の舞台。由緒ある京都の花街には昔ながらの風情あるお店が立ち並び、ディープな雰囲気を楽しめる。

札幌市天文台［北海道］
ドラマ『First Love 初恋』

2022年／Netflix

天文台

**運命的に二人が
出会った天文台**

ロマンチックなシーンが撮影されたこの天文台では、昼間はドーム内の屈折望遠鏡で太陽の観望をすることも。

焼津魚港［静岡県］
映画『ちひろさん』

2022年／Netflix

港

**ちひろさんが
海辺で過ごす**

劇中に何度も登場する港。焼津市は「さかなの街」として知られ、鮪、鰹、鯖など海産物はどれも絶品！

近江神宮［滋賀県］
漫画『ちはやふる』

2008年／講談社

神社

**かるたしよっさ！
朱色の楼門へいざ**

かるたの聖地として、正月に名人位・クイーン位決定戦が行われ、社殿は近代神社建築。天智天皇を祀る。

240

東海

東海

静岡
旅のプロファイル

雄大な富士山をはじめとする自然景観が魅力

世界文化遺産の富士山をはじめ、名所旧跡などの多彩な景観を楽しめる静岡県。伊豆半島の温泉地や、駿河湾の海の幸など、観光スポットがたくさん。

富士山の麓に広がる高原や
静岡ならではのグルメを堪能

レジャーも充実！

温泉リゾートと海を一望する
絶景スポットが目白押し

静岡・清水・富士山麓 P▶248

伊豆・熱海 P▶244

三島スカイウォーク P▶245

かつては海底火山群だった伊豆半島は温泉が豊富。美しい海岸や、海鮮グルメ、アクティビティまで魅力たっぷりのエリア。

MOA美術館 P▶244

富士山本宮浅間大社 P▶248

三保松原 P▶248

世界遺産の霊峰富士や三保松原が一緒に見られる美しいエリア。駿河湾のグルメや、徳川ゆかりの観光地が充実。

山梨県
まかいの牧場
富士山
富士山麓
白糸ノ滝
富士サファリパーク
富士宮市
クレマチスの丘
富士本宮浅間大社
沼津IC
三島スカイウォーク
相模灘
赤石山脈（南アルプス）
赤石岳
夢のつり橋
奥大井レインボーブリッジ
ミカン
田子の浦
製紙
沼津市
熱海駅
熱海
韮山反射炉
河津桜並木
修善寺 桂橋
伊東市
大井川
お茶
大井川
茶文字の里 東山
日本平デラス
静岡市立日本平動物園
静岡
駿府城公園
登呂遺跡
静岡駅
清水
三保松原
神の道（三保松原）
MOA美術館
熱海サンビーチ
ACAO FOREST
小室山公園 つつじ園
愛知県
天竜川
竜ヶ岩洞
はままつフラワーパーク
浜松IC
新東名高速道路
富士山静岡空港
磐田市
掛川
遠州三山風鈴まつり
浜松城
浜松駅
東海道新幹線
焼津港
久能山東照宮
駿河湾
サクラエビ
伊豆半島
温泉
下田市
うなぎ
浜名湖
屯田島砂丘
龍雲寺の般若心経
牧之原
お茶の産地で有名
オートバイ
マグロ

美しく広がる茶園や、浜名湖畔の自然が魅力。四季の花も楽しめ、名物グルメも外せない。浜松市は楽器製造で有名。

お茶の産地の掛川や
浜名湖のうなぎなど食の宝庫

はままつフラワーパーク P▶246

茶文字の里 東山 P▶246

大井川・浜松 P▶246

アクセスガイド

東京	新幹線	東京→静岡 約1時間
	電車	東京→伊豆急下田 約2時間30分
	高速バス	新宿→沼津 約3時間
	車	霞が関入口→静岡IC 約1時間10分
愛知	電車	豊橋→浜松 約35分
	車	名古屋IC→浜松IC 約1時間20分
福岡	飛行機	福岡→静岡 約1時間30分

静岡基本DATA

面積	約7777km²
人口	356万460人（令和5年5月1日）
ベストシーズン	4〜6月、10〜12月
県庁所在地	静岡市
特産品	茶、青島みかん、紅ほっぺ、わさび、馬鈴薯など
日本一	駿河湾は日本一深い湾

地理　県北側は山岳地帯。南部は大きな河川の下流域に平野部が広がり、東部は複雑なリアス式海岸になっている。

気候　沿岸部は一年を通して寒暖差がなく温暖。冬は乾燥して晴天が多く、山間部では降雪があるが平野部は少ない。

移動のてびき

1 新幹線の駅が6つもあり駅を拠点に移動しやすい

新幹線の静岡区間の距離は、東西約155km。のぞみは停車しないが、東西に長い県内を移動するのに便利なことも。

2 富士山は場所、天候により見えないことが多い！

見える日が多いのは11〜2月で、少ないのは6〜8月。富士山の南側からは、晴天でも霞んで見えないことが多いそう。

静岡
BEST PLAN

熱海の海沿い
をドライブ

1泊2日

PLAN｜恋人の聖地とフォトジェニックスポット

熱海～三島プラン

日本有数の温泉リゾート熱海と、自然豊
かな三島で感動体験。

COURSE MAP

1日目　熱海でアート＆絶景巡り

11:00	熱海駅発
🚌 6分	
👣 22分	
12:00 🚗 14分	フォトジェニックな 海の見えるMOA美術館へ

熱海の海を一望
でき、数々のアー
ト作品と共に
絶景も楽しめる
美術館。 P▶244

コンサートも
開催

15:00 👣 5分	親水公園で 港風景を堪能♪

地中海リゾートをイ
メージして造られた
公園でひと休み。

スカイデッキ
での散歩も

18:00 🚃 19分	夜は熱海サンビーチの 夜景にうっとり

月の光をイメージし
たブルーに浮かび上
がる砂浜は幻想的。 P▶245

19:00	周辺ホテルに宿泊

東洋の
ナポリ！

2日目　熱海から三島の絶景へ

10:00	熱海サンビーチ周辺発
👣 12分	
10:30 🚌 1時間 👣 5分	起雲閣の美しい日本庭園に心和む

熱海の三大別荘の一
つ。敷地3000坪の
大正時代の名建築。

文豪にも
愛された

13:00 👣 11分 🚌 27分	三島スカイウォークへ！ 吊橋からの絶景に感動

360度
全てが絶景

全長400mの日本
一長い歩行者用吊
橋。揺れるスリル
と富士山を望む絶
景を味わって。 P▶245

15:00	三島駅から帰路へ

1泊2日

PLAN｜海に山に、絶景三昧！

静岡～富士山麓プラン

駿河湾と富士山を一望する絶景を眺め、
家康公ゆかりの地を訪れる。

COURSE MAP

1日目　三保松原から久能山へ

10:00 🚗 28分	東名高速道路 清水IC発

『万葉集』
にも登場

10:30 🚗 22分 👣 5分	羽衣伝説で名高い 海岸線、三保松原へ

松林と波打ち際から望む富士山は圧巻。

14:00 🚠 5分 👣 1分	日本平夢テラスからの360度パノラマ 風景に感動！

景勝地「日本平」
に立つ、歴史と文
化を楽しめる施設。 P▶249

16:00 🚗 25分	徳川家康公を祀る 国宝 久能山東照宮を参拝

石段は
1159段

家康公にあやかり、出世運、
勝負運にご利益を。

 P▶249

18:00	静岡市内ホテルに宿泊

2日目　静岡市内から高原牧場へ

9:00 🚗 5分	静岡市内スタート

お堀の周り
を一周！

9:15 🚗 1時間 5分	家康公大御所時代の 居城跡 駿府城公園の お堀を舟下り

「葵舟」で駿府城跡と静岡
の街並みをのんびり巡る。

 P▶249

13:30 🚗 20分	世界遺産 富士山本宮 浅間大社を参拝

木花之佐久夜
毘売命を祀る

全国1300の浅間神
社の総本宮。

15:00 🚗 30分	まかいの牧場で 羊たちと一緒に ピクニック♪

 P▶250

放牧場で
羊に大接近！

17:00	東名高速 富士ICから帰路へ

東海／静岡

伊豆・熱海 で行きたい！したい！ BEST 9

BEST 1
海の見える美術館で芸術に浸る

海が見渡せる高台にあるよ

BEST 2
自然の中で美術と文学が融合したさまざまな施設を巡る

長泉 クレマチスの丘／美術館や文学館のほか、カフェやショップもある。駿河平自然公園では豊かな自然に触れられる。

photo: Tadasu Yamamoto

BEST 3
結ばれ橋で恋の願い事がしたい

伊豆 修善寺 桂橋 別名「結ばれ橋」といい、橋を渡ると恋愛成就すると伝わる。橋を渡った先には竹林の小径が広がる。

BEST 4
ひと足お先に早咲きの桜並木を歩く

河津 河津桜並木 2月上旬になると、早咲きの桜である河津桜が河津川沿いに咲き誇る。2月中は河津桜まつりも開催する。

BEST 5
リゾートビーチで海水浴がしたい!

夏に恒例の花火大会も!

熱海 熱海サンビーチ／長さ約400mの砂浜にはヤシの並木が続き、海外のリゾートのよう。夜は月の光をイメージしたライトアップを実施。

伊豆の国 韮山反射炉／金属を溶かして大砲を作る溶解炉。江戸時代末期のものでほぼ完全な形で現存する。世界遺産に登録。

BEST 8
ドキドキハラハラ! スリル満点の大吊橋

駿河湾や富士山の姿も!

三島 三島スカイウォーク／日本一長い歩行者専用の吊橋。全長400mの橋の上からは、富士山や箱根の山々、駿河湾が見える。

東海／静岡

BEST 6
日本の近代化を支えた 世界遺産の反射炉を見学

伊東 小室山公園 つつじ園／4月中旬〜下旬の見頃には40種約10万本のツツジが咲き誇る。山頂からは雄大な景色が広がる。

BEST 9
季節ごとの美しい花々に 感動しまくり!

BEST 7
ツツジでいっぱいの 春の小室山公園へ

熱海 ACAO FOREST／約20万坪の丘陵地に13のテーマガーデンを備える。バラやハーブのほかカフェ「COE DA HOUSE」も楽しめる。

245

BEST 1

ヒノキで作られた
かわいい茶の文字が見たい！

東山の
ランドマーク

掛川 茶文字の里 東山／粟ヶ岳
の山肌にくっきりと浮かび上がる「茶」
の文字はヒノキの木々で作られて
おり、電車や飛行機からも見える。

BEST 2

巨大な般若心経は
ここでしか見られない！

般若心経
三十歳 金澤翔子謹書

浜松 龍雲寺の般若心経／ダウン症の書家・
金澤翔子氏による般若心経。縦4m、横16m
におよぶ、この大迫力をぜひ目の前で。法務
や修業を防げぬよう静かに拝観すること。

BEST 3

江戸幕府の原点の城で
街を一望する

浜松 浜松城／徳川家康が17
年居城し、歴代城主の多くが江
戸幕府の重鎮に出世したことか
ら「出世城」とも。野面積みの
石垣も有名。

BEST 4

チューリップが咲き誇る
花の楽園を楽しむ

浜松 はままつフラワーパーク
／浜名湖畔にある総面積30万㎡に
およぶ世界の花のテーマパーク。春
の桜とチューリップの庭園は必見。

BEST 5

湖の上の鉄橋を
トロッコ列車が走る！

川根本町 奥大井レインボーブリッ
ジ／大井川鐡道井川線の奥大井湖
上駅の両側に架かる鉄橋。遊歩
道もあり、列車を間近で見られる。

BEST 6

澄んだ風鈴の音色で涼みたい！

袋井 遠州三山風鈴まつり／可睡斎、法多山、油山寺の境内で行われる。色とりどりの風鈴は目にも美しい。

BEST 7

神秘的な鍾乳洞で地底を冒険する！

浜松 竜ヶ岩洞／2億5千万年前の地層といわれる石灰岩地帯に形成された鍾乳洞。年間平均気温は18度で、夏は涼しく冬は暖かい。

駿河湾 桜エビ料理／駿河湾で春と秋に漁獲され、駿河湾の宝石とも。甘みと旨味が詰まった桜エビをかき揚げなどでいただこう。

BEST 8

新鮮な桜エビをサクッとかき揚げで！

地平線に沈む夕日が美しい

BEST 9

遠州灘を望む砂丘はウミガメと出合えるかも！

浜松 中田島砂丘／南北約600m、東西に約4kmに広がる砂漠。毎年、春から夏にかけてアカウミガメが産卵しに上陸する。

BEST 10

碧すぎる湖に架かるつり橋を渡る

川根本町 夢のつり橋／南アルプスの麓・大間ダムにかかる吊り橋。光の波長などにより水の色がエメラルドグリーンに輝く。

東海／静岡

247

今なお日本人の
心に響く風景

BEST **1**
三保半島の景勝地で
富士山を眺める

静岡 **三保松原**／富士と松林、
駿河湾の白いさざ波は、平安時代
から知られる景勝地。浮世絵『東
海道五十三次』のモチーフにも。

BEST **2**
富士山麓のシンボル
荘厳な社殿に圧倒される

富士宮 **富士山本宮浅間大社**
御神体は富士山で、全国に1300
社ある浅間神社の総本宮。本
殿は1604年、徳川家康が造営。

BEST 3

徳川家康が祀られる神社の
素晴らしい造りに見惚れる

静岡　久能山東照宮／徳川家康を祀る最初の東照宮。当時の最先端技術を駆使した絢爛豪華な権現造の社殿には目を見張る美しさ。

BEST 5

厳かな雰囲気の松並木で
神の道の歴史を感じる

静岡　神の道（三保松原）／羽衣の松を目印に来臨した神が御穂神社へ向かう際の道とされ、老松の並木道が約500m続く。

BEST 4

偉人たちゆかりの公園で
季節の景観を楽しむ

静岡　駿府城公園／1585年に築城、家康が晩年まで過ごした城。お堀を巡る遊覧船では美しい石垣を間近に見られる。

BEST 6

360度のパノラマ絶景を
惜しみなく体感！

静岡　日本平夢テラス／標高307mの展望台からは、富士山や清水港、伊豆半島、南アルプスなどのパノラマビューが楽しめる。

近すぎちゃって
どうしよう

BEST 7
車に乗って 間近で動物を観察

裾野 富士サファリパーク／のびのびと過ごす動物たちを車やバスで周遊しながら観察できる。間近で見られる動物にドキドキ。

BEST 9
富士山の雪解け水が 流れる滝に圧倒される

富士宮 白糸ノ滝／富士山の雪解け水が湧き出す名瀑。高さ20m、幅150mの湾曲した絶壁から大小数百の滝が流れ落ちている。

BEST 8
高原にある牧場で アクティビティを満喫

富士宮 まかいの牧場／富士山を望む朝霧高原にある牧場。動物や自然に触れ合い、しぼりたてのミルクをいただこう。

憧れのハイジ
のブランコ！

富士山麓 朝霧高原
まかいの牧場
馬飼野

BEST 10
かわいいアイドル動物に 癒やされまくる！

静岡 静岡市立日本平動物園／レッサーパンダやペンギンなど、約140種の動物を展示。動物本来の生態を観察できる展示方法が魅力。

静岡の 春夏秋冬 イベント

海の守護神 大瀬神社の例祭
うみのしゅごしん　おおせじんじゃのれいさい

`沼津`　**4月4日**

駿河湾漁民や青年が女装し踊り船に乗り、勇み踊りを披露する「天下の奇祭」大瀬まつり。

按針祭 海の花火大会
あんじんさい うみのはなびたいかい

`伊東`　**8月10日**

三浦按針にちなんだ「按針祭」のフィナーレを飾る花火大会。1万発の花火が海上5ケ所から上がる。

`秋`

藤枝大祭り
ふじえだおおまつり

`藤枝`　**10月上旬（3年に1度）**

江戸時代から続く、3年に1度開催される祭り。ほとんどの屋台が長唄・三味線・囃子方のフルメンバーによる演奏で、地踊りが披露される。

`冬`

河津桜まつり
かわづざくらまつり

`河津`　**2月**

伊豆の温暖な気候の中、2月上旬から開花する早咲きの河津桜で川沿いがピンク色に染まる。期間中は多くの露店が出てライトアップなども実施。

知っ得！ご当地ネタ帳

静岡グルメを食べるなら

地元の人とのトークに困らない！よく使われる方言リスト

	▶	
〜だら	▶	〜だよね
かんだるい	▶	疲れている
こつい	▶	小さい
ずない	▶	気が強い
ばった	▶	確保した
やくたいもない	▶	役に立たない
あんもー	▶	餅

おでんが食べたいなら駄菓子屋に行く!?

具材を全て串に刺し、黒いだし汁で煮込み、青のりや魚の出汁粉をかけて食べる。おやつとしても食べられ、駄菓子屋でも提供している。

県内のみに展開する
ハンバーグレストラン「さわやか」がみんな大好き

静岡でしか食べられない大人気レストラン。名物のげんこつハンバーグは、そのおいしさから県外からのお客も多く、行列ができることも。

東海　静岡

お国自慢 ご当地グルメ

`お茶`

掛川深蒸し茶

茶葉をじっくり蒸した、濃い緑色の甘く深い味わいのお茶。

`海鮮`

漁港めし

人気のマグロから、シラス、桜エビなど駿河湾を味わう。

富士宮やきそば

もちもちの麺に、肉かすとイワシ粉が絶妙のご当地グルメ。

`魚`

うなぎ

うなぎと言えば「浜名湖」。浜松市内には名店がたくさん。

`やきそば`

おみやげリスト

欲しいをチェック

1 `春華堂`
うなぎパイ
浜松の定番土産。生地にうなぎエキスを練り込んだパイでキャッチコピーは「夜のお菓子」。

2 `治一郎`
治一郎のバウムクーヘン
職人が丁寧に焼く生地は飲み物がいらないほど超しっとり。

3 `まるとう農園`
茶つき
八十八夜の一番茶。香り高く味わい深い。夏は冷茶にしても美味しい。

4 `伝統グルメ`
安倍川もち
徳川家康ゆかりの伝統和菓子。つきたての餅にきな粉と砂糖をまぶしたもの。

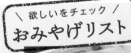

岐阜
旅のプロファイル

美濃と飛騨の2つのエリアで歴史＆自然景観を楽しむ

豊かな自然や温泉に恵まれた岐阜県。世界遺産である白川郷や風情あふれる町並みが点在する。伝統行事や工芸品など、歴史と文化に触れるスポットが満載。

岐阜城下町散歩と
長良川の鵜飼が見どころ

岐阜・美濃
きふ・みの　P▶254

郡上八幡 やなか
水のこみち　P▶255

岐阜城　P▶255

美濃焼　P▶259

長良川の美しい自然や、美濃和紙、美濃焼などの伝統工芸が魅力のエリア。織田信長の天下統一の拠点「岐阜城」も必見。

世界遺産の原風景と
山あいの温泉へ

飛騨・高山
ひだ・たかやま

白川郷　P▶256

飛騨高山の
古い町並　P▶258

飛騨牛　P▶257

県境に連なる雄大な山々と温泉地が豊富。城下町の情緒を残す飛騨高山や、世界遺産の白川郷など歴史スポットを巡るのがおもしろい。

富山県

飛騨川
宮川
高原川

飛騨牛

新穂高ロープウェイ

槍ヶ岳
穂高岳

白川村荻町
庄川

白壁土蔵街

高山

飛騨山脈

なめこ

乗鞍岳

御嶽山
飛騨高山の古い町並
飛騨高山陣屋
八幡祭（秋の高山祭）

長良杉

長野県

東海北陸自動車道

両白山地

白山

下呂温泉

郡上市
郡上八幡 やなか水のこみち

名もなき池

美濃和紙

円原川

関ヶ原の戦いの舞台も！

滋賀三
上ヶ流
天空の茶畑

柿

アユ

岐阜城
ぎふ長良川の鵜飼

滋賀県

関ヶ原

米原駅

瑞穂市

大垣

名神高速道路

濃尾平野

津屋川堤防の彼岸花

海津市

岐阜各務原IC
岐阜羽島駅

岐阜

美濃

関市

刃物

美濃焼

木曽川

可児市

多治見IC

多治見市

岐阜かかみがはら
航空宇宙博物館

岐阜基地

多治見市モザイクタイル
ミュージアム

愛知県

中央自動車道　中津川市

馬籠宿

中津川IC

瑞浪市

土岐市

海に接して
いない県だよ

東海道新幹線

アクセスガイド

東京		
🚄新幹線	東京→名古屋→岐阜	約2時間15分
🚄新幹線	東京→名古屋→高山	約4時間20分
🚌夜行バス	東京→岐阜	約8時間

愛知		
🚃電車	名古屋→岐阜	約20分
🚗車	名古屋IC→岐南IC	約40分

石川		
🚌高速バス	金沢→白川郷	約1時間15分
🚗車	鈴見IC→岐阜各務原IC	約2時間30分

岐阜基本DATA

面積	約1万621km²
人口	194万6253人（令和4年4月1日）
ベストシーズン	4〜6月、10〜12月
県庁所在地	岐阜市
特産品	飛騨牛、赤かぶ、山岡の細寒天、富有柿など
日本一	滝の数が日本一（200カ所以上）

地理	北部は3000m級の山々が連なる山岳地帯。内陸部だが、大河川によって形成された平野部が広がる。
気候	暑い町・多治見がある東濃地方は、夏と冬の寒暖差が大きい。北部の飛騨地方は日本有数の豪雪地帯。

移動のてびき

1 岐阜市内から郡上八幡までは電車より岐阜バスがお得

岐阜県のほぼ中央に位置する郡上八幡。電車だと約2時間かかる。バスだと乗換なし約1時間10分で、楽な上に料金もお得。

2 ローカル線の高山線は本数が少ないので注意！

高山本線は南北を貫いて走る唯一の路線。特急を除くと、普通列車の本数は少ないので、時間の余裕を持って計画しよう。

岐阜
BEST PLAN

PLAN ｜ 飛騨高山の町を巡って世界遺産・白川郷へ

飛騨高山〜白川郷プラン

CORCE MAP

江戸の面影が残る"飛騨"高山。豪雪地帯の世界遺産・白川郷と温泉も楽しむ。

1日目 — 高山から飛騨まで歴史の町を巡る

地元グルメも味わおう

11:00 高山駅発
9分

11:15 高山陣屋を見学
6分

陣屋前では朝市開催

P▶257

日本で唯一現存する、江戸時代の代官・郡代所跡。当時の役所の様子や、300年以上の歴史を伝える貴重な建築を見学できる。

13:00 飛騨高山を歩いて古い町並を満喫♪
9分

人力車で移動もあり

P▶258

「さんまち」と言われるこの地区は、昔ながらの町並みに、さまざまな店があり、多くの人でにぎわう。

15:00 博物館、飛騨の里で昔の農山村風景を体感
9分

移築された飛騨地方の合掌造りの民家などが立ち並び、農山村の暮らしや、季節の行事などを再現している。

民家の博物館！

春・秋なら絢爛豪華な屋台が市街を彩る高山祭へ！
日本三大美祭の一つ。春12台秋11台の豪華な屋台が圧巻。

P▶257

17:00 高山駅周辺ホテルに宿泊

2日目 — 白川郷から名湯下呂温泉へ

8:15 早起きして高山駅から出発！
50分
5分

9:30 世界遺産・白川郷へ！
50分
24分
5分

集落には食事処も！

P▶256

茅葺き屋根の合掌造りが点在する集落。豪雪地帯ならではの、工夫を凝らした知恵や生活を見てみよう。

12:00 飛騨の奥座敷白壁土蔵街を散策
5分
1時間35分

優雅に泳ぐ錦鯉！

街の象徴「瀬戸川」沿いに立ち並ぶ、白壁土蔵街。鯉が泳ぐのを見ながらゆったり散策。匠の技にも触れよう。

P▶257

ランチは名産の飛騨牛で決まり！
高山駅周辺の店で飛騨牛ランチに舌鼓！

P▶257

15:00 日本三名泉の一つ下呂温泉で日帰り入浴♪
1時間

開湯が平安中期と伝わる歴史ある温泉。アルカリ性単純温泉のツルツル美人の湯に入ろう。

日帰りなら足湯もあり

P▶257

18:00 高山駅から帰路へ

東海／岐阜

BEST **1**

モネの絵のような池で
絶景を楽しむ

色鮮やかな
鯉が泳ぐ

関 名もなき池／透明度の
高い池に睡蓮が咲く風景が、か
の名画と似ていることから通称
「モネの池」とも呼ばれている。

BEST **2**

燃え盛る火が水面に映る
鵜飼の景色を見たい

岐阜 ぎふ長良川の鵜飼／鵜が川魚を
獲る鵜飼は1300年以上の歴史をもつ。鵜
と鵜匠が一体になり繰り広げる古典漁法。

BEST **3**

航空宇宙博物館で
実機の迫力を味わいたい！

各務原 岐阜かかみがはら航空宇宙博物
館／複葉機から国際宇宙ステーション
まで航空宇宙の歴史をたどる。

BEST **4**

清流円原川で
神秘的な自然に囲まれる

山県 円原川／長良川の源流
で、透き通る水と苔が美しい。
夏の朝は霧の中に太陽の光が差
し込む光芒が見られる。

信長も愛した
この景色

レトロな宿場町で
日常から離れる

BEST 5

岩山の上に立つ岐阜城から
壮大な景色を見る

岐阜 岐阜城／金華山の山頂に位置し、斎藤道三公、織田信長公が居城とした名城である。展望台からの見晴らしは格別。

中津川 馬籠宿／中山道43番目の宿場で、石畳の坂道と昔ながらの家屋が風情を残す。レトロなカフェや雑貨店が点在する。

木曽路に続く
宿場町

BEST 9

玉石が敷き詰められた道を
のんびり散策する

BEST 6

真っ赤に染まる
秋の津屋川堤防を散策

海津 津屋川堤防の彼岸花／9月中旬頃から下旬にかけ、津屋川堤防沿い約3kmにわたって彼岸花が咲き誇る。

郡上 郡上八幡 やなか水のこみち／長良川の上流に位置。木造の古い町並みに軒先を流れる水路が続き、情緒たっぷり。

多治見 多治見市モザイクタイルミュージアム／施釉磁器モザイクタイルの作品が揃う。独創的な外観は採土場を思わせる。

BEST 10

秘境にある茶畑で
絶景写真を撮る！

BEST 7

採土場を連想させる
独創的なミュージアムへ

©Akitsugu Kojima

揖斐川 上ヶ流の天空の茶畑／標高300mの山頂から山の中腹にかけて広がる茶畑。その絶景から「岐阜のマチュピチュ」と呼ばれる。

東海 岐阜

255

白川　白川村荻町／庄川のほとりの約1kmにわたって広がる集落。豪雪にも耐えうる合掌造りの住居には今も村民が暮らしている。

BEST 1

日本の原風景が広がる地区で
合掌造りの家屋を見たい

世界文化遺産に登録された

夜はさらに
盛り上がる

BEST 2

豪華絢爛な屋台が続く
素晴らしい景色に圧倒される

高山　八幡祭（秋の高山祭）／11台の豪華絢爛な屋台が並ぶ曳き揃え、布袋台によるからくり奉納。宵祭では100個の提灯を灯した屋台が下町を巡る。日本三大美祭の一つ。

BEST 3

高山の名所高山陣屋の
見学ツアーに参加

高山　高山陣屋／江戸幕府の代官・郡代所跡。チケット窓口では、説明員が同行する無料のガイドツアーに申し込める。

BEST 5

朴葉味噌焼きにした
飛騨牛をいただく

高山　飛騨牛／きめが細かくて美しい霜降りが口の中でとろける飛騨のブランド牛。高山駅周辺に専門店が点在している。

BEST 4

白壁土蔵街の
古き良き町並みを歩く

飛騨　白壁土蔵街／白壁が目を引く全長500mほどの古い町家街。例年4〜10月に約1000匹もの鯉が泳ぐ瀬戸川も趣深い。

BEST 6

日本三名泉の一つ
下呂温泉でゆっくりまったり

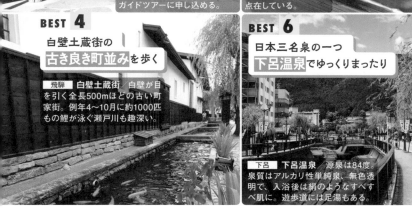

下呂　下呂温泉／源泉は84度。泉質はアルカリ性単純泉、無色透明で、入浴後は絹のようなすべすべ肌に。遊歩道には足湯もある。

BEST 7

夏の乗鞍岳で
ビギナー登山に挑戦

高山 乗鞍岳／乗鞍岳は北アルプスの南側に位置し、高山市と長野県松本市にまたがる。（乗鞍スカイラインは2023年8月現在通行止め）。

江戸の風を今に伝えろ

BEST 8

伝統的な美しい町並みを歩いて巡る

高山 飛騨高山の古い町並／上三之町を中心とした一帯には、飛騨高山を代表する景観が広がる。伝統的建造物群保存地区。

BEST 9

ロープウェイに乗り
北アルプスの山々を望む！

アルプス登山の入り口

高山 新穂高ロープウェイ 日本唯一の2階建てロープウェイ。標高約2156mの終点には展望台があり、雄大な飛騨山脈が目前に迫る。

岐阜の 春夏秋冬 イベント

春

みのまつり
美濃まつり

美濃 **4月第2土曜と翌日曜**

美濃和紙の産地らしく、鮮やかに染められた和紙の花が印象的。優雅な花神輿が市内を練り歩く。

夏

ぐじょうおどり
郡上おどり

郡上 **7月中旬~9月上旬のうち30夜以上**

約30日間続く、日本一長い盆踊り。特にお盆の「徹夜おどり」では町中が熱気に包まれる。

秋

ぎふのぶながまつり
ぎふ信長まつり

岐阜 **11月上旬**

織田信長を称え、開催される岐阜市の秋の風物詩。「信長公騎馬武者行列」では、参加者が当時の衣装に身を包み、豪華絢爛なパレードが見られる。

冬

きそさんせんこうえんセンターふゆのひかりものがたり
木曽三川公園センター冬の光物語

海津 **11月下旬~12月末**

岐阜、愛知、三重の3県にまたがる国営公園内を約50万球の電球が彩る冬の風物詩。展望タワーからも幻想的な園内を一望できる。

知っ得！ ご当地 ネタ帳

飛騨弁と美濃弁があるよ

地元の人とのトークに困らない！
よく使われる方言リスト

えーて	▶ よろしいですよ
おまはん	▶ あなた
かいろ	▶ 帰ろ
~かね	▶ ~ですか
~さらんか	▶ ~ください
そーましい	▶ にぎやか
てーもない	▶ とんでもない

モーニング文化が根付く岐阜。 ボリュームもとにかく満点！

コーヒー1杯の単価が他地域に比べ安いのに、モーニングサービスが充実。そのため岐阜市は年間喫茶代支出が3年連続全国一位！

冬季に吹く季節風「伊吹おろし」 とっても寒いけど 名産の味がうまれる！

冬場、伊吹山からもたらされる寒風が「伊吹おろし」だ。これを利用して、干し柿や切り干し大根などの特産品が作られている。

東海／岐阜

お国自慢 ご当地 グルメ

肉
飛騨牛

きめ細やかでやわらかく、網目のような霜降りが味わい深い。

ラーメン
高山ラーメン

あっさり醤油のスープに、細縮れ麺が基本の懐かしい味。

漬物
各務原キムチ

特産品のニンジンと松の実を入れた、ご当地キムチ。

フルーツ
富有柿

岐阜県発祥の柿。シャキッとした歯ごたえでジューシー。

欲しいをチェック おみやげリスト

1 伝統工芸
美濃焼
東濃で作られる陶磁器で、1300年の歴史がある。日本で馴染み深い器。

2 伝統工芸
さるぼぼ
飛騨地方に伝わる手作りのお守り。安産や縁結びなど色によりご利益が変わる。

3 銘菓
鮎菓子
薄焼のカステラ生地の中に求肥が包まれている鮎をかたどった和菓子。

4 銘菓
水まんじゅう
葛粉を使った透明な生地であんこを包んだ饅頭。見た目も涼しい夏の銘菓。

愛知
旅のプロファイル

グルメはもちろん、山海の自然も歴史スポットも楽しめる

大都市・名古屋を中心に、自然や歴史的な史跡や最新テーマパークも多い愛知県。ご当地グルメが豊富で、独自の食文化が魅力。

**名古屋ならではのグルメと
テーマパークや歴史スポットが集結**

名古屋・尾張・犬山 P▶264

ご当地グルメ
が豊富！

名古屋城 P▶264

熱田神宮 P▶265

天むす P▶267

名古屋はご当地グルメの宝庫。グルメ店巡りも含め、街歩きが楽しい。名城をはじめ有名なパワースポットや人気のテーマパークなど、見どころが満載。

**温暖な気候が特徴
歴史と文化が根づく**

知多半島・三河湾・豊田 P▶262

三方を海に囲まれた自然豊かなエリア。豊川稲荷のほか、常滑焼、自動車で有名な豊田など、「ものつくりの街」としても有名。

三河湾の
島旅も◎

豊川稲荷 P▶263

竹島 P▶262

常滑焼 P▶267

アクセスガイド

東京	新幹線	東京→名古屋 約1時間40分
	高速バス	東京→名古屋 約6時間
	車	東京IC→名古屋IC 約4時間

大阪	新幹線	新大阪→名古屋 約50分
	車	門真JCT→一宮IC 約2時間30分

石川	電車	金沢→名古屋 約3時間
	高速バス	金沢→名古屋 約3時間50分

愛知基本DATA

面積	約5173㎢
人口	747万5630人（令和5年4月1日）
ベストシーズン	3〜5月、10〜11月
県庁所在地	名古屋市
特産品	名古屋コーチン、たまり醤油、西尾の抹茶、有松絞、常滑焼、など
日本一	国宝犬山城は現存する天守で日本一古い

地理 北東部に山地、西部には濃尾平野が広がる。南部に伊勢湾、三河湾があり、知多・渥美半島が突き出ている。

気候 夏は高温多雨、冬は乾燥小雨。渥美半島などの南部は温和だが、三河の山間部では、冬は厳しい寒さ。

移動のてびき

1 名古屋市内は地下鉄が6線路も！

市内の移動はほとんどの場合、地下鉄だけで事足りるし、バスも多く走っている。両方使える一日乗車券などを、お得に利用して。

2 実は広い愛知。名古屋市内を起点に隣接エリアへ

複数の観光スポットを巡るなら、名古屋から車での移動がおすすめ！ 北に南に絶景を求めてドライブしてみては。

\\ 行ってみたい！を効率よく //

愛知
BEST PLAN

PLAN | 城巡りとテーマパーク

名古屋〜犬山・長久手プラン

CORCE MAP

名城で歴史と文化を感じ、屈指のパワースポットとジブリの世界でワクワクする体験を。

1日目 名古屋市内の名所を巡る

名古屋で歴史旅！

2日目 犬山からリニアで長久手まで

10:00 名古屋駅からスタート！

🚃 10分

10:15 徳川家の居城として栄えた絢爛豪華な名古屋城へ！

👣 4分

別名は「金鯱城」

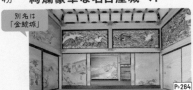

P▷264

日本三名城の一つ。城内の本丸御殿は「御殿建築の最高傑作」と言われている。忠実に再現された障壁画にも注目！

12:30 城下町の風情ある金シャチ横丁を散策

🚌 9分

名古屋城グッズもゲット！

王道名古屋名物を味わうか、新しい名物を味わうか、迷いながら楽しく散策しよう。

P▷264

14:00 日本庭園のある徳川園へ

🚃 26分
👣 8分

尾張徳川家第二代藩主・光友の隠居所跡。池泉回遊式庭園。四季の景観がすばらしい。

P▷265

仕掛けが詰まった庭園

16:00 1900年の歴史を誇る熱田神宮を参拝

熱田さんで親しまれる

P▷265

三種の神器・草薙神剣を祀る、日本屈指の神社。織田信長が必勝祈願し、奉納した塀が今も残っている。

18:00 名古屋駅周辺ホテルに宿泊

9:00 名鉄名古屋駅から特急に乗車

🚃 25分
👣 20分

10:30 国宝 犬山城へ！現存する日本最古の天守は必見

🚃 1時間
🚃 リニア 13分
👣 5分

城下町も散策しよう

P▷266

1537年、織田信長の叔父・信康が築城。天守最上階の回廊を歩いて、360度のパノラマの絶景を楽しもう。

紅葉が美しい季節なら奈良時代に開山した寂光院へ！

別名「尾張のもみじでら」。約1000本のもみじは、葉が細かく、鮮やかに色づき美しい。

13:00 ジブリパークでスタジオジブリ作品の世界を満喫

👣 5分
🚃 リニア 14分
🚃 29分

おみやげ選びも楽しみ！

©Studio Ghibli

P▷265

スタジオジブリ作品の世界を表現した公園施設。森の中を自分の足で歩いて、大好きなジブリ作品の世界に没入しよう。

17:00 名古屋駅から帰路へ

東海／愛知

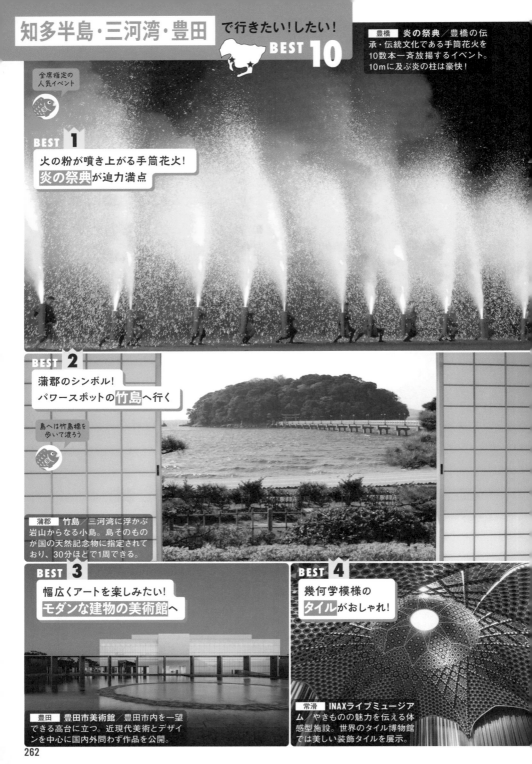

豊橋 **炎の祭典**／豊橋の伝承・伝統文化である手筒花火を10数本一斉放揚するイベント。10mに及ぶ炎の柱は豪快！

全席指定の人気イベント

BEST **1**

火の粉が噴き上がる手筒花火！
炎の祭典が迫力満点

BEST **2**

蒲郡のシンボル！
パワースポットの**竹島**へ行く

島へは竹島橋を歩いて渡ろう

蒲郡 **竹島**／三河湾に浮かぶ岩山からなる小島。島そのものが国の天然記念物に指定されており、30分ほどで1周できる。

BEST **3**

幅広くアートを楽しみたい！
モダンな建物の美術館へ

豊田 **豊田市美術館**／豊田市内を一望できる高台に立つ。近現代美術とデザインを中心に国内外問わず作品を公開。

BEST **4**

幾何学模様の
タイルがおしゃれ！

常滑 **INAXライブミュージアム**／やきものの魅力を伝える体感型施設。世界のタイル博物館では美しい装飾タイルを展示。

豊川　豊川稲荷／商売繁盛のご利益で知られる日本三大稲荷の一つ。織田信長、豊臣秀吉、徳川家康も信仰した。

BEST 5
日本三大稲荷の一つで
商売繁盛を願う!

BEST 6
フォトスポットもある
広いビーチで夏を満喫!

常滑　りんくうビーチ／中部国際空港の対岸にある約630mの人工海岸。海水浴のほか、空港から飛び立つ飛行機も見られる。

BEST 7
リニューアルオープン!
岡崎城の歴史を学べる

岡崎　岡崎城／徳川家康が生まれた城。2023年に改修を終えたばかりの城内では、先端技術を駆使して歴史を伝えている。

BEST 8
10本の煉瓦煙突が圧巻
陶榮窯周辺で陶芸体験

常滑　登窯(陶榮窯)／やきもの散歩道にある日本最大級の登窯。1887年に築かれ、国の重要有形文化財にも指定されている。

東海／愛知

BEST 10
愛知の**南端の灯台**で
沈む夕日を眺める

恋人の
聖地とも

田原　伊良湖岬灯台／1929年に渥美半島の先端に設置。周辺は国定公園に指定され、美しい夕日を眺めながら散策が楽しめる。

BEST 9
野山に広がる**紅葉**の美しさに見惚れる

豊田　香嵐渓／秋には4千本もの木々が赤く染まり、巴川を彩る。夏の川遊びのほか、例年11月に行われる紅葉まつりも人気。

名古屋・尾張・犬山 で行きたい！したい！ BEST 9

BEST 1

名古屋城の
金のシャチホコが見たい！

シャチホコには
雄と雌がある

名古屋 名古屋城／徳川家康が築いた城で金のシャチホコが有名。天守閣や正門は再建をしているが、石垣はほぼ原型を保っている。

BEST 9

金シャチ横丁で
名古屋めしを食べ歩く

名古屋 金シャチ横丁／名古屋城の正門と東門の前に飲食店やみやげ店が立ち並ぶ商業施設。味噌カツなどのなごやめしがたっぷり味わえる。

BEST **3**

鯉がたくさんいる日本庭園で
四季折々の良さを感じる

名古屋 徳川園／尾張徳川家の邸
宅跡に築かれた自然豊かな池泉回
遊式の日本庭園。春は新緑、秋は
紅葉と、美しい景色が楽しめる。

名古屋 熱田神宮／伊勢神宮に次
ぐ名社。「熱田さん」の呼び名で
崇敬を集める。三種の神器の一つ、
草薙神剣が祀られている。

緑が
豊かな境内

BEST **4**

草薙神剣を祀る
お社にお参りしたい

BEST **5**

愛知の新定番！
ジブリパークで映画の世界に浸る

長久手 ジブリパーク／「愛・地球博
記念公園（モリコロパーク）」内にあ
り、スタジオジブリ作品の世界を表
現した公園施設。2023年1月には、
新エリア『もののけの里』を開園。

© Studio Ghibli

265

©（株）ナゴ

BEST **6**

野球を観戦しながら
おいしい名古屋メシを食べたい

選手とコラボ
球弁が人気

©（株）ナゴヤドーム

名古屋｜バンテリンドーム ナゴヤ／
中日ドラゴンズの本拠地。全長106m
の大型ビジョンや、フルカラーLED
照明で多彩な演出を体感できる。

名古屋｜味噌煮込みうどん
／八丁味噌仕立ての汁にコ
シのあるうどんを入れて煮
込んだ名古屋の定番。

BEST **6**

名古屋めしの代表格
味噌煮込みうどんが食べたい

BEST **8**

個性豊かな動物も！
自然と動物に癒やされる

名古屋｜東山動植物園／ニシゴリラのシャ
バーニなど約450種を飼育する動物園、日本最
古の公共温室のある植物園や遊園地を併設。

BEST **5**

日本最古の木造天守の
絶景を眺める

夕景も
素敵！

犬山｜国宝 犬山城／織田信長
の叔父・信康が築城し、木造天守
は日本最古を誇る。回廊を設けた
天守最上階からは木曽川や城下町
などの絶景を望む。

愛知の 春夏秋冬 イベント

春

おわりつしまふじまつり
尾張津島藤まつり
`津島` **4月中旬〜5月上旬**
天王川公園で行われるイベント。長さ275mの藤棚が水面に映る景色は美しい。ライトアップもされる。

夏

いなざわあじさいまつり
稲沢あじさいまつり
`稲沢` **6月1日〜中旬頃**
大塚性海寺歴史公園・性海寺で開催。ガクアジサイをはじめ、約90種一万株のあじさいが咲き誇る。

秋

たかはまおまんとまつり
高浜おまんと祭り
`高浜` **9月下旬**
丸太で組まれた円形の馬場の中を鈴や造花を背負って疾走する馬に、法被と地下足袋姿の若者が飛びつき駆け抜ける勇壮なまつり。

冬

ゆきみかいどういなぶ みみみみ
雪み街道いなぶ 〜魅・美・見・味〜
`豊田` **2月第1土曜日**
愛知でも数少ない雪のイベント。自然の雪で作られた雪灯ろうの光が辺りを照らす光景は幻想的。地元商店による「汁-1グランプリ」も開催。

知っ得！ご当地ネタ帳

どえりゃあええとこ！

地元の人とのトークに困らない！よく使われる方言リスト

おいでんよ ▶	おいでなさい
けっこい ▶	美しい
どいで？ ▶	どうして
（お金を）こわす ▶	くずす
〜じゃんね？ ▶	〜なのですが
うみゃあ ▶	おいしい
でらー ▶	とても

モーニングは食べなきゃ損！コーヒー1杯にいろいろ付いてくる
名古屋の朝は喫茶店で決まり！驚くほどのサービスで、各店の個性が光る。なかには一日中モーニング提供のお店もある。

有名な名古屋走り。
運転前にご当地ルールを知るべし
「名古屋走り」とは、名古屋市周辺で見られる荒っぽい運転のことで、地元独自のルールがある。運転には注意が必要。

東海／愛知

お国自慢 ご当地グルメ

味噌カツ
`ソウルフード`
カツに八丁味噌ベースの濃いタレがたまらない名古屋めし。

小倉トースト
名古屋の喫茶店で誕生。バターとたっぷりの餡が絶妙。

天むす
海老天を具にした、小さな一口おにぎり。冷めても美味。

`郷土料理`

ひつまぶし
おひつに細かく切ったうなぎの蒲焼をのせ、最後は出汁で。

欲しいをチェック おみやげリスト

1 `伝統菓子`
ういろう
米粉に砂糖を混ぜ、蒸しあげた上生菓子。お餅のような弾力のある食感が特徴。

2 `坂角総本舗`
ゆかり
新鮮な海老のすり身を使って、香ばしく焼き上げた、高級感のある海老煎餅。

3 `スイーツ`
ぴよりん
名古屋コーチンの卵を使ったひよこ型のスイーツ。名古屋駅構内などで販売。

4 `伝統工芸`
常滑焼
鉄分が多い陶土を使うのが特徴。日本六古窯の一つで日本一の招き猫の産地。

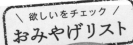
1

2
3

4

三重
旅のプロファイル

伊勢神宮＆熊野古道の2大神秘スポットを擁する

紀伊半島東部、南北に細長い三重県。県の中央を流れる櫛田川に沿って東西に中央構造線が走るため、地形は南北で大きく異なる。歴史的文化財も多い。

歴史ある街並みと美食の数々が旅情を駆り立てる

松阪・四日市・伊賀上野 P▶270

なばなの里 P▶270

鈴鹿サーキット P▶271

江戸時代、松阪もめんの商業で発展した松阪。松坂城跡など、今も当時の面影を感じられる。伊賀は、伊賀忍者や松尾芭蕉の故郷としても有名。

四日市は商工業で発展

三重観光のハイライト！伊勢神宮参拝と海岸ドライブ

伊勢・志摩 P▶274

伊勢神宮の鳥居前町として古代から発展したエリア。江戸時代にはお伊勢参りのため全国各地から数多くの参拝者が訪れた。

海産物に恵まれている

伊勢神宮 P▶274

横山展望台 P▶276

世界遺産・熊野古道とダイナミックな自然景観

熊野・尾鷲 P▶272

2004年に世界遺産に登録された、熊野古道が通る熊野・尾鷲。熊野には、鬼ヶ城や獅子岩、七里御浜など名勝や史跡も残る。

熊野古道 伊勢路 P▶273

丸山千枚田 P▶272

アクセスガイド

愛知		
電車	名古屋→伊勢 約1時間30分	
高速バス	名古屋→津 約1時間30分	
車	名古屋IC→伊勢IC 約1時間50分	

東京	高速バス	新宿→伊勢 約9時間
大阪	電車	大阪上本町→伊勢 約1時間40分
	電車	大阪上本町→鳥羽 約2時間
和歌山	電車	新宮→津 2時間40分

三重基本DATA

面積	約5774km²
人口	173万1863人（令和5年4月1日）
ベストシーズン	3〜5月、10〜11月
県庁所在地	津市
特産品	伊勢えび、牡蠣、あのりふぐ、松阪牛、伊勢うどん、など
日本一	サツキ、ツツジの出荷量日本一（2019年）

地理	北部は鈴鹿山脈などの山地や盆地、平野も広がり海岸線は単調。南部は紀伊山地が海岸に迫り、平地が少ない。
気候	冬は、北部で積雪があり、伊賀の盆地では寒暖の差が激しい。尾鷲地方は、全国的に降水量が多いことで有名。

移動のてびき

1 遠方から訪れるなら名古屋か大阪を中継しよう

津市まで、名古屋から近鉄特急に乗って約43分、大阪から近鉄特急を使って約85分。中部国際空港セントレアからは、高速船が便利。

2 伊勢・志摩は車がなくても観光できる

伊勢・二見・鳥羽を周遊するバスや伊勢市内と外宮〜内宮間を走るバスなど多数の路線がある。お得なフリーパスの切符などを利用して。

三重
BEST PLAN

1泊2日

PLAN ｜ 人魚に会える!? 伊勢志摩のパワースポット巡り

伊勢・志摩プラン

江戸時代から一般的に広がったお伊勢参りを体験しながら歴史に触れ、海の生き物に会いに行く。

CORCE MAP

東海／三重

1日目 伊勢神宮でパワーチャージ

10:00 伊勢市駅からスタート！

🚶 14分

お伊勢参りは外宮から

10:05 伊勢神宮に着いたら外宮からじっくり参拝

🚌 7分
🚶 1分

参道をゆっくり歩こう

P▶274

「お伊勢さん」などと親しく呼ばれる伊勢神宮。まずは外宮で、食事を司る「豊受大神宮」などを参拝。外宮神楽殿ではお守りやお神札を受け取ろう。

12:30 おはらい町へ。ランチは伊勢うどん！

🚌 17分
🚶 15分

外宮からバスでおはらい町へ。おみやげを探して散策しつつ、伊勢名物の伊勢うどんで腹ごしらえ。内宮参拝の英気を養おう。

伊勢グルメを堪能！
P▶275

14:00 厳かな雰囲気の内宮を参拝する

🚗 13分
🚶 11分
🚃 6分

宇治橋を渡って天照大御神をお祀りする内宮へ。美しい自然にも癒やされる。

P▶274
一生に一度は訪れたい神社

16:00 志摩に宿泊して旅の疲れを癒やす

2日目 伊勢の海を堪能し鳥羽水族館へ

10:00 鳥羽へ向け出発！

🚃 30分
🚶 9分

11:00 猿田彦大神を祀る二見興玉神社へ

🚶 6分

縁結びの象徴、夫婦岩
P▶275

縁結びや夫婦円満、交通安全にご利益があるといわれる神社。神社の正面からは、夫婦岩が臨める。

13:00 ミキモト真珠島で海女の実演を見学

🚌 17分
🚶 6分

昔ながらの白い磯着という衣装をまとった海女の実演が見られる。実演は1日7回。

海女さんの作業を再現
P▶275

15:00 飼育種類数日本一！鳥羽水族館でラッコとご対面！

🚶 15分
🚃 8分

ラッコのキラとメイ
P▶276

日本で唯一、ジュゴンを飼育している鳥羽水族館。水族館のアイドル、キラとメイなど約1200種の海の生きものに会える。

17:00 伊勢市駅から帰路へ

BEST 1
なばなの里で咲き誇る花々と絶景イルミネーションを見る

期間限定の
イルミネーションも

桑名 なばなの里／約9000㎡の大温室で、一年を通して1万2000株の花を見られるベゴニアガーデンが見どころ。

BEST 2
温泉とグルメを堪能して特別な休息日に

菰野 アクアイグニス／癒やしと食がテーマの複合温泉施設。100%源泉かけ流しの片岡温泉の美人の湯でリラックス。

BEST 3
時代劇のような松阪の城下町をぶらり

松阪 松阪の城下町／松坂城の警護をしていた武士が住んでいた「御城番屋敷」や、紙問屋の豪商の邸宅などを巡ろう。

BEST 4
四季折々の自然の美しさを見に行く

名張 赤目四十八滝　赤目五瀑をはじめとした滝をつなぐ、約3.3kmの遊歩道がある。桜や紅葉など季節の移ろいを楽しめる。

BEST 5

季節ごとの景観を楽しむ
ゴンドラ旅

菰野　御在所ロープウェイ／
全長2161mで、湯の山温泉と御
在所岳の山頂を結ぶ。伊勢平
野や知多半島も一望できる。

BEST 6

日本有数の高石垣と
美しい木造建築の城を見たい

伊賀　伊賀上野城／美しく白
い三層の天守閣は「白鳳城」と
も呼ばれており、1935年に新た
に建てられたもの。

BEST 7

鈴鹿サーキットで見る
間近のレースに大興奮！

臨場感ある
レースを観戦

鈴鹿　鈴鹿サーキット／鈴鹿
8耐をはじめとする、世界最高
峰のレースを開催。1962年オー
プンの歴史あるサーキット。

BEST 8

絶叫マシン好きにはたまらない！

桑名　ナガシマスパーランド／
最高部97mから落下する「スチー
ルドラゴン2000」など、スリル満
点のアトラクションを体験できる。

東海　三重

BEST 9

絶景すぎる！**工場夜景**を見たい

3D夜景と
呼ばれるよ

四日市　四日市コンビナート／空、海、陸と
様々な角度から工場夜景を楽しめる。ガイド
付きの夜景クルーズもおすすめ。

BEST 1
夕日が映る
絶景の棚田を見に行く

夕暮れの
幻想的な風景

熊野 丸山千枚田／日本の棚田百選に選定。1340枚ほどの小さな田が、幾重にも重なっている。稲作体験などのイベントも開催される。

世界遺産で
名勝！

BEST 2
吠える獅子のような岩を
写真に収めたい！

熊野 獅子岩 高さ約25m、周囲約210mの奇岩。井戸川の上流に鎮座する大馬神社の狛犬に位置付けられている。

BEST 3
長く続く美しい渚を歩く

熊野 七里御浜／熊野市から紀宝町まで約22kmにわたる日本で一番長い砂礫海岸。熊野詣や西国三十三所を目指した道から巡礼道とも。

BEST 4
巨岩に囲まれた瀞峡の
美しい川の景色でリフレッシュ

熊野 瀞峡／奈良県、三重県、和歌山県にまたがる国特別名勝。約31kmにわたって断崖と奇岩が連なる絶景を見られる。

熊野 花の窟神社／伊弉冊尊（イザナミノミコト）が葬られたとされる日本最古の神社。全国から参拝者が訪れる。

BEST **5**

日本書紀にも記された
花の窟で参拝する

BEST **6**

レトロな港町で
須賀利漁港の景観を楽しむ

尾鷲 須賀利漁港／人口約300人の静かな漁村集落。路地には昭和の雰囲気が漂い、懐かしい日本の風景が残っている。

BEST **7**

世界遺産の**熊野古道**の
峠道をトレッキング

熊野 熊野古道 伊勢路／伊勢神宮から熊野峠を越え、熊野三山（熊野本宮大社、熊野速玉大社、熊野那智大社）を詣でるための祈りの道。

熊野 青の洞窟／約1.2kmにわたり、奇岩や巨岩が続く景勝地。大きな洞窟にできた穴「ガマの口」は、熊野の青の洞窟とも呼ばれる。

遊覧船に
乗っていこう

BEST **8**

水が碧すぎる！
神秘的な洞窟に入る

BEST **1**

一生に一度は行きたい
伊勢神宮を参拝する

内宮の正宮
皇大神宮

伊勢 **伊勢神宮**／天照大御神を祀る内宮と天照大御神の食を司る豊受大御神を祀る外宮がある。年間1500の祭りが行われる。

おかげ横丁も
あるよ!

BEST 2

おはらい町のお店で
グルメやおみやげを選ぶ

伊勢　おはらい町／宇治橋か
ら五十鈴川に沿って続く約800
mの通り。みやげ物店や飲食店
が軒を連ね、町歩きが楽しめる。

伊勢　二見興玉神社／猿田彦
大神を祀る。二見浦はかつて、
伊勢参拝前に塩水を浴びて心身
を清める儀式が行われた聖地。

BEST 3

海が望める神社の
夫婦岩を見たい

BEST 4

プリップリの牡蠣をぱくっ!

鳥羽　浦村牡蠣／生浦湾で養
殖される。臭みやえぐみがなく、
柔らかな身が特徴。10月末頃か
ら春頃まで食べられる。

BEST 5

養殖真珠発祥の地で
海女の実演を楽しむ

鳥羽　ミキモト真珠島／世界で初めて真珠の
養殖に成功した島。白い磯着姿の海女の実演が
見学できる。真珠博物館やショップもある。

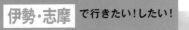
伊勢・志摩 で行きたい！したい！

美しい
リアス海岸

BEST **6**

英虞湾を望む 絶景の展望台 へ行きたい！

志摩 **横山展望台**／標高140mから、英虞湾に浮かぶ60の小島と半島を望める展望台。カフェで、ゆっくり景色を楽しめる。

BEST **7**

ドライブのあとは
足湯 に浸かって絶景を一望

伊勢 **伊勢志摩 e-POWER ROAD**　全長約16kmの伊勢と鳥羽を結ぶドライブウェイ。山頂では足湯に入りながら、眼下の伊勢湾を一望できる。

BEST **8**

国内最大規模の水族館 で
海の生き物に癒やされる

鳥羽 **鳥羽水族館**／約1200種の生きものを飼育する飼育種類日本一の水族館。日本で唯一見られるジュゴンは必見。

異国情緒を
感じる

B **9**

異国情緒あふれる
志摩スペイン村 で遊ぶ！

志摩 **志摩スペイン村**／スペインの街並みを再現したテーマパーク。フラメンコショーやパレード、アトラクションを楽しもう。

三重の
春夏秋冬
イベント

かざはやのさと ふじまつり
かざはやの里 藤まつり
`津` **4月下旬〜5月上旬**

1万㎡の広大な敷地に、10種類の藤棚と10品種約1800本の藤が咲き誇る。いずれもアート作品のよう。

こうぜんじ ふうりんまつり
広禅寺 風鈴祭り
`伊賀` **7月25日〜9月末**

境内や渡り廊下に、約1万5500個の風鈴が揺れる。古来より風鈴の音色は厄除けの意味を持つ。

`秋`

そうぶんのたけあかり
そうぶんの竹あかり
`津` **11月上旬〜下旬**

竹に穴をあけて明かりを灯す「竹あかり」。秋の夜に浮かぶ優しい光が、幻想的な雰囲気を作り出す。ライトアップの時間にあわせて見よう。

`冬`

あげきのおひなさん
あげきのおひなさん
`いなべ` **2月中旬〜3月上旬**

昭和の面影が残る阿下喜の町中に、おひなさまを展示。約100軒で、段飾りや吊るし雛、手作りの作品が飾られ、華やかな雰囲気に包まれる。

知っ得！
ご当地
ネタ帳

餅の食べ比べも楽しみ

地元の人とのトークに困らない！
よく使われる方言リスト

ささって ▶	3日後
えらい ▶	疲れる
〜やに ▶	語尾（〜だよ、など）
とごる ▶	沈殿する
（机を）つる ▶	（机を）運ぶ
つんどる ▶	混んでいる
おもしゃい ▶	おもしろい

おいしいお餅は
赤福餅だけじゃない！

桑名〜伊勢までは別名「餅街道」とも呼ばれ、旅人をもてなす名物餅が数多くあった。赤福をはじめ、へんば餅、二軒茶屋餅、神代餅、岩戸餅など。

素潜りで海産物を取る名手！
三重の海女さんの数は
全国最多数！

三重県の海女は2022年現在で514人。次いで、石川や千葉、静岡などにいる。国の重要無形民俗文化財として、独自の文化の継承が求められている。

東海／三重

お国自慢
ご当地
グルメ

`海鮮`

伊勢えび
10〜4月が旬で水揚げ高全国上位を誇る。体長30センチのものも。

`海鮮`

浦村牡蠣
伊勢湾からの栄養豊富な海水で育つ、小粒で柔らかな身が特徴。

`肉`

松阪牛
日本三大和牛の一つ。和牛ともいわれ、甘く香り高い点も特徴。

`うどん`

伊勢うどん
太麺に出汁の効いた黒いタレの伊勢だまりが特徴の郷土料理。

欲しいをチェック
おみやげリスト

4 `赤福`
赤福餅
伊勢神宮神域を流れる五十鈴川をかたどり、餡は清流、餅は川底の小石をイメージ。

6 `ブランカ`
シェル・レーヌ
県産の小麦粉「あやひかり」と天然パールシェルカルシウムを使った生地が特徴の菓子。

3 `へんばや商店`
へんば餅
伊勢に向かう際に馬を預け、返してもらう場（返馬所）の近くで食べられたことが由来。

5 `特産品`
真珠
真珠養殖発祥の地といわれる三重。英虞湾は真珠養殖のふるさととともされている。

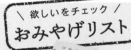
1

2

3

4

旅がちょっと
深くなる！

COLUMN ❼

遊べる！豪華！絶景まで！

進化系サービスエリア 西日本編

立ち寄るためだけじゃない！ 遊べたり休憩できたり、独自のコンセプトがある西日本のサービスエリア（SA）＆パーキングエリア（PA）に出かけてみよう。

（左）豪華なメリーゴーランド（上）高さ60mの観覧車（下）露天風呂のある「天然温泉 かきつばた」。

もはや遊園地！？
遊び場から温泉まで
刈谷パーキングエリア（上下）
（刈谷ハイウェイオアシス）

伊勢湾岸自動車道にある刈谷パーキングエリア。刈谷ハイウェイオアシスに接続し、さらに都市公園の岩ケ池公園も隣接するテーマパークのようなPA。メリーゴーランドなどのアトラクションや天然温泉、産直市場などがあり家族皆で楽しめる。

西日本最大級！
ラグジュアリーすぎる
宝塚北サービスエリア（上下）

兵庫県宝塚市に位置する、新名神高速道路のSA。西日本最大級の広さで、建物は宝塚歌劇場やその周辺と同じ南ヨーロッパの景観をイメージ。また、トイレが豪華で女性用にはパウダーコーナーや着替えルームも完備。

豪華なシャンデリアが特徴のトイレ。

明石海峡の絶景と
花畑に囲まれた
淡路サービスエリア（上下）
（淡路ハイウェイオアシス）

明石海峡大橋を渡り、淡路島入口にある神戸淡路鳴門自動車道のSA。大きな観覧車と隈研吾氏設計の建物が特徴。上下線どちらにも行き来ができ、レストランや花畑のある淡路ハイウェイオアシスが隣接している。

瀬戸内海を一望できる淡路サービスエリア。

勝手にランキング
絶対買いたい
SA＆PAみやげ

SA＆PAに行けば、特産品やお菓子など各地域のおいしいものがずらり。SA＆PA限定みやげを紹介！

BEST **1**

小谷SA（上り）
あたらしもみじ
にしき堂とアンデルセンがもみじ饅頭をコラボ開発。広島ならではの味に注目。

BEST **2**

金立SA（上下）
オギキューブ
小城市民の声から生まれた、キューブ状のカラフルな羊羹。7種の味が楽しめる。

BEST **3**

宝塚北SA（上下）
cheese cake-ヒトツカラ-
たからづか牛乳を使用した宝塚北SAオリジナルブランドのチーズケーキ。

近畿

京都
旅のプロファイル

歴史ある古都と、風光明媚な自然に感動

2000を超える社寺を有する京都。特に京都市は約1200年間日本の都であり続けた。山地があり日本海にも隣接し、地域により異なる表情を持つ。

美しい自然景観が魅力の
海の京都を楽しむ

亀岡・天橋立 P▶290

伊根の舟屋 P▶291

天橋立 P▶290

保津川下り P▶290

海の京都と呼ばれる京都府の北部。日本海に面し、天橋立や伊根の舟屋といった絶景が魅力。山間部の南丹市や保津川が流れる亀岡市も訪ねたい。

京都基本DATA

面積	約4612km²
人口	254万1873人（令和5年5月1日）
ベストシーズン	3〜4月、10〜11月
府庁所在地	京都市
特産品	すぐき菜、賀茂茄子、聖護院かぶ、宇治茶、京焼、など
日本一	国宝・重要文化財の建造物数が日本一

地理 本州中央付近に位置しており、京都府内の80%近くが山地・丘陵地となるが、そのほとんどは1000m以下の低山地帯。

気候 全体的に山間部の盆地に町が多く、夏と冬で寒暖差が激しく、秋は早朝に霧が発生しやすい。北部は日本海に面していることから雪が多い。

文化 さまざまな伝統文化が今も息づく。たとえば茶道は豊臣秀吉に仕えた千利休により大成した。華道や狂言なども今に伝わる代表例。

個性派揃いな
観光列車で
移動しよう！

畳調のシートをはじめ京都を意識した内装の「京とれいん 雅洛」など、内装や外装にこだわった観光列車揃い。

出町柳〜八瀬・比叡山口	叡山電車「ひえい」
福知山〜天橋立／天橋立〜西舞鶴	京都丹後鉄道「丹後くろまつ号」
京都河原町〜大阪梅田	阪急電鉄「京とれいん 雅洛」

丹後くろまつ号

琴引浜
夕日ヶ浦
丹後半島
京丹後市
伊根の舟

天橋立
天橋立
丹後山地
舞鶴港
舞鶴赤れんがパー
舞鶴

クリ

福知山盆地
福知山市

兵庫県

アクセスガイド

東京	新幹線 東京→京都 約2時間10分
	高速バス 東京→京都 約8時間
宮城	新幹線 仙台→東京→京都 約4時間
福岡	新幹線 博多→京都 約2時間45分
	夜行バス 博多→京都 約10時間30分
大阪	電車 大阪梅田→京都河原町 約45分
	車 東大阪JCT→鴨川東IC 約40分

移動のてびき

1 京都市内はバスや電車で移動できるが特にバスは時期により混雑必至！

シーズン中は国内外から観光客が訪れ、バスの本数は多いが混雑必至。電車を含め、時期によりタクシーや自転車移動も視野に入れておこう。

2 京都市内から丹後半島までは100km以上。車移動がベター

京都市内を起点に観光名所の天橋立まで移動する場合、車で約2時間かかる。車移動が便利だが、高速バスや特急列車も1日3〜5便ほど出ている。

京都府南部に位置する京都市。山に囲まれ、鴨川や桂川などが流れる自然と共存した都市で、歴史を感じる寺社や町家が魅力。

わびさび感じる寺院巡りと自然景観を味わう
京都・伏見
きょうと ふしみ
P▶284

清水寺 P▶284　　　提供 清水寺

伏見稲荷大社 P▶285

生八ツ橋 P▶293

嵯峨野の山や桂川、貴船の渓谷など自然あふれる
嵐山・貴船
あらしやま きぶね
P▶288

渡月橋 P▶289

竹林の小径 P▶289

貴船神社 P▶288

古くから京都の奥座敷として知られる貴船は貴族たちが涼を求めて訪れた場所。嵐山は美しい渡月橋の景色に加え、山麓には社寺が点在する。

日本海側は自然美が素敵

福井県

丹波高地

美山かやぶきの里

西陣織

和菓子

京焼

錦市場

貴船

貴船神社
貴船の川床

高山寺

元離宮二条城

鹿苑寺(金閣寺)
竹林の小径
天龍寺

亀岡祭
保津川下り

亀岡

キモノフォレスト

嵐山

渡月橋

三十三間堂

祇園祭
花見小路
何必館・京都現代美術館
瑠璃光院
比叡山
平安神宮
南禅寺 水路閣
産寧坂
清水寺

京都

京都駅

東福寺

伏見稲荷大社

伏見

世界遺産

世界遺産

世界遺産

世界遺産

長岡京

大阪府

宇治

平等院

宇治川

日本酒

正寿院

お茶

世界遺産

宇治上神社

東海道新幹線

千年の都を歩いてみよう

平安時代の歴史遺産と日本有数の茶の産地
長岡京・宇治
ながおかきょう うじ
P▶292

平等院 P▶292

かつて都が置かれた長岡京は豊かな自然が魅力。宇治は貴族文化と四季折々の自然の風情を堪能できる。日本三大茶の一つ、宇治茶も有名。

宇治抹茶

宇治上神社 P▶292

京都
BEST PLAN

PLAN ｜ 人気エリアの映え＆開運スポットを巡る

1泊2日

伏見・京都市街～嵐山プラン

京都駅から南下して伏見へ。祇園周辺を回ったら2日目は風光明媚な嵐山を観光する。

COURSE MAP

1日目 — 伏見稲荷から八坂神社周辺へ

人気の神社を参拝

10:00 京都駅からスタート
🚃 5分
👣 5分

10:15 まずは伏見稲荷大社へ 千本鳥居は圧巻の景観！
🚃 10分
👣 10分

圧巻の千本鳥居で有名な伏見稲荷大社を参拝。本殿から奥へと進むと千本鳥居に辿り着く。

お稲荷さんと呼ばれる

P▶285

12:00 美容も縁結びも♪ パワースポット八坂神社へ
👣 5分

「祇園さん」と親しまれる

境内には多くの社があり、良縁を結ぶ大国主社や美の神様である美御前社も併せて参拝！

14:00 花見小路で街歩き。舞妓さんに出会えるかも…？
👣 1分

情緒あふれる祇園のお茶屋街。お茶屋に向かう芸妓や舞妓を見かけることも。

P▶285

和カフェもある！

16:00 何必館・京都現代美術館で和の美しさを体感！

5階の坪庭

国内外の近現代の絵画や工芸を展示。館長自ら設計した鑑賞空間も見どころ。

19:00 京都市内のホテルに宿泊

P▶284

2日目 — 嵐山を散策し自然＆庭園満喫

10:00 京都駅から嵐山へ！
🚃 16分
👣 10分

10:30 渡月橋と京都の自然の調和を楽しむ
👣 10分

季節の美しさが味わえる

P▶289

名観光スポットが豊富な嵐山。阪急嵐山駅を降りて渡月橋へ。背景にある嵐山と桂川のコンビネーションは絶景。

12:00 映えスポット！竹林の小径を歩く
👣 6分

人力車で回れるよ

渡月橋と共に人気のある竹林の小径は壮大な竹林の風景が楽しめる。長辻通から人力車に乗ってそのまま竹林まで案内してもらうのも◎。

P▶289

14:00 曹源池庭園をはじめとした天龍寺の庭園に癒やされる
👣 8分
🚃 18分

心洗われる景観

P▶289

日本で最初に史跡・特別名勝に指定された曹源池庭園。夏は新緑、秋は紅葉と、いつ訪れても美しい景観が見られる。

16:00 京都駅から帰路へ

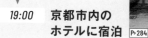

PLAN | 伝統文化と自然&アクティビティ満喫ドライブ！

天橋立〜舞鶴プラン

京都市内を離れれば海と山どちらの絶景も堪能できる。若狭湾に面する海の京都とドライブしよう。

COURSE MAP

海の京都も
おすすめ！

1日目 ‖ 天橋立から丹後半島を回る

10:00 宮津天橋立ICを出発
🚗 ▼ 10分

10:10 日本三景、天橋立へ。
🚗 36分 サイクリングで渡るのもあり！

展望所から
一望できる

P▶290

何千年もの蔵月をかけて自然が造り出した神秘の地。天橋立の中を歩いたり、海水浴もできる。

13:00 伝統的な建造物が立ち並ぶ
🚗 51分 伊根の舟屋を見学

予約をして
舟屋を見学
P▶291

1階が船のガレージ、2階が居室の舟屋がひしめくように並ぶ。独自の景色を堪能しよう。

15:30 鳴き砂で知られる
🚗 25分 琴引浜を歩いてみる♪

のんびり歩き
たくなる砂浜

国指定天然記念物であり、白砂青松の景勝地。砂の上を歩くとキュッキュッと音がする。

琴引浜

17:00 夕日ヶ浦海岸で
🚗 25分 夕日の絶景に感動！

夕焼けの海が
とてもきれい

木製の「ビーチブランコゆらり」に乗って。美しい夕景を撮影したら、夕日ヶ浦温泉で旅の疲れを癒やそう。

18:00 夕日ヶ浦に
宿泊

P▶291

2日目 ‖ 舞鶴から美山まで南下

10:00 舞鶴へ向け出発！
🚗 ▼ 1時間15分

11:30 舞鶴赤れんがパークで
🚗 1時間10分 おみやげ選び

芝生に赤レンガ
がよく映える！

P▶291

海軍施設を中心に造られた赤レンガ倉庫群。映画・写真撮影のスポットとしても人気のほか、カフェで海軍カレーが食べられる。

14:00 美山かやぶきの里で地元の
🚗 40分 伝統文化や自然と触れ合う

現存する
かやぶき民家

P▶291

京都市の北側、南丹市に位置する美山。北地区には約40棟の茅葺き民家が現存し、中には1796年築の最古の家も。

P▶290

秋なら
丹波亀岡城下町の「亀岡祭」へ！
10月23日から25日まで3日間にわたり開催する亀岡祭。山鉾巡行などが行われ、盛大に盛り上がる。

16:00 京都縦貫自動車道園部IC
から帰路へ

近畿／京都

京都・伏見 で行きたい！したい！ BEST 13

BEST 1
清水の舞台から京都市街を見渡す

京都観光の鉄板！

東山区 清水寺 世界遺産「古都京都の文化財」の一つ。舞台がある本堂のほか、音羽の滝や三重塔など見どころ満載。

提供 清水寺

BEST 2
京都の夏の風物詩、祇園祭を楽しむ！

東山区 祇園祭／例年7月開催の日本三大祭の一つ。千年以上も続く京都の夏の伝統。迫力満点の山鉾巡行は見もの。

BEST 3
京の台所でグルメ探し！

中京区 錦市場 400年の歴史を持つ「京の台所」。京都ならではの食文化を楽しみながら歴史も感じられるスポット。

東山区 何必館・京都現代美術館／国内外の幅広い作品を収蔵。作品はもちろん、最上階の光庭など空間そのものが美しい。

BEST 4
坪庭とともに近現代の京アートに触れる

何必館提供 5階 光庭

BEST **5**

境内全域では
約1万基

鮮やかで美しい
朱色の千本鳥居をくぐる

伏見区　**伏見稲荷大社**／圧巻の
千本鳥居が有名な"お稲荷さん"。
商売繁昌・家内安全等のご利益
があるとされ、参拝者でにぎわう。

BEST **6**

舞妓さんに
会えるかも

祇園の**メインストリート**を
はんなりお散歩

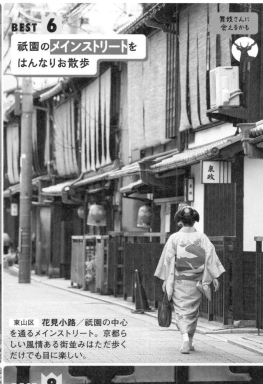

東山区　**花見小路**／祇園の中心
を通るメインストリート。京都ら
しい風情ある街並みはただ歩く
だけでも目に楽しい。

BEST **7**

清水寺を参拝後
産寧坂の石段を下る

東山区　**産寧坂**　清水寺の参道
の一部で、数多くのみやげ店や飲
食店が並ぶ。京都風情が感じら
れる人気の観光スポット。

BEST **8**

表情がすべて異なる
圧巻の**千手観音像**を拝む!

東山区　**三十三間堂**／1001体が
並ぶ千体千手観音立像は壮観。
作りこまれた表情には時間を忘
れて見入ってしまうはず。

近畿｜京都

どの季節も
風情あり！

BEST 9
雪化粧をした 金色の楼閣 と出合う

北区 鹿苑寺（金閣寺）／足
利義満が建立。北山文化を象
徴する華やかな建物は必見。
鹿苑寺 蔵

BEST 10
朱色の社殿に
平安時代の雅な雰囲気を感じる

左京区 平安神宮／鮮やかな朱
色が印象的な大鳥居。広大な
敷地の中には文豪が愛した桜や
国指定の名勝も。

BEST **11**

大政奉還の舞台となった
二条城を見学

中京区 元離宮二条城／徳川幕府の京都
の拠点となった平城。豪華絢爛な造りの二
の丸御殿で大政奉還の意思が表明された。

左京区 南禅寺 水路閣／1890
年に建設されたレンガ造りの水
路。ローマ風のアーチ橋がおし
ゃれで記念撮影のスポットに。

近畿／京都

BEST **13**

■ **通天橋**からの紅葉の美しさに
思わず息をのむ

BEST **12**

南禅寺境内に現れる
レンガ建築の水路閣をパシャリ

東山区 東福寺／渓谷を埋め尽く
すほどのカエデが美しい紅葉の名
所。渓谷「洗玉澗」とその上に架
かる通天橋の景色が絵になる。

287

BEST 1

逆さ紅葉の幻想的な美しさに
うっとりする

拝観には
事前予約を

左京区 瑠璃光院／机に映る「リフレクション紅葉」で人気のスポット。通常は非公開だが、期間限定で特別拝観が行われる。事前予約が必要な場合があるため、HPにて要確認。

BEST 2

朱色の灯籠が灯る
冬の貴船神社を参拝

BEST 3

貴船川のせせらぎと
京の美食を楽しむ

左京区 貴船神社／水神を祀る神社で京都屈指の歴史を誇る。清流貴船川に加え、清々しい夏の緑や冬の雪景色に癒やされる。

左京区 貴船の川床／川の上で涼をとりながら食事ができる。真夏でも涼やかな川床で贅沢な食事と空間を楽しもう。

BEST **4**

世界遺産に登録された
嵐山の**名園**を観賞する

右京区 **天龍寺** ／世界遺産であり、日本初の史跡・特別名勝に指定された名庭である。紅葉の名所として知られるが、桜や雪の季節も絶景。

右京区 **竹林の小径** ／かつて貴族の別荘地だったとされ、木漏れ日が心地よい人気の観光スポット。レンタル着物や人力車で雰囲気を味わいたい。

BEST **5**

竹林が続く
トンネルを歩く

右京区 **キモノフォレスト** ／嵐電嵐山駅の駅構内や線路脇に設置され、京友禅の林に見立てたアート作品。夜はライトアップも。

BEST **6**

京友禅の世界を
現代アートで体感

右京区 **渡月橋** ／桂川に架かる渡月橋はまさに嵐山のシンボル。桜と紅葉の季節は特に観光客でにぎわう絶景スポット。

BEST **7**

嵐山のシンボル
渡月橋を歩きたい

亀山上皇の詩が名の由来

BEST 1
日本三景、天橋立を
パノラマビューを眺める

南からの眺望は
飛龍観と呼ばれる

京丹後 **琴引浜**／鳴き砂の浜として有名な景勝地。歩くと鳴る砂の音に耳を澄ませながら白砂青松の絶景を眺めたい。

BEST 3
白砂の海岸で
波の音に身をゆだねる

亀岡 **保津川下り**／丹波亀岡から京都嵐山まで約16kmの渓流を手漕ぎ船で下る、自然と触れ合う船旅。

BEST 2
神話に基づいた
城下町の秋祭りを楽しむ

亀岡 **亀岡祭**／「丹波の祇園祭」とも呼ばれる秋祭り。華やかに飾られた山鉾の巡行はまさに動く美術館そのもの。

BEST 4
船上から四季折々の景色を見上げる

宮津　天橋立／全長約3.6kmの砂州に約6700本の松が生い茂る神秘的な地形。北側と南側どちらにも展望台があるほか、歩いて渡ることもできる。

BEST 6

漁村のまるで海に浮かぶ家が見たい

日本のベネチアとも

伊根　伊根の舟屋／「舟屋」と呼ばれる家屋が海際に軒を連ね、その姿がまるで海に浮かんでいるように見える伝統的な暮らしの風景。

BEST 7

赤れんが倉庫群で歴史に思いを馳せる

舞鶴　舞鶴赤れんがパーク／数多くの映画やドラマのロケ地にも。ライトアップされた倉庫群は昼とはまた違った幻想的な雰囲気に。

BEST 5

丹後を代表する夕日の絶景スポットへ

京丹後　夕日ヶ浦／その名の通り夕日の名所。ビーチの近くには旅館も立ち並び、美人の湯として知られる温泉も有名。

BEST 8

日本昔話の世界でノスタルジックな気分に

南丹　美山かやぶきの里／数多くのかやぶき民家が現存する国の重要伝統的建造物群保存地区。のどかな日本の原風景に出合える。

歴史ある
世界遺産

宇治 **平等院**／藤原頼通が極楽浄土を現世に再現しようと建立した寺院。10円硬貨にも描かれている鳳凰堂は水に映る姿も美しい。

BEST 1
平安の栄華を伝える
美しさに酔いしれる

宇治 **宇治上神社**／本殿は日本最古の神社建築で、世界遺産にも認定。うさぎのお守りやおみくじでも人気。

BEST 2
世界遺産の神社で
日本最古の本殿が見たい

BEST 3
日本有数の茶処・宇治で
抹茶スイーツをいただく

宇治 **抹茶スイーツ**／宇治は全国有数の抹茶の産地。中村藤吉本店など抹茶スイーツの名店が豊富。

花や日本の
風景がテーマ

BEST 4
かわいすぎる**花天井**でお気に入りを見つける！

宇治田原 **正寿院**／160枚の画が客殿天井を埋め尽くす花天井に、ハート形の猪目窓など、かわいらしいスポットが満載の寺院。

京都の 春夏秋冬 イベント

春

かめおかみつひでまつり
亀岡光秀まつり
亀岡　5月3日
初代丹波亀山城主である明智光秀の遺徳を偲び、市民あげて顕彰する市内最大規模の春祭り。武者行列の再現も。

夏

みやづとうろうながしはなびたいかい
宮津燈籠流し花火大会
宮津　8月中旬
盆の精霊流しとして始まった伝統行事。海上には精霊船と約1万個の燈籠、約3000発の花火が打ち上がる。

秋

あやべもみじまつり
綾部もみじまつり
宇治　11月17・18・19日
紅葉の名所である大本神苑で開催。18、19日には野点のお茶会や琴の演奏などのイベントも行われ、屋台も出店する。

冬

もんじゅどうとおかえびす
文殊堂十日ゑびす
宮津　1月10日
宮津市智恩寺で行われる行事で、秘仏・文殊菩薩像の特別開扉が行われる。境内では商売繁盛を願って福笹や熊手を求める人々でにぎわう。

京都におこしやす

知っ得！ ご当地ネタ帳

地元の人とのトークに困らない！
よく使われる方言リスト

〜はる	〜なさる
〜へん	〜ない(行かない、など)
おおきに	ありがとう
おいでやす	いらっしゃいませ
どやさ	(最近)どうですか？
おはようおかえり	早く帰ってきてね
なんぎやわぁ	大変です

住所の中に「上ル」「下ル」が入るのは京都市ならでは！
市内の住所で見かける上ル、下ルの文字。市内は碁盤の目の通りになっており、御所方面へ向かうことを「上ル」遠ざかることを「下ル」と表す。

京都人の会話はハイレベル！
上品に言いたいことを伝える技術がスゴイ
相手に遠回しに意図を伝えるのが京都の文化。例えば早く話を終えたいときに「ええ時計してはりますなぁ」と言うのは、「時計を見て」という意味。

近畿／京都

お国自慢 ご当地グルメ

郷土料理
おばんざい
京都の家庭料理。旬の食材を使い、無駄が出ないよう調理する。

漬物
千枚漬け
薄切りにした聖護院かぶを塩漬けにした漬物。

湯豆腐
南禅寺周辺で発祥した鍋料理でルーツは精進料理とされる。

伝統菓子
生八ツ橋
八ツ橋の生地を焼かずに蒸す定番みやげ。あんを挟んだものも。

欲しいをチェック おみやげリスト

1　中村藤吉本店
生茶ゼリイ(抹茶)
甘さ控えめの小倉餡ともっちりした白玉が入り、お茶の繊細な味わいが楽しめる。

2　御室和菓子 いと達
もなか
仁和寺近くにある和菓子店のクマ形もなか。将棋の竜王戦のおやつとして使われ話題に。

3　亀末廣
京のよすが(四畳半)
四季折々の風流を菓子で表した銘菓。京らしい華やかさと雅な色彩に心奪われる。

4　伝統工芸
西陣織
京都市街北西部で生産される先染めの紋織物。始まりは古墳時代とも。

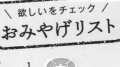

1

2

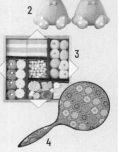

3

4

滋賀
旅のプロファイル

日本最大の湖を抱く、水辺と歴史を楽しむ

日本一の琵琶湖を擁する滋賀県。世界遺産の「比叡山延暦寺」や、長浜では歴史的な街並みが見られる。琵琶湖畔では「びわ湖テラス」からの絶景が人気。

琵琶湖は淡水魚の宝庫

展望テラスに比叡山など絶景スポットが多数点在

近江八幡・大津・信楽
おうみはちまん　おおつ　しがらき
P▶298

比叡山延暦寺 P▶298

びわ湖バレイ P▶298

信楽焼 P▶300

県庁所在地であり、かつては宿場町だった大津。比叡山延暦寺や、山頂からの眺望豊かなびわ湖テラスが見どころ。のどかな里山・信楽の窯元巡りも。

城下町に宿場町。歴史情緒ある街を歩こう

長浜・高島
ながはま　たかしま
P▶296

黒壁スクエア P▶296

メタセコイア並木 P▶296

地蔵川の梅花藻 P▶296

北国街道の宿場町として栄えた長浜では昔懐かしい街並みが続く。2.4kmも続くメタセコイアの並木道など、琵琶湖北西部の自然の絶景も多く見られる。

地図内ラベル

北陸自動車道
岐阜県
福井県
メタセコイア並木
びわこ箱館山
竹生島
都久夫須麻神社
長浜
長浜IC
黒壁スクエア
長浜城歴史博物館
地蔵川の梅花藻
米原市
米原駅
高島
白鬚神社
彦根城
琵琶湖
彦根市
彦根IC
比良山地
アユ
びわ湖バレイ
安土城跡
多賀大社
八幡堀の水郷めぐり
金剛輪寺
鈴鹿山脈
近江八幡
浮御堂
名神高速道路
ふなずし
世界遺産 比叡山
お米
近江牛
比叡山延暦寺
近江神宮
琵琶湖クルーズ ミシガンクルーズ
カブ
大津
琵琶湖クルーズも楽しいよ
大津IC 草津市
信楽焼
瀬田川
信楽焼
甲賀市
信楽
新名神高速道路
三重県

アクセスガイド

東京		
🚄	新幹線 東京→米原	約2時間15分
🚄🚃	新幹線・電車 東京→京都→草津	約2時間47分
🚌	高速バス 新宿→南草津	約7時間

京都		
🚃	電車 京都→大津	約10分
🚗	車 京都南IC→大津IC	約15分

福井		
🚃	電車 敦賀→米原	1時間
🚗	車 敦賀IC→長浜IC	約30分

滋賀基本DATA

面積	約4017km²
人口	140万5299人（令和5年4月1日）
ベストシーズン	4〜5月、8月
県庁所在地	大津市
特産品	近江牛、近江米、トマト、日野菜など
日本一	琵琶湖は日本一大きな湖

地理　日本列島のほぼ中央に位置し、周囲は1000m前後の山脈が連なり、中央部には琵琶湖を擁する大きな盆地がある。

気候　県の中央に琵琶湖があることで年間を通して比較的穏やかだが、長浜など北部は雪雲が流れやすく、積雪が多い。

移動のてびき

1 新幹線は米原駅のみ。大津に行くには京都から

新幹線利用なら米原駅で。そこから主要な観光地へ向かおう。「のぞみ」なら京都駅で電車に乗り換えれば、大津までわずか10分。

2 県内は高速道路や国道が充実。車移動がベター

滋賀県内を名神高速道路が縦断しているほか、琵琶湖を一周できる道路もある。便利な近江大橋と琵琶湖大橋もうまく活用しよう。

1泊2日

PLAN | 湖西＆湖北のパワスポを巡るドライブ

大津〜湖西〜長浜プラン

滋賀県の中心・大津から湖沿いを走り、高島、長浜へ。琵琶湖の大自然を感じてドライブ旅。

COURSE MAP

1日目 | 大津から出発して琵琶湖を北上

10:00 大津駅発
🚗 9分

10:15 かるたの聖地、近江神宮へ 映画「ちはやふる」の舞台にも

時の守護神でもある

P▶299

百人一首かるたの祖、天智天皇を祀る神社で、「かるたの殿堂」と言われている。

🚗 18分

12:00 世界遺産、比叡山延暦寺を参拝
🚗 44分
👣 5分

修行体験もできる

P▶298

天台宗の総本山。東塔地区の根中中堂にある不滅の法灯は、1200年以上も灯り続ける。

14:00 びわ湖バレイから琵琶湖を一望！
🚗 26分

有料の特別席も

P▶298

標高1100mの打見山をロープウェイで登り、テラスから広がる絶景を堪能。

16:00 湖中の大鳥居が印象的な 近江最古の歴史を持つ 白鬚神社へ
🚗 1時間15分

近江の厳島とも

P▶296

創建から2000年の歴史があり、延命長寿・縁結びなどにご利益がある。

18:00 長浜市内ホテルに宿泊

2日目 | 長浜で秀吉ゆかりの地を巡る

秀吉公の最初の居城

10:00 長浜駅発
🚗 2分

10:15 長浜城歴史博物館で 豊臣秀吉と長浜について学ぶ

天守展望台からは絶景も

P▶297

羽柴（豊臣）秀吉が築いた長浜城を、1983年に再興。5階の天守閣は琵琶湖なども見渡せ、歴史の大舞台が一望できる。

🚗 3分

12:00 秀吉公を祀る豊国神社を参拝
🚗 2分

豊臣秀吉と共に、加藤清正などを祭神としている。秋には武者行列も行われる。

14:00 レトロな黒壁スクエアを散歩♪
🚗 26分

P▶296

古い商家を生かしたお店が軒を並べる。ショップやギャラリーを巡ってみよう。

手作りガラス体験もできる

16:00 とても珍しい 地蔵川の梅花藻を観賞
🚗 6分

見頃は7月下旬〜

P▶296

白く可憐に咲く梅花藻は、清流にしか生息しない珍しい水中花。

米原ICから帰路へ

近畿／滋賀

BEST 1

神秘の古社からパワーをいただく

高島　白鬚神社／琵琶湖上に朱塗りの大鳥居が浮かぶ近江最古の大社。琵琶湖に浮かぶ鳥居は「近江の厳島」とも呼ばれる。

BEST 2

四季折々を彩る風景に心奪われる

高島　メタセコイア並木／約500本からなる2.4kmの並木道。春の新緑に始まり冬の雪化粧まで。四季を体現する圧巻の絶景。

BEST 3

ずっと眺めていたい水中の花に酔いしれる

米原　地蔵川の梅花藻／平成の名水百選「居醒の清水」を源流に水中花「梅花藻」が浮かぶ。美しさから水の妖精とも。

BEST 4

レトロな風景が素敵なガラスの街を散策

長浜　黒壁スクエア／明治から続くレトロな建造物群。中心となるガラス工房では、ガラス製品の買い物やガラス作り体験ができる。

BEST **5**

箱館山の山頂で時間を忘れて琵琶湖を眺める

高島　**びわこ箱館山**／標高約630mに位置する関西最大級のリゾートパーク。四季の景観や、アミューズメントを楽しめる。

BEST **6**

戦国の英雄秀吉と長浜の歴史を知る

長浜　**長浜城歴史博物館**　1983年に復元された白壁の長浜城内部を公開。5階パノラマ展望台からは琵琶湖と市内が一望できる。歴史と現在を一度に。

歴史書に残る神話の山！

BEST **7**

空と緑を独り占め！百名山の景色が見たい

米原　**伊吹山**　日本百名山の一つ。車やバスで9合目まで登れる。恋慕観音像には恋愛成就を祈願したハート形の錠前が並ぶ

BEST **8**

平家物語に登場する拝殿を訪ねる

長浜　**都久夫須麻神社**／琵琶湖に浮かぶ竹生島に鎮座する神社。本殿は国宝に指定されている。拝所ではかわらけ投げもできる。

近畿／滋賀

BEST **9**

船でしか行けない湖上の神の島へ！

長浜　**竹生島**／琵琶湖に浮かぶパワースポットとして多くの人が訪れる。「深緑・竹生島の沈影」は琵琶湖八景の一つ。

近江八幡・大津・信楽 で行きたい！したい！ BEST **10**

BEST **1**
天空のテラスで
空と湖のパノラマを眺める

大津 びわ湖バレイ／標高1100
mから琵琶湖を一望。気候によって
は雲海が広がり、まるで空の上のよ
う。カフェやレストランもある。有
料席（インフィニティラウンジ）は
期間限定。2023年は10月9日まで。

松尾芭蕉も
心掴まれた景色

BEST **2**
文化人に愛された
湖上のお堂に魅了される

大津 浮御堂／近江八景の一
つ。正式名称は「海門山満月寺」。
平安時代に湖上安全と衆生済度
を祈願して建立されたと伝わる。

BEST **3**
1200年の歴史を誇る
日本仏教の一大聖地へ

大津 比叡山延暦寺 天台宗総
本山。標高848mの比叡山全域が寺
院の境内。京都と滋賀の県境にあり、
西には京都の町並みを一望できる。

ロープウェイ
で約5分!

BEST 4

朱色の楼門が美しい
かるたの聖地を参拝

大津 近江神宮／百人一首かるたの祖、第38代の天智天皇を祀る神社。「かるたの殿堂」とも呼ばれ、かるた大会も行われる。

BEST 5

古くから親しまれる
お多賀さんをお参り

多賀 多賀大社／延命長寿・縁結び・厄除けの神様として信仰を集める。例年8月3日から「万灯祭」が行われる。

BEST 6

堂々とした
国宝の天守閣に感動!

彦根 彦根城／国宝5城のひとつ。井伊直継・直孝により約20年の歳月をかけ建設された。天守から琵琶湖を一望できる。

299

BEST 7
昔ながらの屋形船で風情ある町並みを巡る

近江八幡 八幡堀の水郷めぐり／八幡堀の周辺は、城下町の雰囲気が色濃く残るエリア。江戸時代の面影が残る町の景観を船の上から楽しめる。

BEST 8
大津港から外輪船に乗って琵琶湖をクルージング！

船内には
レストランも

大津 琵琶湖 ミシガンクルーズ／大津港から出港する外輪船。船上から琵琶湖の景色が楽しめる。本格的な船内ライブショーも必見。

BEST 9
幸せを呼ぶたぬきの置き物に出合う

甲賀 信楽焼／日本六古窯の一つ。1976年に国の伝統工芸品に指定され、陶器の町として親しまれる。

BEST 10
天台宗の古刹で"血染めの紅葉"を望む

愛荘 金剛輪寺／湖東三山の一つである天台宗の寺院。「血染めの紅葉」と呼ばれる見事な紅葉は11月半ばから見頃に。

滋賀の 春夏秋冬 イベント

<small>さぎちょうまつり</small>
左義長まつり

近江八幡 **3月中旬**

400年以上続く奇祭。干支の動物で飾られた「左義長」がにぶつかり合い、けんかする光景は迫力満点。

<small>びわこだいはなびたいかい</small>
びわ湖大花火大会

大津 **8月上旬**

水中スターマインなど、約1万発の花火が打ち上げられる。広い湖面に花火が映り込み、ダイナミック。

秋

<small>はちまんぼりまつり</small>
八幡堀まつり

近江八幡 **10月中旬**

お堀の両岸が、日暮れと共に幻想的な灯りに包まれる。ミニコンサートも開催され、心癒やされる空間が各所で、演出されている。

冬

<small>びわこひがしおうみバルーンフェスタ</small>
びわ湖東近江バルーンフェスタ

東近江 **11月下旬**

関西の熱気球のメッカ・琵琶湖東岸で開催。競技フライトや熱気球に搭乗し、高さ20mまで空に浮かび上がる。今後の開催は要確認

琵琶湖を"海"と呼ぶよ

知っ得！ ご当地 ネタ帳

地元の人とのトークに困らない！
よく使われる方言リスト

いかい	▶ でかい
〜らった	▶ 〜していた
〜やんす	▶ 〜ます
ちゅんちゅん	▶ 湯が沸く
ももける	▶ (服が)毛羽立つ
うまくさい	▶ おいしそうな匂い
おっさん	▶ お坊さん

日本一大きな琵琶湖。 面積は滋賀県の1/6！

日本最大の淡水湖である琵琶湖。その大きさはなんと東京23区とほぼ同じ。周囲は約200kmあり、東京から長野まで行けてしまう。

滋賀が豪雪地帯ってほんと？ 積雪量は地域により かなり差が激しい！

県の北部は日本海から距離が近く、雪雲が流れやすい。長浜の北エリアや高島は1m以上積雪することも。逆に大津や草津は積もっても数cm程度。

お国自慢 ご当地 グルメ

肉

近江牛

滋賀を代表するブランド牛。きめ細かい肉質でやわらかい。

郷土料理

焼鯖そうめん

焼きサバを甘辛く煮込み、そうめんに絡めて食べる。

漬物
日野菜漬け

日野町発祥の赤かぶの漬物。独特の辛みと苦みが特徴。

ソウルフード

おおつ近江米カレー

米、肉などで地産地消を一皿で実現する町おこしカレー。

欲しいをチェック おみやげリスト

1 郷土菓子
<small>でっちようかん</small>
丁稚羊羹

竹の皮に包まれた滋賀の特産品。ほんのりとした竹の香りと素朴な味が人気。

2 つるやパン
サラダパン

千切りたくあんとマヨネーズがクセになる、滋賀県民のソウルフード。

3 特産品
びわ湖真珠

固有種のイケチョウガイから取れる淡水真珠。さまざまな形や自然色が美しい。

4 伝統工芸
信楽焼(信楽たぬき)

日本六古窯の一つ。店先でよく見かけるたぬきの焼き物は、商売繁盛の縁起物。

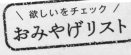
1

2

3

4

大阪
旅のプロファイル

活気ある天下の台所でグルメを満喫！

かつて「天下の台所」と称された大阪。現在はお好み焼きやたこ焼きなど独自グルメが発展し、「食いだおれの街」と呼ばれるように。豊富なテーマパークも魅力。

日本が誇る食いだおれの地！
ネオン輝く街を歩く

大阪（おおさか） P▶308

大阪城 P▶310

道頓堀 P▶308

江戸時代より全国から特産物が集まる取引の中心地として発展。現在は高層ビルや商業施設が集まる西日本の中心都市に。

大阪万博開催の地！
人気のローカル遊園地もあり

枚方・吹田（ひらかた・すいた） P▶304

万博記念公園 P▶304

ひらかたパーク P▶304

大阪府の北部エリア。吹田は住みやすいベッドタウンで、万博記念公園が有名。自然豊かな枚方はひらかたパークで知られる。

関西の空の玄関口。
古墳や祭り、自然が魅力

関西空港・岸和田（かんさいくうこう・きしわだ） P▶306

岸和田だんじり祭 P▶307

関西国際空港 P▶306

関西国際空港があり、関西地域の観光拠点。大阪湾や和歌山地に面した豊かな自然、貴重な古墳群など歴史スポットも魅力。

南部は登山も楽しめるよ

アクセスガイド

東京	新幹線 東京→新大阪 約2時間30分	
	飛行機 羽田→伊丹 1時間5分	
	夜行バス 東京→梅田 約9時間	
愛知	新幹線 名古屋→新大阪 約50分	
	車 山王JCT→東大阪JCT 約2時間	
福岡	飛行機 福岡→伊丹 約1時間15分	
	新幹線 福岡→伊丹 約1時間15分	

大阪基本DATA

面積	約1905k㎡
人口	877万4835人（令和5年8月1日）
ベストシーズン	3〜5月、10〜11月
県庁所在地	大阪市
特産品	大阪ふき、泉州玉ねぎ、泉州水なす、紅ずいき、など
日本一	仁徳天皇陵古墳は日本一大きな古墳

地理	三方が山に囲まれ、西側は大阪湾に面している。丘陵地と広大な低地が多く、山地は少ない。
気候	都市部では気温が特に上がり、ヒートアイランド現象が顕著になる。瀬戸内海式気候に属し、雨が少なく温暖。

移動のてびき

1 大阪市内は電車だけでなく水上バス移動も楽しい！

地下鉄や大阪環状線だけでなく、道頓堀を中心とする都市部や北大阪港は水上バスで巡れる。船上からの観光も選択肢のひとつに。

2 京都や奈良、神戸など近隣観光地にも行きやすい

「関西ワイドエリアパス」をはじめ、JR、阪急、京阪など鉄道会社各社がフリーパスを発行。県をまたぐ旅行なら要チェック。

\\ 行ってみたい！を効率よく //

大阪
BEST PLAN

都市部以外も
見どころ多し

1泊2日

PLAN | 大阪市外の歴史＆レジャースポットへ

大阪北部プラン

COURSE MAP

自然が豊かな箕面で滝や古刹に触れ、2日目はレジャースポットを満喫する。

1泊2日

PLAN | 大阪市内を遊び尽くす！

大阪市内プラン

COURSE MAP

外せない定番スポットはもちろん、歴史スポットも巡り、新旧の大阪を満喫。

1日目　　**大阪市内をぐるり**

10:00	**新大阪駅発**	ビル群と並ぶ大阪の名所 P▶310
🚃 14分 🚶 18分		
11:00	**まずは大阪のシンボル大阪城へGO！**	天下人の栄華と動乱の歴史を刻む名城。天守閣から大阪の街を一望しよう。
🚃 4分 🚶 5分		
13:00	**聖徳太子が建立した四天王寺を参拝**	 飛鳥時代の建築様式 P▶310 建立は1400年前。宝物館も見学しよう。
🚃 4分 🚶 5分		
15:00	**道頓堀で食いだおれ！**	 本場大阪のたこ焼き！ P▶308 大阪・ミナミの繁華街で大阪グルメを堪能。
🚃 9分 🚶 12分		
17:00	**梅田スカイビルの夜景にうっとり**	屋上の空中庭園展望台で大阪の夜景を眺める。 地上40階の超高層ビル！
19:00	**梅田駅周辺のホテルに宿泊**	

2日目　　**梅田からUSJへ**

		P▶309
10:00	**梅田駅発**	OSAKAモニュメント
🚃 15分 🚶 2分		
10:30	**あべのハルカスを記念に撮影**	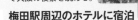 高さ300mの超高層ビルをパシャリ！
🚶 4分 🚃 20分		
12:00	**USJでアトラクションを楽しむ！**	テンション上がる！ USJで人気のアトラクションに乗ろう。 P▶308
🚃 15分		
18:00	**新大阪駅から帰路へ**	

1日目　　**千里川から箕面市へ**

10:00	**大阪国際空港からレンタカーで出発**	
🚗 10分		
11:00	**千里川土手で着陸目前の迫力満点な飛行機を撮影！**	飛行機が真上に!?  着陸目前の飛行機が見られる飛行機撮影の聖地。夜はライトアップが美しい。 P▶305
🚗 29分		
13:00	**天下の名瀑として知られる箕面大滝へ！**	 日本の滝100選に選出！ 幅5m、落差33mの迫力のある美しさ。一帯の自然にも癒される。 P▶305
🚗 6分		
15:00	**勝運の寺、応頂山 勝尾寺で境内いっぱいのダルマに圧倒**	勝ちダルマに必勝祈願！ ダルマの数は願いの数。成就御礼の参拝者が後を絶たない。 P▶305
17:00	**箕面市内の温泉宿に宿泊**	

2日目　　**万博記念公園から枚方へ**

9:00	**箕面市内から出発**	
🚗 20分		
9:30	**万博記念公園を散策して巨大な太陽の塔を見学**	すぐそばには観覧車も 1970年開催の大阪万博の跡地に設立。複数の施設があり、季節ごとのイベントが楽しめる。 P▶304
🚗 25分		
12:00	**午後はひらかたパークで遊ぶ♪**	アトラクションは約40種。夏はプール、冬はスケートやイルミネーションを楽しんで。 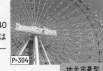 P▶304
🚗 36分		
17:30	**大阪国際空港から帰路へ**	地元密着型の遊園地

近畿／大阪

BEST 1

大阪万博のテーマ館の一部
太陽の塔とご対面

太陽の塔内部
は展示施設に

吹田 **万博記念公園**／1970
年の大阪万博を記念した公園。
学べる文化施設や、季節の花々
に彩られている。

BEST 2

地元民に愛される**ひらパー**で
一日中遊び尽くす！

子どもも大人も
大はしゃぎ！

枚方 **ひらかたパーク**／1912
年開業の日本最古の遊園地。40
以上のアトラクションやコラボ
イベントに大興奮！

BEST 3

世界に一つだけの
カップヌードルを作りたい

池田 **カップヌードルミュージアム 大
阪池田** カップ麺好き必見！ オリジナル
のカップヌードルを作る体験も人気。

BEST 4
荘厳な滝と紅葉を心ゆくまで楽しむ

箕面 **箕面大滝** ダイナミックな大滝の落差はなんと33m。紅葉はもちろんのこと、新緑や雪など四季折々の姿が美しい。

BEST 5
愛らしい花しょうぶの花に囲まれる

枚方 **山田池公園** 6月初旬に見頃を迎える花しょうぶをはじめ、季節の花や野鳥を観賞できる。子どもが遊べる遊具も。

豊中 **千里川土手**／大阪国際空港の南端に接する「飛行機撮影の聖地」。着陸目前の飛行機が頭上近くを飛ぶ姿は迫力満点。

BEST 6
間近に見える大迫力の飛行機に大興奮!

箕面 **応頂山 勝尾寺** 奈良時代創建の勝運の寺。願いが成就した数は「勝ちダルマ奉納棚」を見れば一目瞭然。

BEST 7
勝ちダルマに願いを込めて勝運UP

BEST 8
曲線が美しい棚田ビューを望む

能勢 **長谷の棚田** 茅葺屋根の民家が印象的で、美しい日本の原風景が広がる。石組みの給排水設備「かま」にも注目。

近畿 大阪

BEST 1
世界三大墳墓のスケールに圧倒される

ぐるっと歩くと40分ほど！

人工島にある海上空港

BEST 2
出発前に展望デッキから飛行機を眺めたい

泉佐野　関西国際空港／大阪と世界を結ぶ玄関口。展望ホール「スカイビュー」には飛行機好きが喜ぶ展示や、グッズ販売も。

BEST 3
四季折々の表情を見せる堺市の憩いの場

堺　大仙公園／子どもが遊べる芝生広場や美しい日本庭園など、緑豊かな公園。4月には約400本の桜が満開に。

5
走る芸術! 華麗な**だんじり**に感激

岸和田 **岸和田だんじり祭**／9月は「ソーリャ」の掛け声と共にだんじりが駆け抜ける。直角に曲がる「やりまわし」も大迫力。

BEST **6**
日本最古の修験道で
神秘のパワーをいただく

泉佐野 **犬鳴山**／葛城修験の中心的な行場で、多くの行者が集まる。「女人大峯」とも呼ばれ、女性も修行に参加可能。

堺 **仁徳天皇陵古墳**／迫力ある日本最大の前方後円墳。クフ王のピラミッド、始皇帝陵に並ぶ世界三大墳墓の一つ。

BEST **7**
満開の桜並木を
駆け抜ける列車を見物

阪南 **山中渓**／川沿いには約1000本の桜が咲き誇る。初夏にはアジサイ、晩夏には彼岸花、秋には萩の花が四季を彩る。

BEST **4**
風になびく**金色の稲穂**
を見渡す

千早赤阪 **下赤阪の棚田**／約250枚の棚田が成すノスタルジックな原風景。秋の稲穂や冬の雪など季節ごとの美しさがある。

BEST **8**
大威徳寺を
紅葉の季節に訪ねる

岸和田 **大威徳寺**／滝と紅葉が美しい、天台宗の古刹。室町時代に建立された多宝塔は国の重要文化財に指定されている。

近畿／大阪

大阪 で行きたい！したい！ BEST 10

BEST 1

大阪ならではの ド派手な繋華街へGO!

食いだおれ
に挑戦！

中央区　道頓堀　たこ焼きやお好み焼きなど大阪グルメを満喫。ド派手な看板にも注目。グリコサインのポーズで撮影はマスト。

BEST 2

大阪で映画やゲームの 世界を楽しみまくる！

此花区　ユニバーサル・スタジオ・ジャパン／迫力のアトラクションや人気キャラクターのショーなど、大人も子どもも大興奮！別世界を体験できるテーマパーク。

通天閣には
ビリケン像も

BEST 3

新世界のシンボル
通天閣周辺を散策

生野区 **大阪コリアタウン**
鶴橋駅すぐの鶴橋商店街
と駅から徒歩約15分の場所
にある御幸通商店街が大
阪の2大コリアタウン。

韓国屋台で
食べ歩き！

BEST 4

鶴橋のコリアタウンで
屋台料理を食べ歩き

BEST 5

地上300mから
大阪を一望！

浪速区 **通天閣**／1912年から愛
され続ける名物タワー。「黄金
の展望台」からは淡路島や和歌
山まで見渡せる。

阿倍野区 **あべのハルカス** 百貨
店や展望台、美術館、ホテルな
どが入る超高層複合ビル。ヘリ
ポートを見学できるツアーも！

日本の歴史に
欠かせない名所

BEST 6
天守閣が壮観な
大阪城は見逃せない！

中央区 **大阪城**／豊臣秀吉が天下統一の拠点として築城。今の天守閣は1931年に復興された3代目。随所に施された黄金の装飾が輝く。

天王寺区 **四天王寺**／「お太子さまの寺」として深い信仰を受けてきた和宗総本山。宝物館には国宝も所蔵。

BEST 7
聖徳太子が創建した
日本最古の官寺に感動

北区 **大阪市中央公会堂**／コンサートや講演会の会場として、大阪の文化発展に関わってきた。国の重要文化財。

BEST 8
赤レンガ建築の
幻想的な**ライトアップ**にうっとり

BEST 9
お好み焼きを
熱々のうちに頬張る

大阪市内 **お好み焼き**／大阪名物粉もんの一つ。梅田周辺や道頓堀など、大阪各地に専門店がある。食べ比べも楽しい。

BEST 10
緑豊かな**都会のオアシス**に
癒やされる

此花区 **大阪まいしまシーサイドパーク**／毎年春に開催される「ネモフィラ祭り」では、大阪湾を一望できる広大な敷地に約100万株のネモフィラが咲き誇る。

大阪の春夏秋冬イベント

春

ぞうへいきょく さくらのとおりぬけ
造幣局 桜の通り抜け

大阪　4月上旬〜中旬

1871年創業の造幣局では、毎年4月中旬頃に、敷地内の一部が一般公開され、多種多様な桜が楽しめる。

夏

てんじんまつり ふなとぎょ
天神祭 船渡御

大阪　7月下旬

日本三大祭りで、大阪三大夏祭りの一つでもある。「船渡御」では大川を約100隻の船が行き交う。

秋

ひらおかじんじゃ しゅうごうさい
枚岡神社 秋郷祭

東大阪　10月14・15日

河内国一之宮の古社といわれる枚岡神社。秋郷祭は、秋の実りを感謝する祭で、太鼓台の宮入や地車の曳行などが華やかに行われる。

冬

いまみやえびすじんじゃ とおかえびす
今宮戎神社 十日戎

大阪　1月9〜11日

商売繁盛の神様を祀る神社として篤く崇敬されてきた。十日戎の3日間は「商売繁盛で、ササ持って来い!」という声が響き、約100万人が参詣。

知っ得!
ご当地ネタ帳

イントネーションが大事

地元の人とのトークに困らない!
よく使われる方言リスト

おおきに	▶	ありがとう
いんじゃんほい	▶	じゃんけんぽん
おもろい	▶	おもしろい
かんにん	▶	ごめん
せわしない	▶	忙しい
どない	▶	どうなっているの
ほんまに	▶	本当に

エスカレーターでは右側に立つ

大阪駅に降り立った時から違和感を覚えるかも!? 梅田駅発祥とされるこの立ち位置は、英国のマナーを参考にしたなど諸説あり。

大阪では常識!
焼きそばもお好み焼きもごはんのおかずでしょ!

大阪では炭水化物×炭水化物の組み合わせの「お好み焼き定食」や「焼きそば定食」が存在する。根強い粉もん文化が感じられる。

欲しいをチェック
おみやげリスト

1　551蓬莱
豚まん

1日17万個売れている大阪みやげの代表格。店頭で手包みしている蒸したての豚まんは絶品。

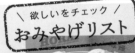
1

2　りくろーおじさんの店
焼きたてチーズケーキ

デンマークのクリームチーズを使用。焼きたてでシュワシュワとした口溶け。

2

3　銘菓
みたらし小餅

国内産の上質なお餅で甘辛のみたらしだれを包み込んだ、大阪土産の定番品。

3

4　銘菓
天領最中

城の天守閣を模したかわいらしい最中。パリパリの皮と粒あんが特徴。

4

お国自慢
ご当地グルメ

ソウルフード
お好み焼き

だしが効いた生地とこだわりのソースが食欲をそそる!

串カツ

食べ放題や立ち食い店もある下町の味。タレの二度づけはNG。

たこ焼き

大阪のたこ焼きは店により味も異なる。

フルーツ
南河内産いちじく

山間部で育てられたいちじく。実が大きくて甘い。

近畿 大阪

兵庫
旅のプロファイル

異国情緒あふれる港町に、歴史、温泉と魅力満載

日本海と瀬戸内海の恵みが多い兵庫県。神戸を中心に、世界遺産の姫路城、名湯有馬温泉など広範囲に観光スポットが点在。神戸牛をはじめ、グルメも充実。

姫路城を筆頭に文化遺産が残る歴史の街

城崎温泉・姫路 P▶314
きのさきおんせん　ひめじ

城崎温泉 P▶314

姫路城 P▶315

志賀直哉など、文人にも愛されてきた城崎温泉。県政の中心地である姫路には、「白鷺城」とも呼ばれる姫路城がある。

異国文化が入り交じる神戸の街＆温暖な淡路島

神戸・淡路島 P▶318
こうべ　あわじしま

北野異人館街 P▶318

明石海峡大橋 P▶318

異国の雰囲気が漂う港町・神戸は「風見鶏の館」などの異人館が魅力。淡路島へは世界最長の吊り橋「明石海峡大橋」を渡って行ける。

懐かしい里山風景と名湯へ

有馬温泉・丹波篠山 P▶316
ありまおんせん　たんばささやま

丹波は栗の名産地

有馬温泉 P▶317

六甲山天覧台 P▶316

秀吉ゆかりの関西の奥座敷有馬温泉。ロープウェイで六甲山山頂まで行ける。丹波篠山は自然に恵まれた食の宝庫。

鳴門の渦潮も見逃せない

地図内表記

日本海／カニ／城崎マリンワールド／城崎温泉／豊岡市／但馬牛／出石城下町／鳥取県／中国山地／氷ノ山／朝来市／竹田城跡寺町通り／丹波市／丹波篠山／篠山城跡河原町妻入商家群丹波焼／舞鶴若狭自動車道／そうめん／播州そろばん／中国自動車道／鳥取自動車道／日本海／円山川／揖保川／たつの市／世界遺産／姫路城／小野市／播磨／山陽姫路東IC／山陽自動車道／有馬温泉／金operallower劇場／六甲山市立六甲山牧場／六甲山天覧台／宝塚市／西宮北口駅／新神戸駅／西宮IC／六甲ガーデンテラス／尼崎市／新大阪駅／愛宕大石神社／きらきら坂／マッチ／姫路／姫路駅／山陽新幹線／加古川／明石市／神戸市／神戸市街／明石海峡大橋／瀬戸内海／兵庫県立公園あわじ花さじき／明石海峡／淡路夢舞台／大阪湾／神戸空港／神戸港／北野異人館街／南京町／メリケンパーク／生田神社／神戸ポートミュージアム／大阪府／ポートアイランド／淡路島／タマネギ／丹波篠山自動車道／伊丹スカイパーク／大阪国際空港

アクセスガイド

東京	新幹線	東京→新神戸 約2時間45分
	飛行機	羽田→神戸 1時間10分
	夜行バス	東京→神戸 約9時間30分

| 愛知 | 新幹線 | 名古屋→新神戸 約1時間5分 |
| | 車 | 名古屋IC→三宮IC 約2時間50分 |

| 岡山 | 新幹線 | 岡山→新神戸 約35分 |
| | 電車 | 岡山→姫路 約1時間40分 |

兵庫基本DATA

面積	約8401km²
人口	538万222人（令和5年5月1日）
ベストシーズン	4〜5月、10〜12月
県庁所在地	神戸市
特産品	山田錦（酒米）、玉ねぎ、そうめん、丹波黒（大豆）など
日本一	明石海峡大橋は日本一長い吊り橋

地理	北部は日本海、南部は瀬戸内海に面している。淡路島もあり、山地、盆地、平野、島嶼などの多様な地形。
気候	南部や淡路島は瀬戸内海式気候で温暖。北部は日本海側気候で積雪が多く、スキー場もある。

移動のてびき

1　神戸市内は観光周遊バスと徒歩を組み合わせて移動しよう

新神戸から三宮、ハーバーランドまで主要観光地を巡る「シティーループバス」が便利。1日乗車券で、入場料の割引も受けられる。

2　城崎温泉や豊岡方面は鳥取から入ったほうが近い！

城崎へ移動する場合、神戸と鳥取との移動時間を比べると、車、電車共に、鳥取からのほうが約1時間も短い。

兵庫
BEST PLAN

都市も温泉も
魅力満点!

PLAN｜異国情緒感じる街歩き

神戸市街～淡路島プラン

1泊2日

港町・神戸で街歩きとグルメを楽しみ、
淡路島の自然に魅了される。

COURSE MAP

1日目　神戸市街

P▶318

異人館巡り
を楽しむ

10:00	🚶 13分	新神戸駅スタート
10:15	🚶 22分	明治大正期の洋風建築物が立ち並ぶ北野異人館街へ 何館かまわるなら、共通券がお得。
12:00	🚶 6分	活気ある南京町で中華グルメを満喫♪ 店内はもちろん、テイクアウトも充実。
15:00		メリケンパークで潮風を感じながら港町・神戸の雰囲気を楽しむ さまざまなオブジェと最高の記念撮影を。
17:00		神戸市内のホテルに宿泊

スイーツも
おいしい

P▶319

ポートタワー
も見える

P▶319

2日目　明石海峡を渡り淡路島へ

P▶318

9:00	🚗 19分	舞子駅からレンタカーで出発
9:30	🚗 16分	世界最長の吊橋、明石海峡大橋を渡って絶景パノラマに感動！ 潮風を感じ、あっという間に淡路島へ。
11:00	🚗 12分	淡路夢舞台を散策してきれいな花々を眺める 階段状に100の花壇が並ぶ「百段苑」は必見。
14:00	🚗 35分 🚃 30分	もうひとつの花畑兵庫県立公園あわじ花さじきへはしご！ 花のパノラマが目の前に広がる最高の場所。
17:00		新神戸駅から帰路へ

全長
3911m

温室カフェ
もある

P▶320

入園料無料
はうれしい！

P▶320

PLAN｜レトロな里山を巡る

有馬温泉～丹波篠山プラン

1泊2日

喧騒を離れ、六甲山の夜景と温泉を楽しむ。翌日は自然に抱かれた里山へ。

COURSE MAP

1日目　六甲山から有馬温泉へ

10:00	🚗 20分	阪神高速7号北神戸線のからと西出入口から出発
11:00	🚗 9分	神戸市立六甲山牧場で動物と触れ合う 場内を自由に歩き回る動物たちに癒やされる。
15:00	🚗 20分	六甲山天覧台からの夜景に感動
17:00		日本三古泉の一つ、有馬温泉に癒やされる♪ 金泉・銀泉と呼ばれる2種類の異なる泉質が人気。

ヒツジやヤギ
を放牧！

P▶317

和歌山方面
まで見える

日本夜景遺産にも選ばれた六甲山。夕方から夜景に変わる景色もまた、見応えがある。

P▶316

P▶317

秀吉も愛した
西の奥座敷

2日目　伊丹から篠山城跡へ

10:00	🚗 30分	有馬温泉発
10:30	🚗 57分	伊丹スカイパークの滑走路を見学 便数の多い時間帯を事前にチェックして見学しよう。
13:00	🚗 4分	篠山城跡をぐるり 復元された「大書院」は風格ある見事な建物。
15:00	🚗 10分	レトロな河原町妻入商家群を散策する♪ 間口の狭い妻入り商家が約600mにわたり続く。
17:00		舞鶴若狭自動車道丹南篠山口ICから帰路へ

子ども用の
遊具も充実

P▶317

桜の季節も
趣あり

P▶316

窓にも
特徴がある

P▶316

BEST 1
文豪たちが愛した**名湯**に癒やされる

湯めぐりの発祥地

豊岡 **城崎温泉**／志賀直哉をはじめ多くの文豪に愛される温泉街。古い街並みにカフェなどが融合しており、散策も楽しい。

BEST 2
歴史の面影感じる**出石城下町をてくてく**

豊岡 **出石城下町**／古事記や日本書紀にも名が登場する古くからある町。近畿最古の芝居小屋やシンボルの時計台を見学しよう。

BEST 3
城下町の風情を感じながらゆったり散策

朝来 **寺町通り**／竹田城跡のふもとに位置し、4つの寺院にかかる石橋が趣深い。あじさいや紅葉の季節は、より情緒豊かに。

BEST 4
海の生き物たちと仲良く触れ合いたい

豊岡 **城崎マリンワールド**／見て触って発見できる体験型水族館。海洋生物の展示、ショーやツアーなども楽しめる。

BEST 5
日本を代表する 白亜の名城 に感動

姫路 **姫路城**／世界文化遺産でもある白い城壁が優美な名城。大天守は400年以上前に建築され、現在も美しい姿を残す。

白鷺城とも呼ばれる

BEST 6
赤穂の四十七士 を祀る
神社をお参り

赤穂 **赤穂大石神社**／赤穂義士を祀り、討ち入りの采配など義士の品を展示。大願成就や心願成就の神として知られる。

BEST 7
おしゃれな 海沿いの遊歩道 を
ぐるっとお散歩

赤穂 **きらきら坂**／伊和都比売神社の境内から、海へとつながる坂道。おしゃれな店が軒を連ね、散策するだけで気分上々。

近畿／兵庫

BEST 8
日本のマチュピチュ?!
天空の城 を眺める

晩秋の早朝が狙い目

朝来 **竹田城跡**／雲海に浮かぶ姿から天空の城、日本のマチュピチュと呼ばれるように。石垣は建造当時そのままの姿。

六甲ケーブル
で展望台へ

BEST **1**

神戸市街のダイナミックな**夜景**を一望する

神戸 **六甲山天覧台**／神戸から大阪や和歌山方面まで見渡せる展望台。夜は1000万ドルの夜景が圧倒的なスケールで迫る。

丹波篠山 **篠山城跡**／徳川家康の命で築城された篠山城の跡に大書院が復元されている。春には約1000本の桜が咲き誇る。

BEST **2**

家康が築いた城と
桜を眺める

BEST **3**

江戸時代の町並み散策で
タイムスリップ気分！

丹波篠山 **河原町妻入商家群**／藩政時代の面影を色濃く残す家並みが600mほど続く。みやげ店もあり、町歩きもおすすめ。

優雅な雰囲気の
エントランス

BEST 4
タカラジェンヌたちの華麗なステージに酔いしれる

宝塚 **宝塚大劇場**／華やかな舞台で魅了し続ける宝塚歌劇の専用劇場。ギフトショップも充実し、観劇以外でも楽しめる。

BEST 5
温かみある素朴な焼き物をゲット

丹波篠山 **丹波焼**／800年の歴史がある焼き物。丹波篠山市立杭地域は窯元や器を扱う店が多く、さまざまな作品に出合える。

BEST 7
日本三古泉のひとつ、有馬温泉で湯めぐり

神戸 **有馬温泉**／古くから人々に愛される関西の奥座敷。公共の外湯のほか日帰り入浴できる旅館もあり、湯めぐりも可能。

神戸 **神戸市立六甲山牧場**／ヒツジやヤギと触れ合えるほか、牧場産のチーズを使った絶品チーズフォンデュも味わえる。

BEST 6
飛行機の離着陸をド迫力で体感する

伊丹 **伊丹スカイパーク**／大阪国際空港（伊丹空港）の西側に隣接。高さ7mほどの丘の上から飛行機の離着陸を大迫力で体感できる。

BEST 8
六甲山の牧場で愛らしいヒツジたちとふれあう

神戸・淡路島 で行きたい！したい！ BEST 9

BEST 1

世界最大級の吊り橋を渡って淡路島へ

神戸　**明石海峡大橋**／明石海峡を横断し、本州と淡路島を結ぶ世界最長の吊り橋。佇まいも美しく、夜間のライトアップでは幻想的な景観に。

全長は3911m

BEST 2

おしゃれな洋風建築の異人館をめぐる

神戸　**北野異人館街**／異人館をはじめ、カフェや教会など洋風建築が続く街並みは、どこを切り取ってもフォトジェニック。

BEST 3

劇場型アクアリウムで幻想的な世界を体感

神戸　**神戸ポートミュージアム**／アクアリウム、フードホール、ブライダルデスクで構成された複合文化施設。

吊り橋では
世界最長!

近畿／兵庫

BEST 4

チャイナタウンで
本格中華を堪能する!

神戸 南京町／本場さながら
の活気あふれるチャイナタウン。
中華グルメのほか雑貨屋やカ
フェも並び、一日中満喫できる。

神戸 メリケンパーク／神戸ポートタワーや
神戸海洋博物館など、シンボリックな建築物
が並び、歩くだけでも神戸を堪能できる。

BEST 5

港町神戸の潮風を感じながら
のんびり散策

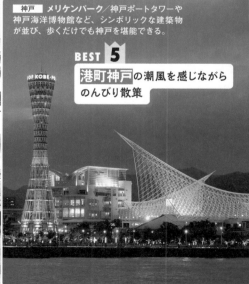

BEST 6
自然豊かなリゾートで非日常体験！

日本最大級の
温室もあり

淡路　淡路夢舞台／建築家の安藤忠雄氏が設計。自然との共存をイメージし、階段状に100の花壇が並んだ百段苑は圧巻！

エリア内には
飲食店も

BEST 7
洋風テラスから六甲山と瀬戸内海を見渡す

神戸　六甲ガーデンテラス／ビュースポットが多数あり、明石海峡や大阪平野、関西国際空港などの絶景が眼下に広がる。夜景も定評あり。

BEST 8
一年中花が咲く島で映え写真を狙う

淡路　兵庫県立公園あわじ花さじき／広大な高原に四季折々の花が開花。花畑の向こうに青い海が広がる絶景スポット。

BEST 9
神戸のパワスポで縁結びをお願いする

神戸　生田神社／日本書紀に記載がある由緒正しき神社。縁結びの神様を祀る大気のパワースポット。

\兵庫の/ 春夏秋冬 イベント

`春`

ひがしなだのだんじりまつり

東灘のだんじり祭り

`神戸` **5月**

東灘区の一大イベント。地区ごとに意匠を凝らした自慢のだんじりを、回転させる様子は、大迫力。

`夏`

いえしまてんじんまつり

家島天神祭り

`姫路` **7月下旬**

瀬戸内海に浮かぶ神社「家島神社」の例祭。豪華絢爛なだんじり船で、海上安全と五穀豊穣を祈る。

`秋`

みなとハナビ

みなとHANABI

`神戸` **10月中旬**

100万ドルの夜景「メリケンパーク」を背景に、5日間開催。音楽とシンクロさせて打ち上げる音楽花火は一番の見どころ。

`冬`

こうべイルミナージュ

神戸イルミナージュ

`神戸` **11～2月**

道の駅「神戸フルーツ・フラワーパーク大沢」の広大な敷地に、光による不思議な体験型イルミネーションの仕掛けがたくさん。

\知っ得!/ ご当地ネタ帳

兵庫観光はばり楽しい!

地元の人とのトークに困らない!
よく使われる方言リスト

～かいね？ ▶	～ですか？
がっせえ ▶	すごく
こまい ▶	小さい
だんない ▶	大丈夫
はしかい ▶	すばしっこい
ほな ▶	さようなら
えらい ▶	大変

神戸で道に迷ったら海と山を目印にしよう!

神戸は大阪湾と六甲山に挟まれた街。海＝南、山＝北と覚えていけば大丈夫! 迷ったときは山を探せばだいたいの方角がつかめる。

この呼び名で注文できるとツウ!
兵庫で玉子焼といえば明石焼のこと!

一般的な玉子焼と区別して、明石焼と呼ぶこともあるが、明石焼ではなく「玉子焼」が一般的。一部「たまやき」とも。

`近畿／兵庫`

お国自慢 ご当地グルメ

`ソウルフード`

明石焼

たこ焼き形の卵焼きを、香り豊かな出汁につけていただく。

`肉`

神戸ビーフ・神戸肉

口の中で溶けてしまうほど、最高級の「霜降り肉」。

`郷土料理`

姫路おでん

生姜醤油とネギをかけて食べるのが特徴。絶妙な味。

`海鮮`

たこめし

明石海峡の潮流に揉まれた弾力あるタコを炊き込みごはんに。

\欲しいをチェック/ おみやげリスト

1 `伝統工芸`

丹波焼

日本六古窯の一つで自然豊かな風土から自由な作風で作られ、素朴な味わいある焼物。

2 `江井ヶ嶋酒造`

ホワイトオーク 地ウイスキーあかし

創立1888年の老舗酒造が作る、淡麗でやや辛口、華やかな香りのウイスキー。

3 `有馬せんべい本舗`

炭酸せんべい

有馬温泉の炭酸泉を使い、手作業で作られる、軽い歯触りと素朴な味の銘菓。

4 `伝統工芸`

姫路はりこ

硬い瓦型で作り、強度が高く軽いのが特徴。特にお面は、表情が豊かで楽しい。

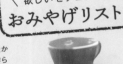

1
2
3
4

奈良
旅のプロファイル

古都の歴史を刻み、世界遺産と花々が魅力

かつて平城京が置かれた古都「奈良」。東大寺の大仏をはじめ国宝、世界遺産が多く、外国人観光客にも人気。県中央部の吉野山地には自然の景勝地が広がる。

奈良観光の中心はここ！

奈良公園・ならまち
（なら こうえん）
P▶324

奈良公園 P▶325

柿の葉寿司 P▶331

春日大社をひかえ、世界遺産のメッカの奈良周辺。老舗ホテルや郷土料理の名店が、風情ある路地裏に並んでいる。

奈良の都平城宮跡と聖徳太子ゆかりの地へ

西ノ京・斑鳩
（にしの きょう いかるが）
P▶326

平城宮跡 P▶326

郡山城跡の桜 P▶327

古都の栄華を見事に再現した平城宮跡。斑鳩には法隆寺や世界最古の尼寺の中宮寺などが、のどかな田園風景の中に立つ。

桜の名所が多いよ

和歌でも歌われ愛されてきた日本一の桜と歴史スポット

飛鳥・吉野山
（あすか よしのやま）
P▶328

吉野山の桜 P▶328

藤原宮跡 P▶328

絶景の桜の名所・吉野山は修験道の聖地でもある。飛鳥地方は藤原宮跡など古都を偲ばせる景観が広がっている。

京都府
大阪府
和歌山県
紀伊山地

葉師寺
唐招提寺
紺屋町の町並み
郡山城跡の桜
大和郡山の金魚
宝山寺参道
西ノ京
生駒市
金魚
斑鳩
広陵町
法隆寺
くつ下
高松塚古墳
五条市
柿の葉寿司
吉野スギ
野迫川村の雲海
八経ヶ岳
谷瀬の吊り橋
十津川
和歌山県

平城京天平祭・夏
東大寺
奈良
世界遺産
大和郡山市
西名阪自動車道
郡山IC
天理市
崇神天皇陵
纏向遺跡
長谷寺
室生寺
橿原市 桜井市
藤原宮跡
石舞台古墳
飛鳥
そうめん
吉野川
吉野町
金峯山寺
吉野山の桜
吉野山
川上村
万葉集で詠まれた名所も
柿
大台ヶ原山
室生赤目青山国定公園芸術の森

奈良公園
春日大社
若草山焼き
東大寺大仏殿
興福寺
ならまち
般若寺
名勝 旧大乗院庭園

アクセスガイド

大阪	電車	大阪難波→近鉄奈良 約40分	
	電車	梅田→天王寺→吉野1時間45分	
	電車	天王寺→王寺 約20分	
	車	梅田→宝来IC 約30分	
東京	新幹線・電車	東京→京都→奈良 約3時間10分	
愛知	電車	近鉄名古屋→大和八木 約1時間50分	
	高速バス	名古屋→奈良 約2時間50分	

奈良基本DATA

面積	約3691km²
人口	129万8901人（令和5年5月1日）
ベストシーズン	4～5月、10～11月
県庁所在地	奈良市
特産品	大和茶、柿、大和いも、あすかルビーなど
日本一	靴下の生産量が日本一

地理 紀伊半島の真ん中に位置し、県北部は盆地で、都市部が集中。その他は、紀伊山地などの険しい山々が連なる。

気候 奈良盆地を中心とした北部は内陸性気候で温暖。南部は山岳性気候で降水量が多く、局地的豪雨もある。

移動のてびき

1 主要な路線は近鉄線。複雑なので乗り間違え注意

県内はもちろん、大阪・京都へも便利な近鉄線。大和西大寺駅などは各方面に延びる路線が3路線もある。目的地を確認しよう。

2 エリアによっては道が狭く車移動が厳しい場所あり

昔ながらの街道や遺跡が残る奈良。昔のままという道路が多いので、道幅が狭いところも。また一方通行も多いので気をつけて。

奈良 BEST PLAN

シカの姿も
よく見かける

1泊2日

PLAN | 歴史の足跡を辿るドライブ

飛鳥～吉野山プラン

歴史のロマンを感じる飛鳥へ。花のお寺と自然に溶け込むアートを訪ねる。

1日目　飛鳥を巡る

10:00 🚗50分　南阪奈道路 葛城IC発
こちらも世界遺産

11:00 🚗40分　修験道の総本山 金峯山寺を参拝
吉野山に、古代からある山岳信仰の聖地。

13:00 🚗12分　巨石を積み上げて造られた 石舞台古墳へ
謎が多い古墳
田園風景の中に現れる巨大な石群へ。
P▶328

15:00 🚗12分　日本国家 誕生の地 藤原宮跡へ！
大和三山を背景にしたスケールの大きな花畑が見事。

7世紀の宮殿跡！
P▶328

17:00 橿原市内ホテルに宿泊

2日目　山の辺の道から室生へ

10:00 🚶35分　橿原市内から スタート
山の辺の道の休憩スポット
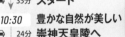

10:30 🚗24分　豊かな自然が美しい 崇神天皇陵へ
大きな周濠で囲まれた前方後円墳。
P▶330

11:00 🚗35分　花の御寺の総本山長谷寺を参拝。 美のご利益も♪
約10mの日本最大級の十一面観音像は必見。

P▶329

13:00 🚗25分　室生山上公園 芸術の森で屋外展示アートと自然の調和を体感
12個の独創的な作品が点在する。

P▶330
湖の中心でパシャリ！

15:00 名阪国道針ICから帰路へ

1泊2日

PLAN | 古都で世界遺産&国宝を巡る

奈良～法隆寺プラン

奈良公園周辺の人気スポットを巡ったあとは、のどかな風景の世界遺産へ。

COURSE MAP

1日目　奈良

公園でのんびり♪

10:00 🚃6分　JR奈良駅からスタート！
P▶325

10:10 🚶10分　まずは奈良公園でシカにご挨拶♪
猿沢池を散策してからスタート。

12:00 🚶17分　春日大社で参拝 おみくじで運試し！
朱塗りの社殿が鎮座。「鹿みくじ」で運試しししよう。

P▶325

シカのご利益グッズが
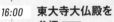

13:00 🚶14分　旧市街地ならまちを散策。 再びシカに遭遇！
風情のある街並みと、ショップ巡りを楽しもう。

P▶324

町なかにもシカがいるよ

16:00 東大寺大仏殿を参拝 P▶324
東大寺の金堂で大きな奈良の大仏を見学しよう。

冬なら「若草山焼き」へ P▶325
山全体が燃やされ、冬の夜空を赤く染める見応え満点の早春の行事。

18:00 奈良市内のホテルに宿泊

2日目　3つの世界遺産を訪問

10:00 🚌22分 🚶1分　近鉄奈良駅からバスに乗車
P▶327

10:30 🚶8分　天平の風薫る唐招提寺へ
開祖は鑑真
759年に創建した寺院。創建当時から残る美しい建物に目をうばわれる。

13:00 🚃7分 🚌12分 🚶9分　龍宮造りが壮麗な薬師寺で病気平癒を祈る
唐招提寺から歩いて行ける
白鳳時代を伝える国宝の東塔や薬師三尊像が鎮座する。

P▶327

15:00 🚗8分 🚃12分 🚶11分　世界最古の木造建築物 法隆寺 五重塔の美しさに釘付け

国宝五重塔は屋根が上方に行くほど小さい造りに。思わず見入ってしまうはず。

17:00 近鉄奈良駅から帰路へ

近畿・奈良

BEST **1**
奈良の大仏さまとご対面！

奈良 **東大寺大仏殿**／東大寺の金堂で世界最大級の木造建築。本尊・盧舎那（るしゃな）仏坐像が安置されている。

奈良の大仏さんで親しまれる

BEST **2**
善阿弥が改修した
名庭に癒やされる

奈良 **名勝 旧大乗院庭園**／興福寺の門跡寺院であった大乗院の庭園。現在は奈良ホテル南側に庭園の一部が残る。

BEST **3**
真夏のならまちで
ひんやりかき氷が食べたい

奈良 **かき氷**／氷の聖地として知られる氷室神社がある奈良市。近年はかき氷店が増え、個性豊かなかき氷が味わえる。

BEST **4**
昔ながらのノスタルジックな
街並みを散策

奈良 **ならまち**／元興寺の旧境内を中心とする地域で、昔ながらの町家が並び、雑貨店やカフェなどが軒を連ねる。

奈良 **般若寺**／飛鳥時代に創建されたと伝わる古刹。10月頃には約15万本のコスモスが境内に咲き乱れる。

BEST **5**
コスモス寺で
国宝の楼門を眺める

BEST 6

国宝**阿修羅像**
を拝観

奈良｜興福寺
／創建1300年
以上の寺院で
歴史的遺産が
多く残る。3つ
の顔を持つ阿
修羅像が有名。

鹿せんべい
が大好き！

BEST 7

奈良のシンボル！
シカと仲良くなる

奈良｜奈良公園／春日大社、
興福寺、東大寺の境内から春日
奥山までにおよぶ広大な公園。
シカの群れが暮らしている。

BEST 8

冬の夜空を赤く染める
山焼きに目を奪われる

花火は数百発
打ちあがる！

奈良｜若草山焼き／毎年1月第4土曜日に行わ
れる伝統行事。若草山に広がる炎が壮観で、色
とりどりの花火も打ち上げられる。

BEST 9

朱塗りの美しい**社殿**に
ご利益をいただく

奈良｜春日大社／春日山原始林を背景に、
奈良公園に隣接する春日神社の総本社。朱塗
りの社殿が鎮座し、世界遺産に登録されている。

西ノ京・斑鳩 で行きたい！したい！
BEST 8

BEST 1
日本最古の五重塔をひと目見たい！

斑鳩 **法隆寺**／聖徳太子と推古天皇により創建されたと伝わる寺院で、現存する世界最古の木造建築群。高さ31.5mの国宝、五重塔も見どころ。

春と秋も
イベントあり

BEST 2
朱色の宮殿とともに
奈良の都に思いを馳せる

奈良 **平城京天平祭・夏**／奈良時代の都の遺跡が残る平城宮跡歴史公園で旧暦七夕に行われるイベント。光の演出は必見。

BEST 5
藍染めで栄えた
情緒ある町並みを散策

大和郡山 紺屋町の町並み／近鉄郡山駅からほど近く、風情ある町並みが魅力。かつて藍染め業者が集まり紺屋川で染め物を行っていた。

BEST 3
昔ながらの石畳が続く
宝山寺の参道を歩く

生駒 宝山寺参道／役行者や空海が修行の場として開いた宝山寺。寺から1.5km続く石畳の参道。左右には灯籠が立ち並ぶ。

BEST 4
天平文化の香り漂う
鑑真和上のお寺を参拝

奈良 唐招提寺／律宗の総本山で、唐の僧・鑑真和上が戒律を学ぶため759年に創建。金堂など今も創建当時の建物が残る。

BEST 6
天守台から城跡の桜を一望する

大和郡山 郡山城跡の桜／城跡一帯に約800本の桜がお堀を囲むように植えられ、春は一面桜色に染まる。日本さくら名所100選にも選定。

BEST 7
色鮮やかに輝く伽藍に見とれる

奈良 薬師寺／680年に天武天皇が皇后の病気平癒を祈願して建立。その後平城遷都に伴い718年に現在の地に移された。

BEST 8
金魚の名産地は
町中金魚だらけ!

大和郡山 大和郡山の金魚／約300年の歴史を持つ大和郡山の金魚養殖。現在は年間約4500万尾を出荷している。

飛鳥・吉野山 で行きたい！したい！ BEST 10

BEST 1
吉野山で 一目千本 の桜景色を望む

見頃は 3 月下旬
から 4 月中旬

吉野 吉野山の桜／全国的に有名な桜の名所で、シーズンになると約3万本といわれるシロヤマザクラが山々に咲き誇る。山中にはハイキングコースも整備。

BEST 2
日本初の都の中心で 一面のコスモス畑 を眺める

橿原 藤原宮跡／藤原京の中心施設、藤原宮の跡地。春から夏にかけて花々が植えられ、特に秋は色とりどりのコスモスが楽しめる。

BEST 3
不思議な石造物に 古代ロマンを感じる

明日香 石舞台古墳／6世紀に築造された石室古墳で、巨石30個で造られている。天井石の上面が平らなことから石舞台とも。

BEST 4

吉野山のシンボル
修験道の総本山を参拝

吉野　金峯山寺／吉野山の尾根上にそびえる寺院で、飛鳥時代に開かれた。蔵王堂は木造古建築として東大寺大仏殿に次ぐ大きさを誇る。

修験道の
聖地!

撮影：高橋良典

近畿／奈良

BEST 5

秘境の地でロマンチックな
雲海にうっとり

野迫川　野迫川村の雲海／県南西部の山深い村で、一年通して雲海が見られる。特に雨上がりの風の弱い朝に観測されやすい。

BEST 6

源氏物語にも描かれた
花の御寺へ

桜井　長谷寺／道明上人が天武天皇のため銅板法華説相図を西の岡に安置したことが始まり。春は牡丹、秋は紅葉に彩られる。

宇陀 室生山上公園芸術の森／室生寺のほど近くにある屋外ミュージアム。約7.8haの敷地内はさまざまなモニュメントが置かれ、自然と調和した美術作品に。

五感を刺激する公園

BEST 7
イスラエルの巨匠が手がけた アート が見たい

BEST 8
日本一長い吊り橋を 渡ってみたい！

まるで空中散歩！

十津川 谷瀬の吊り橋 上野地と谷瀬を結ぶ長さ297m、高さ54mの巨大な吊り橋。橋下を流れる十津川の眺望が美しい。

明日香 高松塚古墳／7世紀末から8世紀初頭にかけて築造された終末期古墳。石室の壁画が有名で、女子群像は飛鳥美人として知られる。

BEST 9
国宝の 飛鳥美人 の壁画を鑑賞する

BEST 10
大和政権の王が眠る 巨大古墳を訪ねる

天理 崇神天皇陵 全長242mの巨大な前方後円墳で、崇神天皇の墓とみられている。築造は4世紀後半のもの。

奈良の 春夏秋冬 イベント

春

やくしじ はなえしき
薬師寺 花会式

奈良　　3月下旬

10種の造花が御本尊に供えられ、五穀豊穣と国家繁栄などを願う。10人の僧侶が7日間、夜を徹し祈る。

夏

なつのしかよせ
なつの鹿寄せ

奈良　　7月上旬～8月下旬

夏の朝に行われる、奈良の風物詩。ホルンの音色に誘われ、集まってくるシカのかわいらしい姿が見られる。

秋

うねめじんじゃ うねめまつり
采女神社 采女祭

奈良　　9月下旬

猿沢池で行われる、中秋の名月の例祭。壮麗な花扇奉納行列のあと、池に花扇を投げ、采女の霊を鎮めると同時に人々の幸せを祈る。

冬

しあわせかいろう ならるりえ
しあわせ回廊 なら瑠璃絵

奈良　　2月上旬

春日大社・興福寺・東大寺の三社寺をはじめとする奈良公園一帯が、瑠璃色の光の道で結ばれ、幻想的に浮かび上がる。

お国自慢 ご当地グルメ

郷土料理
柿の葉寿司

酢飯に塩漬けのサバなどの切り身をのせ、柿の葉で包んだ押し寿司。

お粥
茶がゆ

水の代わりに、煮出したほうじ茶でご飯を炊いたもの。

麺
三輪そうめん

発祥の地・三輪で作られる手延べ素麺は強いコシが特徴。

葛
吉野本葛

葛の根を原料にした葛粉で作った葛餅は、上品な味。

欲しいをチェック おみやげリスト

1　山崎屋
奈良漬

うりやきゅうりなどの野菜を、酒粕と味醂粕で何度も漬け替える。芳醇さがクセになる。

2　本家菊屋 本店
鹿もなか

パリパリとした最中と、上品なこし餡のバランスが絶妙な老舗和菓子屋の逸品。

3　砂糖傳 増尾商店
奈良こんふぇいと

こだわりの製法で作る「金平糖」。奈良をイメージした、さまざまなパッケージがかわいい。

4　ねっとわーくぎゃらりーならっぷ
蚊帳のふきん

奈良伝統の蚊帳生地の雑貨がたくさんある。使い込むほどやわらかい風合いに。

和歌山
旅のプロファイル

温暖な気候が生み出す果実と、世界遺産に注目

本州最南端に位置し、日本有数の柑橘類の産地。
世界遺産の高野山、熊野古道や白浜などの
海辺のリゾートもあり、個性豊かな観光地が多い。

紀州徳川家のお膝元！
世界遺産の山上の聖地も

和歌山・高野山 P▶334

和歌山城 P▶335

友ヶ島 P▶334

壇上伽藍 P▶335

和歌山市の中心地に建つ和歌山城や、大阪との境に浮かぶ元要塞の友ヶ島。117の寺院を持つ荘厳な聖地・高野山を訪ねよう。

年中温暖な気候だよ

霊場までの巡礼道と温暖な白浜の海を満喫

熊野・白浜 P▶336

熊野古道 P▶338

三重塔と那智の滝 P▶337

紀州梅 P▶339

熊野三山を巡る熊野古道や那智山のシンボル那智の滝などで歴史を感じる。パンダに会える白浜では、温泉とグルメも。

世界遺産の温泉もある

アクセスガイド

大阪	電車	新大阪→白浜なら 約2時間40分
	電車	なんば→和歌山市 約1時間
	車	阿波座出入口→南紀白浜IC約2時間
	車	阿波座出入口→和歌山IC 約1時間

東京	新幹線	東京→新大阪
	電車	→和歌山約3時間50分
	飛行機	羽田→南紀白浜 約1時間
	夜行バス	東京→和歌山 約9時間40分

和歌山基本DATA

面積	約4725km
人口	89万5931人(令和5年4月1日)
ベストシーズン	8月、10〜11月
県庁所在地	和歌山市
特産品	南高梅、金山寺味噌、サンマ、みかんなど
日本一	みかん&梅の収穫量が日本一(令和4年)

地理 本州の最南端に位置する。紀伊山地などの山がちな地形で、平野部は紀伊山地源流の河川で形成される。

気候 県北部は年間を通じて温暖で、降水量も少ないが、県南部は台風の影響を受けやすく、降水量の多い地域。

移動のてびき

1 京都・大阪と和歌山を結ぶ特急列車くろしおで快適旅！

新大阪から和歌山を経由して紀伊半島方面を結ぶ特急くろしお。大阪〜和歌山は約1時間。パンダ顔のかわいい列車もある。

2 レール&レンタカーきっぷでお得に旅しよう！

玄関口となる駅まではJRで移動し、あとはレンタカーで自由に移動がおすすめ。同行者全員のJRの料金が割引になるのでお得。

和歌山
BEST PLAN

PLAN ｜ 爽快！無人島と海辺でドライブ旅

和歌山〜白浜〜串本プラン

COURSE MAP

海辺のリゾートで動物とグルメ三昧。自然がつくる造形美に触れ、温泉で心と体を癒やす旅へ。

1日目　和歌山

8:30 和歌山市駅発
🚃 24分

9:00 加太駅着
👣 15分
🚶 20分

約20分の船旅

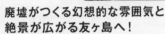
P▶334

10:30 廃墟がつくる幻想的な雰囲気と絶景が広がる友ヶ島へ！
🚗 46分
旧日本軍の砲台跡などが残る無人島。自然の中の遺跡が不思議な光景をつくっている。

15:00 黒潮市場で迫力満点のマグロの解体ショーに遭遇！
🚗 7分
さばきたての希少部位も
旬の海鮮を市場内で購入すれば、テラスでのBBQも楽しめる。

P▶335

16:30 和歌山マリーナシティを満喫♪
P▶335
まるで地中海の景色！
美しい街並みと、テーマパーク・ポルトヨーロッパで遊び尽くす。

18:00 和歌山マリーナシティに宿泊

2日目　白浜

会いにきてね！

P▶336

9:00 白浜へ向け出発！
🚗 1時間7分

10:15 アドベンチャーワールドでパンダに癒やされる♪
🚗 10分
ジャイアントパンダをはじめとする140種約1400頭の動物たちに出合える。

13:30 迫力満点の三段壁へ！恋人の聖地としても人気
🚗 1分
ピンクポストが駐車場に！
高さ50mの絶壁が太平洋に突き出す。エレベーターで洞窟に行ける。

14:30 壮大な景観の千畳敷に感動
🚗 15分
波打ち際まで下りられる
打ち寄せる波により、何層もの階段状に削られた大岩盤。突き出た岩が畳状に広がる。

P▶337

16:00 円月島と夕日のコラボレーションにうっとり
🚗 3分
真ん中にぽっかりと穴があいた白浜の海のシンボル。夕暮れ時の美しさで知られる。

P▶336
無人の小島！

18:00 日本三古湯の一つ白浜温泉で旅と疲れを癒やす♪
外湯・内湯巡りも楽しい
日本最古名湯「崎の湯」は、白波が打ちつける露天風呂。開放感バツグン！

3日目　串本

10:00 白浜温泉発
🚗 1時間5分
最終日は自然を満喫！

11:15 そそり立つ橋杭岩の景観は圧巻！
🚗 15分
朝日の名所！
大小40の岩が並ぶ景勝地。弘法大師と天邪鬼が橋を架ける競争をしたという伝説も残る。

P▶336

13:00 川舟で自然豊かな「瀞峡めぐり」を楽しむ
🚗 1時間
奇岩・巨岩を船上から眺める
吉野熊野国立公園内にある国の特別名勝の大峡谷。深く静かな流れは神秘的。

P▶338

15:30 熊野尾鷲道路熊野大泊ICから帰路へ

近畿／和歌山

BEST **1**
要塞の跡地で探検気分を味わう

和歌山 **友ヶ島** ／友ヶ島は紀淡海峡に浮かぶ地ノ島、虎島、神島、沖ノ島の総称。沖ノ島では砲台跡をめぐるハイキングが人気。

BEST **2**
まるで島のような**棚田**を眺める

展望台から観賞可能

有田川 **あらぎ島** ／自然が生み出した美しい造形で、春は水鏡、夏は緑色に染まるなど季節ごとに変わる風景が見どころ。

BEST **3**
格式高い**総本山**を見学する

高野 **金剛峯寺** ／弘法大師によって開かれた真言密教の聖地。主殿の柳の間は豊臣秀次が自害した場所でもある。

BEST 4

歌人に愛された
和歌の聖地をお散歩

> 和歌山 **和歌の浦**／万葉のころより歌に詠まれ、和歌の聖地とも呼ばれる。潮の干満により刻一刻と表情を変える姿は目が離せない。

BEST 5

虎伏山にそびえ立つ
白亜の城を眺める

> 和歌山 **和歌山城**／緑茂る虎伏山に白亜の天守閣がそびえる和歌山市のシンボル。天守閣からは市街地を四方に見下ろせる。

BEST 6

曼荼羅の世界を表現した
空間に魅了される

> 高野 **壇上伽藍〈高野山〉**／奥之院と並ぶ聖地。高野山全体の総本堂である金堂や根本大塔など、19の諸堂が立ち並ぶ。

> 和歌山 **和歌山マリーナシティ**／地中海の港街を思わせるテーマパーク。アトラクションや飲食店があり一日中遊べる。

夏は花火も打ち上がる!

BEST 7

海辺のテーマパークで
ヨーロッパ気分

BEST 8

奥之院の御廟橋を
厳かな気持ちで渡る

> 高野 **奥之院〈高野山〉**／高野山の信仰の中心で、弘法大師が入定されている聖地。一の橋から御廟まで約2kmある。

BEST 9

マグロの解体ショーに
大興奮!

> 和歌山 **黒潮市場**／昭和30年代の商店街を模した和歌山マリーナシティ内のグルメスポット。生マグロの解体ショーも。

現在4頭が
生活中

BEST 1
ふわふわでキュートな
パンダと出会う！

白浜 **アドベンチャーワールド**／動物園、水族館、遊園地の一体型テーマパーク。4頭のジャイアントパンダファミリーを見ることができる。

正式名は
高嶋

BEST 2
ぽっかりあいた穴から**太陽**を覗く

白浜 **円月島**／島の中央にあいた円月形の海蝕洞が目印。夕景の美しさは格別で、春と秋には海蝕洞に夕日が収まる瞬間も。

BEST 3
巨大な岩×日の出の絶景に感動する

串本 **橋杭岩**／橋脚のような岩塔が直線状に並ぶ不思議な景観。橋杭岩を前景に見る日の出がドラマチックで、多くのカメラマンが集う。

BEST 4
海岸のきれいな地層を見ながら散策

白浜 千畳敷／荒波に浸食された、岩畳のような景観を形成した、砂岩からなる大岩盤。水平線に沈む夕日も美しい。

絶好の写真スポット

BEST 5
対比が美しい塔と滝の景色が見たい

那智勝浦 三重塔と那智の滝／朱塗りの塔と那智の滝が並ぶ絵画のような景色は、那智山青岸渡寺の本堂後方から眺められる。

BEST 6
熊野三山を巡ったら大斎原まで足を延ばす

田辺 熊野本宮大社旧社地 大斎原／熊野三山の中心である熊野本宮大社の旧社地。熊野川の中洲にあり、日本一巨大な鳥居がそびえ立つ。

トレッキングも人気

BEST 7

神々が宿る
聖地を巡って心を浄化

那智勝浦 **熊野古道**／大自然に囲まれた熊野は、古くから神々が住まう聖地として崇められる特別な地。熊野詣は日本人の旅の起源ともいわれる。

BEST 8

雄大な渓谷美と紅葉に心が洗われる

新宮 **瀞峡**／吉野熊野国立公園内の奈良県・三重県・和歌山県にまたがる大峡谷。荘厳な岩肌や色づく木々、澄んだ川面が心地よい。

BEST 9

斜面いっぱいに広がる梅林を観賞

田辺 **紀州石神田辺梅林**／梅の産地である田辺市を代表するスポット。標高400mの大蛇峰展望台から眺めるすり鉢状に広がった梅畑が見事。

BEST 10

白砂が美しい白良浜でビーチ遊び！

白浜 **白良浜**／延長約620mにわたる弓上の砂浜で、白砂とエメラルドグリーンの海が南国ムードたっぷり。白浜温泉もすぐそば。

和歌山の 春夏秋冬 イベント

春

くまのなちたいしゃ おうかさい
熊野那智大社 桜花祭
熊野　4月中旬
自然の恵みに感謝し、五穀豊穣を祈る祭り。桜の花かんざしをつけた2人の巫女が優雅な舞を奉納する。

夏

こうちまつり
河内祭
串本　7月下旬
源平の合戦で勝利した、熊野水軍の勇姿を伝える例祭。華やかな装飾船が、水上を漕ぎ進む。

秋

のちのひなまつり
後の雛まつり
湯浅　9〜10月
桃の節句の半年後の重陽の節句に、虫干しを兼ねて再び雛人形を飾る。町内には町民手作りの約1万体のつるし雛も飾られる。

冬

くしもとひまつり
串本火祭り
串本　1月
地元高校の弓道部員の放つ火矢で点火される芝焼き。新芽の育成を促すイベントで、夕闇の中の芝焼きの炎は壮大で幻想的。

知っ得！ ご当地 ネタ帳

ざじずぜぞを使わない方言

地元の人とのトークに困らない！
よく使われる方言リスト

あかい	▶	明るい
てち	▶	すごい
ちゃっと	▶	ついに
ほーかな	▶	素晴らしい
やして	▶	じゃないですか
わせ	▶	私の家
ほたえる	▶	ふざける

みかんと梅は買わずにもらうもの！
県民の家には、時期になるとみかんが段ボールで常備、梅も名産品なので、自家製梅干しなどで両方おすそわけしてもらえることが多い。

大阪と三重の文化が混在
北部と南部で文化が異なり会話が成立しづらい？
和歌山市などの北部は、大阪に近くコテコテ関西弁で、南部の新宮市は、三重県寄りなので、方言が微妙に理解できないことも。

お国自慢 ご当地 グルメ

海鮮

生まぐろ
水揚げ量No.1の漁港勝浦でとれる、新鮮でとろける旨み。

麺

和歌山ラーメン
濃厚な豚骨醤油と細麺が主流。各店が独自の味を競う。

鍋

クエ鍋
南紀の冬の味覚の王様。脂ののった身は味が濃くて甘みがある。

漬物

紀州梅
最高品種の南高梅が有名。梅を使ったスイーツも。

欲しいをチェック おみやげリスト

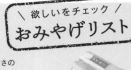
1

1　福菱
かげろう
ふわふわ生地と優しい甘さのクリームが、口の中でスッと溶ける紀州の銘菓。

2

2　早和果樹園
果樹園の濃厚みかんジュレ
有田みかん果汁91%を使用したゼリーの中にみかんのコンポートが入ったスイーツ。

3

3　垣内みそ店
金山寺みそ
なすや生姜などの野菜が入った、ごはんのお供に最適なおかず味噌。

4　伝統工芸
紀州漆器
室町時代から続く伝統工芸で、日本三大漆器の一つに称される。

4

サイクリングで駆け抜ける！
瀬戸内しまなみ海道横断

広島県尾道市と愛媛県今治市を結ぶ全長約70km
の瀬戸内しまなみ海道。海峡を横断できる自転車
道もあり、全国からサイクリストが集まっている。

瀬戸内の島々を繋ぐしまなみ海道。

生口島
瀬戸田サンセットビーチ
白砂と青い海が美しいビーチ。眞板雅文氏作「空へ」などのアート作品も点在。

因島
HAKKOパーク
発酵について学べるテーマパーク。海絶景が楽しめるガーデンで休憩を。

サイクリストの聖地 しまなみ海道とは？

海の上を自転車で走れるしまなみ海道。国際サイクリング大会が開催されるなど、国内外から注目されている。景観だけでなく、道路にはサイクリングの推奨ルートとしてブルーラインを整備。また、小売店や民宿など150以上の「サイクルオアシス」があり、気軽に立ち寄れる休憩所が充実している。

レベルによって 周り方は選べる

尾道から今治まで、全長約70kmを走るのは上級者向け。尾道から向島を一周する約13kmのコースなら、サイクリング初心者でも気軽に楽しめる。

途中で立ち寄りたい フォトスポットはここ

それぞれの島を観光するのも、しまなみ海道を横断する醍醐味の一つ。美しい海を背景にしたフォトスポットや施設などに足を運んでみよう。

生口島 **未来心の丘**
耕三寺博物館にある、広さ5000㎡におよぶ白い大理石の庭園。

サイクル フレンドリーな 施設を利用しよう

今治 ### 今治駅前サイクリングターミナル

レンタサイクルはもちろん、更衣室やシャワー室も完備。

大三島
WAKKA
大三島のホテル。客室やカフェに自転車を持ち込める。

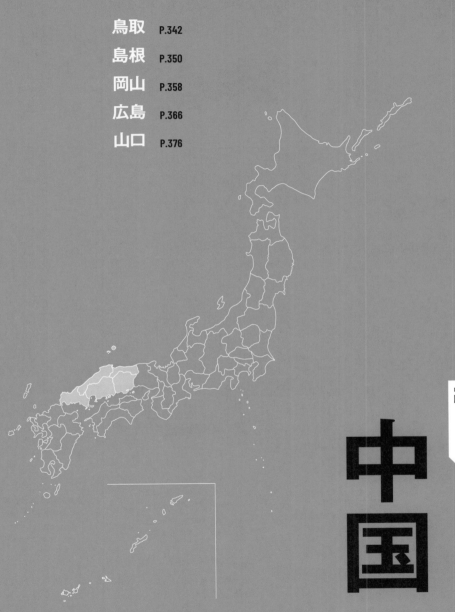

中国

中国

鳥取
旅のプロファイル

日本最大級の砂丘が広がり、豊かな自然に恵まれる

鳥取砂丘をはじめ大山などの自然美あふれる鳥取県。境港は妖怪と新鮮な海の幸の街。世界有数のラドン含有量を誇る三朝温泉などの温泉地も人気がある。

妖怪スポット巡り＆大満足のレジャー体験
大山・境港
だいせん・さかいみなと
P▶346

大山 P▶346

©水木プロ
水木しげるロード P▶347

江島大橋 P▶348

豊かな自然の高原リゾート、大山。水木ワールド満載の水木しげるロードがある境港など、新鮮魚介も楽しみなエリア。

県の形がライオンのよう

- 水木しげるロード
- 海とくらしの史料館
境港
江島大橋
米子鬼太郎空港
米子IC
米子市
大山樹水高原
・大山
とっとり花回廊
木谷沢渓流

島根県

ハタハタ

日本海

光の鏝絵

湯梨浜町

ナシ

大山

倉吉
倉吉平野

三朝温泉
投入堂（三徳山三佛寺）

中 国 山 地

カニ

鳥取砂丘 砂の美術館
鳥取砂丘
鳥取砂丘コナン空港
鳥取IC
鳥取
白兎神社

浦富海岸

鳥取吉白壁土蔵群
打吹公園
鳥取二十世紀梨記念館 なしっこ館

兵庫県

ラッキョウ

ナシ

氷ノ山

鳥取自動車道

用瀬町

岡山県

鳥取観光の王道！
砂丘に感動して歴史ある街を散策

鳥取・倉吉
とっとり・くらよし
P▶344

鳥取といえば砂丘だね！

鳥取砂丘 P▶344

倉吉白壁土蔵群 P▶344

二十世紀梨 P▶349

日本最大の鳥取砂丘がシンボルのエリア。白壁土蔵群のある倉吉の近くには、名湯の三朝温泉もある。

アクセスガイド

東京		
🚅🚃 新幹線・電車	東京→新大阪→鳥取 約4時間50分	
✈ 飛行機	羽田→鳥取 約1時間15分	
✈ 飛行機	羽田→米子 約1時間20分	

大阪		
🚃 電車	大阪→鳥取 約2時間30分
🚌 高速バス	梅田→米子 約3時間

岡山		
🚃 電車	岡山→鳥取 約1時間50分
🚗 車	岡山IC→米子IC 約1時間30分

鳥取基本DATA

面積	約3507km²
人口	54万8562人（令和3年10月1日）
ベストシーズン	7〜9月
県庁所在地	鳥取市
特産品	二十世紀梨、カニ、らっきょう、鳥取和牛、とうふちくわ、など
日本一	SDGsへの取り組み評価日本一（2021年）

地理：北は日本海に面し、鳥取砂丘が続き、西には中国地方最高峰の大山をはじめ、中国山地が連なっている。

気候：日本海側気候だが、暖流の対馬海流の影響で、比較的温暖。冬は大山など山間部は2m以上の積雪になることも。

移動のてびき

1 エリア内の移動は車が便利！道の駅も充実で休憩も楽しい

鳥取〜米子間の山陰道を代表に、県内の高速道路は無料区間が多い。便利なうえにお得。その分、道の駅で寄り道して楽しめる！

2 キャラクターのラッピング列車に乗って楽しく観光！

米子〜境港間を走る鬼太郎列車。全6種類の車両は車内もイラストが満載。乗り場から降りるまで、全部が妖怪ワールドになっている。

PLAN ｜ 砂丘も大山も！鳥取の必訪スポット巡り

鳥取市街～倉吉～境港プラン

COURSE MAP

2泊3日

王道スポットを東から西へ。絶景を巡るドライブ旅。
砂丘や大山の自然、温泉にグルメも満喫。

1日目 **鳥取**

砂上は靴で歩こう

10:00 鳥取自動車道 鳥取IC発

🚗 20分

10:30 まずは鳥取砂丘を歩く

🚗 2分

東西約16kmの壮大な自然の砂丘に感動必至。砂丘センターからリフトで向かうことも可能。

夏に行くなら熱中症対策を

P▶344

12:00 砂の美術館の作品に圧倒される

🚗 15分

世界旅行がテーマ

P▶345 砂の彫刻作品を展示する美術館。細部まで丁寧に彫刻された砂の芸術を体感しよう。

14:00 海鮮市場かろいちで海鮮三昧♪

🚗 50分

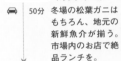

冬場の松葉ガニはもちろん、地元の新鮮魚介が揃う。市場内のお店で絶品ランチを。

カニが主役の水族館も隣接

16:00 世界屈指のラドン泉 三朝温泉で疲れを癒やす

開放感ある露天風呂

P▶345 開湯850年の山陰随一の温泉街。新陳代謝が活発になり、免疫力が高まる効果が期待できる。

2日目 倉吉～大山

9:00 倉吉へ移動！

🚗 12分

9:15 鳥取二十世紀梨記念館 なしっこ館で梨の食べ比べ

🚗 5分

一年中3品種の梨を食べ比べできる。

11:00 倉吉白壁土蔵群でレトロ町歩き♪

🚗 56分

食べ歩きも楽しい！

昔ながらの赤瓦と白い漆喰壁が美しい。古い蔵を改造した店やカフェ巡りをしよう。

P▶344

13:30 大山へ！登山せずとも楽しいスポットが多数

🚗 19分

大山は別名伯耆富士とも

西日本最大級のアスレチックを有する森の国や天空リフトがある大山桝水高原などで楽しもう。

P▶346

15:00 木谷沢渓流で非日常空間を満喫！

🚗 37分

CMにも起用された場所

水とブナを象徴する、奥大山のヒーリングスポット。神秘的な風景に包まれる。

P▶346

17:00 「塩の湯」皆生温泉に浸かりながら海と大山を眺める

目の前は海水浴場

地元の漁師が発見した温泉。海のミネラルを豊富に含む、美肌の湯として人気。

P▶346

3日目 境港

10:00 水木しげるロードを歩いて妖怪のブロンズ像と記念撮影♪

🚗 9分

©水木プロ

水木しげる記念館（休館中）、妖怪神社など観光スポットが並ぶ。妖怪グッズもゲットして。

P▶347

11:00 江島大橋の急勾配にびっくり！

🚗 45分

撮影するなら島根側から

鳥取と島根を結ぶ橋。車のCMにも登場した、通称「ベタ踏み坂」。最上部は高さ約45m。

P▶348

12:00 米子自動車道 米子ICから帰路へ

鳥取・倉吉 で行きたい！したい！
BEST 9

風と砂が
生み出す芸術

BEST **1**

鳥取のシンボル！
広大な砂丘をラクダで遊覧

鳥取　鳥取砂丘／昼夜で刻々と
姿を変える大パノラマ。パラグラ
イダーやラクダと記念撮影ができ
るなど、アクティビティも目白押し。

BEST **2**

ダイナミックな岩場に映える
青い海を眺める

岩美　浦富海岸／断崖と澄み切
った海が織りなす、ダイナミックな
景観。日本海の荒波によって形作
られた洞門や奇岩にも注目。

BEST **3**

倉吉白壁土蔵群の
江戸情緒あふれる町を歩く

倉吉　倉吉白壁土蔵群／古い蔵
や商家を、みやげもの店やカフェ、
工房にリノベした街並み。白い壁
に赤瓦が美しく映える。

BEST 4
梨がテーマの博物館で
見て、食べて、遊ぶ！

倉吉｜鳥取二十世紀梨記念館 なしっこ館／1年間に4000個の実をつけた国内最大級の二十世紀梨の巨木がお出迎え。

BEST 7
砂の彫刻作品が
本物みたいで感動！

鳥取｜鳥取砂丘 砂の美術館／砂を素材にした彫刻作品を展示する美術館。「砂で世界旅行」がテーマになっている。

BEST 5
絶壁にある国宝
危険だけど参拝したい！

険しい登山に備えて行こう

三朝｜投入堂（三徳山三佛寺）／標高900mの三徳山にある山岳寺院。奥院である投入堂は垂直に切り立った絶壁のくぼみに建てられている。

三朝｜三朝温泉／世界屈指の放射能泉で、3回朝を迎えると元気になるという。「河原風呂」は三朝温泉のシンボル。

BEST 8
昭和レトロな街並みの
温泉宿で疲れを癒やす

BEST 6
因幡の白うさぎの舞台
由緒ある神社へ行く

鳥取｜白兎神社／神話の白うさぎを祀る神社。縁結びの神様であり、皮膚病や傷の平癒にもご利益があるとされる人気のパワースポット。

BEST 9
桜の名所の公園で
四季折々の景観を楽しむ

倉吉｜打吹公園／日本の都市公園100選の一つ。春は桜やツツジ、夏は新緑、秋は紅葉、冬はツバキと、四季ごとに美しい。

中国／鳥取

345

BEST 1

神話が残る大山で 登山がしたい！

中国地方の 最高峰

BEST 2

緑が美しい木谷沢渓流で 雄大な自然を感じる

江府　木谷沢渓流／大仙隠岐国立公園の渓流。長い年月をかけて育まれた苔やブナの原生林、野鳥のさえずりに生命を感じる。

BEST 3

海を学べる民族史料館で 魚貝類の魅力を知る

境港　海とくらしの史料館／2.75mの巨大マンボウなど、700種類4000体の魚のはく製を収蔵するミュージアム。

BEST 4

海岸線を目の前に望む 温泉で極楽気分に

米子　皆生温泉／全国的にも珍しい、海から湧く温泉。白砂青松の美しい海岸線や、雄大な大山の景色に癒やされる。

大山　大山／標高1729mの山。貴重な動植物や野鳥、昆虫が息づき、出雲神話の舞台らしい神聖な景色が広がる。

©水木プロ

BEST 5
妖怪たちの影絵が浮かびあがる道を歩く

境港　水木しげるロード／境港駅から水木しげる記念館まで続くロードでは177体もの妖怪と出会える！

BEST 6
左官職人の技が光る！鏝絵の美しさに見惚れる

琴浦　光の鏝絵／漆喰壁に、鏝で福助や動物などの浮き彫り模様を塗った、見事な"鏝絵"のある家が数多くある地区。

南部　とっとり花回廊／春はチューリップ、夏はユリなど、大山を背景に四季折々の花を楽しめる。ガラス温室では洋ランが年中観賞可能。

BEST 7
広いフラワーパークで四季の花を楽しむ

大山・境港 で行きたい！したい！

境港 **江島大橋**／その急勾配から「ベタ踏み坂」と呼ばれ、テレビCMでも話題に。橋の上からは大山や大根島を見渡すことができる。

夜間の撮影もオススメ

BEST **8**

急勾配なベタ踏み坂の壁みたいな写真を撮りたい！

BEST **9**

大山麓の高原から天空リフトで展望台まで

眼下に広がる絶景が最高

伯耆 **大山桝水高原**／大山西側の中腹、標高700〜900mに広がる高原。春から秋は天空リフトで頂上の展望台まで行け、日本海や弓ヶ浜半島を一望できる。

鳥取の春夏秋冬イベント

さくらずもう
桜ずもう

`倉吉` 4月

第53代横綱・琴櫻関の顕彰と、子どもたちの健全育成を目的に行われ、ぶつかり稽古で盛り上がる。

とっとりしゃんしゃんまつり
鳥取しゃんしゃん祭

`鳥取` 8月中旬

伝統芸能「因幡傘踊り」を元にした華やかな傘踊りがメインの祭り。約4000人が鈴の音とともに舞い圧巻。

`秋`

みとくさん ほのおのさいてん
三徳山 炎の祭典

`三朝` 10月最終日曜

自然の恵みと炎に感謝する祭り。ホラ貝の音とともに、多数の山伏行者が人々の願い事を書いた護摩木を火中に投じる修験道行事が行われる。

`冬`

にしにほんゆきがっせんたいかい
西日本雪合戦大会

`若桜` 2月上旬

冬の遊びである雪合戦をスポーツ化し、チーム戦のバトル形式に。国際雪合戦への参加権をかけて、県内外から熱い参加者がやってくる。

知っ得! ご当地ネタ帳

きなんせ鳥取!

地元の人とのトークに困らない!
よく使われる方言リスト

がいな	▶	大きい
めくめる	▶	温める
ばんなりまして	▶	こんばんは
ようこそなぁ	▶	ありがとうございます
きなんせ	▶	おいでください
しょうから	▶	わんぱく
おせ	▶	大人びた

地元民からすると
鳥取砂丘は行きすぎて飽きる

鳥取市内の学校では、砂丘が遠足の定番となっている。人気観光地も、地元の人にとっては、近所の公園の感覚に近いようだ。

ほとんどの学生が白バラ牛乳を飲んで育つ!

給食の牛乳＝白バラ牛乳があたりまえで、小学校の社会科見学でも工場に行って、作りたての牛乳を飲んで帰ってくる。

お国自慢 ご当地グルメ

`ソウルフード`
牛骨ラーメン

米子発祥。まろやかな味で澄んだスープが特徴のラーメン。

`海鮮`
松葉がに

ぎっしり詰まった身は、焼いても茹でても極上の冬の味覚。

`フルーツ`
二十世紀梨

爽やかで、シャキシャキとした食感が特徴の特産品。

`海鮮`
モサエビ

旨み・甘みが抜群の、地元でしか味わえない幻のエビ。

欲しいをチェック おみやげリスト

1 `寿製菓`
因幡の白うさぎ

優しい黄身餡に地元の大山バターが香るしっとり生地が絶妙。おみやげ人気No.1。

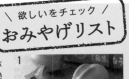

2 `石谷精華堂`
打吹公園だんご

餡の中に餅が入ったかわいい三色団子。キャラクターとのコラボ商品もある。

3 `山本おたふく堂`
ふろしきまんじゅう

明治元年創業の老舗店の銘菓。黒糖と和三盆糖の優しい甘さの蒸しまんじゅう。

4 `伝統工芸`
木彫十二支

挽物細工で作り、泥絵の具で彩色する。特徴をとらえた、素朴な表情がかわいい。

中国／鳥取

島根
旅のプロファイル

八百万の神々が集まる、縁結びの聖地

神話の世界を感じる島根県。出雲大社をはじめ、数々のパワースポットや、歴史に触れる世界遺産の石見銀山。水の都・松江など魅力あふれるスポットがある。

世界遺産とノスタルジックな町並みを満喫

石見銀山
いわみぎんざん
P▶352

石見神楽も必見

大森の町並み P▶352

温泉津温泉 P▶353

世界有数の銀の産地だった石見銀山。その周辺には、湯治場として栄えた温泉津温泉。歴史の面影が残るエリア。

箱寿司 P▶357

ローソク島
島後
隠岐諸島
西ノ島
島前　中ノ島
知夫里島
竹島

松江城
塩見縄手・堀川めぐり
島根半島
由志園
中海
安来市・足立美術館
出雲大社・稲佐の浜
シジミ
出雲縁結び空港
宍道湖
松江
玉造温泉
松江中央IC
出雲
鳥取県
山陰自動車道
お米
米
斐伊川
雲州そろばん
奥出雲町
宍道湖は汽水湖

鞆ケ浦
仁原サンドミュージアム
温泉津温泉
温泉津やきものの里
大田市
石見銀山
世界遺産
アナゴ
トビウオ
浜田市
浜田港
カレイ
アジ
大森の町並み
清水谷製錬所跡
羅漢寺・五百羅漢
龍源寺間歩

広島県

縁結びを願う&水の都で歴史情緒を体感

松江・出雲
まつえ　いずも
P▶354

国宝松江城がある城下町の眼下には、穏やかに広がる宍道湖が。出雲大社をはじめ、縁結びゆかりの古社が集まっている。

萩・石見空港
益田市
太皷谷稲成神社

山口県

中国自動車道

出雲大社 P▶354
松江城 P▶356
宍道湖 P▶356

アクセスガイド

東京
- 飛行機　羽田→出雲 約1時間30分
- 新幹線・電車 東京→岡山 →出雲市 約6時間40分
- 車　東京IC→斐川IC 約8時間50分

大阪
- 飛行機　伊丹→出雲 約45分
- 高速バス 大阪→松江 約4時間40分

岡山
- 電車　米子→松江 約22分
- バス　米子空港→松江 約45分

島根基本DATA

面積	約6708km²
人口	65万1317人（令和5年5月1日）
ベストシーズン	10〜11月
県庁所在地	松江市
特産品	出雲そば、しじみ、かまぼこ、しまね和牛、デラウェア、など
日本一	牡丹の花の生産量が日本一（令和4年）

地理　東西に長い山がちな地形で、北は日本海に面し、北東部に島根半島がのび、その沖合には隠岐諸島がある。

気候　全体的に温暖だが、日本海側気候のため、一年を通して多雨。中国山地周辺は冬季には豪雪になる地域もある。

移動のてびき

1 観光名所を巡るならレンタカーが理想！

空港や出雲市内でレンタカーを借りれば、出雲大社の周辺や、松江市内の主な観光地と温泉を、効率よく楽しめて便利。

2 出雲大社へは出雲縁結び空港からバスで約40分

空港からは「空港連絡バス」を利用するのが便利。時間が合えば、1日2便、乗り換えなしの空港から出雲大社への直通バスもある。

島根
BEST PLAN

聖地を訪ねよう

1泊2日

PLAN | 電車＆バスで巡るパワースポット

松江～出雲プラン

COURSE MAP ★★

緑結びの聖地を巡り、美肌の湯・玉造温泉と、城下町・松江を散策。

1日目 | 出雲へ

P.354

10:00 出雲縁結び空港発
🚌 37分
👣 1分

11:00 日本屈指のパワースポット 出雲大社で参拝！
👣 14分
4つの鳥居を全部くぐり、ご利益アップ。

お守りでご縁を授かる

13:00 神話で知られる稲佐の浜へ 弁天島は大きな岩！
🚌 25分
👣 4分
年に一度全国の神々が集まる、厳かな場所。

夕景も幻想的

P.355

14:30 フォトジェニックな 出雲日御碕灯台へ
🚌 1時間7分
🚅 33分
白亜の灯台と日本海の美しい絶景が広がる。

温泉水をお持ち帰り

17:00 玉造温泉でのんびり♪
「美肌の湯」で心身をリフレッシュ。
P.356

2日目 | 松江市街

10:00 松江城に向け出発！
🚅 4分
🚌 11分
👣 5分

別名「千鳥城」

11:00 国宝！松江城へ 貴重な現存天守
👣 3分
🚌 2分
400年以上、当時のまま城下町にそびえる。

冬はこたつ船になるよ

13:00 遊覧船で風情ある 堀川めぐり♪
👣 3分
🚌 9分
城下町の風景をゆっくり50分遊覧。
P.356

14:30 塩見縄手で城下町の街並みを散策
🚌 24分
堀川沿いの松並木が美しい武家屋敷通り。

17:00 宍道湖の夕日に感動
🚌 50分
沈む夕日に包まれる野外彫刻も芸術的。

18:00 出雲縁結び空港から帰路へ

日本夕陽百選にも
P.356

1泊2日

PLAN | 世界遺産とそのルーツを探る

石見銀山プラン

COURSE MAP ★

かつての面影を残す世界遺産とノスタルジックな温泉を巡る。

1日目 | 石見銀山

10:00 仁摩・石見銀山IC発
🚗 11分

10:15 世界遺産 石見銀山へ！
👣 20分
大森観光案内所を出発し、銀山地区を散策。

ガイドツアーもある

12:00 清水谷製錬所跡で当時の面影を垣間見る
👣 15分
明治時代の最先端技術による精錬所跡。石垣は高さ33m、幅100m。
P.352

世界遺産の構成資産

14:00 羅漢寺・五百羅漢の羅漢像に圧倒される
🚗 20分
銀山で亡くなった坑夫と先祖の霊を弔う501体の羅漢像を安置。
P.352

喜怒哀楽の表情を表現

16:00 温泉津温泉で免疫力アップ！
自然湧出の100％源泉掛け流しで、湯冷めしにくいのが特徴。
P.353

外湯は2カ所

2日目 | 港町を巡る

10:00 温泉津温泉からスタート
🚗 2分

10:15 やきものの里で陶芸文化の歴史に触れる
🚗 11分
長さ20m、10段の巨大な登り窯を復元。陶芸体験も楽しめる。
P.353

全国最大級の登り窯

12:00 銀鉱石が積み出された港 鞆ケ浦を散策
🚗 7分
16世紀前半、銀や銀鉱石を九州・博多に積み出して、繁栄していた。
P.352

現在は静かな漁港

14:00 仁摩サンドミュージアムで世界最大の一年計砂時計「砂暦」とご対面
🚗 2分
「鳴砂」で知られる琴ヶ浜にちなみ作られた珍しい砂の博物館。
P.353

砂絵作り体験ができる

16:00 仁摩・石見銀山ICから帰路へ

中国／島根

石見銀山 で行きたい！したい！ BEST **9**

おしゃれな
カフェもあり

BEST 1

瓦屋根の歴史的町並みに
好奇心を駆り立てられる

大田 **大森の町並み**／坑道跡へと続く町並み。石見銀山で栄えた豪商の住宅など、歴史的な建造物や文化財が当時の面影を残している。

BEST 2

山に囲まれた港町から
日本海を望む

大田 **鞆ケ浦**／石見銀山で採掘された銀鉱石が積み出された港。当時の活気に思いを馳せて。

BEST 3

石窟の中にある
五百羅漢にお参りしたい！

大田 **羅漢寺・五百羅漢**／石窟には計501体の像がずらり。故人に会えるという噂が広まり、人々が集まったという。

BEST 4

苔が覆う製錬所跡で
時の流れを感じる

大田 **清水谷製錬所跡**／明治時代の製錬所で、石積みの遺構が今も残る。巨額の資金が投じられたが、わずか1年半で閉鎖された。

BEST 5

願望成就の
ご利益がある

朱色の鳥居をくぐって **太皷谷稲成神社** を参拝

津和野 太皷谷稲成神社／日本五
大稲荷の一つ。約1000本の鳥居
のトンネルをくぐりながら300mほ
ど山を登った先にある。

BEST 6

砂の博物館 のアートを見て学ぶ

大田 仁摩サンドミ
ユージアム／「鳴砂」
で知られる琴ヶ浜にち
なんだ砂の博物館。
世界最大の砂時計は
迫力大。

BEST 7

石見銀山の歴史が詰まった
温泉 で心身のリフレッシュ

大田 温泉津温泉／全国
で唯一、町並み保存地区に
指定された風情ある温泉
街。石見銀山の鉱夫や運
び手を癒やしてきた。

BEST 8

大きな登り窯 を見て
実際に陶芸を体験！

大田 温泉津やきものの里／
江戸時代より伝わる温泉津焼。
ここでは登り窯の見学や陶芸体
験のほか、陶器の購入もできる。

BEST 9

ひんやりとした **坑道跡** を歩く

大田 龍源寺間歩／
石見銀山にある900以上
の坑道跡の中でも代表
的な大坑道。長さ約
600mのうち入口約160m
を公開している。

恋愛成就でも
人気の神社

BEST 1
縁結びの出雲大社
日本屈指のパワースポットへ

出雲 出雲大社／縁結びの聖地といえばココ！『古事記』にも記載があるほどの古社で、神楽殿の大しめ縄は圧倒的な威厳を放つ。

BEST 2
ローソク島の夕景を遊覧船で見に行く

島後で人気
の景勝地

隠岐の島 ローソク島／夕日が島の先端に落ちる瞬間、ローソクに明かりがともったように見える。遊覧船で巡ることができる。

BEST 3

山陰最大級の**日本庭園**で和の趣を感じる

牡丹は一年中観賞できる

松江 由志園／四季の植物に彩られた日本庭園。GWに開催する「三万輪の池泉牡丹」など、季節によって異なる演出が楽しめる。

BEST 4

城下町の面影を残す**ノスタルジックな道**を散策

松江 塩見縄手 松江城の堀沿い、松江で最も城下町の佇まいを残すエリア。武家屋敷、小泉八雲旧居などが並ぶ。

BEST 5

神々を迎える浜の沈む夕日を眺める

出雲 稲佐の浜／弧を描く美しい白浜。全国の神々が集う会議"神議り（かみはかり）"で、参加する神様はこの浜で迎えられるという。

BEST 6

四季の美しさと**日本画の魅力**に触れる

安来 足立美術館／近・現代日本画を中心とした美術館。120点におよぶ横山大観の優れた作品と、美しい日本庭園が見どころ。

中国／島根

堂々と佇む
天守に感動

BEST 7
松江城からお殿様気分で街を見渡したい！

松江 松江城／国宝に指定された5城の一つ。400年以上前の姿を残し、落ち着いた黒いボディが風格を漂わせる。

BEST 8
湯気が立ち上る温泉街の足湯でくつろぐ

松江 玉造温泉／『出雲国風土記』で「一度入ると美しくなり、再び入ると万病が治る」と記された美肌の湯。

BEST 9
早朝の宍道湖でシジミ漁の船に遭遇

松江 宍道湖／わずかに塩分を含む汽水湖。シジミの漁獲高日本一を誇り、早朝のシジミ漁の風景は宍道湖の風物詩に。

BEST 10
松江城を囲むお堀で船に揺られる

松江 堀川めぐり／松江城を囲む堀川をのんびり巡る小舟。城下町や水鳥たちを眺めながら、船頭さんの軽妙なガイドに耳を傾けて。

島根の 春夏秋冬 イベント

春

わしばらはちまんぐう やぶさめしんじ
鷲原八幡宮 流鏑馬神事

`津和野` 4月第1日曜

鎌倉時代の装束に身を包んだ射手が次々と的を射抜く光景は圧巻。津和野を代表する行事の一つ。

夏

まつえすいごうさい こじょうはなびたいかい
松江水郷祭 湖上花火大会

`松江` 8月中旬頃

宍道湖の湖面から打ち上げられる、西日本最大級の花火大会。約1万発の花火が夜空を彩る。

秋

まつえすいとうろ
松江水燈路

`松江` 9月中旬～10月中旬

松江城をはじめ、風情ある街並みの城下町一帯が、行燈や幻想的な光のアートで彩られる。この時期だけ「堀川遊覧船夜間運航」も。

冬

もろたぶねしんじ
諸手船神事

`松江` 12月3日

日本神話を再現した冬の神事。いてつく海に、2艘の古代船に白装束の男たちが乗り込み、水を掛け合いながら、本殿まで競い合う。

知っ得！ ご当地 ネタ帳

ごだっしゃい！
（いらっしゃい）

地元の人とのトークに困らない！
よく使われる方言リスト

だんだん	▶	ありがとう
どが、どがな	▶	どう、どんな
げに	▶	本当に
そげそげ	▶	そうそう
いかこい	▶	行こうよ
えっと	▶	たくさん
ちょっこし	▶	ちょっと

神社仏閣や遺跡が多すぎて覚えきれない！

神社数では国内有数を誇る島根県。日本書紀や神話の舞台に基づく場所も多いので、行く先々でご利益のある場所に出会える。

出雲大社を知ってる人は多いのに島根県を知らない人が多い！

知名度ランキングでも毎年下位の島根県だが、「出雲大社」は行きたい神社上位の常連。国内外から年間約250万人が訪れている。

お国自慢 ご当地 グルメ

`ソウルフード`
出雲そば

そばを入れた丸い漆器が重なる「割子そば」が特徴。

`鮮魚`
焼きサバ

雲南市で古くから親しまれる、サバを丸ごと串焼きにした名物。

`郷土料理`
箱寿司

酢飯と甘辛い具材を木枠に入れ押して作る祝い寿司。

`郷土料理`
宍道湖七珍料理

宍道湖に生息する7種類の魚介類を使った名物料理。

欲しいをチェック おみやげリスト

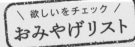

1 `彩雲堂`
若草

独自製法によるふっくらとした求肥に、鮮やかな緑の寒梅粉をまぶした松江の銘菓。

1

2 `中浦食品`
どじょう掬いまんじゅう

ひょうきんなひょっとこ面で人気の銘菓。定番の白餡のほか、味も数種類ある。

2

3 `三松堂`
笑小巻

津和野名物の源氏巻を食べやすくカット。季節ごとにかわいい焼印が押される。

3

4 `伝統工芸`
八雲塗

経年により、文様が色鮮やかに浮かび上がるのが魅力の松江市の伝統工芸。

4

中国／島根

357

岡山
旅のプロファイル

基本情報をCHECK！

桃太郎伝説発祥の地で、名園やレトロな町並みを歩く

温暖な気候を生かし「くだもの王国」として知られる岡山県。
岡山後楽園や倉敷の歴史的町並み。
中国山地と瀬戸内海の豊かな自然など魅力満載。

夏は避暑地
冬はスキー

吹屋ふるさと村 ▶P.362
蒜山高原 ▶P.364
備中松山城 ▶P.362

雄大な自然に癒やされて
天空の山城に圧倒される

蒜山・備中・岡山 ▶P.362
（ひるぜん・びっちゅう・おかやま）

県北部の美しいリゾート、蒜山高原と美作三湯があるエリア。雲海に浮かぶ松山城では絶景に出合える。

白壁が美しい倉敷を歩き
大名庭園で景色を愛でる

岡山市街・倉敷・備前 ▶P.360
（おかやましがい・くらしき・びぜん）

倉敷美観地区 ▶P.361

岡山後楽園 ▶P.360

岡山県の二大観光スポットの倉敷美観地区と岡山後楽園・岡山城がある王道エリア。備前焼の窯元が並ぶ備前も外せない。

備前焼 ▶P.361

地図内表記
鳥取県／中国山地／ジャージー牛／奥津温泉の足踏み洗濯／鳥取自動車道／米子自動車道／津山市／中国自動車道／津山まなびの鉄道館／満奇洞／天王八幡神社の金ボタル／吹屋ふるさと村／吉備高原／備中松山城／高梁市／備中／ブドウ／モモ／後楽園／吉備津神社／備前焼／備前／カキ／岡山空港／造山古墳／鬼ノ城／岡山IC／山陽自動車道／山陽新幹線／岡山駅／岡山／岡山後楽園／総社市／倉敷美観地区／倉敷アイビースクエア／大原美術館／新倉敷駅／倉敷／倉敷IC／児島湖／児島湾／広島県／福山駅／水島地区／児島半島／玉野市／児島ジーンズストリート／カブトガニ／瀬戸内海／米／お米／瀬戸中央自動車道／瀬戸大橋／香川県／瀬戸内海も渡りたい

アクセスガイド

東京
飛行機 羽田→岡山 約1時間15分
新幹線 東京→岡山 約3時間20分

大阪
新幹線 新大阪→岡山 約45分
車 東大阪北IC→倉敷IC 約2時間15分

広島
新幹線 広島→岡山 約35分
電車 福山→倉敷 約40分

岡山基本DATA

面積	約7115km²
人口	185万8269人（令和5年1月1日）
ベストシーズン	3〜5月
県庁所在地	岡山市
特産品	白桃、ブドウ、キュウリ、桃太郎トマト、米など
日本一	年間降水量1mm未満の日数が日本一（令和2年）

地理 県北部は中国山地、中部は吉備高原、南部は岡山平野と瀬戸内海の美しい島々など、自然に恵まれている。

気候 温暖な瀬戸内式気候で、年間平均気温16.2度。全体的に過ごしやすいが、北部では積雪することもある。

移動のてびき

1 岡山市内の移動は路面電車「おかでん」でお得に

市内をお得に散策するなら、「おかでん」一日乗車券を購入しよう。移動手段としてだけではない、個性的な車両も楽しみの一つ。

2 倉敷美観地区は歩いて巡るのがおすすめ

レトロな町並みは約500m四方。どこを切り取っても絵になる風景なので、ぶらぶらと散策するのがおすすめ。歩き疲れたら町屋カフェで休憩を。

岡山
BEST PLAN

晴れの国
岡山を巡る

1泊2日

PLAN | 温泉＆大自然満喫ドライブ

備中〜蒜山プラン

備中松山城と名湯・湯原温泉に癒やされ、
蒜山の大自然を満喫。

COURSE MAP

1泊2日

PLAN | フォトジェニックな町めぐり

倉敷〜岡山市街・備前プラン

美しい町並みの倉敷美観地区から足を延ばし、伝統あふれる備前へ。

COURSE MAP

1日目　倉敷へ

10:00 新倉敷駅発
🚆 10分
🚶 10分
P▶361

10:30 川沿いに白壁が続く
倉敷美観地区を散策♪
🚶 2分 ノスタルジックな町並みでおみやげ探し。

夜景も見る
価値あり

13:00 大原美術館で世界の貴重な
アートを堪能
🚶 6分 多彩な名作が収蔵されている。

P▶361

15:00 蔦が印象的な
倉敷アイビースクエアへ
明治時代の紡績工場を
保存再生している。

P▶360

17:00 倉敷市内の
ホテルに宿泊
ホテルも
併設

2日目　岡山から備前へ

10:00 倉敷駅からスタート
🚆 15分

10:30 岡山駅着
🚌 12分
🚶 1分
P▶360

11:00 日本三名園のひとつ岡山後楽園で
優雅な庭園散策♪
🚶 3分 14年の歳月をかけ造られた回遊式庭園。

13:00 漆黒の岡山城へ
🚆 46分 天守から岡山後楽園や
🚗 10分 市街が見渡せる。
体感コーナー
も充実

15:00 現存する世界最古の公立学校
🚗 10分 特別史跡旧閑谷学校へ
🚆 39分 岡山藩主・池田光政が
創立。講堂が国宝。
楷の木の紅葉も
素晴らしい

17:00 岡山駅から帰路へ

1日目　備中巡り

嫗塚主を
探してみて

10:00 賀陽IC発
🚗 40分

11:00 備中松山城へ！
🚗 40分 日本で唯一、天守
が現存する山城。

13:00 吹屋ふるさと村のベンガラ色で
🚗 1時間 統一された風景に心和む
20分 赤屋根の石州瓦とベン
ガラ漆喰の家が立ち並
び、風情たっぷり。

ベンガラ色の
おみやげも
P▶362

15:30 湯原温泉街の
シンボル砂湯へ
国内でも珍しい足元湧
出温泉。露天の「砂湯」
は24時間開放。

レンタル
湯浴みあり

17:00 岡山随一の温泉郷
湯原温泉に宿泊
湯原ダムの下流に宿が並ぶ、豊富に自噴す
る温泉で、旅の疲れを癒やす。

2日目　蒜山〜満奇洞

サイクリング
も気持ちいい

10:00 湯原温泉から出発
🚗 28分

10:30 蒜山高原の雄大な
🚗 1時間 自然を満喫
ひるぜんジャージーランドで牧草地が広が
る雄大な風景を満喫し、牧場グルメに舌鼓。

P▶364

名物・奥津温泉の足踏み洗濯の
軽快ステップに注目♪
赤いタスキをかけて、
河原の温泉で洗濯す
る独特の風習。
P▶364

13:00 歌人 与謝野晶子も絶賛！
🚗 20分 神秘的な
満奇洞へ
総延長約450m。ハート
形の恋人の泉はSNSの
映えスポット。

八つ墓村の
ロケ地
P▶363

16:00 中国自動車道北房ICから帰路へ

BEST 1
季節の景観が彩る日本庭園で
憩いのひとときを過ごす

特別名勝に指定！

岡山 **岡山後楽園／日本三名園**の一つ。四季を通じてさまざまな行事を開催。期間限定の夜間ライトアップ「幻想庭園」も人気。

BEST 2
赤レンガの複合施設で
おしゃれな時間を過ごす

倉敷 **倉敷アイビースクエア** 紡績工場の外観や立木を可能限り保存し、ホテルにリニューアル。工芸品や民芸品、銘菓などのおみやげも充実。

和気 **藤公園** 例年4月下旬から5月初旬にかけ、約100種類の藤が咲き誇る公園。北海道から鹿児島まで全国の著名な藤が栽培されている。

BEST 3
巨大な藤棚で
満開の花シャワーを浴びる

BEST 4

美しい町の景観を
散策して楽しむ

倉敷　**倉敷美観地区**／伝統的な
建物が作り出す趣ある町並み。倉
敷ブランドが揃うショップや、町
家を改装したカフェなどが並ぶ。

レトロモダン
な雰囲気

備前　**備前焼**／
釉薬を一切使わず
絵付けもしないシ
ンプルさが特徴。
硬くて割れにくく
日用品として人気。

BEST 5

土の個性あふれる陶器が欲しい

倉敷　**児島ジーンズストリート**／国内
で初めてジーンズ生産を手掛けた繊維の
町。約400mの通りは国産ジーンズの聖地。

倉敷　**大原美術館**／
日本で最初にできた西
洋美術中心の私立美術
館。講座や音楽家を迎
えたギャラリーコンサ
ートなども開催される。

BEST 7

西洋風の外観の美術館で
巨匠の作品を鑑賞する

岡山　**フルーツパフェ**／温
暖な気候のおかげでフルーツ
を一年中栽培。岡山市内のカ
フェなどでフルーツパフェを
提供する。

BEST 6

ジーンズ好きが集まる通りで
お気に入りの一枚を見つけたい!

BEST 8

夏の岡山で
桃パフェが食べたい!

中国　岡山

BEST 1

山の上に立つ
天空の城に行きたい

難攻不落の
名城で有名

BEST 2

赤で統一された歴史的景観の
ふるさと村を訪れたい

高梁 吹屋ふるさと村／
石州瓦とベンガラ色の外観
で統一された赤い町並みは
必見。ベンガラ絵具を使う
創作体験もできる。

勇壮な日本建築の
吉備津造を見に行きたい

桃太郎伝説の
舞台を体感!

高梁 **備中松山城**／天守が残る
日本唯一の山城。雲海に浮かぶ
天空の山城として人気。9月から4
月の明け方が雲海発生の狙い目。

岡山 **吉備津神社** 桃太郎にま
つわるさまざまな伝説が残る神
社。本殿から360m続く廻廊は必
見で、初夏には紫陽花が咲き誇る。

巨大な前方後円墳に
入ってみたい!

岡山 **造山古墳**／古墳時代中期
に築造。古事記にも登場する謎に
包まれた史跡。墳丘上まで歩いて
登ることができる古代ロマンの地。

カラフルにライトアップされた
穴場の**鍾乳洞**で写真を撮りたい

中国／岡山

新見 **満奇洞**／全長約450mの
鍾乳洞で、四季を通じて適温を保
ち、季節を問わず楽しめる。ライ
トアップが神秘的。

363

サイクリング
もおすすめ！

BEST 6

広々とした大自然！
高原のリゾートを満喫したい

真庭 蒜山高原 ジャージー牛の放牧が見られる。レストランやショップ、自家栽培された山葡萄醸造のワイナリーもある。

BEST 7

鉄道に触れて、学んで
鉄道愛が止まらない

津山 津山まなびの鉄道館 動輪展示・歴史体験・ジオラマ展示の3構成。国内で唯一製造されたディーゼル機関車が保管されている。

BEST 8

奥津温泉の名物
足踏み洗濯を見たい

鏡野 奥津温泉の足踏み洗濯「美人の湯」として人気の秘湯で、3月から12月上旬の日曜日朝9時から不定期で実演。

新見 天王八幡神社の金ボタル 黄金色の光が無数にまたたく。境内と周辺は金ボタルの集団発生地として県指定の天然記念物に。

BEST 9

夏の森の中で舞う
金色の世界に魅了される

和名は
ヒメボタル

岡山の 春夏秋冬 イベント

おかやまさくらカーニバル
岡山さくらカーニバル
岡山 4月上旬

約250本のソメイヨシノが1kmにわたり咲く旭川河川敷で開催。夜間はライトアップもあり一層にぎわう。

おかやまももたろうまつり
おかやま桃太郎まつり
岡山 8月上旬

「温羅(うら)」と呼ばれる鬼に扮した踊り子たちが、ダイナミックで華麗な踊りを披露する。

秋

ちゃやまちのおにまつり
茶屋町の鬼まつり
倉敷 11月中旬

江戸時代から続く倉敷市茶屋町の風習。さまざまな形相をした手作りの鬼の面を付け、鬼太鼓の演奏や鬼踊りが行う。

冬

おかやまこうらくえん しばやき
岡山後楽園 芝焼き
岡山 2月上旬

園内に敷かれた冬枯れの芝を、順番に焼いて春の芝の育成を助ける。一年に一度だけ見られる、この時期の後楽園の風物詩。

知っ得! ご当地ネタ帳

岡山においでんせえ

地元の人とのトークに困らない!
よく使われる方言リスト

ぼっけぇ	▶ とても
おいでんせえ	▶ いらっしゃい
おえん	▶ 無理だ
こがーな	▶ こんな
あやじゃ	▶ めちゃくちゃだ
なんしょん	▶ 何してるの?
うったて	▶ 最初

至るところに桃太郎がいる
待ち合わせは桃太郎像前!

JR岡山駅東口に、お供を従えた凛々しい表情の桃太郎が!像は丸い台座のベンチになっていて、待ち合わせによく使われる。

きびだんごより
大手まんぢゅうをよく食べる!

岡山みやげとしてはきびだんごが有名だが、地元では大手まんぢゅうのほうがなじみがある。日常の手みやげにも使われるそう。

お国自慢 ご当地グルメ

ソウルフード
日生カキオコ
大粒の牡蠣がぎっしり入った、日生名物のお好み焼き。

ひるぜん焼そば
鶏肉と高原キャベツを味噌だれで炒めたご当地B級グルメ。

郷土料理
岡山ばらずし
お祝い事には欠かせない、数十種類の具がのるちらし寿司。

フルーツ
白桃
純白の果皮と、芳醇な香り。上品な甘さが特徴。

欲しいをチェック おみやげリスト

1 廣榮堂
きびだんご
元祖の味から白桃、抹茶味まで進化を続ける岡山みやげの定番。包装紙も注目。

2 大手饅頭伊部屋
大手まんぢゅう
甘酒の芳醇な香りの薄皮の生地が特徴。180年の歴史がある岡山の銘菓。

3 蒜山酪農農業協同組合
蒜山ジャージーヨーグルト
新鮮なジャージー牛乳を使用。濃厚とさっぱりの2層の味がおいしさの秘密。

4 伝統工芸
撫川うちわ
俳句の切り抜き文字と、透かし絵が特徴。江戸から伝わる、優美な工芸品。

広島
旅のプロファイル

瀬戸内海と島々の美景が魅力の県

世界恒久平和の実現を訴え続ける、国際的にも有名な広島。県西部の安芸、県東部の備後で、方言や文化が若干異なる。野菜や果物の栽培、魚介類の養殖も盛ん。

日本酒ゆかりの地で酒蔵を巡り緑豊かな森に癒やされる

西条・庄原 （さいじょう・しょうばら） P▶370

西条酒蔵通り P▶371
国営備北丘陵公園 P▶371

自然豊かな帝釈峡や公園が多いスポット。移動にはレンタカーが便利。江戸時代の面影を感じられる町並みを散策して。

宮島はグルメも◎

神の島を巡り世界平和を願う

広島・宮島 （ひろしま・みやじま） P▶368

厳島神社 P▶368
平和記念公園 P▶368

戦後、国際平和都市として復興・発展を遂げた広島。宮島は、海の上に浮かぶような厳島神社で知られる、日本有数の観光地。

東洋一の軍港を見学し、海辺の町を散策する

呉・しまなみ海道・尾道 （くれ・かいどう・おのみち） P▶372

尾道ラーメン P▶375
常夜燈 P▶374

尾道や瀬戸内しまなみ海道は、県を代表する観光名所。工業都市として発展した呉も魅力。

アクセスガイド

東京		
✈ 飛行機	羽田→広島	約1時間25分
🚄 新幹線	東京→広島	約3時間50分
🚌 夜行バス	東京→広島	約13時間15分

大阪		
🚄 新幹線	新大阪→広島	約1時間20分
🚗 車	中之島JCT→広島JCT	約5時間30分

山口		
🚄 新幹線	新山口→広島	約31分
🚃 電車	岩国→広島	約1時間

広島基本DATA

面積	約8479㎢
人口	274万5462人（令和5年5月1日）
ベストシーズン	9〜11月
県庁所在地	広島市
特産品	もみじ饅頭、広島牡蠣、お好み焼き、あなご飯など
日本一	レモンの生産量が日本一（令和4年）

地理 瀬戸内海に大小合わせて140ほどの島があり、多島美を楽しめる。全面積の3／4を森林・原野が占めている。

気候 中国山地や四国山地に挟まれていることで、年間を通して雨や雪の影響を受けにくく、晴天の日が多い。

移動のてびき

1 宮島SA（下り）からの景色は必見！

厳島神社の鳥居を模した1／3サイズの鳥居がある。鳥居をくぐった展望広場からは、宮島や瀬戸内海が一望できる。

2 電車移動は広島電鉄の一日乗車券がおすすめ

市内を走る広島電鉄の「電車一日乗車券」に加え、電車と宮島へ渡るフェリーの乗船券が一緒になった「一日乗車乗船券」もある。

広島 BEST PLAN

歴史スポットが多数！

1泊2日

PLAN｜世界遺産と王道コースを巡る

宮島～広島市街プラン

COURSE MAP

日本有数の観光地・宮島と、平和の大切さを学びに広島市街を巡る。

1日目　宮島へ

9:00	広島駅発
🚃 26分 👣 7分	 島全体が神の島
10:00	宮島フェリー 乗り場着
🚢 10分 👣 11分	
10:30	世界遺産 厳島神社を参拝！ 潮の満ち引きのある海上に社が建てられた。
👣 4分	
12:00	表参道商店街でおみやげ探し♪
🚗 10分	焼きたてのもみじ饅頭も味わえる！
↓	
14:30	宮島口駅着
🚃 27分 👣 2分	麺入りで満腹に！ P▶369
16:00	夜は広島駅周辺のお好み焼き店で決まり！

2日目　広島市街

10:00	広島駅発
🚌 15分	
10:15	世界遺産 P▶368
👣 20分	平和記念公園を散策 平和への願いを込めた平和の鐘が鳴る。 園内の慰霊碑
14:00	広島城の天守で武家文化の 歴史を学ぶ
👣 8分	1958年に再建された
	天守内部は資料などで 歴史を学ぶ博物館。 P▶368
15:30	築庭400年以上の縮景園で 自然豊かな景観に心和む
👣 5分	庭園の中心には池が 大名庭園で季節の花々を観賞し、癒やされる。
↓	
17:00	広島駅から帰路へ

P▶369

1泊2日

PLAN｜海と坂道と猫の町&絶景ドライブ

竹原・尾道・福山プラン

COURSE MAP

江戸時代に発展を遂げたレトロな町や港町、猫に出会える不思議な路地を散策。

1日目　安芸～尾道

情緒ある景観を楽しむ

10:00	山陽自動車道
🚗 20分	河内IC発 P▶372
10:30	竹原の町並みを散策
🚗 47分	江戸時代に栄えた商家が見られる町並み。
13:00	絶景のしまなみ海道を快走！
🚗 40分	瀬戸内海の島々と 7つの橋をつなぐ、 サイクリストの聖 地で絶景ロード。 P▶372
↓	
16:00	瀬戸田サンセットビーチで
🚗 40分	瀬戸内海の夕日を満喫♪ 遠浅で穏やかな波のビー チ。美しい夕日が見 られる人気スポット。
↓	 美しい瀬戸内海を一望
18:00	尾道市内の ホテルに宿泊

瀬戸内の海に沈む夕日

時の鐘の「驚音楼」

2日目　尾道～鞆の浦

10:00	尾道市内発
🚗 8分	
10:15	尾道水道を一望！ P▶373
👣 2分	玉の岩伝説が残る千光寺へ 岩の上に光を放つ如来宝珠があったという 伝説が伝えられている。
11:30	迷路のような石段続く
👣 2分	千光寺新道を進む 千光寺に続く石段から横に 延びる路地には、カフェや 石碑など見どころも満載。 P▶372
13:00	猫好きなら一度は訪れたい
🚗 45分	猫の細道を散策 路地や石垣の上に、猫が描 かれた丸い石「福石猫」が！
	踏切からのベストショット
15:00	鞆の浦のシンボル
🚗 40分	常夜燈へ 江戸時代から、船の港 への出入りを誘導して いる灯台は必見。 P▶374
	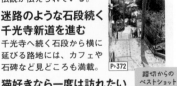 夜になると明かりが灯る
17:00	山陽自動車道 福山東IC から帰路へ

かわいい表情にも注目

鳥居は高さ
約16.6m

BEST 1
宮島の象徴
厳島神社を参拝する

廿日市 **厳島神社**／593年に創建されたと伝えられる。その後、平清盛が崇敬し、寝殿造の社殿を造営。当時の様式が伝わる。

BEST 2
歴史を伝え続ける**公園**で
平和を祈る

世界遺産の
原爆ドーム

広島 **平和記念公園**／原爆死没者の慰霊と世界の平和を願って造られた都市公園。原爆ドームや広島平和記念資料館がある。

広島 **広島城**／毛利輝元により築城された。戦争で倒壊したが、城跡には江戸時代以前の石垣や内堀が残っている。

BEST 3
広島市のシンボル**広島城**の
美しい天守を眺める

BEST **4**

広島の中心地にある
日本庭園で景色を楽しむ

広島 **縮景園** 1620年、広
島浅野藩初代藩主浅野長晟が
築成した大名庭園。桜やもみじ
などの花々で四季を感じられる。

BEST **6**

展示がきれいな**水族館**で
瀬戸内海の特色も学べる

BEST **5**

宮島名物**あなごめし**が
ふわふわでおいしい

廿日市 **あなごめし**／アナゴが名
物の宮島。あなごめしは、宮嶋駅
（現在の宮島口駅）近くで弁当と
して販売したことが始まり。

BEST **7**

麺も具もたっぷりの
お好み焼きが食べたい

広島 **広島お好み焼き**／中華
麺の上に野菜や肉、薄く焼いた
小麦粉の生地をのせ、重ね焼き
するのが特徴。

中国／広島

BEST **8**

ロープウェイに乗り絶景を見に行く

島々を一望
できる

廿日市 **獅子岩展望台**／宮島ロ
ープウエーの獅子岩駅のすぐそ
ばにある展望台。標高430mの展
望台からは、瀬戸内海を望める。

獅子岩

西条・庄原 で行きたい！したい！ BEST 8

美しい大自然の中を
遊覧船で水上散歩する

BEST 2

自然に囲まれた
岩のアーチが見たい

世界三大
天然橋の一つ

庄原 雄橋／全長90m、幅
18m、厚さ24mの石灰岩ででき
た天然橋。巨大な岩盤が、渓
水の浸食により貫通したもの。

BEST 3

高谷山展望台から
霧の海の絶景を望む

BEST 7

花の香りが風に乗る農園で
癒やしの時間を堪能

世羅 香山ラベンダーの丘／
ハーブガーデンやラベンダー、
ポピーなど四季の花々や収穫体
験が楽しめる観光農園。

370

庄原 **帝釈峡遊覧船**／帝釈峡の周囲約24kmの神龍湖の名所を、約40分かけて遊覧する。秋には岩肌に映える紅葉が美しい。

趣ある
畳の遊覧船

BEST 4

里山と棚田の風景を
ゆったり眺める

庄原 **三河内棚田テラス**／たたら製鉄という古い製鉄方法のために砂鉄を掘った跡地。斜面を利用して棚田にしている。

東広島 **西条酒蔵通り**／7軒の蔵元が集る町、西条。酒蔵通りは、赤レンガの煙突やなまこ壁、白壁が独特の景観を織り成している。

BEST 5

蔵元が並ぶ通りの
風情と景観も楽しむ

BEST 6

1日では遊び尽くせない
きれいな花が咲き誇る公園

庄原 **国営備北丘陵公園**／約340haの、中国地方初の国営公園。「ふるさと・遊び」がテーマで、花広場やオートビレッジがある。

三次 **高谷山展望台**／高谷山の標高約490mにある展望台。秋から早春の晴れた日の早朝に、幻想的な霧の海が見られることも。

BEST 8

鮮やかな花畑で夢心地になる

世羅 **世羅高原農場**／4つの花観光農園を有する農場。6万5000㎡に200種75万本のチューリップが咲く景観は圧倒的。

呉・しまなみ海道・尾道 で行きたい！したい！ BEST 9

BEST 1
海の景色を一望する
しまなみ海道をサイクリング

風を切って
走ろう！

尾道 瀬戸内しまなみ海道／全長約
60km、尾道と愛媛県今治市、瀬戸内
海に浮かぶ島々を結ぶ。多島美を眺め
ながらサイクリングも楽しめる。

竹原 竹原町並み保
存地区／安芸の小京都
と呼ばれ、江戸時代に
製塩地として発展した
町。国の重要伝統的建
造物群保存地区に指定。

BEST 3
映画に出てくるような
ノスタルジックな町を歩く

尾道 ONOMICHI U2／
ホテルやレストラン、
カフェ、ショップなど
が揃う尾道の新名所。

ONOMICHI U2

5

BEST 2
千光寺へと続く
坂道を散歩する

尾道 千光寺新道／千光
寺踏切下の交差点のある道
路から、千光寺へと続く石
段。カフェへの寄り道や、
小さな路地巡りも楽しめる。

BEST 4
尾道の**おしゃれスポット**でショッピング！

尾道　**千光寺**／標高約140mの
大宝山の中腹にある、806年に弘
法大師の開基とされる寺。合格祈
願や縁結びなどにご利益がある。

BEST 5

街が一望できる
山の上の **千光寺** に行く

BEST 6

鞆の浦の 常夜燈 で素敵な写真を撮りたい！

鞆の浦の
シンボル

福山 常夜燈／1859年に建てられた高さ
5.5mの石造りの灯台が、夜の鞆の浦を照ら
す。江戸時代から残る国内最大級の常夜燈。

BEST 7

大きな てつのくじら が目印
潜水艦を展示する博物館

呉 てつのくじら館／
海上自衛隊呉史料館。海上
自衛隊で使われていた、全
長約76.2mの潜水艦あきし
おの内部を実際に見られる。

BEST 9

対潮楼 のお座敷で絶景ビューを楽しむ

福山 対潮楼／1690年頃に福善寺の客殿として
築造。瀬戸内海に浮かぶ仙酔島や弁天島を一望
できる。坂本龍馬が談判を行った場所として有名。

因島から
橋で渡れる島

BEST 8

生口島の潮音山に登り
瀬戸内海の絶景をパシャリ

尾道 生口島／レモンの
生産量日本一の島。潮音山
からは瀬戸内海が一望でき
る。多々羅大橋を渡れば愛
媛県今治市につながる。

広島の春夏秋冬イベント

`春`

うえのこうえんさくらまつり
上野公園桜まつり
`庄原` 3月中旬〜4月中旬
上野池の周囲約2kmわたり植えられた600本の桜が咲く。ぼんぼりで照らされた夜桜の姿が美しい。

`夏`

おのみちすみよしはなびまつり
おのみち住吉花火まつり
`尾道` 7月下旬
毎年、旧暦の6月27日前後の土曜に開催される、住吉神社の例祭。約1万3000発の花火が打ち上げられる。

`秋`

おのみちあかりまつり
尾道灯りまつり
`尾道` 10月中旬
尾道水道に面する雁木から、尾道三山の16の寺と、それに続く参道や境内、駅前などに約3万4000個のぼんぼりが灯される。

`冬`

びほくイルミ
備北イルミ
`庄原` 11月上旬〜1月上旬
国営備北丘陵公園の地形や樹木を活用し、約70万球の電球を使って演出される。エリアごとに異なったイルミネーションが楽しめる。

知っ得！ご当地ネタ帳

かわいい方言もたくさん

地元の人とのトークに困らない！よく使われる方言リスト

〜じゃけえ	▶	〜だから
あがにー	▶	あんなに
ようけ	▶	たくさん
そがいに	▶	そんなに
たちまち	▶	とりあえず
みてる	▶	なくなる
みやすい	▶	簡単な

他県民には喧嘩に聞こえる？県民同士の普通の会話が怖そうな所以
広島弁は全体的に濁点が多いため、通常の会話でも荒々しい印象を与えることも。任侠ものの作品の舞台となることも影響しているのかも？

本通り周辺のことを市内と言っている！
市内の中でも特に都会の部分を「市内」と呼ぶそう。本通りを起点とした紙屋町、八丁堀、並木通りまわり、流川まわりの歓楽街を指すことが多い。

お国自慢 ご当地グルメ

`麺`
尾道ラーメン
尾道市発祥。平打ち麺で豚の背脂を浮かせた醤油ベースのラーメン。

`郷土料理`
あなごめし
宮島周辺を中心に、宮島参拝の際の食事やみやげとして人気。

`ソウルフード`
お好み焼き
薄く伸ばした生地に焼きそばなどを盛り、焼いた卵を重ねて蒸し焼きに。

`海鮮`
牡蠣
牡蛎の生産量日本一の広島。1〜2月が旬。濃厚な味が特徴。

欲しいをチェック おみやげリスト

1 `やまだ屋`
もみじ饅頭
宮島の銘菓。こしあん、つぶあんに加え、クリームや抹茶、チョコなどの味もある。

2 `虎屋本舗`
はっさく大福
やわらかな大福を噛んだ瞬間にみずみずしい八朔の果汁と甘みが広がる瀬戸内銘菓。

3 `山豊`
広島菜漬
日本三大漬菜の一つ。一株が大きい広島菜を使った、ピリッとした風味が特徴の漬物。

4 `伝統工芸`
宮島しゃもじ
日本三大弁財天の厳島弁財天の持つ琵琶がモチーフ。「幸せをめしとる」とされる縁起物。

1
2
3
4

山口
旅のプロファイル

本州最西端に位置し雄大な自然と海の幸が魅力

幕末の偉人を多く輩出した山口県。代表は萩の松下村塾。
長い海岸線には海の絶景が点在。秋吉台には自然の
造形美が広がり、ほかにはない魅力を持つ。

世界遺産の城下町を散策、
新鮮な海の幸を味わう

山口・萩・下関 P▶378

角島大橋 P▶378

元乃隅神社 P▶378

ふぐ刺し P▶379

西の京と言われる山口市。日本海側には、絶景道・角島大橋や幕末由来の史跡が残る萩の街並み。ふぐを筆頭に海の幸が満載。

関門海峡は
人道もある

元乃隅神社

角島

角島大橋

瓦そば

アマダイ

長門市

萩焼

世界遺産 萩反射炉

萩

萩城下町 松下村塾 世界遺産

島根県

広島県

名水百選の
錦川が流れる

別府弁天池

秋吉台
秋芳洞

美祢市

中国山地

中国自動車道

錦帯橋
岩国城
吉香公園
岩国七町

山口

山口IC

新山口駅

周南工場夜景

新岩国駅

岩国

岩国錦帯橋空港

下関

新下関駅
下関IC
関門海峡

山陽新幹線

防府天満宮

徳山駅

周南市

山陽自動車道

レンコン

厚狭駅

山陽小野田市

宇部市

防府市

光市

柳井の金魚ちょうちん

福岡県

小倉駅

山口宇部空港

セメント

周防灘

フグ

瀬戸内海

高山展望台

巌門

周防大島

優美なアーチ橋と
風情ある町並みを堪能

岩国・周防大島 P▶380

岩国寿司 P▶383

錦帯橋 P▶380

岩国城 P▶381

日本三名橋の錦帯橋、周辺には岩国城の城下町が広がる。「瀬戸のハワイ」と呼ばれる周防大島はリゾートの島。

アクセスガイド

東京
- ✈ 飛行機　羽田→山口宇部 約1時間45分
- 🚄 新幹線　東京→新山口 約4時間20分
- 🚌 夜行バス　東京→萩バスセンター 約14時間30分

大阪
- 🚄 新幹線　新大阪→新山口 約1時間50分

福岡
- 🚃 電車　小倉→下関 約15分
- ⛴ 連絡船　門司→下関 約5分

山口基本DATA

面積	約6113km²
人口	130万2440人（令和5年5月1日）
ベストシーズン	5月、8〜10月
県庁所在地	山口市
特産品	ふぐ、岩国寿司、ういろう、夏みかんなど
日本一	歴代総理大臣の輩出が日本一

地理	三方を海に囲まれ、関門海峡を挟んで九州と対峙。北東に中国山地があり、南部には狭い山口盆地がある。
気候	県内大部分は瀬戸内海式気候で温暖。風水災害も少ない。日本海側や内陸部は冬は曇りがちで積雪もある。

移動のてびき

1 1人からでも利用可能！
観光タクシーで快適な旅

観光タクシーを利用して好きな場所へ。地元に精通しているので、地理も気にせず楽しめる。コースも相談次第で多彩。

2 やまぐち絶景満喫バスで
人気スポットを効率よく巡る

湯田温泉から出発して、人気の元乃隅神社と角島に日帰りで行ける。道の駅にも寄るので買い物もできる。設定日は要チェック。

山口
BEST PLAN

2泊3日

PLAN | 世界遺産も映えスポットも網羅

萩～岩国プラン

幕末ゆかりの萩を起点に、ドライブで海と自然の恵みを堪能し、山口の必見観光スポットを巡る。

CORCE MAP

1日目 | **萩～長門**

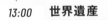
自転車での
散策も◎

10:00
🚗 1時間10分
萩・石見空港からレンタカーで出発！

11:10
🚗 7分
白壁からのぞく夏みかんが趣ある萩城下町を散策♪
菊屋家住宅を中心に、カフェや萩焼のショップが点在。お気に入りを発見。

13:00
🚗 55分
世界遺産 松下村塾を見学

この簡素で小さな学び舎から、明治維新の志士が数多く輩出されたことに感動。
P▶378
松陰神社も参拝しよう

15:00
🚗 33分
123基の鳥居が見事な元乃隅神社へ！

御朱印はかわいい白狐
赤い鳥居と青い海、周囲の緑が織り成す絶景。賽銭箱が鳥居の上部にあるのが珍しい。
P▶378

17:00
🚗 1時間10分
フォトジェニックな角島大橋を快走！

透き通るコバルトブルーの海を望む絶景大橋。通行無料の橋では日本屈指の長さを誇る。
P▶378
両端には展望公園

19:00
下関市内のホテルに宿泊

2日目 | **下関～美祢～山口**

10:00
🚗 10分
下関市内発

10:15
🚗 51分
唐戸市場で新鮮な海の幸を堪能♪

お寿司がバラ売りで！
ふぐはもちろん、握り寿司も人気。

12:30
🚗 5分
秋芳洞の神秘的な風景に感動！
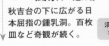
秋吉台の下に広がる日本屈指の鍾乳洞。百枚皿など奇観が続く。
洞窟生物も多く生息。
P▶379

14:30
🚗 36分
日本最大級のカルスト大地 秋吉台で自然の造形美を楽しむ

絶景ドライブのあとは、展望台から大パノラマを。気軽に歩ける散策コースも楽しめる。
「山焼き」は早春の風物詩
P▶379

16:00
🚗 37分
国宝瑠璃光寺五重塔を見学

大内義弘を弔うため1442年建立。伝統的な檜皮葺の屋根が美しい、大内文化の最高傑作。
日本三名塔の一つ

18:00
山口市内のホテルに宿泊

3日目 | **岩国**

夏は錦帯橋で鵜飼いも

9:00
🚗 1時間20分
山口市内発

10:30
🚗 2分
日本三大橋の一つ 木造アーチが印象的な錦帯橋へ！

渡るには入橋料が必要
釘を使わない繊細な組木技法で建設されている。四季折々に優雅な景観が楽しめる。
P▶380

12:00
🚗 2分
岩国城を散策

ロープウェイで上れる
錦帯橋を望む標高200mの山頂に立つ山城。桃山風南蛮造りの珍しい天守に注目。
P▶381

14:00
🚗 16分
自然豊かな吉香公園でひと休み

大噴水でひと休み
柳井市の民芸品 金魚ちょうちんがかわいい！
藩政時代を偲ばせる建造物が点在する、歴史ある大公園。
P▶382

16:00
岩国錦帯橋空港から帰路へ

中国／山口

山口・萩・下関 で行きたい！したい！ BEST **9**

爽快ドライブ！

BEST **1**
青い海の上にかかる橋を ドライブしたい

下関 **角島大橋**／海上にのびる美しい景色はCMやドラマのロケ地としても話題に。一度は行ってみたい絶景スポット。

BEST **2**
歴史ある学び舎を見学

萩 **松下村塾**／吉田松陰が主宰した私塾。幕末、明治維新で活躍した多くの逸材を輩出。世界遺産にも登録。

BEST **3**
池に映る季節の景観は 時間を止めたいほど美しい

美祢 **別府弁天池**／鮮やかなエメラルドグリーンの神秘的な光景がSNS映えのパワースポットとして話題に。

BEST **4**
123基がずらりと並ぶ 鳥居のトンネルを通る

長門 **元乃隅神社**／斜面に沿って連なる朱塗りの鳥居と青い海のコントラストが美しい。パワースポットとしても人気。

日本三大
カルスト！

BEST 5
カルスト台地で
雄大な自然を体感

美祢 **秋吉台**／日本最大級のカルスト台地。草原から石灰岩が覗く独特な景色。散策やトレッキングで自然を満喫できる。

BEST 6
取り扱い量No.1の
下関のふぐ刺しに舌鼓

下関 **ふぐ刺し**／下関や萩の漁場でとれるフグ。特に下関はふぐ食の歴史が長く、ふぐ専門店も点在する。

BEST 8
関門海峡の大パノラマに
打ち上がる花火は壮観

下関 **関門海峡**／本州と九州を隔てる海峡。花火大会は海峡の両岸で毎年8月13日に合同開催される大規模なもの。

BEST 7
日本屈指の**大鍾乳洞**で
百枚皿を見る

美祢 **秋芳洞**／秋吉台の地下100mに広がる特別天然記念物の鍾乳洞。年月をかけて形作られた自然の造形は息をのむ光景。

萩 **萩反射炉**／西洋で開発された金属溶解炉で、幕末期に萩藩が導入を試みた。現在煙突にあたる部分が遺構として残され、世界遺産にも登録。

BEST 9
幕末に造られた
萩反射炉の遺構を見学

BEST 2
展望台から望む瀬戸内海の壮大な景色に感動する

360度の大パノラマ

周防大島 嵩山展望台／大島東部や瀬戸内海を見渡せる絶景スポット。中腹にある海の見えるハイキングコースが人気。

BEST 1

五連のアーチでできた橋から川を眺めたい

岩国 錦帯橋／清流錦川に架かる五連アーチの木造橋。組木の繊細な構造は屋形船から見上げても美しい。

職人技が光る橋

BEST 3

瀬戸内海沿岸の工場夜景が迫力満点

周南 周南工場夜景／瀬戸内海沿岸に広がる周南コンビナート。夜になるとまるで銀河のような幻想的な工場夜景が見られる。

BEST 4

山頂にある岩国城から岩国の絶景を望む

岩国 岩国城／山頂の展望台からは錦帯橋や城下町が望める。晴れた日には瀬戸内海の島々まで見渡すこともできる。

381

柳井 柳井の金魚ちょうちん／柳井の民芸品。金魚ちょうちんたちのまんまる目のかわいらしさに癒やされる。

BEST 5

ぱっちりした目の
ちょうちんがかわいすぎる

約200匹の
金魚が並ぶ

BEST 6

歴史的な校舎を残す公園で
季節ごとの景色を楽しむ

岩国 吉香公園／旧岩国藩主・吉川家の居館を整備した公園。美しい花壇や藩政時代の文化財が見どころ。

岩国 岩国七町／城下町として栄えた歴史ある町並み。江戸時代の雰囲気が残る町を散策したい。

BEST 7

江戸時代の景観を残す
風情ある町を散策する

BEST 8

瀬戸内海の荒波に揉まれた
岩の迫力を体感！

周防大島 巌門。「しあわせ祈岩」の一つである奇岩。頂上には十一面観音を本尊とする竜崎観音堂がある。

山口の 春夏秋冬 イベント

やないてんじんはるまつり
柳井天神春まつり
柳井 **春**

菅原道真を祀る大祭。参勤交代を模した大名行列が練り歩く。総勢200人の華麗な時代絵巻の再現。

4月下旬

やないきんぎょちょうちんまつり
柳井金魚ちょうちん祭り
柳井 **夏**

8月13日

数千個のかわいい金魚ちょうちんの明かりが、盆を彩る夏の風物詩。「金魚ねぶた」の爆走で盛り上がる。

秋

いなほまつり きつねのよめいり
稲穂祭 きつねの嫁入り
下松 11月上旬

きつねの面を付けた新郎新婦が人力車に揺られ、後ろに紋付袴姿の親族や狐に扮したお供を引き連れ、1kmにわたり練り歩く。狐だらけの奇祭。

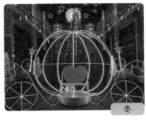

冬

サンタクロスロード
宇部 11月下旬〜1月上旬

宇部の町を華やかに彩るイベント。手作りのイルミネーションと音楽に合わせた「光のミュージカル」が毎日開催される。

知っ得！
ご当地 ネタ帳

おいでませ 山口へ！

地元の人とのトークに困らない！
よく使われる方言リスト

おいでませ	▶	ようこそ
いかい	▶	大きい
しゃんしゃん	▶	しっかり
ぶち	▶	とても
よいよ	▶	本当に
幸せます	▶	ありがたいです
〜ちゃ	▶	〜だよ

全国でも山口だけ！
オレンジ色の ガードレール

山口国体開催で、県道のガードレールを特産品の「夏みかん色」にしたのが始まり。ドライブの際には、注目してみて。

みんな知ってるあの魚は 「福」と呼ばれている？

山口では、ふぐのことを「ふく」と呼ぶ。「不遇」を連想させる響きを避け、「福」につなげて縁起をかついだと言われる。

お国自慢
ご当地 グルメ

瓦そば
ソウルフード

アツアツの瓦に茶そばと錦糸卵、牛肉をのせ、麺つゆでいただく。

岩国寿司
郷土料理

酢飯と色鮮やかな具材が重なった、四角い押し寿司。

ふぐ刺し
海鮮

下関名物ふぐ。透き通るほどの白身がコリコリの食感。

みかん鍋
鍋

周防大島産のみかん丸ごとと、つみれが入ったご当地鍋。

欲しいをチェック
おみやげリスト

1 御堀堂
山口外郎
わらび粉を使った、もっちりとした優しい弾力と甘み。3種類の味がある。

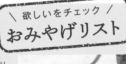
1

2 光圀本店
夏蜜柑丸漬
丸ごと夏みかんの中には白羊羹が。皮の爽やかな風味と上品な甘さが絶妙。

2

3 あさひ製菓
月でひろった卵
ふんわり食感のカステラとなめらかクリームに入った和栗の粒が絶妙。

3

4 伝統工芸
大内人形
丸い顔に長い目とおちょぼ口が特徴。最近はひな人形や五月人形としても人気。

4

初めてでも、少しずつでもOK！
四国お遍路の旅

四国の霊場88か所、約1400kmを巡拝することで、煩悩が消えて願いが叶うと言われている。お遍路さんになって自分のペースで巡礼してみよう。

四国八十八霊場の巡り方

讃岐
涅槃の道場

伊予
菩提の道場

逆打ち

88番札所
大窪寺

1番札所
霊山寺

順打ち

土佐
修行の道場

阿波
発心の道場

徳島（阿波）、高知（土佐）、愛媛（伊予）、香川（讃岐）を巡拝する。

88の霊場を巡る四国お遍路とは？

平安時代、弘法大師が修行のために四国を歩き、各地に霊場をつくった。これを四国霊場と呼ぶ。大師が歩いた道を弟子が修験道として巡ることから霊場巡りが始まった。修験道を歩いて修行を行うことで功徳を得るとされていたが、今では開運厄除など祈願や旅の目的として楽しむ人も増えている。

一度に回らなくてもOK！お遍路の回り方

巡り方の基本は1番から番号順に参拝する「順打ち」。また、88番から反時計回りに巡ることを「逆打ち」と呼び、うるう年に逆打ちで巡ると、順打ちの3回分にあたるご利益があると言われている。とはいえ一度にすべて回りきらなくても大丈夫。何回かに分けて巡る「区切り打ち」や、一つの県を巡る「一国参り」を選ぶ人も多く、期間も

自分で自由に決めてOK。移動手段も歩きだけではなく、ツアーバスやタクシー、サイクリングで巡る人も増えている。

四国に根付くお遍路のお接待

四国には「お接待」という文化が根付いて、霊場巡りをするお遍路さんに対して、地元の人々が応援の言葉をかけてくれたり、お菓子や飲み物を無償で施してくれる。移動手段が自由に選べるため、歩いて巡る「歩き遍路」は大変ではあるものの、地元の人との交流で、心も体も癒やされる貴重な体験ができる。

札所の参拝は作法通りに！

札所に到着したら山門で一礼。手水舎で心身を清め、鐘楼堂で鐘をつく。本堂でろうそくと線香、納札をあげ、参拝したあと大師堂も参拝。納経所で御朱印をいただき、最後に山門で一礼を。

札所を一部紹介

1番札所　**霊山寺**
約1300年前、聖武天皇の勅願で行基が開いた古刹。

88番札所　**大窪寺**
四国遍路を締めくくる結願の寺。標高774mの女体山の麓にある。

37番札所　**岩本寺**
高知県の四万十町にある霊場で、本堂内陣の格天井画が見事。

お遍路旅に欠かせないグッズ

菅笠
菅笠に文字が書かれており、梵字を正面に被る。

金剛杖
弘法大使の分身とされる杖。休む際は杖の先を洗おう。

四国

四国

徳島
旅のプロファイル

阿波踊りや渦潮など、伝統と雄大な自然が織り成す風景

日本三大盆踊りの阿波踊りで知られる徳島県。鳴門海峡の自然美や大歩危・小歩危などの渓谷美にも恵まれる。阿波尾鶏や鳴門鯛など食の魅力も満載。

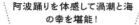

阿波踊りを体感して渦潮と海の幸を堪能！

徳島・鳴門・阿波 P▶390

100万人が訪れる阿波踊りの聖地である徳島市。鳴門海峡を望む大塚国際美術館や、世界三大潮流の鳴門の渦潮があるエリア。

阿波踊り P▶390

鳴門の渦潮 P▶390

大塚国際美術館 P▶392

秘境の美しい渓谷から、ウミガメと出合える海岸線へ

美馬・祖谷渓・阿南海岸 P▶388

祖谷そば P▶393

蒲生田岬 P▶388
大歩危・小歩危 P▶388

奇岩が続く大歩危峡がある徳島西部の秘境・祖谷。阿南海岸沿いにはウミガメの産卵地・大浜海岸や四国最東端の蒲生田岬がある。

アクセスガイド

東京
- ✈ 飛行機 羽田→徳島 約1時間15分
- 🚄 新幹線・電車 東京→岡山→徳島 約5時間35分
- 🚌 夜行バス 東京→徳島 約9時間30分

大阪
- 🚌 高速バス 新大阪→徳島 約3時間45分

香川
- 🚃 電車 高松→徳島 約1時間10分

徳島基本DATA

面積	約4147km²
人口	69万7569人（令和5年5月1日）
ベストシーズン	3〜5月、8月
県庁所在地	徳島市
特産品	すだち、れんこん、鳴門鯛、祖谷そばなど
日本一	すだちの生産量が日本一

地理 県の約8割が山地。中央部に四国山地、北部に讃岐山脈が走り、両山地に挟まれた谷間に徳島平野がある。

気候 北部は瀬戸内海式気候で温暖小雨。南部は太平洋側気候。特に中国山地は、日本有数の多雨地域でもある。

移動のてびき

1 大阪・神戸からは高速バスの便数が多くおすすめ

明石海峡大橋と大鳴門橋によって道路が繋がっているので、新幹線より所要時間も短いし、1時間に1〜2本出ているので便利。

2 観光には車が便利！レンタカーでまるっと観光

公共交通機関での移動が限られる徳島県。山地が大部分なのでレンタカーを借り、山と海の自然を満喫するドライブ旅がおすすめ。

地図内の表記
香川県　兵庫県
讃岐山脈　八百萬神之御殿　土柱　徳島自動車道　高松自動車道　レンコン　鳴門の渦潮　大塚国際美術館　明石海峡大鳴門橋　鳴門市ドイツ館　鳴門　徳島空港　徳島IC　ワカメ　霊山寺　サツマイモ　脇町うだつの町並み　吉野川　美馬　高開の石積み　眉山　生シイタケ　阿波おどりひょうたん島クルーズ　徳島城跡　徳島　井川池田IC　小歩危　祖谷渓　八合霧（雲海）　祖谷のかずら橋　大歩危　剣山　四国山地　那賀川　阿南市　スダチ　阿南海岸　蒲生田岬　美波町　大浜海岸　ユズ　四国遍路の起点　阿波国と呼ばれていた

海あり山あり!

行ってみたい!を効率よく

徳島
BEST PLAN

1泊2日

PLAN | 定番コースで徳島の魅力を満喫♪

徳島市街～鳴門プラン

阿波踊りの町・徳島市をぐるりと回り、ダイナミックな渦潮を見学。

COURSE MAP

1日目 徳島市街

10:00 徳島駅発
野面積みの石垣
🚶 15分

10:30 石垣や庭園が魅力の
🚶 18分 徳島城跡を散策
城跡の公園には、徳島城博物館がある。 P▶392

12:00 パラソルショップがおしゃれな
🚶 6分 とくしまマルシェで買い物
🛍 6分 月一回開催されるこだわりの産直市。

15:00 徳島市のシンボル眉山へ!
日本の自然100選の一つ!
🚶 10分 万葉集にも歌われた
眺望に感動

標高290mの絶景山頂まで6分の空中散歩。 P▶391

17:00 徳島市内のホテルに宿泊

夏なら日本三大盆踊りの一つ阿波踊りへ♪

飛び入り参加して一緒に盛り上がるのも楽しい!

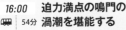

2日目 鳴門へ

10:30 徳島市内発
🚶 9分
P▶391

11:00 ひょうたん島クルーズで
🚶 9分 水上から眉山や市街の風景を楽しむ
🚌 55分 徳島市中心部をレジャーボートで巡る。

一周すると約40分

14:00 大塚国際美術館で
ガイドツアーもおすすめ
🚶 20分 美しいアートに感動
世界の名画をゆったりと贅沢に堪能したい。 P▶392

16:00 迫力満点の鳴門の
🚌 54分 渦潮を堪能する
海上45mの遊歩道からスリル満点の渦潮を。
至近距離なら観潮船で

18:00 徳島駅から帰路へ

P▶390

1泊2日

PLAN | 夏に巡る絶景の大秘境ドライブ

祖谷渓～吉野川プラン

日本の原風景が残る秘境・祖谷と新旧が融合する町並みを歩いてみよう。

COURSE MAP

1日目 祖谷渓

展望台から一望

11:00 井川池田IC発
🚗 1時間20分

12:30 平家伝説が残る落合集落で
🚗 30分 山村の原風景を楽しむ
高低差390mの山の斜面に古民家が立ち並ぶ。
美しい滝に癒やされる

14:00 落差50m!見応えある
🚶 1分 琵琶の滝へ
平家落人が京を偲んで琵琶を演奏した伝説の滝。

15:00 ゆらゆら揺れる祖谷のかずら橋は
🚗 5分 スリル満点!

つるを編んで作った長さ約45m、高さ14mの吊り橋。 P▶389
3年ごとに架け替え

16:30 秘湯・祖谷温泉郷に宿泊
渓谷沿いの温泉で秘境ムードを味わおう。

2日目 吉野川

6:40 祖谷温泉郷を出発!
🚗 12分
春と秋が狙い目
大歩危峡の名物「八合霧」を展望台から望む。雲海が神秘的!霧の中にまるで島のような山々が浮かぶ吉野川の不思議な光景。 P▶388

9:00 観光遊覧船で
🚗 1時間 大歩危・小歩危の
大自然を満喫!
吉野川の激流で削られた奇岩が約5km続く。 P▶388
所要時間約30分

12:00 レトロな脇町
🚗 4分 うだつの町並みを
散策
西洋モダンな劇場や古民家の店が並ぶ。 P▶389
藍商人で栄えた町

16:00 脇町ICから帰路へ

四国 徳島

大歩危の下流が小歩危

BEST 1
奇岩がそそり立つ！
激流が作った景色を見たい

三好 大歩危・小歩危／吉野川が2億年の時をかけて作り上げた美しい渓谷。秋は紅葉か清流に色を添え、船下りも楽しめる。

BEST 2
雲の絨毯のような雲海の絶景に感動

見頃は4月と10〜12月の朝

三好 八合霧（雲海）／吉野川流域で条件が揃ったときに発生する霧（雲海）の現象を指す。朝日に照らされる霧が幻想的。

BEST 3
剣山の頂上目指して
トレッキング！

美馬 剣山（つるぎさん）／標高1955mと、西日本で2番目の高さを誇る。リフトや歩きやすいコースが整っており、初心者でも登りやすい。

BEST 4
四国最東端の岬から
広がる景色を眺望する

阿南 蒲生田岬／晴れた日は大鳴門橋や淡路島、和歌山県も望む。北寄りの砂浜はアカウミガメの上陸産卵地としても有名。

趣深い古の家が続く

BEST 5

江戸の景観が残る
歴史ある町並みを歩く

美馬　脇町うだつの町並み／江戸中期〜昭和初期の伝統的建造物が残る。町家の両端に、本瓦葺きで漆喰塗りの豪勢なうだつが多く見られるのが特徴。

BEST 6

美しい景観を楽しみながら
スリル満点の橋を渡る

三好　祖谷のかずら橋
秘境・祖谷に架かる吊り橋。橋床の隙間から谷底が見え、吊り橋特有の揺れがアトラクションのよう。

BEST 7

山の斜面に咲き誇る
八百萬神之御殿の桜を眺める

美馬　八百萬神之御殿／標高約400mの山の斜面にソメイヨシノ約8000本が咲き誇る桜の名所。満開時は濃紅色に染まる。

BEST 8

芝桜が映える**美しい石積み**の
鮮やかな風情に浸る

吉野川　高開の石積み　約300年前から築かれた、城砦のような石積みが見どころ。春には芝桜が彩りを添える。

四国／徳島

BEST 1

大きく激しい渦潮を
間近にクルーズ！

大鳴門橋には
展望室も

毎年8月12日
〜15日に開催

BEST 2

徳島が誇る伝統芸能！阿波おどりが見たい

徳島 阿波おどり 400年もの歴史を誇る伝統芸能で日本三大盆踊りの一つ。楽器の生演奏とともに、約10万人もの踊り子が舞う姿は一見の価値あり。

BEST 3
ひょうたん島を囲む川の遊覧船でゆったり船旅

徳島 ひょうたん島クルーズ／その形からひょうたん島と呼ばれる中州を遊覧船で一周する。30分ほどの船旅が気軽に楽しめると人気。

徳島 眉山／山頂からは市街地をはじめ、天気のよい日には阿讃山脈や瀬戸内海を望めることも。眼下に広がる夜景も見事。

BEST 4
眉山の山頂から絶景を眺める

鳴門 鳴門の渦潮／春と秋の大潮時には渦潮の大きさが世界一になると言われる。船から観賞すると、その迫力に驚くはず。

BEST 5
自然が作った大地の芸術
阿波の土柱が美しい

阿波 土柱／砂礫層の侵蝕で土の柱を現出した大地の芸術。天然記念物の波濤嶽のほか、橘嶽など5嶽からなる地形で世界的にも貴重な奇勝。

四国 徳島

BEST 6
大塚国際美術館で
世界の名画と出合う

礼拝堂壁画を
空間ごと再現

鳴門 **大塚国際美術館**／ミケランジェロなど世界26カ国の西洋名画1000余点を陶板で原寸大に再現し、展示する美術館。

写真は大塚国際美術館の展示作品を撮影したものです。

鳴門 **鳴門市ドイツ館**／板東俘虜収容所におけるドイツ兵の活動や、地域との交流の様子を展示。秋のコスモスも見事。

BEST 7
秋の**ドイツ館**で
コスモス畑を歩く

BEST 8
徳島の名所**徳島城跡**で
歴史遺産を見る

徳島 **徳島城跡**／藩主の居城だった徳島城跡。復元された鷲の門など、随所に昔日の面影が残る。

徳島の
春夏秋冬 イベント

デ レイケこうえんチューリップまつり
デ・レイケ公園チューリップまつり
美馬 4月

デ・レイケ堰堤のそばに造られた公園。毎年4月に14種類約1万5000本のチューリップが咲き乱れる。

さなごうちあじさいまつり
さなごうちあじさい祭り
佐那河内 6月下旬〜7月中旬

大川原高原一帯に約3万本の紫陽花が咲き誇る。阿波踊りや風車見学、たくさんのイベントが開催される。

ひわさはちまんじんじゃ あきまつり
日和佐八幡神社 秋祭り
美波 10月上旬

一年の豊漁豊作を願う祭り。8台の太鼓屋台が、ウミガメの産卵で有名な大浜海岸で、勇壮に海へ飛び込む様が迫力満点。

ケンチョピア ライトアップ
徳島 12月中旬〜12月25日

市の中心部にあるヨットハーバーのイルミネーション。ヨットの電飾が「光のツリー」となり、水面に幻想的な雰囲気を醸し出す。

知っ得！ ご当地ネタ帳

おいでんよ！

地元の人とのトークに困らない！
よく使われる方言リスト

おはよーがーす	おはよう
おまはん	あなた
おぶける	びっくりする
おもっしょい	おもしろい
えっとぶり	久しぶり
なんしょんな？	なにしているの？
ほなけん	そうだから

小学校の運動会でも阿波踊り！

運動会の時期になると、どこからともなく阿波踊りのお囃子が。練習に次ぐ練習で、子どもたちも上手な阿波踊りの踊り手に！

徳島を旅するには
どこに行くにも車は必須？

徳島は電車が走っていない日本で唯一の都道府県。汽車はあるが本数が少なく、バスも同じなため、レンタカーを借りて車移動がベスト。

お国自慢 ご当地グルメ

徳島ラーメン
ソウルフード

甘辛味の肉と生卵がのったコッテリ系ご当地ラーメン。

祖谷そば
郷土料理

祖谷の水と地元産そば粉を使用。麺が短いのが特徴。

鳴門鯛
海鮮

コリコリとした歯応えで、豊かな脂。真鯛の一級品。

すだち
フルーツ

生産量全国一位の特産品。爽やかな酸味と香りが特徴。

欲しいをチェック おみやげリスト

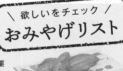

1 JA里浦
なると金時 里むすめ
きめ細かく美しい外見と、栗のようにホクホクとした甘みの最上級ブランド。

2 ハレルヤ
金長まんじゅう
ほろ苦いチョコ風味の生地とあっさりした白あんがベストマッチの徳島の銘菓。

3 司菊酒造
すだちサイダー
徳島県産すだち果汁使用。すだちが香る、甘み控えめな爽やかなサイダー。

4 伝統工芸
藍染
「ジャパンブルー」と呼ばれる阿波藍。天然藍で染めた布は優しい肌触り。

愛媛
旅のプロファイル

瀬戸内海や四国カルストなど自然豊かな地

『坊ちゃん』の舞台として有名な愛媛県。海と山に囲まれており、国内最大のタオルの産地でもある。松山城をはじめ、歴史的建造物も点在する。

瀬戸内海の絶景と海の幸を満喫

海の玄関口・しまなみ海道を有し、タオルで有名なものづくりの町・今治。産業遺産の別子銅山もあるエリア。

しまなみ海道・今治 P▶396

別子銅山 P▶396

タオル美術館 P▶397

サイクリングの聖地

広島県

大山祇神社
瀬戸内しまなみ海道
来島海峡大橋
能島
しまなみ海道
亀老山展望公園
今治
今治IC 今治ICO
タオル美術館
道後温泉本館
松山城
坊っちゃん列車
石手寺
松山
松山空港
松山城
道後温泉
俳句甲子園も開催している
松山IC 松山平野
とべ動物園も砥部焼
砥部町
キウイ
内子
内子座
臥龍山荘
八幡浜市
開明学校
真珠
遊子水荷浦の段畑
宇和島城
宇和島闘牛
宇和島市
ブリ
マダイ
ミカン

香川

新居浜 新居浜太鼓祭り
旧広瀬邸
別子銅山
(マイントピア別子)
高松自動車道
徳島県
石鎚山
面河渓
高知県
四国山地
四国カルスト
五段高原
高知自動車道
松山自動車道
石鎚山
徳島自動車道

道後温泉を代表とする愛媛の観光拠点

松山・四国カルスト P▶400

道後温泉 P▶400

松山城 P▶401

松山城や道後温泉がある四国最大の都市・松山。四国カルストは日本三大カルストの一つ。豊かな自然が広がる。

佐田岬半島
佐田岬
宇和海
宇和

城下町の風情漂う街並みが魅力

内子・宇和 P▶398

鯛めし P▶399

宇和島城 P▶399

柑橘類や真珠養殖が盛んで、「鯛めし」などグルメも豊富。内子では、伝統的な街並みが保存され、内子座もある。

アクセスガイド

東京
- ✈ 飛行機 羽田→松山 約1時間30分
- 🚄 新幹線・電車 東京→岡山→松山 約6時間5分
- 🚗 車 東京IC→松山IC 約9時間35分

大阪
- ✈ 新幹線 伊丹→松山 約50分
- 🚄 新幹線・電車 新大阪→岡山→松山 約3時間40分

香川
- 🚃 電車 高松→松山 約2時間30分
- 🚌 高速バス 高松→松山 約3時間20分

愛媛基本DATA

面積	約5676km²
人口	129万4925人（令和5年6月1日）
ベストシーズン	3〜5月、9〜11月
県庁所在地	松山市
特産品	伊予柑、鯛めし、鯛そうめん、じゃこ天、キウイフルーツ、など
日本一	タオルの生産額が日本一

地理 山がちな地形で、南には四国山地があり、北側に平野がある。瀬戸内海や宇和海には200余りの島々が浮かぶ。

気候 年間を通して晴天の日が多く、雨も少ない温暖な気候だが、石鎚山など山間部では、冬に積雪が見られる。

移動のてびき

1 道後温泉、松山エリアは路面電車で回ろう

「市内電車フリー乗車券」がお得。最大4日まである。チケット提示で、市内を一望できる大観覧車にも乗ることができる。

2 本州からの移動は岡山駅発の特急しおかぜで

岡山駅〜松山駅を2時間40分で結ぶ特急しおかぜ。新居浜や今治にも停車するので、便利。瀬戸内海沿いの景色も楽しめる。

愛媛 BEST PLAN

坊ちゃん
ゆかりの地へ

1泊2日

PLAN | 松山タウン満喫＆四国カルストへ

松山〜四国カルストプラン

COURSE MAP

松山市街の人気スポットを制覇してから、
自然の中をのんびりドライブ旅。

1日目 松山市街

10:00　松山空港
🚌 35分
🚶 3分
初代城主は
加藤嘉明
P▶401

**11:00　松山城へ！現存する天守の
最上階から市街を眺める**
🚶 3分
👣 10分　城内にある21棟の重要文化財を見学。

**12:30　フォトジェニックな
萬翠荘を見学**
👣 4分　本格的フランス・ルネ
サンス様式建築。

**14:00　レトロな車両が印象的な
坊っちゃん列車に乗車！**
🚃 14分
👣 4分　乗務員の制服も昔のものを再現している。
旧久松家
別邸

**15:00　「神の湯」に代表される
道後温泉本館で癒やされる**
築130年を迎える現役
の公衆浴場。

16:30　道後温泉に宿泊
P▶400

2日目 砥部〜四国カルスト

**9:00　道後温泉駅から
レンタカーで出発！**
🚗 30分

**9:30　とべ動物園で
アフリカゾウの親子と出合う**
🚗 14分
園内で出生したホッキョクグマも見に行こう。
P▶402
人気者の
ピース！

**11:30　陶板が敷き詰められ
た陶板の道を歩く**
🚗 1時間30分　約580枚の個性あふれ
る陶板に出合おう。
全長
約500m

**14:00　四国カルスト 五段高原から
四国連山を一望！**
🚗 1時間50分　羊の群れのような石灰
岩が無数に並ぶ。
日本の
スイスとも

17:00　松山ICから帰路へ
P▶400

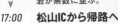

1泊2日

PLAN | 土地の歴史＆絶景！瀬戸内ドライブ

新居浜〜今治・しまなみ海道プラン

COURSE MAP

愛媛のものづくりの歴史を感じて、しま
なみ海道で瀬戸内の絶景を巡る。

1日目 新居浜〜今治

9:00　新居浜ICスタート
🚗 50分
P▶396

**10:00　別子銅山（マイントピア別子）で
銅山の歴史を楽しく学ぶ**
🚗 30分
道の駅にある鉱山観光テーマパーク。

**12:00　旧広瀬邸の美しい
庭園を訪問**
🚗 40分
住友家初代総理事だっ
た広瀬宰平の旧邸。
P▶397
2階からは
市内が一望

**14:00　日本一のタオル産地・今治の
タオル美術館へ**
🚗 5分
今治産タオル
をゲット
P▶397
「糸巻きの壁」など撮影
スポットが多数。

秋は「日本三大
喧嘩祭り」
新居浜太鼓祭り
巨大な太鼓台を
持ち上げ、技を
競い合う。
P▶397

**16:00　日本屈指の海城・今治城の堀には
海水魚が！**
海から堀へ舟で直接入
れる珍しい海岸平城。
P▶396

**17:30　今治市内ホテルに
宿泊**
ライトアップ
もされる

2日目 しまなみ海道

9:00　今治市内発
🚗 25分
しまなみ海道
のシンボル
P▶396

9:30　絶景の来島海峡大橋を快走！
🚗 40分　1999年開通。全長4km
の世界初三連吊り橋。
宝物館は
国宝の山

10:10　大山祇神社を参拝
🚗 45分
🚢 5分　樹齢2600年の大楠が
御神木の日本総鎮守。
P▶397

**12:00　弓削島で瀬戸内海の
美しい景色を堪能♪**
🚗 30分
🚢 5分　防波堤アートや日比
海岸などを満喫。

15:00　洲江港着
🚗 8分
ゆめしま海道
で他の島に

15:30　生口島南ICから帰路へ

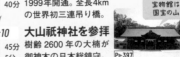

しまなみ海道・今治 で行きたい！したい！

BEST 8

BEST 1
全長4kmを超える橋と共に
島々が浮かぶ絶景を見る

今治 来島海峡大橋／大島と今治の間に位置。原付道や自転車道、歩行者道があり、橋の上から瀬戸内海を眺められる。

BEST 2
美しい白壁と堀が残る
海岸に面した**今治城へ**

今治 今治城／五層六階の天守や海水を引き入れた堀を持つ日本屈指の海城。夜にはライトアップされ、幻想的な光景に。

BEST 3
新居浜の山中にある

マイクロバスに乗って
東洋のマチュピチュへ

新居浜 別子銅山（マイントピア別子）／鉱山のテーマパーク。産業遺産群のある東平へはバスで行くガイド付きツアーもある。

世界初!
三連吊り橋

新居浜 **新居浜太鼓祭り**／高さ約5.5m、重さ約3tの太鼓台が市内を練り歩く。躍動する太鼓台に多くの観衆が酔いしれる。

BEST **6**
勇壮華麗に練り歩く
巨大な太鼓台に興奮!

BEST **7**
亀老山展望公園からしまなみ海道を一望

今治 **亀老山展望公園**／大島の南端に位置する亀老山の頂上は展望公園になっており、しまなみ海道を一望できる。

新居浜 **旧広瀬邸**／初代住友総理事・広瀬宰平の旧邸。和風建築に避雷針や暖炉などの西洋文化が見事に調和している。

BEST **4**
日本建築の伝統美を残す
格別の景色に時間を忘れる

BEST **5**
タオルとアートが融合する
魅力的な作品を鑑賞

今治 **タオル美術館**／今治産タオルの魅力を伝えるタオルミュージアム。カラフルな今治産タオル製品が並ぶフォトスポットとしても人気。

今治 **大山祇神社**／四国随一のパワースポットと名高い神社。樹齢約2600年の大楠が神木として鎮座し、神秘的な空間を体感できる。

BEST **8**
強力なパワースポットの
大山祇神社を訪れたい

四国／愛媛

内子・宇和 で行きたい！したい！ BEST 8

花道や舞台裏の見学もできる

BEST 1
木造の立派な劇場で
大正時代へタイムスリップ！

内子 内子座／大正時代から娯楽の中心となってきた芝居小屋で、農閑期に歌舞伎や文楽などが上演された。

BEST 2
天に上る階段のような段々畑が圧倒的

宇和島 遊子水荷浦の段畑／急な山の斜面に石垣を積み上げて造られた「耕して天に至る」と形容される段々畑。

春は馬鈴薯が収穫される

BEST 3
巨大な牛が激突!
白熱する闘牛を観戦

宇和島 宇和島闘牛／宇和島地方特有の民俗文化として知られ、牛同士の激しい睨み合いやぶつかり合う迫力の瞬間が楽しめる。

BEST 5
宇和島名物の
鯛めしが食べたい

宇和島 鯛めし／真鯛の刺身をたれと卵黄に絡め、薬味と一緒に熱々のごはんにのせて食べる宇和島の郷土料理。

BEST 6
四国最西端の
絶景を望む**佐田岬**

伊方 佐田岬／半島先端の岸壁にそびえ立つ白亜の灯台が目印。晴れた日は豊予海峡を隔てて九州まで遠望できる。

BEST 4
静かに佇む名勝で
季節の移ろいを楽しむ

大洲 臥龍山荘／景勝地の臥龍淵に臨む数寄屋造りの名建築。澄んだ空気と静寂な時が流れ、日常を忘れてゆっくり過ごせる。

西予 開明学校／1882年開校の旧小学校。現在は教育資料館として、明治・大正時代の授業体験もできる。

BEST 7
和洋折衷の校舎で
明治時代の授業を体験

BEST 8
築城の名手に築かれた
宇和島の名城を見る

宇和島 宇和島城／築城の名手・藤堂高虎による優れた堅城。山頂には1666年頃に建築された三重三階の天守が鎮座する。

四国／愛媛

明治期の
公衆浴場

BEST 1
道後温泉街に鎮座する
歴史ある道後の湯に浸かる

松山 道後温泉本館／国の重
要文化財で、日本最古と言われる
道後温泉のシンボル。歴史ある建
物の風情と、湯浴みが楽しめる。

BEST 2
牛もくつろぐ
広大な緑と空に癒やされる

久万高原 四国カルスト 五段高原／無数
に点在する石灰岩と放牧された牛、牛
舎や風車などが織り成す風景は、日本
のスイスとも称される壮大さ。

久万高原 面河渓／石鎚山の麓に広がる渓谷。川の透明度が高く、遊歩道から川底が見えるほど。紅葉も美しく、秋は特に観光客でにぎわう。

BEST 3
四国最大級の渓谷で自然が作った景色に感動

BEST 4
西日本の最高峰！石鎚山の山頂を目指す

日本七霊山の一つ

西条・久万高原 石鎚山／標高1982mの山。天気のよい日は中国・九州地方まで遠望できる。頂上の天狗岳へは岩場の稜線を歩く難所あり。

桜の名所でもある

BEST 5
山頂にそびえる松山城から町を一望する

松山 松山城／日本有数の連立式天守を持つ平山城。標高132mの城山山頂に本丸があり、天守の最上階からは松山平野や瀬戸内海が見渡せる。

四国／愛媛

松山・四国カルスト で行きたい！したい！

BEST 6
ミシュラン一つ星の札所
石手寺を参拝！

松山　石手寺／四国八十八ヶ所霊場51番札所で、真言宗の歴史ある寺院。ミシュランガイドで一つ星を獲得し、観光客にも人気。

砥部　とべ動物園／広大な敷地に約150種650頭もの動物が飼育されている。アフリカゾウの家族は必見。

BEST 7
癒やし動物がたくさん！
広すぎる動物園を満喫

BEST 8
かわいらしい丸みの砥部焼が欲しい！

砥部　砥部焼／やや厚手でぼってりとしたフォルムが特徴。白磁に施された染付の愛らしさに定評あり。

BEST 9
レトロな坊っちゃん列車をパシャリ！

夏目漱石の小説で有名に

松山　坊っちゃん列車／昭和半ばまで走っていた坊っちゃん列車をディーゼル機関車で復元。乗務員の制服もレトロでかわいい。

愛媛の 春夏秋冬 イベント

`春`

ほうじょうかしままつり
北条鹿島まつり
`松山` `5月3・4日`

河野水軍時代の海上絵巻が迫力ある
の祭り。勇壮な「櫂練り」と夫婦岩の
「大注連縄」の張り替えが見どころ。

`夏`

どろんこまつり
どろんこ祭り
`西予` `7月第1週日曜`

農作業の労を労う伝統行事。牛の代
かきは大迫力。泥まみれの活劇や奉
納神事で会場が笑いに包まれる。

`秋`

さいじょうまつり
西条祭り
`西条` `10月中旬`

秋季例大祭の総称。祭りの最後、神
輿が神社へ帰るために川をわたるが、
終わるのを惜しむだんじりが神輿を
川から出すまいと競い合う。

`冬`

おおずかわまつり はなびたいかいふゆのじん
大洲川まつり 花火大会冬の陣
`大洲` `1月上旬`

大洲城を背景に、約3000発の花火
が冬の夜空に打ち上がる。花火の大
轟音が味わえるのは、周囲を山に囲
まれた盆地ならでは。

知っ得！ご当地ネタ帳

黒板消しは "ラーフル"

地元の人とのトークに困らない！
よく使われる方言リスト

〜かいね？	▶	〜ですか？
げに	▶	本当に
だんだん	▶	ありがとう
ほうよ	▶	そうなのよ
けっこい	▶	美しい
やおい	▶	やわらかい
みとん	▶	見て

みかんは買わずに 親戚からもらいがち…

「かんきつ王国・愛媛」だけに、ご
近所さんや作っている人から分けて
もらうことが多く、自分ではほとん
ど買うことはない。

成長の証！立春の2月4日には 少年式が行われる

昔の成人（14歳）にあたる元服にちな
んで行われる学校行事。中学2年生
がこれからの目標や決意を発表す
る。

お国自慢 ご当地グルメ

`郷土料理`

宇和島鯛めし
鯛の刺身を使った宇和
島独自の食べ方。特製
たれが絶妙。

`郷土料理`

松山鮓
甘めの酢飯が特徴。季
節の食材を乗せたちら
し寿司。

`海鮮`

法楽焼
素焼きの焙烙に小石を
並べ、魚類を豪快に蒸
し焼きする。

`フルーツ`

みかん
日本有数の生産量を誇る特産
品。近年は「紅まどんな」が人気。

欲しいをチェック おみやげリスト

1 `松山銘菓うつぼ屋`
坊っちゃん団子
三色の餡で餅を包んだ、カラ
フルな一口サイズの串団子。
道後温泉の名物。

2 `えひめ飲料`
POM みきゃんジュース
ご当地キャラ「みきゃん」の
特別デザイン缶。飲みきりサ
イズでおみやげに最適。

3 `一六本舗`
一六タルト
爽やかな柚子風味のこしあん
をスポンジ生地で「の」の字
に巻いた、松山銘菓。

4 `伝統工芸`
桜井漆器
重箱の角を櫛歯形に加工して
あるため、壊れにくく、縁起
物として重宝される。

`四国／愛媛`

香川
旅のプロファイル

瀬戸内海に面する、誰もが認める「うどん県」

瀬戸大橋で本州とつながる香川県。うどんはもちろんのこと、オリーブが美しい小豆島、金刀比羅宮や栗林公園など、多彩な魅力が詰まっている。

こんぴらさんにお参りしてうどん巡り

琴平・丸亀 P▶410

金刀比羅宮 P▶410

讃岐うどん P▶413

坂出市の瀬戸大橋で本州につながり、パワースポットの金刀比羅宮と讃岐うどん店巡りも楽しいエリア。

瀬戸内海を舞台にアートな島旅を

道の駅 小豆島オリーブ公園 P▶409

エンジェルロード P▶408

小豆島・直島 P▶408

オリーブの島で知られる小豆島や現代アートの島、直島など、個性的で美しい島々が浮かぶエリア。のんびり船旅を。

岡山県

直島
赤かぼちゃ

オリーブ

寒霞渓
そうめん
中山千枚田
小豆島
エンジェルロード
手延そうめん館
マルキン醤油記念館

瀬戸内海
男木島の魂

道の駅 小豆島 オリーブ公園
小豆島オリーブ園

造船

カモメの駐車場

日本一
小さな県

高松港
獅子の霊巌展望台
さぬき市

讃岐うどん
高松
栗林公園
高松中央IC

瀬戸中央自動車道
瀬戸大橋記念公園
坂出市
坂出IC

讃岐平野

北浜 alley
高松丸亀町商店街
高松城 桜御門

高松自動車道
東かがわ市

丸亀城
中津万象園・丸亀美術館

飯野山
丸亀うちわ

丸亀

庄内半島

讃岐山脈

普通寺

香川用水

父母ヶ浜
高屋神社
天空の鳥居

金刀比羅宮
琴平

まんのう町
上高川
国営讃岐まんのう公園
満濃池

高松空港

三豊市

観音寺市

豊稔池堰堤

讃岐山脈

竜王山

徳島県

空港の蛇口から出汁が出る！

愛媛県

北浜alley P▶407

栗林公園 P▶406

香川観光の拠点となるレトロモダンな町

高松 P▶406

四国の玄関口である高松。栗林公園や平家ゆかりの屋島があり、高松港周辺はおしゃれな倉庫街として注目されている。

アクセスガイド

東京	飛行機 羽田→高松 約1時間15分	大阪	高速バス 大阪→高松 約3時間30分	
	新幹線・電車 東京→岡山→高松 約4時間35分		新幹線・電車 新大阪→岡山→高松 約3時間30分	
	夜行バス 東京→高松 約11時間40分	岡山	電車 岡山→高松 約55分	
	車 東京IC→高松中央IC 約8時間		車 岡山IC→高松中央IC 約1時間5分	

香川基本DATA

面積	約1877km²
人口	93万35人（令和5年3月1日）
ベストシーズン	3～5月、10～11月
県庁所在地	高松市
特産品	讃岐うどん、そうめん、骨付鳥、醤油、オリーブ
日本一	うちわ、扇子の出荷額が日本一（令和2年）

地理 南部に讃岐山脈、北部に讃岐平野が広がる。瀬戸内海には小豆島をはじめ、110余りの島々が点在している。

気候 一年を通して、日照時間が長く降水量が少ない瀬戸内海式気候。自然災害が少なく暮らしやすい。

移動のてびき

1 ことでんの1日フリーきっぷでお得に旅する

高松琴平電鉄・通称「ことでん」。1日乗り放題のお得な切符で高松市内はもちろん、琴平方面にも行けるので観光に便利。

2 小豆島へドライブなどエリア間の移動は車が便利

県内は車で2時間あれば横断できるので、車移動がベター。高松や新岡山から出ているフェリーを使えば、小豆島でドライブも楽しめる。

香川
BEST PLAN

PLAN ｜ 高松の町歩き＆オリーブアイランドへ

2泊3日

高松〜丸亀〜小豆島プラン

COURSE MAP

香川の魅力をたっぷりと満喫。見どころ満載の高松・琴平から、瀬戸内に浮かぶ小豆島を巡る旅。

香川の中心都市へ

1日目　高松

10:00 高松駅発

🚶 13分

10:15 史跡高松城跡 玉藻公園を散策

🚶 7分

日本三大水城で、園内には重要文化財の月見櫓や国の名勝に指定された披雲閣がある。 P▶407

11:30 レトロな倉庫街 北浜alleyでショッピング♪ P▶407

🚶 17分

高松港に臨むおしゃれスポット。個性的な雑貨店や眺めのよいカフェが集まっている。

13:00 高松丸亀町商店街を散策 P▶407

🚌 13分
🚶 2分

直径25mのガラスドームがシンボル。再開発でにぎわう全長470mの商店街。

15:00 大スケールの栗林公園で美しい庭園を観賞

🚗 10分

東京ドーム3.5個分の広大な回遊式大名庭園。掬月邸でお茶を一杯。

P▶406

「一歩一景」の美観

16:30 高松市内のホテルに宿泊

2日目　琴平〜丸亀

9:00 高松駅からレンタカーで出発

🚗 54分

10:00 長い長い石段を上り…金刀比羅宮を参拝

🚗 40分

幅広いご利益が

参道から奥の社までは1368段の長い石段が。願いを込めて歩こう。 P▶410

併設のカフェも素敵！

13:00 香川県立東山魁夷せとうち美術館へ

🚶 17分

瀬戸内海を望む美術館。東山魁夷の版画作品を収蔵。

14:30 丸亀城を見学 石垣の高さは日本一！

🚗 40分

高さ約60mの石垣の名城。築城400年でも石垣の美しい曲線が見事。 P▶411

遠景は要塞のよう

16:00 高松港から車ごとフェリーに乗船

🚢 35分

島の絶景スポットを巡るドライブへ。

17:00 土庄港着。小豆島に宿泊

まるでギリシャの景色！

3日目　小豆島

9:00 土庄港発

🚗 20分

9:30 道の駅 小豆島オリーブ公園で記念撮影する

🚗 10分

「魔法のほうき」を無料で貸し出している。魔法使い気分で撮影したらSNSにアップ！ P▶409

11:00 「醤の郷」で搾りたての醤油や醤油スイーツを堪能！

🚗 30分

昔ながらの製法で醤油や佃煮を作り続ける工場が、今も20軒以上立ち並ぶ。

13:00 瀬戸内海国立公園のシンボル寒霞渓の渓谷美に感動！

🚗 23分

5分間の空中散歩

日本三大渓谷美の一つ。四季折々のロープウェイからの眺めは絶景。登山道もある。 P▶409

15:00 ロマンティックなエンジェルロードを歩く

🚗 6分

1日2回、干潮時に現れる砂の道。大切な人と手をつないで渡ると、願いが叶うという。 P▶408

天使のポストもあるよ

16:30 土庄港から帰路へ

四国／香川

高松 で行きたい！したい！ BEST 8

> 6つの池と 13の築山

BEST 1
日本最大級の大名庭園の 景色をゆったりと楽しむ

高松　栗林公園／池の周りの 起伏に富んだ地形で、山や谷を 表現した大名庭園。季節の花々 や1000本もの手入れ松も見事。

BEST 2
かわいいカモメで 風向きを確認！

高松　カモメの駐車場／瀬戸 内国際芸術祭の作品。女木港 の防波堤と防潮堤に、風が吹く と向きを変えるカモメが並ぶ。

木村崇人『カモメの駐車場』 Photo：Osamu Nakamura

BEST 3
高松市内で 讃岐うどん巡り

高松　讃岐うどん／あっさり 出汁とコシのある麺が特徴。かけ うどんやぶっかけうどん、生醤 油うどんなど食べ方はさまざま。

高松　獅子の霊巌展望台／屋島の山 上にあり、高松港を中心に、高松市街や 女木島など瀬戸内海の眺望が満喫でき る。美しい夜景は一見の価値あり。

BEST 4
煌々と輝く高松の夜景を一望

> 夜景の光量は 四国随一

BEST 5
復元された桜御門に迎えられる

2階部分は
展示施設に!

高松 高松城 桜御門／桜の馬場と三の丸（披雲閣）を画する位置に築かれた門。1945年の高松空襲で焼失したが、2022年に復元された。

高松 北浜alley／瀬戸内海を望むレトロな倉庫街。おしゃれなレストランやカフェ、ショップが並ぶ。

BEST 6
雰囲気ある倉庫街でほっとひと息

BEST 7
ドームアーケードの商店街で
買い物を楽しむ

高松 高松丸亀町商店街／随時イベントなどが行われているガラスドーム広場を起点に、日本一の長さを誇るアーケード街が続く。

四国／香川

BEST 8
男木島の玄関口
アート空間でくつろぐ

ジャウメ・プレンサ「男木島の魂」
Photo：Osamu Nakamura

高松 男木島の魂／瀬戸内国際芸術祭の作品で、透明のアート空間。屋根にデザインされた多様な文字が影となって地面に映る。

小豆島・直島 で行きたい！したい！ BEST 8

BEST 1
直島の玄関口で存在感ある赤かぼちゃに出合う

直島 赤かぼちゃ／草間彌生作品の特徴である水玉模様が印象的な赤いかぼちゃ。内部に入ることも可能。

宮浦港からすぐ

草間彌生「赤かぼちゃ」2006年 直島・宮浦港緑地 写真／青地 大輔

BEST 2
波が引くと現れる砂の道を散歩する

近くには幸せの鐘も

土庄 エンジェルロード／1日に2回、干潮時に海の中から現れる砂の道。大切な人と手をつないで渡ると願いが叶うかも!?

BEST 3
中山千枚田の揺れる稲穂に心安らぐ

小豆島 中山千枚田／小豆島のほぼ中央に750枚以上の大小さまざまな水田が連なる。稲穂が黄金色に輝く初秋は特に美しい。

BEST 4
大自然の渓谷美を
ロープウェイから見る

小豆島 寒霞渓／日本三大渓谷美の一つ。麓と山頂を結ぶ寒霞渓ロープウェイは、日本で唯一、空と海と渓谷を一度に眺めることができる。

BEST 5
丘に立つオリーブ園の
オリーブを五感で楽しむ

小豆島 小豆島オリーブ園／約2000本のオリーブを栽培する観光農園。レストランや売店があり、オリーブオイル作りも楽しめる。

小豆島 道の駅 小豆島オリーブ公園／瀬戸内海を見下ろす小高い丘にある。風車などのフォトスポットが点在。

BEST 6
オリーブが実る
秋の小豆島へ

小豆島 マルキン醤油記念館／国内最大規模を誇る合掌造りの建物を公開。醤油造りの歴史や技術を体感しよう。

小豆島 手延そうめん館／約400年前から小豆島で作られている手延そうめん。そうめん作りの様子を見学し、試食もできる。

BEST 7
歴史ある蔵で醤油造りを体験

BEST 8
天日干しする
手延そうめんを見学

四国／香川

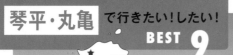

BEST 1

幻想的な リフレクション写真 が撮りたい！

海面が鏡のよう！

BEST 2

四国のパワースポット **こんぴらさん** でお参り

古くから信仰を集める

丸亀 **丸亀城**／高さ日本一の石垣を持つ名城で木造現存天守十二城の一つ。築城400年超の今も自然と調和した独自の様式美を残す。

BEST 3
急勾配な坂を上り
丸亀城に到着

BEST 4
季節の花々が
一面に咲く絶景を見る

子ども用の遊び場もあり

三豊 **父母ヶ浜**／約1kmの穏やかな海水浴場。潮が引いた干潮時の夕暮れに南米のウユニ塩湖のような写真が撮れると話題。

琴平 **金刀比羅宮**／五穀豊穣などのご利益があるとされ、長い石段が有名。御本宮までは785段、奥社まで1368段も上る。

まんのう **国営讃岐まんのう公園**／広大な園内には、チューリップやコキアなど季節の花々が咲き誇る。冬のイルミネーションも必見。

5
美しい景観の大名庭園で
歴史とアートを堪能

四国／香川

丸亀 **中津万象園・丸亀美術館**
江戸時代に築庭された大名庭園。絵画館と陶器館からなる丸亀美術館には世界的名画も。

BEST **6**

瀬戸大橋の大パノラマを
公園から眺める

坂出 **瀬戸大橋記念公園**／瀬戸大橋の架橋を記念して造られた海浜公園。ここから間近に見る瀬戸大橋には圧倒されるはず。

瀬戸内海も
一望できる

BEST **7**

天空の鳥居越しに
瀬戸内海を一望する

観音寺 **高屋神社 天空の鳥居**／標高404mの山頂に立ち、観音寺市や瀬戸内海、有明浜が一望できる。土日祝日はシャトルバスで入山を。

観音寺 **豊稔池堰堤**（ほうねんいけえんてい）／柞田川上流にある日本最古のマルチプルアーチダム。貯水量は159万3000tで市内の田畑を潤す。

BEST **8**

アーチダムが迫力満点！

BEST **9**

弘法大師三大霊跡の一つ
善通寺にお参り

弘法大師空海
誕生の地

善通寺 **善通寺**／真言宗善通寺派の総本山で四国八十八ヶ所霊場第75番札所。パワースポットとして人気が高く、国宝や大楠も。

香川の春夏秋冬イベント

春

ひけたひなまつり
引田ひなまつり
`東かがわ` 2月下旬～3月3日

町おこしで始まったイベント。古い町並みに「引田飾り」と呼ばれる豪華な雛人形が飾られる。

夏

たかまつまつり
高松まつり
`高松` 8月12日～14日

香川県最大の夏祭り。海上から打ち上げる花火や、総おどり「喜舞笑舞」など多彩なイベントを開催。

秋

とのしょうはちまんじんじゃ あきまつり
土庄八幡神社 秋祭り
`土庄` 10月11日～21日

秋の豊作に感謝する祭り。小豆島内の各地区が太鼓台を奉納する。大勢の「かき手」で担ぎ上げる光景は、勇壮で大迫力。

冬

こくえいさぬきまんのうこうえん ウィンターファンタジー
国営讃岐まんのう公園 ウィンターファンタジー
`まんのう` 11月下旬～1月上旬

広大な丘陵地を生かしたグランドイルミネーションや高さ10mのシンボルツリーなど、夜の公園に幻想的な光の世界が広がる。

知っ得！ご当地ネタ帳

香川においでんよ

地元の人とのトークに困らない！
よく使われる方言リスト

おもっしょい	▶ おもしろい
ごじゃはげ	▶ めちゃくちゃ
～りょる	▶ ～している
しゃんしゃん	▶ 早く
まんでがん	▶ 全部
むつごい	▶ 味が濃い
よっけ	▶ たくさん

大晦日に食べるのもそばではなくうどん！

うどんを愛する香川県民。大晦日には、縁起をかつぐ人が、年越しそばならぬ年越しうどんを求めて、うどん店に並ぶ。

地元では身近なスポット！
こんぴらさんは遠足で行くところ！

「一生に一度は行きたい」金刀比羅宮。県民から「こんぴらさん」の愛称で親しまれており、保育園や学校の遠足で行く定番スポット。

お国自慢 ご当地グルメ

讃岐うどん
`ソウルフード`
有名店から穴場まで勢揃い。讃岐うどんの沼にはまろう！

`肉`

骨付鳥
アツアツを豪快にかぶりつけば、香ばしさと肉汁を堪能できる。

カンカンずし
`郷土料理`
鰆を使った押し寿司。カンカンと木槌で押し込む音から名が付いた。

`特産品`

オリーブ
国内栽培発祥の地・小豆島。料理やおみやげもたくさん。

欲しいをチェック おみやげリスト

1 `寶月堂`
おいり
伝統的な婚礼菓子。カラフルな色合いで、口の中でふわっと溶ける餅菓子。

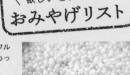
1

2 `マルシン`
茶のしずく
香川県産高瀬茶を使用したミルク饅頭。中にとろける抹茶の蜜が入った上品な味。

2

3 `マルシン`
元祖さぬきあげうどん 旨塩味
カリカリ食感とほんのり残るうどんの風味で、手が止まらない！旨塩が定番。

3

4 `伝統工芸`
香川漆器
色漆を塗り重ねて彫るのが特徴。優雅な絵模様で、室内インテリアとして人気。

4

四国／香川

413

高知
旅のプロファイル

偉人ゆかりの地が多く、清流が流れる美しい自然が魅力

四国南部に位置し、東西に長い高知。四国山地に源を発する
清流が多く流れる。坂本龍馬や中岡慎太郎など、
幕末から明治にかけて活躍した偉人を多く輩出している。

四国の南端で大自然が織り成す
高知を代表する景勝地

四万十・足摺 P▶420

中心を四万十川が流れる。天然ウナギやアユなどの川の幸を楽しめる。四万十川流域を観光するならレンタカーか、四万十川バスの利用がおすすめ。

四万十川 P▶420
カツオのたたき P▶423

畳かな自然を楽しもう

ダイナミックな自然と
歴史ある史跡を訪ねる

室戸・安芸 P▶418

歴史的な見どころ満載

室戸岬灯台 P▶419

柚子栽培で有名な馬路村がある。長い日照時間や温暖な気候を利用した施設園芸が盛ん。野良時計は安芸市のシンボル。

北川村「モネの庭」マルモッタン P▶418

龍馬ゆかりの地がある
かつての城下町

高知 P▶416

土佐藩の城下町として発展した高知。日曜市やひろめ市場など、活気にあふれている。夏にはよさこい祭りを開催。

桂浜 P▶416
よさこい祭り P▶416・423

地図内ラベル

愛媛県／四国山地／徳島県
吉野川／三嶺／ビーマン／ユズ
にこ淵／高知城・よさこい祭り・ひろめ市場／龍河洞／西川花公園／馬路村
高知IC／香美市／のいちあじさい街道／ナス／北川村
四国カルスト／天狗高原／高知／南国市／高知空港／安芸
長沢の滝／四国カルスト／いの町／桂浜／野良時計／北川村「モネの庭」マルモッタン
高知平野／土佐市／牧野植物園／夫婦岩／室戸スカイライン・シットロト踊り／室戸
須崎市／高知自動車道／土佐湾
中土佐町／マダイ／太平洋／室戸ドルフィンセンター
ショウガ／室戸岬ジオパークセンター／室戸岬灯台
揖神輿の舟渡り
四万十川
佐田沈下橋／安並水車の里
四万十／大文字の送り火／カツオ
マダイ／柏島／土佐清水市／足摺岬

アクセスガイド ／ 足摺

東京		
✈ 飛行機	羽田→高知 約1時間30分	
🚄 新幹線・電車	東京→岡山→高知 約6時間	
🚗 車	東京IC→高知IC 約9時間25分	
🚌 夜行バス	東京→高知 約12時間30分	

大阪		
🚌 高速バス	ハービス大阪→甲浦 約5時間	
✈ 飛行機	伊丹→高知 約45分	

岡山		
🚃 電車	岡山→高知 約55分	
🚗 車	岡山IC→高知IC 約2時間9分	

高知基本DATA

面積	約7103k㎡
人口	66万8671人（令和5年6月1日）
ベストシーズン	5〜8月、10〜11月
県庁所在地	高知市
特産品	かつおのたたき、文旦、川海老、にら、なすなど
日本一	森林面積が日本一

地理	四国4県の中で最大の面積を誇り、山地率は全国1位。北は四国山地、南は太平洋に面している。
気候	夏は海から湿った風が四国山地に吹き、年間降水量が多い。冬は温暖な気候だが、山間部は雪が降ることも。

移動のてびき

1 高知行きの飛行機は羽田、伊丹空港からの便が多い

高知龍馬空港の愛称で親しまれる高知空港。羽田からは毎日10便程度、伊丹空港からは6便程度の直行便が飛んでいる。

2 高知市内の観光地を巡る周遊バスMY遊バスを利用しよう

龍馬記念館や桂浜など、高知市内の観光スポットを回る周遊バス。JR高知駅前から乗車できる。桂浜券は大人1000円。

高知
BEST PLAN

歴史を感じる
旅に出発！

PLAN | 清流&絶景ロングドライブ

四万十〜足摺プラン

COURSE MAP

四万十の豊かな清流に感謝しながら、気持ちいい海沿いをドライブ。

PLAN | 市街&偉人ゆかりの地を訪ねる

高知市街〜室戸プラン

COURSE MAP

高知タウンを散策しながら、土佐藩や日本植物分類学の偉人の功績を辿る。

1日目　高知市街

龍馬像に
ご挨拶

10:00	高知空港から
25分	レンタカーで出発　P▶416
10:30	坂本龍馬の愛した桂浜をぐるり
20分	緑の松と紺碧の海が調和する景勝地。
12:00	牧野植物園で3000種類以上の
20分	植物と建築美に癒やされる

約8haの園内で、四国の植物に触れよう。

牧野博士の
ブロンズ像も
P▶417

| 14:00 | 貴重な |
| 4分 | 高知城を見学 |

平山城。天守は木造で現存十二城の一つ。

三層六階の
天守
P▶417

| 16:00 | ひろめ市場で |
| 4分 | 高知グルメに舌鼓♪ |

カツオのたたきからスイーツまで目白押し！
P▶417

にぎわう
市場へ

| 18:00 | 高知市内のホテルに宿泊 |

2日目　室戸

| 9:00 | 高知市内から |
| 50分 | スタート |

| 10:00 | 東洋の海上王と言われた |
| 33分 | 岩崎彌太郎生家を見学 |

瓦には三菱マークの原型とされる家紋が。

約30坪
茅葺きの平屋

| 12:00 | 中岡慎太郎館で明治維新や当時の |
| 40分 | 人々の息吹を感じる |

中岡慎太郎が着た和服や幕末の資料を観察。

14:00	室戸にある
1時間	ユネスコ世界ジオパークへ
20分	高知のダイナミックな地形を体感！

| 17:30 | 高知空港から帰路へ |

1日目　四万十

日本最後の
清流

9:00	高知空港発
2時間	
11:00	四万十川で
1時間	リバーアクティビティを満喫　P▶420

カヌーやシュノーケリングを楽しむ。

| 15:00 | 安並水車の里で |
| 1時間 | 田園風景に心和む |

水車の回る音を聞きながら、水路沿いのあじさいを眺める。

P▶422

「大文字の送り火」は四万十市間崎地区の夏の終わりを告げる風物詩
地元で「大の字山」と呼ばれる山で、各戸から集めた松明で焚火が行われる。

P▶422

| 17:00 | あしずり温泉郷に宿泊 |

水平線まで
見渡せる

2日目　足摺〜津野

| 9:00 | 四国最南端の |
| 3時間 | 足摺岬で　P▶422 |

灯台と断崖絶壁の絶景を堪能！

1914年に点灯された足摺岬灯台は岬のシンボル。青い海と美しい姿を望む。

| 13:00 | 四国カルスト天狗高原を |
| 30分 | ドライブ！ |

珍しい
高原植物も

P▶420

草原をはじめとした牧歌的な風景は、日本のスイスとも呼ばれる。

| 14:30 | 長沢の滝でハート形の |
| 1時間 30分 | 滝口を発見♪ |

紅葉の時期も
おすすめ

落差約34mの滝。恋愛成就のパワースポットとしても有名。

P▶422

| 17:00 | 高知空港から帰路へ |

4日間
開催される

高知 よさこい祭り／1954年に、経済復興の足掛かりにと誕生した祭り。市内9か所の競演場、8か所の演舞場で約200チームが踊る。

BEST **1**

鳴子が響く**よさこい祭り**の
一糸乱れぬ踊りは迫力満点！

BEST **2**

仁淀ブルーの滝つぼが美しすぎる

いの にこ淵／仁淀川の支流にあたる枝川川にある滝つぼ。美しく幻想的な「仁淀ブルー」が見られる場所として人気の観光スポット。

BEST **3**

景勝地桂浜で
広がる青い海を眺める

高知 桂浜／古くから月の名所として知られる景勝地。弓状に広がる海岸に松の緑と海の青が調和する。坂本龍馬の銅像もある。

高知 高知城／木造の現存12天守の一つ。高さ18.5mの三層六階の天守は、360度どこからでも城下を眺めることができる。

BEST 4
自然に囲まれる高知城から町の景色を一望する

BEST 6
酒飲みにはたまらない!名物グルメを味わう

好きなものを持ち寄って食べる

高知 ひろめ市場／土佐藩家老の屋敷跡付近が「ひろめやしき」と呼ばれていたことに由来。飲食店やみやげ店など約60店が並ぶ。

BEST 5
あじさいの彩りを楽しみながら歩く

香南 のいちあじさい街道／1.2kmの用水路沿いと土手に、20〜25種類、約1万9000株のアジサイが咲く。夏の夜はホタルも。

BEST 7
歴史的な価値がある鍾乳洞を探検する

香美 龍河洞／日本三大鍾乳洞の一つ。1億7500万年の歳月が作り出した鍾乳石が見られる。幻想的な演出も見どころ。

BEST 8
学んで癒やされる広すぎる植物園を散策

高知 牧野植物園 日本の植物分類学の父である牧野富太郎博士ゆかりの植物などに出合える。約8haの園内で、3000種類以上の植物を育てる。

BEST **1**

高知の自然で再現する
モネの庭の景観を楽しむ

「睡蓮」は水の
庭エリアで

北川 北川村「モネの庭」マルモッタン／モネ
が愛したフランス・ジヴェルニーの庭がモデル。園
内は3つのエリアに分かれ、カフェなどもある。

BEST **2**

広い海と緑が広がる
自然豊かな**室戸岬**へ行く

サーファーにも
人気

室戸 室戸世界ジオパークセンター 海岸
には亜熱帯性樹林や海岸植物が茂り、海水
の浸食によりできた奇岩が見られる。

BEST 3
室戸岬灯台で太平洋を一望する

室戸　室戸岬灯台／標高151mにある白亜の灯台。レンズは直径2.6mで、日本最大級の大きさ。

BEST 4
シットロト踊りで室戸の文化を体感

室戸　シットロト踊り／300年以上続く伝統行事。旧暦の6月10日早朝から、神社寺堂を踊り巡る。

BEST 5
春の西川花公園で桃源郷に迷い込む

香南　西川花公園　春になると、約50万本の菜の花と600本以上の花桃や桜が一斉に咲き誇る。

BEST 6
かわいいイルカたちと間近で触れ合う!

室戸　室戸ドルフィンセンター／イルカと触れ合える体験型施設。餌やり体験やドルフィンスイムなども。

室戸　室戸スカイライン／室戸岬背後の尾根沿いを走る約9kmの路線。標高の高いところには展望台も。

BEST 7
海から突き出る夫婦岩を見に行く

室戸　夫婦岩／海中から2つの岩柱が直立して立つ奇岩。まるで夫婦が連れ添っているかのように見える。

BEST 8
室戸スカイラインで爽快にドライブ!

安芸　野良時計／地主だった畠中源馬が歯車から手作りした時計台。夏には時計台前にひまわりが咲く。

120年以上時を刻む

BEST 9
のどかな風景の中で印象的な時計を見る

BEST 1

日本最後の清流 四万十川 で
雄大な景観を満喫する

遊覧船や川遊び
で楽しむ

BEST 2

雄大なカルスト台地 で
ハイキングがしたい！

津野 四国カルスト 天狗高原／四
国カルストの東端、標高1485mに広が
る高原。遊歩道が整備され、新緑や紅
葉など季節を楽しみながら歩ける。

四万十 **四万十川**／全長196kmをわたり、ゆるやかに流れる川。日本最後の清流とも呼ばれる。四万余りの支流を持っていることから名付けられた（諸説あり）。

BEST **3**

柏島では船が浮かぶ！
透き通る碧い海に感動

大月 **柏島**／周囲約4kmの小さな島。船が浮いて見えると言われるほど、透明度の高いエメラルドグリーンの海に囲まれている。

小京都中村の夏の風物詩

BEST 4
山に浮かぶ火文字で夏の終わりを感じる

四万十 大文字の送り火／約500年前、応仁の乱を避けてきた一条房家が父と祖父の精霊を慰め、京都を懐かしんだことが始まりと伝わる。

四万十 安並水車の里／江戸時代の藩政改革の一つである灌漑の遺構。水車のある田園風景がのどか。

BEST 5
田畑を潤した水車で懐かしさに浸たる

6
四国最南端の岬から見る大パノラマは圧巻！

土佐清水 足摺岬／黒潮が直接ぶつかる日本唯一の場所。展望台からは、海岸美が望める。岬の先には高さ18mの灯台が立つ。

BEST 7
舟に乗る神輿を対岸からお見送り

四万十 橘神輿の舟渡り／八坂神社の神様を移した榊と、白岩神社の神様を移した神鏡を一緒に神輿に乗せ、行列を作り川舟を見送る祭り。

津野 長沢の滝／落差約34mのハート形の滝口から水が流れ落ちる。滝の前に架かる橋と滝を一緒に写せばベストショットに。

BEST 8
ハート型の滝口がかわいい！
自然の中で恋のお祈り

BEST 9
四万十川の最下流佐田沈下橋へ

四万十らしい風景が広がる

四万十 佐田沈下橋／四万十川の河口から一番近くにある沈下橋。欄干がないなど、増水時に橋が壊れないよう設計されている。

春

すぎもとじんじゃ はるたいさい
椙本神社 春大祭
いの **2月頃**
土佐三大祭りの一つ。幸福を呼び込むとされる福俵を手に、その年の幸せを祈願する祭り。舞が奉納される。

夏

よさこいまつり
よさこい祭り
高知 **8月9～12日**
不景気を吹き飛ばし、市民や町を元気づけるために始まった祭り。各チームの個性ある振り付けも見どころ。

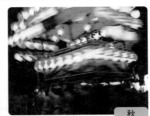

秋

きらがわのおんだはちまんぐうじんさい
吉良川の御田八幡宮神祭
室戸 **10月第2土・日曜**
県東部の沿岸部を中心に開催される、舟形の山車が地域を回る祭り。花台と呼ばれる、竹ひごと和紙でできた造花を付けた山車も見どころ。

冬

モネのにわ　ひかりのフェスタ
モネの庭 光のフェスタ P▶418
北川 **10月上旬～12月中旬**
水辺をキャンバスに見立て、イルミネーションで絵を描くように演出。毎年異なるテーマで開催されるため、何度でも楽しめる。

\ 知っ得！/
ご当地ネタ帳
土佐と幡多の方言がある

地元の人とのトークに困らない！
よく使われる方言リスト

あいた	▶	明日
いぬる	▶	帰る
おんちゃん	▶	おじさん
けんど	▶	けれども
なんちゃあない	▶	気にしないで
ちんまい	▶	小さい
まっこと	▶	本当に

カツオを食べる時はにんにくと一緒が定番！
スライスした生のニンニクを薬味にカツオのたたきを食べるのが高知流。カツオの生臭さを消すほか、疲労回復効果も期待できる。

気になるグルメを好きに選んで
ひろめ市場へ行くと昼からお酒を飲みたくなる
平日、土曜、祝日は10時、日曜は9時に開場。それぞれの店で購入した食べ物やお酒をテーブルに持ち寄る、フードコートのようなスタイル。

ソウルフード
カツオのたたき
年中食べられるが秋の下りガツオは脂がのり、たたきに最適。

郷土料理
田舎ずし
野菜がネタの寿司。みょうがやこんにゃくなどで鮮やかに。

お国自慢
ご当地グルメ

海鮮
クジラの刺身
捕鯨文化が栄えていた土佐。刺身は半解凍が食べ頃。

フルーツ
ぽんかん
生産量は全国2位。むきやすい皮で、味が濃く香り高い。

\ 欲しいをチェック /
おみやげリスト

1 菓舗浜幸
土佐銘菓 かんざし
よさこい節にちなんだ銘菓。甘酸っぱい柚子の香りと、かんざしの模様が特徴。

2 浜口福月堂
野根まんじゅう
じっくり炊き上げた自家製あんをしっとりとした生地で包み蒸した、一口大の薄皮饅頭。

3 定番
ぼうしパン
外はほんのり甘くサクサクした食感、中はふんわりとした、帽子の形をしたご当地パン。

4 銘菓
芋けんぴ
断面に空洞ができる高知の伝統製法で製造。濃厚なさつま芋の旨みと風味を味わえる。

1

2

3

4

サウナーの聖地へ

九州のスゴイサウナ

温泉地が豊富な九州には、温泉に併設されたサウナが数多くあるほか、豊かな自然や地下水を利用したものも。自分好みのサウナを見つけよう。

女性用ドライサウナは
アロマも楽しめる。

水風呂は温泉水を冷却。

開放的な露天風呂も。

佐賀
御船山の大自然の中でととのう

御船山楽園ホテルらかんの湯

武雄温泉にある御船山楽園ホテルのサウナは、自由にロウリュができるセルフロウリュスタイル。室内に御船山の環境音が流れるのも◎。
📍佐賀県武雄市武雄町大字武雄4100

ココがスゴイ
サウナ＆水風呂のあとは、外気浴スペースへ。御船山の自然をダイレクトに感じる空間で、森林浴をしながらととのう至福の時間を過ごそう。

熊本
キャンプ場の本格サウナ

蔵迫温泉さくら 貸コテージ
＆オートキャンプ場

本場北欧から輸入した樽型の「バレルサウナ」に、フィンランド製の電気ストーブを導入。小国杉のアロマが香るロウリュにも癒やされる。
📍熊本県阿蘇郡南小国町満願寺2849-1

約90度の薪サウナ「動の湯」。

趣の異なる2種類のセルフロウリュを完備。薪を使用して発汗を促す「動の湯」と安定した温度で過ごせる電気サウナ「静の湯」がある。
📍福岡県那珂川市大字成竹1051-1

ココがスゴイ
こだわりの水風呂は、那珂川成竹山の地下60mから引いた天然水を贅沢に掛け流しで使用。ミネラル豊富でまろやかに肌を包んでくれる。

福岡
動と静のサウナで五感を刺激

Glamping五感

熊本
サウナ界の西の聖地

サウナと天然温泉 湯らっくす

音響やライティングなど、瞑想できる環境を目指して緻密に設計された「メディテーションサウナ」など3つのサウナが楽しめる。
📍熊本県熊本市中央区本荘町722

 **あると便利な
サウナグッズ**

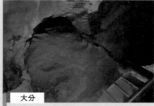

日本で唯一の鍾乳洞の水風呂を体験。

3億年前に形成された水中鍾乳洞を贅沢にも水風呂に！鍾乳洞の外にテントサウナがあり、1日3組限定で楽しめる。完全予約制。
📍大分県豊後大野市三重町大字中津留300

ココがスゴイ
鍾乳洞内にあるため、水温は年中約16度をキープ。透明度の高い水質も魅力。ブルーライトで照らされた幻想的な鍾乳洞の中でリラックスできる。

大分
鍾乳洞の水風呂にダイブ

稲積水中鍾乳洞

サウナハット
サウナ室の熱から頭部を保護する。濡れた髪も傷みにくくなる。

スマートウォッチ
時間や心拍数が測れる。防水性や耐熱性を確認してから使用を。

九州

九州

福岡
旅のプロファイル

個性的な食や文化が集まる、九州を代表する交通の要衝

九州で最も人口が多い福岡県。「太宰府天満宮」や「宗像大社」など数多くの歴史遺産が点在している。ご当地&B級グルメが豊富で魅力満載。

九州一の観光都市とシードライブを満喫

博多・太宰府・糸島 P.432

はかた　だいざいふ　いとしま

太宰府天満宮 P.432

桜井二見ヶ浦 P.433

九州最大の都市・博多。ご当地グルメや、合格祈願で有名な太宰府天満宮。桜井二見ヶ浦などの海岸美を楽しめるエリア。

武蔵ゆかりの地があるかつての城下町

門司港・小倉 P.428

もじこう　こくら

JR門司港駅 P.428

河内藤園 P.428

関門海峡や貿易港として栄えた異国情緒ただよう門司港。皿倉山展望台からは北九州の大パノラマの夜景を。

松本清張も北九州市出身

水郷の街でのんびりとどんこ舟に揺られる

久留米・柳川 P.430

くるめ　やながわ

鰻のせいろ蒸し P.435

柳川川下り P.430

水郷ならではのお堀巡りと、うなぎのせいろ蒸しが名物の柳川。久留米はとんこつラーメン発祥の地。

博多祇園山笠は300万人以上訪れる

アクセスガイド

東京
- 飛行機 羽田→福岡 約2時間
- 新幹線 東京→博多 約5時間
- 夜行バス 東京IC→太宰府IC 約12時間

大阪
- 飛行機 伊丹→福岡 約1時間15分
- 新幹線 新大阪→博多 約2時間30分

長崎
- 新幹線・電車 長崎→武雄温泉→博多 約1時間40分
- 車 長崎IC→太宰府IC 約1時間30分

福岡基本DATA

面積	約4988km²
人口	510万7318人(令和5年5月1日)
ベストシーズン	10〜11月
県庁所在地	福岡市
特産品	明太子、とんこつラーメン、もつ鍋、イチゴ　など
日本一	屋台の軒数が日本一

地理 北西部は玄界灘、南西部は有明海に面し、中央部に筑紫山地。筑後川下流には九州最大の筑紫平野が広がる。

気候 暖流の対馬海峡の影響で全体的に温暖。降水量は夏が多く冬は少ないが、梅雨や台風で被害がでることもある。

移動のてびき

1 市内の移動は地下鉄orバス利用がおすすめ

市内だけでなく、主要観光地を網羅する西鉄電車とバスに乗れる一日乗車券がお得。提示すれば入場料などが割引になる特典もある。

2 空港は福岡空港、北九州空港の2つ!

福岡空港は博多区にあるため、市内観光するにはアクセス抜群。北九州空港は24時間開港なので、早朝から深夜の便まで選べて便利。

港町から繁華街まで

PLAN 福岡タウン&パワースポットを巡る

福岡市街～太宰府プラン

見どころ満載の福岡タウンで名物グルメと、ご利益を求めパワスポ巡り。

CORCE MAP

1泊2日

PLAN レトロ港町歩き＆2大絶景

門司港～小倉～福津プラン

モダンでレトロな港町を散策したら、奇跡の絶景をもとめて海辺の街へ。

CORCE MAP

1日目 門司港

駅員の制服もレトロ

- **10:00** 博多駅
  - 🚄 15分
- **10:15** 小倉駅
  - 🚃 14分
- **11:00** JR門司港駅のレトロな駅舎を見学♪
  - 👣 3分 2階には旧貴賓室も
  - 鉄道駅として初の重要文化財に指定。
- **13:00** 門司港のランドマーク旧大阪商船へ！
  - 👣 6分 八角形の塔屋が美しい優雅な建物。

P.428

- **15:00** 体験型の関門海峡ミュージアムで歴史や文化を学ぶ
  - 展望デッキや学習ゾーンもある体験型博物館。
  - 大正ロマンの街並みを再現
- **17:00** 北九州市内に宿泊

2日目 小倉～福津

- **10:00** 門司港駅から出発！
  - 🚃 18分
  - 👣 10分

P.429

- **10:30** 小倉城をぐるり
  - 👣 11分 細川忠興が築城した唐造りの天守が特徴。
  - 🚃 47分
  - 野面積みの石垣
- **13:00** 福間駅着
  - 🚌 6分
  - 👣 3分

1700年前に創建
P.429

- **13:15** 「光の道」で知られる宮地嶽神社を参拝
  - 👣 17分 奇跡の絶景は2月と10月の年2回だけ。
- **15:00** かがみの海でフォトジェニックな一枚を撮影♪
  - 🚗 8分
  - 🚃 29分 ウユニ塩湖に負けない鏡面写真に挑戦。

- **17:00** 福岡空港から帰路へ
  - P.428

1日目 福岡市街

カピバラもいます

- **10:00** 博多駅発
  - 🚃 11分
- **10:15** 香椎駅着
  - 🚃 18分
- **11:00** 国営海の中道海浜公園で季節の花々に癒やされる♪
  - 1時間
  - 👣 5分 広大な敷地内で四季折々の花と海の景色が楽しめる。

P.434

- **14:00** 櫛田神社で商売繁盛・不老長寿祈願
  - 👣 3分
  - 本殿地下から湧く霊泉は不老長寿の水。
  - P.434
- **16:00** キャナルシティ博多でショッピング♪
  - 👣 10分 運河が流れるおしゃれな人気スポット。

P.434

- **18:00** 九州一の繁華街！中洲屋台街で福岡名物を堪能する
  - 個性的な味と雰囲気の屋台が並ぶ。
  - はしごして楽しみたい！
- **20:00** 博多市内のホテルに宿泊

2日目 太宰府
伝説の飛梅がある

- **10:00** 博多バスターミナル発
  - 🚌 45分
  - 👣 5分

P.432

- **11:00** 福岡県屈指のパワースポット太宰府天満宮を参拝！
  - 🚌 1時間
  - 👣 5分 学問の神様で有名な菅原道真を祀る。
- **13:00** 旧福岡県公会堂貴賓館のレトロな洋館をぐるり
  - 👣 3分
  - 🚃 4分 天神中央公園内にある、重要文化財のフォトジェニックな洋館。
  - 館内にはカフェも

- **15:00** 市民憩いの場、大濠公園でひと休み♪
  - 👣 4分
  - 🚃 10分 福岡城の外堀を利用した全国有数の水景公園で、都会のオアシス。
  - 外周は約2km

- **16:30** 博多駅から帰路へ

九州 福岡

門司港・小倉 で行きたい！したい！ BEST 8

BEST 1
天を覆う藤ドームを
くぐり抜ける

110mの
藤のトンネル

北九州 河内藤園／樹齢120年超え
の大藤をはじめ22種類の藤の花が
咲く。開園は例年4月下旬から5月上
旬までチケット予約制。

BEST 2
鏡のように空が映る海岸で
映え写真を撮る

福津 かがみの海／広大なビーチ
が鏡のように空を反射する奇跡の絶
景を見ることができ、条件とコツを
つかめばスマホでも撮影が可能！

BEST 3
趣あるレトロな駅舎から
旅を始める！

北九州 JR門司港駅／
鉄道駅として日本で初
めて重要文化財に指
定。2019年に大正時
代の姿へと復元。建
物中央部は「門」を表
現していると言われる。

BEST 4
港の美貌といわれた
門司港を代表する建築へ

北九州 旧大阪商船／かつて国際的な港の
ターミナルとして門司港と国外を結んだ重
要拠点。大正期の名建築としても有名。

大パノラマで夜景を楽しむ

BEST 5
北九州を代表する
100億ドルの夜景に感動！

北九州 皿倉山展望台（さらくらやま）／ケーブルカーとスロープカーで市内を一望できる展望台へ。雄大な自然と日本三大夜景に認定された夜景を堪能できる。

BEST 6
遙拝所から**沖ノ島**を拝む！

宗像 宗像大社沖津宮遙拝所
島そのものがご神体であり渡島できない沖ノ島を遥拝するため、社殿の役割を果たしている。

北九州 小倉城／リニューアルした天守閣でシアターや展示を通して歴史を学び、小倉の街並みを一望できる。

BEST 7
城ミュージアムで
小倉城の歴史を学ぶ

福津 宮地嶽神社／神社の参道の先に延びる「光の道」が見られるのは2月と10月だけ。大きすぎる3つの日本一にも注目してみて。

BEST 8
沈む夕日に照らされる
光の道を歩きたい！

九州 福岡

429

久留米・柳川 で行きたい！したい！
BEST 8

河童が
いるかも？

BEST 1
どんこ舟に揺られながら
水郷の街を巡る

柳川　柳川川下り／約420年前、柳河城築城時に城下町を作るために整備された。川下りではお堀巡りができ、柳川の風情を感じることができる。

BEST 2
カラフルなさげもんと
雛祭りを楽しむ

さげもんは
水郷ならでは

柳川　柳川雛祭り さげもんめぐり／女の子が生まれると雛壇と色鮮やかな「さげもん」を飾る、柳川地方に江戸時代から伝わる伝統行事。

BEST 3
国名勝に指定された
華やかな邸宅に泊まる

柳川　柳川藩主立花邸 御花／日本で唯一の泊まれる国指定名勝。明治時代の伯爵邸や庭園が当時の姿のまま残り、食事や宿泊が楽しめる。

朝倉 秋月城跡／黒門付近は紅葉の名所として知られ、城跡へと続く杉の馬車通りは、春になると桜のトンネルとなり人気のスポット。

まったりと散策しよう

BEST 4

筑前の小京都といわれる
城下町で紅葉狩り

八女 八女中央大茶園／緩やかな傾斜の丘陵地に広がる70haの茶園。頂上には展望所があり、まるで緑の絨毯を敷き詰めたような景色が広がる。

BEST 5

展望台から
八女茶の茶畑を一望

BEST 6

全国の水天宮の総本宮でお参り

久留米 水天宮／水にゆかりの社として古くから農業、漁業、航海業者からの信仰を集め、今は安産の神様として知られる。

BEST 7

素朴で上品な風合いの
小石原焼をゲットする

東峰 小石原焼／器をろくろで回しながら刃先や刷毛などを使い規則的に入れる模様は、整然としつつも温かみがある。

久留米 巨峰ワイナリー／自然に囲まれた美しい景観のワイナリー。ブドウ畑や地下貯蔵庫は一般開放され、自由に見学可能。

BEST 8

青々とした緑に囲まれながら
巨峰ワインを一杯

九州 福岡

BEST **1**

天神様を祀る
天満宮の総本宮へ

参道周辺には
グルメも！

太宰府 太宰府天満宮／菅原道真公が祀られ「学問・至誠・厄除け」の神様として知られる。駅から続く参道は、飲食店や土産物店などでにぎわう。

福岡 博多どんたく港まつり／例年5月3・4日の2日間、しゃもじを叩いて街を練り歩き、舞台や広場で踊りを披露する博多三大祭りの一つ。

BEST **2**

博多の街を練り歩く
華やかなパレードを見学！

糸島 **桜井二見ヶ浦**／夏至の頃、夫婦岩の間に沈む夕日は神秘的。日の出前と日の入り後の時間帯には空が濃い青色に染まる。

駅近中心地でお買い物！

BEST 4
福岡のランドマークで一日中遊びつくす

福岡 **キャナルシティ博多**／博多川沿いに立つ大型商業施設。夜はプロジェクションマッピングを取り入れた壮大な噴水ショーが人気。

九州
福岡

433

BEST 5

水面に木が並ぶ
落葉松の癒やしの森へ

神秘的な空間
が広がる

篠栗 篠栗九大の森／九州大学の敷地内にある約17haの森。「水辺の森」では水に浸かる場所でも生育できるラクウショウが見られる。

BEST 6

気品漂うレンガ調の
美術館でアートを楽しむ

福岡 **福岡市美術館**／緑と水溢れる大濠公園の一角にある前川國男設計の美術館。

BEST 8

福岡のディープな
屋台グルメを堪能したい

福岡 **中洲屋台街**／昼間は何もない歩道に、夜になるとどこからともなく現れ、街を彩る屋台！シメのラーメンや餃子を是非楽しんで。

BEST 7

博多の総鎮守
お櫛田さんに行きたい

福岡 **櫛田神社**／古来博多っこに親しまれる商売繁盛・不老長寿のご利益がある神社。7月に開催する「博多祇園山笠」も奉納される。

BEST 9

海浜公園でネモフィラと桜を一望する

海に囲まれた
公園！

福岡 **国営海の中道海浜公園**
4月上旬に見られる桜のピンクとネモフィラの青のストライプは、視点によって絶妙に変わる色合いが楽しめる。

福岡の春夏秋冬イベント

春

はかたどんたくみなとまつり
博多どんたく港まつり P.432
福岡 5月3・4日
個性豊かな「どんたく隊」が、しゃもじを叩きながら踊るパレードが見どころ。福岡県の一大イベント。

秋

やめふくしまのとうろうにんぎょう
八女福島の燈籠人形
八女 9月下旬
江戸時代からの歴史を持つ伝統芸能「八女福島の燈籠人形」は毎年秋分の日を含む3日間公演される。

秋

はくしゅうさい
白秋祭
柳川 11月1〜3日
柳川出身の北原白秋を偲ぶ祭り。水面に行灯が浮かび、その中をどんこ舟が静かに進む。水郷柳川ならではの幻想的な祭り。

冬

とおかえびすじんじゃしょうがつたいさい
十日恵比須神社正月大祭
福岡 1月8〜11日
商売繁昌の神・えびす様のお祭りで、300軒の露店が並びにぎわう。名物の福引は熊手や宝船など、おめでたい縁起物が空くじなしで当たる。

\ 知っ得! /
ご当地ネタ帳
福岡はよかろうもん

地元の人とのトークに困らない!
よく使われる方言リスト

くる	▶	行く
すいとー	▶	好き
〜たい	▶	〜なんだよ
ちゃちゃくちゃら	▶	めちゃくちゃ
ばり	▶	とても
食べりー	▶	食べてみて
なんばしよっと	▶	何をしているの?

焼鳥屋では必ず豚バラを頼む…?
鶏よりも、魚介や野菜をバラ肉で巻いた串焼きなど、福岡の焼き鳥屋はとにかくネタが豊富。ざく切りキャベツのお通しが出る。

福岡ではあたり前!
肉まんには酢醤油をつける!
福岡のコンビニでは、肉まんを買うと必ず酢醤油が付く。もらえないと催促するほど。さらにカラシをつけると旨みが倍増する。

お国自慢
ご当地グルメ

ソウルフード

博多ラーメン
極細麺にとんこつスープのハーモニー。替え玉して最後まで堪能。

フルーツ

あまおう
艶やかで真っ赤な「いちごの王様」と呼ばれる特産品。

鍋

もつ鍋
醤油味と味噌味スープが基本。個性を出した名店が多い。

郷土料理

うなぎのせいろ蒸し
蒸してあるので熱々。香ばしさとふわふわ感が楽しめる。

\ 欲しいをチェック /
おみやげリスト

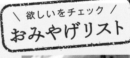

1 明月堂
博多通りもん
福岡近郊でしか買えない、ミルク感たっぷりの皮で白餡を包んだ定番みやげ。

2 ふくや
味の明太子
1948年創業。辛子明太子のはじまりとして知られる老舗の絶品ごはんのお供。

3 ひよ子本舗吉野堂
名菓ひよ子
1912年誕生の銘菓。変わらぬ優しい味と形が愛されている。季節限定の味も。

4 伝統工芸
博多人形
1437年に伝えられたと言われる。素焼きの柔らかさと優しい表情が魅力。

九州 福岡

佐賀
旅のプロファイル

有明海と玄界灘に面し、伝統工芸や温泉が魅力

世界的に有名な有田焼の産地がある佐賀県。
玄界灘の海の幸の呼子のイカや、佐賀牛などのグルメも豊富。
歴史ある美人の湯・武雄温泉、美肌の湯・嬉野温泉も人気。

歴史を感じる城下町と
絶景シーサイド

佐賀・唐津
P.438

吉野ヶ里歴史公園 P.438

唐津城 P.439

唐津くんち P.438

県庁所在地の佐賀市は、歴史ロマンを感じる吉野ヶ里歴史公園、海の幸と風光明媚な唐津・呼子など佐賀観光のメインエリア。

1300年以上の
歴史を持つ
佐賀の二大温泉地

武雄・嬉野
P.440

有田焼 P.442-443

大魚神社海中鳥居 P.442

武雄温泉 P.442

日本の陶磁器のふるさと、有田と伊万里。佐賀の二大温泉と海に浮かぶ大魚神社など、自然があふれるエリア。

アクセスガイド

東京	✈飛行機	羽田→佐賀 約1時間50分
	🚄新幹線・電車	東京→新大阪→新鳥栖→佐賀 約5時間50分
	🚗車	東京IC→佐賀大和IC 約12時間5分
大阪	🚄新幹線・電車	新大阪→新鳥栖→佐賀 約3時間30分
	🚌高速バス	梅田→佐賀 約11時間
福岡	🚄新幹線	博多→新鳥栖 約12分

佐賀基本DATA

面積	約2441km²
人口	79万7889人（令和5年3月1日）
ベストシーズン	4〜5月
県庁所在地	佐賀市
特産品	佐賀牛、佐賀海苔、イカ、ミカン、イチゴ、など
日本一	養殖のりの生産量が日本一（令和4年）

地理　北は玄界灘、南は有明海に面し、福岡県境に脊振山地がある。東松浦半島はリアス式海岸になっている。

気候　対馬海流により全体的に温暖。南部では夏は厳しい暑さ。半島部は気温差が少なく、山間部は多雨。

移動のてびき

1 佐賀空港へは羽田空港からの路線のみ

全日空ANAの1日5便が運航しているだけなので、日本各地からの路線があり便数も多い福岡空港を利用するのが便利。

2 福岡からは特急や高速バスが多く出ている

佐賀、武雄温泉、有田へは博多駅からJR特急利用が便利。博多からは伊万里や唐津への高速バスも出ているのでおすすめ。

佐賀
BEST PLAN

歴史スポット
に温泉も！

1泊2日

PLAN | 電車&バスで巡るリフレッシュ旅

武雄〜太良 プラン

CORCE MAP

歴史と文化に触れながら歩き、佐賀の佐
賀の二大温泉郷でリフレッシュ。

1日目　武雄〜嬉野

シーボルトも
入浴した湯

11:00	武雄温泉駅発	P.442
12分		
11:15	武雄温泉大衆浴場でリフレッシュ♪	
20分	総大理石の貸切風呂で殿様気分。	

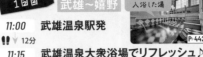

有田陶器市の規模は
日本最大級！
500以上の店が並び、
掘り出し物も多数。
P.442

14:00	陽光美術館	魏国も必見
5分	を見学	
	中国の古陶磁器や翡翠	
	の芸術品を展示。	

17:30	御船山楽園を	敷地内に 2つの宿
17分	散策♪	
	桜とツツジが見事な約	
	15万坪の大名庭園。	P.441

19:30	日本三大美肌の湯	
	嬉野温泉で癒やされる	
	オレンジ屋根の大	
	衆浴場はレトロな	嬉野茶の スイーツも
	建物で人気。	P.442

2日目　鹿島〜太良

10:00	嬉野温泉発	P.440
40分		
6分		

11:00	日本三大稲荷の一つ	奥の院は パワー最強
3分	祐徳稲荷神社を参拝！	
6分	衣食住全般をつかさどる神様を参拝。	

13:00	酒蔵通りと茅葺の町並みが	2つの趣ある 町並み
14分	ノスタルジックな	
10分	肥前浜宿をぐるり	
	江戸時代、長崎街道の	
	宿場町として栄えた。	P.441

15:00	フォトジェニックな大魚神社の	
18分	海中鳥居に感動	
20分	神社と有明海の沖ノ島	
	を結ぶ3基の鳥居。	

| 17:00 | 江北駅から帰路へ | P.442 |

干潮時は
歩ける

1泊2日

PLAN | 歴史まち歩き&海辺ドライブ

佐賀〜唐津〜呼子プラン

CORCE MAP

佐賀の古代遺跡や玄界灘に面した唐津と
呼子で、海の幸と自然を堪能する。

1日目　佐賀〜唐津

弥生時代の
暮らしを体験

10:00	佐賀駅発	P.438
30分		
10:30	吉野ヶ里歴史公園で住時の暮らしを体感	
1時間 5分	復元した物見櫓や竪穴住居などが点在。	

佐賀インターナショナル
バルーンフェスタへ！
国内外から集合したバ
ルーンが一斉に離陸！
P.439

桜や藤の
名所

13:00	海に面した小高い	
5分	丘に立つ唐津城へ	
	初代藩主の寺沢広高	
	が、7年かけて築いた。	

鏡山展望台が
おすすめ

15:00	唐津湾沿いに広がる日本三大松原	
	虹の松原を楽しむ	
	約100万本の松が虹の	
	ように弧を描いて続く。	

| 17:00 | 唐津市内の | |
| | ホテルに宿泊 | |

2日目　唐津〜呼子

9:30	唐津駅発	
30分		
10:00	呼子朝市で	朝7時半から 12時まで
10分	呼子名物イカグルメを堪能♪	P.438
	名物イカの一夜干しをゲットしよう。	

唐津市周辺で生産される
唐津焼
風合いのある器は、料理
や花々を引き立てる。
P.439

12:30	遊覧船に乗って神秘の海蝕洞窟	
1時間 30分	七ツ釜を探検！	
	イカ型遊覧船で迫力満	
	点の景色を堪能。	

| 17:00 | 佐賀駅から帰路へ | P.439 |

九州・佐賀

BEST 1

唐津最大の行事で
曳山の迫力に圧倒される！

期間中は
50万人が集う

唐津　唐津くんち／唐津神社の秋季例大祭で、11月2〜4日に行われる。くんちは「供日（くにち）」とも書き収穫感謝の意が込められている。

BEST 2

歴史公園で弥生時代に
タイムスリップ！

吉野ヶ里　吉野ヶ里歴史公園／日本最大規模の環壕集落跡。弥生時代の雰囲気を体験しながら、当時の生活や文化を知ることができる。

BEST 3

オレンジ色に染まる
浜野浦の棚田を訪ねる

玄海　浜野浦の棚田／浜野浦川の下流域にある棚田。田植え前後の時期には、夕日が海面と水田をオレンジ色に染め、絶景に。

BEST 4

呼子のイカを一夜干しでいただく

唐津　呼子のイカ／玄界灘でとれた鮮度抜群のイカを道の傍らで干す景色は、イカの町・呼子ならでは。

BEST **5**

空高く舞い上がる
カラフルな バルーン に感動

夜のバルーンも
幻想的！

佐賀　佐賀インターナショナルバルーンフェスタ／世界中から100機を超えるバルーンが集まる。競技開始直後、一斉に離陸する光景は圧巻！

唐津　唐津城／東西に伸びる松原が両翼を広げた鶴に見えることから、「舞鶴城」とも。九州花火大会では大輪の花火が借景に。

BEST **6**

鶴のように美しい 城 から
唐津湾を一望する

BEST **8**

イカ丸に乗ってドキドキの 洞窟探検

唐津　唐津焼　素朴な風合いと多彩な装飾技法が特徴。日本で初めて絵付けを施したといわれている。

BEST **7**

素朴で力強い 唐津焼 の世界へ

唐津　七ツ釜　まるで7つのかまどを並べたような海蝕洞窟。遊覧船に乗り、海上から七ツ釜観賞が楽しめる。

九州　佐賀

439

大庭園の
壮大なアート！

BEST 1
九州の大自然を デジタルアート で体感する

チームラボ《呼応するランプの森とスパイラル・ワンストローク、夏の森》 ©チームラボ

BEST 3
美しい朱塗りの 祐徳さん で
パワーをいただく

鹿島 祐徳稲荷神社／日本三大稲
荷の一つに数えられ、商売繁盛、家
運繁栄、交通安全、縁結びなどのご
利益があるとして信仰されている。

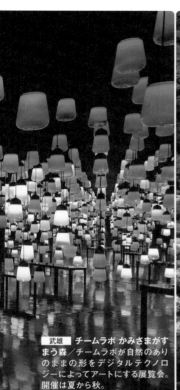

武雄　**チームラボ かみさまがす まう森**／チームラボが自然のありのままの形をデジタルテクノロジーによってアートにする展覧会。開催は夏から秋。

BEST **2**

山のふもとを彩る約20万本の**ツツジ**に感動

武雄　**御船山楽園**／毎年春に開催される「花まつり」では、すり鉢状の地形につつじが咲き誇る"つつじ谷"が見どころ。

季節ごとに催し物も!

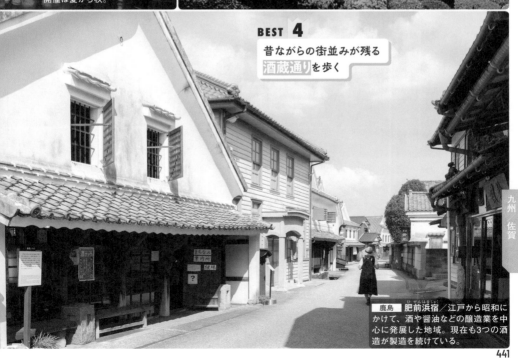

BEST **4**

昔ながらの街並みが残る**酒蔵通り**を歩く

鹿島　**肥前浜宿**（ひぜんはまじゅく）／江戸から昭和にかけて、酒や醤油などの醸造業を中心に発展した地域。現在も3つの酒造が製造を続けている。

九州 佐賀

441

BEST 5

日本三大美肌の湯で
お肌をすべすべに！

「うれしいの」
が由来とも

嬉野 **嬉野温泉**／名物はお茶と
とろける温泉湯豆腐。旅館「和田
屋別荘」では、足湯喫茶や足湯
居酒屋が楽しめると話題。

武雄 **武雄温泉**／佐賀藩武雄領主やシーボルトが入
浴したとされる「殿様湯」などがある。

BEST 6

赤い楼門がシンボルの
大衆浴場でまったり

BEST 7

有田焼の魅力を
テーマパークで体験

有田 **有田ポーセリンパーク**／幕末
から明治初期までの輸出向けに作られ
た有田焼作品を一堂に展示する。

BEST 8

陶器市でかわいい焼き物探し

有田 **有田陶器市**／彩りも種類も豊
富な磁器製品が安く手に入ると、全国
の焼き物ファンが訪れにぎわう。

BEST 9

有明海に浮かぶ
神秘的な**海中鳥居**が見たい

太良 **大魚神社 海中鳥居**／沖ノ島に
取り残された代官が大魚に助けられた
ことに感謝して建造したとされる。

佐賀の 春夏秋冬 イベント

とすやよいまつり
とす弥生まつり

鳥栖 | 3月最終日曜日

桜の名所・田代公園で開催。古代の火起こしや弥生時代の装束を着た人々の舞など歴史を感じる春祭り。

夏

はまさきぎおんさい
浜崎祇園祭

唐津 | 7月下旬

日本最大級の山笠が大漁豊作・商売繁盛を祈り市街を練り歩く。巨大な山笠が回旋するスピード感は圧巻。

秋

あきのありたとうじきまつり
秋の有田陶磁器まつり

有田 | 11月下旬

有田町内各所で「食と器でおもてなし」をテーマにのんびりと秋に彩られた有田でグルメや町歩きなど、楽しみ方はいろいろ。

冬

よしのがり ひかりのひびき
吉野ヶ里 光の響

吉野ヶ里 | 12月の土・日曜(6日間)

吉野ヶ里歴史公園では、吉野ヶ里遺跡の復元建物などがライトアップされ幻想的。数千個の紙灯籠が光の地上絵を描く。

お国自慢 ご当地グルメ

肉
佐賀牛

全国のブランド牛の中でも高品質の極上の霜降り肉。

海鮮
イカの活造り

抜群の鮮度と透明度は呼子ならでは。食感と甘みは絶品！

海鮮
竹崎かに

夏カニはオスのカニ味噌、冬カニはメスの内子(卵)が格別。

郷土料理
鯉料理

清流で育った鯉を使った刺身は臭みもなく、プリプリの食感。

欲しいをチェック
おみやげリスト

1 | 萬坊
萬坊いかしゅうまい

ふんわり甘いイカのすり身と、プリッとした切り身の食感がたまらない呼子名物。

2 | 伝統工芸
伊万里焼

伊万里市の大川内山で作られる器。品格ある高度な作品を生産している。

3 | 伝統工芸
唐津焼

素朴で力強い器。唐津港から京都・大阪に広がり、茶人から愛されるように。

4 | 伝統工芸
有田焼

伝統的スタイルのほか、モダンな窯元も多いので、好みの器を探してみては。

1

2

3

4

九州 佐賀

長崎
旅のプロファイル

異国情緒漂う街並みと海に囲まれた景色が広がる

日本本州の最西端に位置し、県内のほぼ全ての市町が海に面している。古くから貿易の窓口となり、諸外国の文化などが入り、西洋や中国の文化が混在している。

アメリカ文化が息づく港町や
美しい自然と教会に癒される

佐世保・五島 P.450

佐世保バーガー P.452

平戸オランダ商館
平戸ザビエル記念教会
塩俵の断崖
生月島
平戸市
北松浦半島
長串山公園のツツジ
平戸島
佐世保

平戸ザビエル記念教会 P.451

県北部の佐世保は港町で、軍港としても栄えた歴史を持つ。五島へはフェリー、高速船でアクセスしよう。

アメリカンな文化も

対馬
マグロ
真珠
対馬市

壱岐

真珠
黒島
九十九島
ハウステンボス

淡佐見焼
嬉野温泉駅

長崎自動車道

佐賀県

ミカン

大村湾
新大村駅
大村駅
大村市
長崎空港

島原武家屋敷通り
鯉の泳ぐまち
島原城
諫早湾
諫早駅
諫早市
島原

五島まで飛行機で約30分

東シナ海

五島列島

五島
高浜海水浴場
福江島 五島市

調達

九州新幹線
長崎駅
長崎IC
長崎

橘湾

雲仙岳(普賢岳)
雲仙地獄
雲仙観光ホテル
界 雲仙
雲仙

原城跡
島原半島
島原湾
仁田
島原市

ジャガイモ

世界遺産
大浦天主堂
グラバー園
長崎ランタンフェスティバル
長崎くんち
平和公園
稲佐山山頂展望台

軍艦島

東西文化が
色濃く混ざりあう
歴史ある街

大浦天主堂 P.447

長崎 P.446

1571年に長崎港が開港。鎖国時代は出島が貿易の窓口となり文化などが入り込んだ。戦後復興後は平和の大切さを伝える街に。

グラバー園 P.446

高原の温泉リゾートと
城下町さんぽ

雲仙・島原 P.448

島原城 P.449

湧き水が豊富で「水の都」とも呼ばれる島原は、城下町の面影も残る。温泉で有名な雲仙は、至るところから湯けむりが漂う。

雲仙地獄 P.448

アクセスガイド

東京
- ✈ 飛行機 羽田→長崎 約1時間50分
- 🚄🚃 新幹線・電車 東京→博多→武雄温泉→長崎 約7時間
- 🚗 車 東京IC→長崎IC 約13時間

大阪
- ✈ 飛行機 伊丹→長崎 約1時間20分

福岡
- 🚄🚃 新幹線・電車 博多→長崎 約1時間50分
- ⛴ フェリー 三池港→島原港 約50分

長崎基本DATA

面積	約4131km²
人口	127万6619人(令和5年3月1日)
ベストシーズン	3月、8月、10月
県庁所在地	長崎市
特産品	ビワ、ミカン、イチゴ、長崎和牛、五島うどん、など
日本一	真珠の生産量が日本一(令和3年)

地理 北は日本海、西と東は東シナ海に面し、日本一の離島数を誇る。平坦な土地が少なく、斜面に住宅街が広がる。

気候 寒暖差は少ない。夏は気温が高く熱帯夜になる日もある。冬は東シナ海の季節風によって大雪になることも。

移動のてびき

1 長崎市内の移動は路面電車がメイン

路面電車の一日乗車券(600円)を購入すれば、全線乗り放題。グラバー園や大浦天主堂、出島など主要な観光スポットを網羅できる。

2 博多から長崎までなら2つのかもめで移動！

特急電車「リレーかもめ」で、博多〜武雄温泉、西九州新幹線「かもめ」で武雄温泉〜長崎へ移動できる。同一ホームの乗り換えで便利。

行ってみたい！を効率よく

長崎
BEST PLAN

和洋の歴史を楽しもう

PLAN｜スパリゾート＆水の都を巡る

雲仙〜島原プラン

COURSE MAP

雲仙名物の地獄と温泉宿を満喫したら、当時の面影が残る島原を散策。

1泊2日

PLAN｜異国感ある2大タウン巡り

長崎〜佐世保プラン

COURSE MAP

鎖国時代の長崎の様子を建物や景観、グルメで実感。九十九島にも降り立とう。

1日目　長崎

10:00　長崎空港
復元した出島を散策
🚌 35分
👣 5分

10:40　出島で和洋ミックスのレトロな街並みを散策
16棟の建物や景観が、19世紀初めの姿に。
👣 8分

12:30　長崎新地中華街で中華料理を堪能
約40店舗の中華料理店やスイーツ店が並ぶ。
👣 14分

14:00　大浦天主堂の荘厳な空間に感動
ゴシック様式で建築
堂内にはめ込まれたステンドグラスも必見。
👣 2分

15:30　世界遺産があるグラバー園を見学
150年以上立ち続ける、伝統的建造物を見る。
👣 7分
🚌 22分
🚶 50分

P▶447

P▶446

3棟が国指定重要文化財

17:00　稲佐山山頂展望台の夜景にうっとり
標高333mに位置するビュースポット！

19:00　長崎市内のホテルに宿泊

P▶447

世界新三大夜景に認定

2日目　佐世保

7:45　長崎駅でレンタカーを借り出発！
🚗 2時間20分

西海国立公園に指定

P▶450

10:00　手付かずの自然残る九十九島へ
⛴ 50分　大小208の島々が、美しい風景を織りなす。

13:00　祈りの島、黒島へ
⛴ 50分　カトリック信徒たちが
🚗 2時間　弾圧から逃れた地。

島の中心には黒島天主堂が

17:00　長崎空港でレンタカーを返して帰路へ

1日目　雲仙

P▶448

10:00　長崎道諫早ICスタート
🚗 1時間20分

11:30　仁田峠展望所から望む平成新山は迫力満点！
標高1080mから有明海やくじゅう連山を望む。
🚗 12分

第二展望所もある

地獄めぐりは約60分

14:00　雲仙地獄を散策！
硫黄の香りと湯けむりが漂う地獄のような景色を楽しもう。
🚗 1分

P▶448

16:00　雲仙観光ホテルで非日常を味わう♪
雲仙の山々を間近に温泉宿でくつろぐ。

昭和10年創業のホテル

P▶449

2日目　島原

9:00　水の都・島原に向け出発！
🚗 35分

五層の天守閣が美しい

10:00　安土桃山様式の壮麗な島原城へ
無駄を省き、防御に長けた城。現在、天守は史料館になっている。
🚗 4分

P▶449

12:00　湧水の水路が印象的な島原武家屋敷通りを散策♪
17世紀初頭に使われた水路が今もなお残る。
🚗 5分

下級武士の屋敷街

P▶449

14:00　色とりどりの錦鯉が水路や池を泳ぐ鯉の泳ぐまちへ
全長100mの水路で鯉が気ままに泳ぐ。
🚗 43分

湧き水を観光に生かす

P▶449

15:30　島原・天草一揆の舞台世界遺産 原城跡へ
🚗 1時間20分
天草を望み、朝日や夕日の鑑賞スポットとしてもおすすめ。

歴史に思いを馳せる

P▶449

18:00　長崎道諫早ICから帰路へ

九州／長崎

長崎 で行きたい！したい！ BEST 8

BEST 1
海上に浮かぶ かつての炭鉱都市に上陸

長崎港から
船で約40分

長崎 軍艦島／日本近代化の遺構であり、世界文化遺産の人工島「端島」。外観が軍艦「土佐」に似ていることから軍艦島と呼ばれるように。

BEST 2
異国情緒溢れる 木造洋風建築を見学

長崎 グラバー園／1858年、長崎は修好通商条約により、各国の外国人たちの居留地に。当時から残る洋館が集まり、歴史を感じられる。

BEST 3
熱狂に包まれる 長崎くんちを見に行く

長崎 長崎くんち／長崎の氏神である諏訪神社の秋季大祭で、毎年10月7日から3日間催される。独特でダイナミックな奉納踊りが見どころ。

BEST **4**
具材たっぷりの
長崎ちゃんぽんをすする

長崎　**長崎ちゃんぽん**／中華料理店「四海楼」の店主が考案。炒めた野菜や肉に麺を入れ濃いめのスープで煮込む。

BEST **5**
平和記念像とともに
世界平和を願う

長崎　**平和公園**／園内には、長崎市民の平和への願いを象徴する、高さ9.7mの平和祈念像が置かれている。

長崎　**大浦天主堂**／長崎居留地に在留外国人のために建設された、ゴシック様式の教会。マリア像「日本之聖母」が出迎えてくれる。

南山手グラバー通りに面する

BEST **6**
現存する日本最古の
ゴシック様式の教会へ

BEST **7**
ランタンが灯る長崎旧正月のイベントへ

長崎　**長崎ランタンフェスティバル**／市内中心部が約1万5000個の中国ランタンとオブジェの光で彩られる。

BEST **8**
世界に誇る美しい**夜景**に酔いしれる

人気の夜景スポット

長崎　**稲佐山山頂展望台**／世界新三大夜景の一つを望む。標高333mの展望台からは、360度にわたって1000万ドルの夜景が広がる。

九州　長崎

447

高温の温泉
が噴き出す

BEST 1

遊歩道でぐるっと！
雲仙地獄巡り

雲仙　雲仙地獄／硫黄の香りと蒸気が周囲を覆う。温泉の最高温度は98度。地熱や噴気を体感できる「雲仙地獄足蒸し」や名物の温泉卵の販売も。

BEST 2

ロープウェイに乗って
平成新山の景色を一望

途中には
第2展望所も

雲仙　仁田峠／全長約500ｍの雲仙ロープウェイで空中散歩を楽しみながら、標高1333ｍの妙見岳の展望所へ。

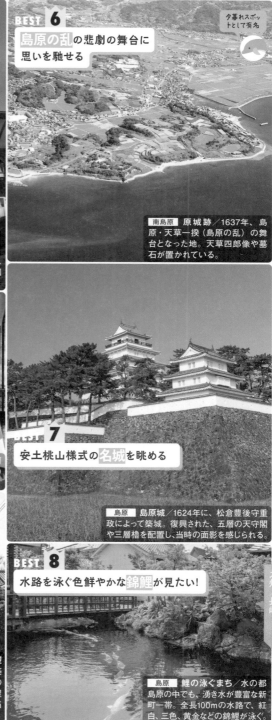

BEST 3
温泉リゾートで
名門**クラシックホテル**に泊まる

雲仙　雲仙観光ホテル／1935年創業、スイスシャレー様式を取り入れた洋館。外国人の避暑地として親しまれてきた。

BEST 4
長崎らしい異国情緒を
宿で楽しむ

雲仙　界 雲仙／和（日本）、華（中国）、蘭（オランダ）の要素が混ざり合った、長崎の文化を表現した星野リゾートの温泉宿。

BEST 5
城下町の面影が残る
武家屋敷を歴史散歩

島原　島原武家屋敷通り／島原城が築城された際、外郭の西に下級武士の屋敷街が造られた。当時の姿を見られる。

BEST 6
島原の乱の悲劇の舞台に
思いを馳せる

夕暮れスポットとして有名

南島原　原城跡／1637年、島原・天草一揆（島原の乱）の舞台となった地。天草四郎像や墓石が置かれている。

BEST 7
安土桃山様式の**名城**を眺める

島原　島原城／1624年に、松倉豊後守重政によって築城。復興された、五層の天守閣や三層櫓を配置し、当時の面影を感じられる。

BEST 8
水路を泳ぐ色鮮やかな**錦鯉**が見たい！

島原　鯉の泳ぐまち／水の都島原の中でも、湧き水が豊富な新町一帯。全長100mの水路で、紅白、三色、黄金などの錦鯉が泳ぐ。

九州　長崎

BEST **1**

花と光のテーマパークで 一日中遊びつくす！

季節に合わせた光の演出も

BEST **2**

遊覧船に乗って 九十九島巡りを楽しむ！

佐世保 **九十九島**／佐世保湾の入り組んだリアス式海岸と、大小208の島々からなる景勝地。「九十九」とは数えきれないほどたくさんという意味。

佐世保 **ハウステンボス**／総面積15
2万㎡と日本一広いテーマパーク。ヨー
ロッパのようなレンガ造りの重厚な
街並みのリゾートをエンジョイしよう。
©ハウステンボス/J-20774

平戸 **平戸ザビエル記念
教会**／1931年に平戸の丘の
上に建立。1971年に3度の
ザビエルの平戸来訪を記念
し、記念像が教会脇に建て
られた。

寺院と教会の見
える風景で有名

BEST 4
薄緑の外壁と白い尖塔が
美しい教会に魅了される

BEST 3
平戸とオランダの
交易の歴史を学ぶ

平戸 **平戸オランダ商館** 1609年
に設置された貿易拠点。復元された
1639年築造の倉庫には、貿易に関
する史料などが展示されている。

BEST 5
九十九島を借景に
鮮やかなツツジを観賞

佐世保 **長串山公園のツツジ** 長串
山公園の春の恒例イベント。約10万
本のツツジが咲き誇り、北九十九島
や平戸島と共に絶景が楽しめる。

九州 長崎

BEST 6
荒波が造り出した 断崖絶壁 を眺める

九州で最後に
夕日が沈む場所

平戸 塩俵の断崖／生月島で見られる柱上節理の奇岩。南北に約500m、高さ約20mと大規模で、長崎県新観光百選にも選ばれている。

BEST 7
佐世保バーガー に かぶりつく！

佐世保 佐世保バーガー／1950年頃に米海軍基地から伝わったのが発祥。大きなサイズのバーガーをガブリとワイルドに味わおう。

BEST 8
透き通るような白磁と モダンなデザイン にうっとり

波佐見 波佐見焼／400年以上の歴史を持つ陶磁器。透けるような白磁に、呉須という絵具で模様を描く。

BEST 9

天然の
白砂ビーチ

白砂の海岸 が続く美しい浜でのんびり

五島 高浜海水浴場／五島を代表する美しい白砂ビーチ。水平線沖はコバルトブルーの大海原が広がり、浅瀬は透明度の高いエメラルドグリーン色に。

長崎の春夏秋冬イベント

ハウステンボス チューリップまつり
ハウステンボス チューリップ祭
佐世保 2月下旬〜4月上旬
100万本のチューリップが、ヨーロッパの街並みを彩る。風車の風景や、イルミネーションなど演出も豊富。
春

えむかえせんとうろうまつり
江迎千灯籠まつり
佐世保 8月23・24日
約500年続く、無病息災を祈願する伝統行事。高さ約25mの灯籠タワーは、3500個ほどの灯籠で飾られる。
夏

秋
ながさきくんち
長崎くんち
長崎 10月7〜9日
1634年、2人の遊女が諏訪神社神前に謡曲「小舞（こまえ）」を奉納したことが始まりの伝統ある祭り。独特でダイナミックな奉納踊が特色。

P-447
冬
ながさきランタンフェスティバル
長崎ランタンフェスティバル
長崎 2月中旬（春節に合わせて開催）
長崎新地中華街の街の振興のために、中国の旧正月（春節）を祝う行事として親しまれてきた。期間中は極彩色の中国提灯が市内を彩る。

地元の人とのトークに困らない！よく使われる方言リスト

あいたー	▶	あっ
いっちょん	▶	全然
なんね？	▶	なんですか？
むじょがる	▶	かわいがる
よんにゅー	▶	たくさん
どーも	▶	ありがとう
よかよ	▶	いいよ

8月9日は登校日！原爆の日はみんなで平和を祈る
8月9日は夏休み期間中にあたるが、長崎の小中学校は登校日に。各学校で恒久平和への誓いを新たに、平和学習が行われる。

鎖国中も貿易が行われた異国情緒あふれる街
日本で唯一、貿易の地として栄えていた長崎。扇形の出島や、ヨーロッパの建築様式を踏襲した教会、洋館など、当時の雰囲気を感じられる。

お国自慢 ご当地グルメ

長崎ちゃんぽん
麺
豚肉と長崎のはんぺん（紅白かまぼこ）、野菜、魚介類を入れて煮込む。

五島うどん
麺
遣唐使の時代から受け継がれる手延製法で作る、コシの強いうどん。

佐世保バーガー
ハンバーガー
米海軍から伝わったハンバーガーのレシピが始まりのソウルフード。

ソウルフード
トルコライス
とんかつ、スパゲッティ、ピラフをワンプレートに。

欲しいをチェック おみやげリスト

1 福砂屋
長崎カステラ
約400年前、ポルトガルから伝わった西洋菓子。カステラの底につくザラメが特徴。
 **1**

2 草加家
かんころ餅
五島地方の郷土菓子。薄く切って日干ししたサツマイモと餅を混ぜて作られる。
 2

3 唐草
おたくさ
「おたくさ」はアジサイのこと。ドイツ人の医者と日本人の愛のロマンから生まれた。
 **3**

4 伝統工芸
長崎ビードロ
息を吹き込むと「ポッペン」と音がする手作りガラスの工芸品。

 **4**

九州 長崎

熊本
旅のプロファイル

阿蘇山をはじめ雄大な自然に抱かれる

「火の国」熊本県。雄大な阿蘇山の峰々。キリシタンの歴史を残す世界遺産の地・天草。全国的に有名な黒川温泉や馬刺しなどの名物グルメも楽しめる。

キリシタン文化が息づく美しい島

天草 P.458

あまくさ

天草五橋 P.458

大江教会 P.459

大小120余の島々からなる天草。美しい海と世界文化遺産の﨑津集落をはじめ、日本のキリスト教の歴史を感じられる。

美しい自然を体感し天下の名城を眺める

熊本・山鹿・阿蘇 P.460

くまもと・やまが・あそ

熊本城 P.462

草千里ヶ浜 P.460

熊本のシンボル・熊本城や阿蘇の絶景・草千里は観光の定番。日本最大級の石造のアーチ水路橋の通潤橋もあるエリア。

世界遺産や九州の小京都を訪ねる

宇城・人吉・球磨 P.456

うき・ひとよし・くま

御興来海岸 P.456

通潤橋 P.457

国宝・青井阿蘇神社がある人吉は、鎌倉時代からの風情ある城下町。急流で有名な球磨川では豪快なラフティングや、川下りなどのレジャーが楽しめる。

アクセスガイド

東京
- ✈飛行機 羽田→熊本 約1時間40分
- 🚄新幹線 東京→新大阪→熊本 約5時間40分

大阪
- ✈飛行機 伊丹→熊本 約1時間10分
- 🚗車 東大阪北IC→熊本IC 約8時間

福岡
- 🚄新幹線 博多→熊本 約40分
- 🚗車 福岡IC→熊本IC

熊本基本DATA

面積	約7409㎢
人口	170万8441人(令和5年6月1日)
ベストシーズン	3～5月、9～11月
県庁所在地	熊本市
特産品	かぼちゃ、なす、トマト、スイカ、など
日本一	トマトの生産量が日本一(令和3年)

地理 北東部に世界最大級のカルデラを持つ阿蘇山、南部に九州山地がある。西部には天草諸島がある。

気候 全体的に温暖で雨が多いが、複雑な地形により地域差がある。平野部は寒暖の差が大きいのが特徴。

移動のてびき

1 「しろめぐりん」で熊本城周辺を観光

熊本駅と熊本城を結ぶ便利な周遊バス。均一料金で気ままに乗り降りできる。20～30分おきに運行しているので便利に利用しよう。

2 阿蘇や天草方面は車でのドライブが◎

阿蘇パノラマラインなど九州一の絶景ロードや、天草の島々をつなぐ天草パールラインなど、県内には絶景ロードがたくさん。

熊本
BEST PLAN

山の阿蘇か
海の天草か

1泊2日

PLAN | シーサイド絶景ドライブ＆教会巡り

天草プラン

島ならではの絶景と名物料理を堪能し、
キリシタンの史跡を巡る。

COURCE MAP

1泊2日

PLAN | 阿蘇ジオパークと人気スポットを巡る

阿蘇～山鹿・熊本プラン

阿蘇山の絶景ドライブから人気の黒川温
泉、熊本城まで熊本の王道ルート。

COURCE MAP

1日目　阿蘇～小国

10:00
🚗 45分
**阿蘇くまもと空港から
レンタカーで出発！**

10:45
🚗 40分
**中岳を望む草千里ヶ浜で
大自然を満喫！**
馬が草を食む牧歌的な景色に出合える。
（季節ごとに違う表情に）

13:00
🚗 20分
**阿蘇カルデラを望む大観峰からの
360°大パノラマに
感動！**
涅槃像に例えられる阿
蘇五岳を一望。
P.460

14:30
🚗 40分
**川のせせらぎに癒やされる
菊池渓谷で
森林浴♪**
黎明の滝でマイナスイ
オンを浴びる。
（天然のクーラー）

17:00
**人気の黒川温泉に宿泊！
季節ごとの景観を楽しむ**
個性豊かな30軒の温泉
宿で露天風呂巡りを。
（緑豊かな温泉！）
P.462

2日目　山鹿～熊本

（天井広告が見事）

10:00
🚗 1時間20分
山鹿に向け出発

11:30
🚗 45分
**江戸時代の伝統的な芝居小屋を
今に伝える八千代座を見学**
平成の大修理を経て今も現役の芝居小屋。
P.461

14:00
🚗 40分
**日本三名城の
一つ
熊本城へ**
天守閣前広場の大イ
チョウは必見。
（天守閣は完全復旧）

P.462

16:00
阿蘇くまもと空港から帰路へ

1日目　天草上島

（天草松島を一望）

10:00
🚗 1時間10分
**熊本空港から
レンタカーで出発**
P.458

11:10
🚗 30分
**九州本土と天草諸島を結ぶ
天草五橋を快走！**
天草パールラインとも呼ばれる絶景ルート。

12:00
🚗 48分
**道の駅 有明
リップルランドで海の幸を堪能♪**
ランチにタコ飯やありあ
け海鮮ちゃんぽんを。
P.458

14:30
🚗 1時間10分
**天空の鳥居と
倉岳山頂からの
大パノラマに感動**
山頂から天草の海を守
る倉岳神社。
（温泉も併設）
（山道は車で約25分）
P.459

17:00
🚗 30分
**天草サンセットラ
インで東シナ海に
沈む夕日にうっとり**
ゆっくり見るなら展望
台や公園からがいい。
P.458
（天草の島々を一望）

18:00
海を一望！下田温泉に宿泊

2日目　天草下島

（野生のイルカが目の前に！）

10:00
🚗 25分
下田温泉を出発
P.459

10:30
🚗 43分
**イルカマリンワールドで
イルカウォッチングを楽しむ！**
一年中かわいい野生のイルカに会える。

13:00
🚗 10分
**天草キリシタンのシンボル的存在
大江教会へ**
ロマネスク様式の美し
い白亜の教会。
（館内は撮影禁止）
P.459

15:00
🚗 50分
**世界文化遺産
﨑津集落と﨑津教会をぐるり**
キリシタンの潜伏～復
活期の足跡を辿る。

17:00
**天草空港で
レンタカーを返却し帰路へ**
P.459
（大切な祈りの場）

近くに
展望台もある

BEST **1**
茜色に染まる
三日月形の砂紋を眺める

宇土 **御輿来海岸**／干潮時の海面に三日月形の砂紋が浮かび上がる。特に一年で十日程度しか現れない干潮と夕暮れが重なる光景は一見の価値あり。

BEST **2**
物語の世界のような
有明海の夕日に感動

宇土 **長部田海床路**／干満差のある有明海に干潮時のみ道が現れる。満潮時は海の中に電柱が立ち並ぶ幻想的な光景に。

芦北 **芦北観光うたせ船**／白い帆をいっぱいに膨らませ海上を進むうたせ船は不知火海のシンボル。伝統のうたせ網漁を体験できる。

BEST **3**
海風を感じながら
伝統の**うたせ網漁**を体験する

所要30分の
周回コースも

BEST **4**
迷路のような
九州最大の鍾乳洞を探検

球磨 **球泉洞**／世界的にも珍しい鍾乳石が点在する自然の芸術。3億年もの歳月をかけて築いた全長約5kmの鍾乳洞で、その規模は九州最大級を誇る。

日本最大級の
石造のアーチが見たい!

山都 通潤橋／日本最大級を誇る江戸時代後期の石造りアーチ水路橋。迫力満点の放水が一番の見どころ。それにあわせて行われる橋上観覧もぜひ。

長さは78.0m、
高さは21.3m

BEST **6**

海に佇む神秘的な鳥居に
心が浄化される

宇城 永尾剣神社／奈良時代に創建され、エイに乗った海童神が御祭神。鎮座する石灯篭と鳥居は、満潮時に海中に浮かび幻想的な姿に。

BEST **7**

世界遺産の三角西港で
ノスタルジーに浸る

宇城 三角西港／明治三大築港のうち完存する唯一の港湾施設。石積埠頭や排水路、当時のまま復元された旅館「浦島屋」が魅力。

BEST **8**

球磨川を下るラフティングに挑戦したい!

人吉 HASSENBA HITOYOSHI KUMAGAWA
100年以上の歴史をもつ球磨川下りで有名。現在川下りは休止中だが、遊覧船やラフティングが楽しめる。

山都 五老ヶ滝 落差50mの滝つぼの直下まで行くことができる。その全景を眺めるなら、歩道がある吊り橋からがおすすめ。

BEST **9**

高さ50mから落ちる
迫力満点の滝を眺める

九州 熊本

天草 で行きたい！したい！
BEST 10

ドライブにも
うってつけ

上天草 **天草五橋**／九州本土にある宇土半島と天草諸島を結ぶ5つの橋。天草パールラインと呼ばれ風光明媚な景色が見られる。

BEST **1**

島々を結ぶ橋の上を
爽快ドライブ

BEST **2**

鱗のような
橋のデザインに注目！

天草 **牛深ハイヤ大橋**／牛深漁港から加世浦地区の新漁港へと続く全長883mの橋。イタリアの建築家、レンゾ・ピアノ氏が設計。

BEST **3**

ロマンチックな
絶景ロードをドライブ

天草ほか **天草西海岸サンセットライン** 海岸線に延びる国道389号線。海に夕陽が沈む黄昏時には空も海も真っ赤に染まる。

BEST **4**

タコ街道で
タコグルメを味わう

天草 **道の駅 有明 リップルランド** 四郎ヶ浜ビーチが目の前に広がる。地元の魚介類が食べられるレストランや温泉施設も併設。

天草　大江教会／1933年にガルニエ神父と地元信者により創建されたロマネスク様式の真っ白な教会。窓のステンドグラスや、聖画が飾られた館内は厳かな雰囲気。

BEST 5
小高い丘上に立つ
白亜の教会が見たい

BEST 6
倉岳山頂の神社から
雄大な自然を見渡す

天草　倉岳神社／標高682mの倉岳の山頂に、漁の安全を祈願して建てられた神社。眼下には天草宝島が広がる。

天草　天草市イルカウォッチング総合案内所／天草や通詞島周辺に約200頭のミナミバンドウイルカが生息。野生のイルカが見られるツアーも人気。

BEST 7
天草の海を泳ぐ
野生の**イルカ**たちとご対面

漁港に佇む
海の天主堂

BEST 8
﨑津集落に立つ
美しき教会へ

天草　﨑津教会堂／1934年創建の教会で、独自の信仰文化が残る地元の象徴。内部は畳敷きで和洋折衷の不思議な空間。

BEST 9
展望所から**天草松島**や橋の風景を望む

上天草　千巖山／標高は162m。山頂の展望台からは、東に八代海、西に有明海が広がり、天草五橋が一望できる。

BEST 10
展示物を見学しながら
天草キリシタン史を学ぶ

上天草　天草四郎ミュージアム／南蛮文化とキリスト教伝来や天草四郎を中心にした島原天草一揆を写真や映像で伝える。

九州　熊本

熊本・山鹿・阿蘇 で行きたい！したい！

BEST **8**

BEST **1**

展望台から阿蘇の
カルデラを一望する

阿蘇屈指の
絶景スポット

BEST **2**

牧歌的な**大草原**の風景に癒される

噴煙を上げる
中岳を望む

阿蘇 草千里ヶ浜／阿蘇五山の一つ、
烏帽子岳の麓に広がる大草原。大きな
池や放牧された馬が悠々と歩く姿など、
牧歌的な阿蘇の原風景が楽しめる。

阿蘇 大観峰／標高936mにある展望台からは阿蘇谷と、涅槃像の姿に例えられる阿蘇五山が広がり、初夏と秋から冬にかけては雲海が見られる

BEST 3
江戸時代の面影を残す
芝居小屋を見学

山鹿 八千代座／明治期に建てられた芝居小屋。廃屋の危機に陥るも、地元住民による支援で復活した。現在は山鹿のシンボル的存在。

銀杏城とも
呼ばれている

熊本 **熊本城**／加藤清正によって築かれた名城で、日本三名城の一つ。2016年の大地震で大被害を受けたが、天守閣が2021年に復旧した。

BEST **6**

幻想的な **灯籠** が彩る
夏祭りに参加

山鹿 **山鹿灯籠まつり**／山鹿の夏の大祭。8月15日〜16日に行われ、頭に金灯籠をつけた女性たちが優雅に踊る。

山

BEST **4**

修復中の **天下の名城を**
見学する

BEST **7**

阿蘇ファームランド で元気に遊ぶ！

BEST **5**

瑞々しい **緑の渓谷** で
マイナスイオンを浴びる

小国 **鍋ヶ滝**／落差約10m、幅約20mの滝で、幅広く流れる姿が優雅。川のほとりで滝を間近に見ることができる（事前WEB予約制）。

南阿蘇 **阿蘇ファームランド**／健康の専門家が監修するテーマパーク。運動施設やレストラン、ホテル、温泉など施設が充実。

BEST **8**

ライトアップされた
温泉街 をそぞろ歩き

南小国 **黒川温泉 湯あかり**／鞠灯籠300個と高さ2mの筒灯籠を渓谷沿いに配置した、黒川温泉の冬のライトアップイベント。

湯めぐりも
楽しみ

熊本の 春夏秋冬 イベント

春

うしぶかハイヤまつり
牛深ハイヤ祭り

天草 4月第3金・土・日曜

寄港した船乗りをもてなすために歌ったハイヤ節。揃いのはっぴで道中を踊るハイヤ総踊りは圧巻。

夏

いっちょうだちく むしおいまつり
一町田地区 虫追い祭り

天草 7月上旬（田植え後）

田畑の害虫を追い払い豊作祈願する祭り。鮮やかな5色の吹き流しを付けた旗の行列が町内を練り歩く。

秋

やつしろみょうけんさい
八代妙見祭

八代 11月23日

神輿と神馬を中心に、獅子舞、笠鉾、亀蛇の行列が繰り広げる歴史絵巻。ユネスコ無形文化遺産に登録された伝統行事。

冬

みどりかわこどんどまつり
みどりかわ湖どんど祭り

美里 1月中旬

孟宗竹などで組んだ、高さ約20mの巨大なヤグラを燃やし、五穀豊穣を祈る炎の祭典。地元の特産品の屋台も並ぶ。

知っ得！ ご当地ネタ帳

熊本は よかとこ！

地元の人とのトークに困らない！
よく使われる方言リスト

おどん	▶	わたし
がまだす	▶	がんばる
そぎゃんたい	▶	そうですよ
はいよ	▶	ください
よかですばい	▶	いいですよ
ぎゃん	▶	とても
こんちゃか	▶	小さい

エスカレーターに乗るときどちらかに寄る必要なし！

東京では左側で大阪は右側とよく聞くが、熊本では真ん中に並ぶ。しかし明確な決まりがないので、どちらに並んでもいいらしい。

天然水がいつでも飲める！ 蛇口から出る水がミネラルウォーター？

阿蘇山の伏流水により、熊本市民の水道は100%天然の地下水。いつでもおいしい水が飲める熊本は「火の国」兼「水の国」でもある。

お国自慢 ご当地グルメ

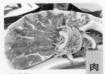

肉
馬刺し
高タンパク質でヘルシー。甘みと脂身が溶ける上品な味。

揚げ物
からし蓮根
シャキシャキ食感と鼻に抜ける辛味がクセになる。

団子
いきなり団子
甘い餡とホクホクのさつまいもが相性抜群。おやつの定番。

郷土料理
高森田楽
串に刺した地元の食材を囲炉裏であぶり、秘伝の味噌で食べる。

欲しいをチェック おみやげリスト

1 お菓子の香梅
武者がえし
熊本城の石垣の名を名前にした銘菓。パイのサクサク感とこし餡の甘さが絶妙。

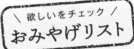
1

2 イケダ食品
太平燕
タイピーエン
見た目はチャンポンだが、麺は春雨を使用。野菜がふんだんに入っているのが特徴。

2

3 伝統工芸
竹細工
農具や漁具として作られた。伝統技法で編まれたカゴは通気性の良さが魅力。

3

4 伝統工芸
しょうだいやき
小代焼
素朴で自由な「打ちかけ流し」の釉薬の文様が美しい、熊本を代表する陶器。

4

九州／熊本

大分
旅のプロファイル

別府、由布院に代表される湧出量日本一の「おんせん県」

源泉数・湧出量日本一で、全国的にも有名な温泉地が多数点在する。また、豊かな自然のなか、一年を通して山と海の幸を楽しむことができる。

温泉天国で様々な泉質や
情緒溢れる風景を満喫

別府・湯布院 P.466

海地獄 P.466

のどかな
温泉リゾート

緑と海に囲まれた
神秘的なエリア

国東半島・宇佐 P.468

真玉海岸 P.468

全国で信仰される
八幡宮の総本宮
「宇佐神宮」をは
じめ、歴史ある寺
社仏閣が多数。自
然豊かな景観も楽
しめる。

宇佐神宮 P.468

とり天 P.473

大分を代表する観
光地の別府は、温泉・
グルメ・風情ある街
並み…と魅力がいっ
ぱい。隣合う湯布院
とは短時間で移動
が可能。

福岡県
周防灘
粟嶋社
真玉海岸
昭和の町
岩戸寺
成仏寺
両子寺
中津市
宇佐
宇佐神宮
英彦山
筑紫山地
一目八景
干しシイタケ
東九州自動車道
国東半島
べっぷ地獄めぐり　海地獄
べっぷ地獄めぐり　血の池地獄
湯けむり展望台
大分空港
大分自動車道
日田市
豆田町
日田盆地
天ヶ瀬温泉
旧豊後森機関庫
大山ダム
金鱗湖
由布院
湯の坪街道
醉狂の坂
別府IC
由布岳
湯布院
別府港
別府
別府湾
関さば
大分マリーンパレス水族館
「うみたまご」
九重"夢"大吊橋
日田スギ
大分IC
大分市
大分平野
大分県立美術館
カボス
佐賀関
関あじ
くじゅう
筋湯温泉 うたせ大浴場
くじゅう連山のミヤマキリシマ
くじゅう花公園
臼杵市
臼杵湾
国宝臼杵石仏
津久見市
ヒラメ
ビューポイント
がたくさん！
竹田
原尻の滝
瀧廉太郎記念館
竹田温泉花水月
干しシイタケ
佐伯市
熊本県
九州山地
宮崎県
豊後水道

くじゅう・竹田 P.470

爽やかな高原と
風情ある城下町を散策

九重"夢"大吊橋 P.472
くじゅう花公園 P.470

広大な自然の中をドライブしながら巡り、
夜は各地の特色ある温泉でゆっくりお湯や
料理を楽しみたい方におすすめのエリア。

アクセスガイド

東京	✈ 飛行機	羽田→大分 約1時間30分
	🚄🚌 新幹線・電車	東京→小倉→大分 約6時間30分
大阪	✈ 飛行機	伊丹→大分 約1時間
	🚗 車	東大阪北IC→別府IC 約7時間30分
福岡	🚄🚌 新幹線・電車	博多→小倉→大分 約2時間

大分基本DATA

面積	約6341㎢
人口	109万8383人（令和5年4月1日）
ベストシーズン	4〜5月、10〜11月
県庁所在地	大分市
特産品	かぼす、イチゴ、トマト、梨、ブドウ など
日本一	温泉の源泉数、湧出量が日本一

地理 8割が山地で、西部にくじゅう連山、南部に祖母山・傾山が連なる南部の日豊海岸にはリアス式海岸が発達。

気候 全体的に温暖な気候で、内陸部は降水量が多い。夏は晴れて気温が高い日が多く、冬は曇りや雨の日が多い。

移動のてびき

1 関西からは 夜間フェリーも運行

瀬戸内海を東西に横断し陸路を走るより効率的に移動が可能。別府湾から見る九州の山々の景色も美しい。車で観光する方におすすめ。

2 亀の井バスの 別府地獄めぐりがおすすめ

ガイドによる見どころや由来の案内を聞きながら、7つの地獄を順に回ることができる。バス料金には全ての共通入場券も含まれる。

大分
BEST PLAN

豊かな自然を堪能！

1泊2日

PLAN | 歴史＆パワースポットへ

国東半島～日田プラン

歴史ある寺社仏閣と雄大な自然を巡り、
パワーあふれる旅をする。

1泊2日

PLAN | おんせん県でリフレッシュ！

別府～湯布院プラン

CORCE MAP

自然や温泉・グルメに恵まれた地で、癒
やしを求めた大人のリフレッシュ旅を。

1日目　別府市内

趣あるレトロな外観

10:00	大分空港発
🚌 1時間	
11:00	別府駅着
👣 10分	
11:10	まずは竹瓦温泉の日帰り温泉で
👣 4分	デトックス♪ 長い歴史を持つ名湯で砂湯も楽しめる。
🚌 28分	
13:00	日本最古の天然地獄
🚌 9分	血の池地獄を満喫 まさに赤い熱泥の池
👣 5分	熱泥で作られた皮膚病に効く軟膏が有名。 P▶466
14:30	コバルトブルーが美しいべっぷ地獄
👣 5分	めぐり　海地獄へ まるで海みたいなコバルトブルーの地獄へ。
🚌 8分	
16:00	湯けむり展望台から
👣 15分	鉄輪の湯けむり、扇山や鶴見岳を一望！ 別府観光には欠かせない景色は必見。 P▶466
17:00	鉄輪温泉郷に宿泊

夜はライトアップも P▶467

2日目　湯布院

10:00	別府駅発
🚌 1時間	
11:00	由布院駅着
👣 10分	
12:30	湯の坪街道メインストリートを
👣 8分	のんびり散策♪ おみやげやご当地グルメをチェックしよう！
13:00	金鱗湖で美しい緑や清々しい空気に
👣 20分	癒やされる 湯布院のランドマーク的スポット。
🚌 55分	
16:00	大分空港から帰路へ

食べ歩きスイーツも P▶466

P▶466　カフェで休憩も◎

霊水が湧き出る

1日目　国東半島

10:00	大分空港から
🚗 27分	レンタカーで出発！
10:30	双子の神様、両所大権現を祀る
🚗 30分	両子寺で子授けや安産祈願 仁王像の足をさすると足腰が強くなるかも。
12:00	縁結びで知られる粟嶋社へ
🚗 5分	頒布物を拝受する際は、拝殿にある石の賽銭箱に初穂料を納めて。 P▶469
14:30	真玉海岸で干潟の縞模様様にうっとり

目の前には広い海！

日本の夕陽百選 P▶468

季節や気候によって、再び同じ景色を見ることとはできない。

| 17:00 | 宇佐市内のホテルに宿泊 |

ハート型の装飾も

2日目　宇佐～日田

9:00	宇佐市内発
🚗 20分	
9:30	八幡社の総本山、宇佐神宮で参拝
🚗 35分	境内にご利益を願うパワースポットが豊富。 P▶468
11:30	日本三大水城！
🚗 1時間	中津城を散策 築城当時の石垣が残る九州最古の近世城郭。

名物おみくじもある

14:00	江戸期からの町並み残る豆田町を
🚗 38分	レトロまち散歩♪ 伝統工芸や郷土名物の店が軒を連ねる。
16:00	耶馬渓の
🚗 1時間	一目八景からの絶景に感動！ 夫婦岩や仙人岩など奇岩連なる景観を堪能。
18:00	大分空港で レンタカーを返却し帰路へ

P▶468

サイクリングも可能 P▶469

九州／大分

別府・湯布院 で行きたい！したい！
BEST 9

温泉卵が名物

別府 べっぷ地獄めぐり　海地獄／約1200年前、鶴見岳の噴火により誕生。コバルトブルーの源泉は98度あり、一昼夜で150万リットルの湯が湧き出る。

BEST 1
コバルトブルーの熱泉に神秘を感じる

BEST 2
湯布院のメインストリートでのんびりお買い物

由布　湯の坪街道　由布院駅から5分ほど歩いたところにある。沿道は商店街になっており、カフェやみやげ店が立ち並ぶ。

足湯や売店、食事処を併設

別府　べっぷ地獄めぐり　血の池地獄／日本最古の天然温泉。酸化鉄などを含む赤い熱泥は傷薬や皮膚病の薬に使われるほど効能豊か。

BEST 3
地獄のように真っ赤な池を一目見たい！

BEST 4
朝霧に包まれた幻想的な湖を眺める

由布　金鱗湖／由布院を代表する観光名所。季節ごとに美しい表情を見せる。特に冬の早朝は霧が立ち、幻想的な雰囲気が漂う。

466

由布　**界 由布院**／棚田をランドスケープに望み、日本の原風景と共に稲作の暦も楽しめる宿。大浴場からは雄大な由布岳の姿が見える。

BEST 6

一本釣りした**関サバ**を
刺身でいただく

大分　**関サバ**／瀬戸内海と太平洋の水塊がぶつかりあう豊後水道で一本釣りされるマサバのことを「関サバ」と呼ぶ。旬は7月から9月。

BEST 5

棚田が広がる原風景で
心を癒やす滞在がしたい

BEST 7

立ち上る**別府の湯けむり**と
街並みを一望

別府　**湯けむり展望台**／鉄輪温泉街の湯けむりをはじめ、壮大な鶴見岳や扇山など別府らしい風景を一望できる。夜景も格別だ。

BEST 8

うみたまごで海獣
パフォーマンスを観賞！

大分　**大分マリーンパレス水族館「うみたまご」**／約500種1万5000点の生き物を個性的な空間で見学できる体験型水族館。海獣パフォーマンスも必見。

BEST 9

五感で感じる**ミュージアム**で
アートに浸る

竹工芸が
モチーフの外観

大分　**大分県立美術館**／「出会いと五感のミュージアム」をコンセプトに、大分にゆかりのある作家による作品を中心に約5000点を収蔵する。

国東半島・宇佐 で行きたい！したい！ BEST 8

BEST 1

広大な干潟で
水平線に沈む夕日を望む

干潮と田の入り
が重なる！

> 豊後高田 真玉海岸／水平線に沈む夕日が美しく、日本の夕陽百選にも選出された。干潟の縞模様と夕日が織りなす絶景は一見の価値あり。

BEST 2

着物を着て
風情ある坂を下る

南台には
塩屋の坂も

> 杵築 酢屋の坂／北台の武家屋敷と商人の町をつなぐ石畳は風情あふれる景観を醸す。時代劇などのロケ地にもなっている。

3

ご利益万能の
パワースポットにお参り

> 宇佐 宇佐神宮／全国に約4万600社ある八幡社の総本宮。約1300年の歴史を誇り、多数の社殿が点在。

BEST 4

九州の小京都で
風情ある町並みを歩く

> 日田 豆田町／江戸時代に幕府直轄の城下町として栄えた地域で、その当時の面影を偲ばせる町並みが今に残る。

BEST 5
展望台から鮮やかな
耶馬渓の紅葉を眺める

紅葉のみならず
新緑も美しい

中津 **一目八景**／深耶馬渓の中心
にある景勝地。展望台から群猿山、
鳶の巣山ほか8つの岩峰群が一望で
きる。周辺には旅館や蕎麦店が並ぶ。

BEST 6
海に突き出た社殿で恋愛祈願!

豊後高田 **粟嶋社**／江戸時代初期の創
建。鳥居をくぐると、海に突き出た岩
窟に社がある。願い石を叶え岩に投
げ、縁結びや心願成就の運試しを。

BEST 7
国東を代表する**古刹**を訪ねる

国東 **両子寺**／紅葉と子授けで有名。国
東最大といわれる仁王像の足をさすると足
腰が強くなるとか。境内には文化財も。

BEST 8
昭和30年代の町に
タイムスリップ!

豊後高田 **昭和の町**／昭和の町並
みが再現され、懐かしい風景の
中で非日常的な体験ができる。
博物館のなかには駄菓子屋も。

くじゅう・竹田 で行きたい！したい！ BEST 9

BEST 1
くじゅう連山 を背景に 四季折々の花うっとり

グランピングや キャンプも可能

竹田 **くじゅう花公園** くじゅう連山や阿蘇五岳を背景に、約500種500万本もの花々が咲く西日本最大級の花畑。園内には飲食店や売店も。

国の登録有形文化財

BEST 2
迫力ある SL「キューロク」を 間近で見学する

玖珠 **旧豊後森機関庫／豊後森機関庫公園**にある蒸気機関車の扇形機関庫。ディーゼル化に伴い役目を終えた機関庫が今も変わらぬ姿で残る。

©くじゅう花公園

竹田　瀧廉太郎記念館／名曲「荒城の月」を手がけた作曲家・瀧廉太郎氏の写真や映像、直筆の楽譜などを展示。23年間の生涯を伝えている。

BEST **3**

瀧廉太郎 ゆかりの地で音楽と生涯を辿る

BEST **4**

静かに佇む 石仏群 に神秘を感じる

臼杵　国宝臼杵石仏／平安後期から鎌倉時代に彫られた磨崖仏群。その4群61体すべてが国宝に指定されている。

BEST **5**

ダイナミックな 東洋のナイアガラ を間近で見たい!

豊後大野　原尻の滝／田園地帯に突如現れる幅120m、落差20mの名瀑。滝の上の道路や下流の吊り橋など、さまざまな角度から眺められる。

大分県百景の一つ

山肌一面が
ピンク色に

BEST 6

初夏のくじゅう連山に咲く
ミヤマキリシマに感動

九重・竹田 くじゅう連山のミヤマキリ
シマ／6月初旬から中旬にかけ、く
じゅう連山全域でミヤマキリシマが
咲き、登山者を楽しませてくれる。

別名は
天空の散歩道

BEST 7

スリリングな**日本一の吊橋**を渡りたい！

九重 九重"夢"大吊橋／人が渡れる吊り橋と
しては日本一の高さを誇る。橋の中央にあるス
リルスポットから、173m下の谷底を覗いてみて。

BEST 8

強烈な**うたせ湯**で
肩こりを解消！

九重 筋湯温泉 うたせ大浴場／開湯1000年
を誇る筋湯温泉の自慢は約3mの高さから落ちる
18本のうたせ湯。筋肉をほぐす湯としても有名。

竹田 竹田温泉花水月／JR
豊後竹田駅にほど近い日帰り温
泉。主浴槽のほか運動浴や遠
赤外線サウナなどがある。

BEST 9

竹田温泉の立ち寄り湯でくつろぐ

大分の 春夏秋冬 イベント

春

ネモフィラブルーフェスタ
杵築　3月中旬〜5月上旬

会場の農業文化公園はブルーに染まり、まるで絵画のよう。ネモフィラにちなんだグルメや屋台も。

夏

ひたぎおん
日田祇園
日田　7月下旬の土・日曜

疫病や風水害を払い安泰を祈念する祭りとして約300年の伝統を誇る。提灯を飾った晩山の巡行が見事。

秋

かんげつさい
観月祭
杵築　中秋の名月に合わせて開催

お茶会の客人のために行燈で足元を照らしたおもてなしが始まりとされ、街のあちこちで市民による光の演出を楽しむことができる。

冬

べっぷクリスマスファンタジア
べっぷクリスマスファンタジア
別府　クリスマス直前の土・日曜

音楽とシンクロして夜空に打ち上げられる花火が、幻想的なクリスマスナイトを演出する。クライマックスにかけての迫力は感動的。

知っ得！ご当地ネタ帳
大分にきちょくれ！

地元の人とのトークに困らない！
よく使われる方言リスト

いら	▶	うろこ
えらしー	▶	かわいらしい
おっちょるかえ？	▶	いますか？
さかしー	▶	元気だ
ずりきー	▶	ずるい
せる	▶	押す
なおす	▶	片づける

県内どこに住んでいても温泉には困らない！

県内各地に温泉地があり、全10種ある泉質のうち8種類が存在。ガイドブックには載らない、地元の人ぞ知る名湯も多い。

大分でぜひ食べたい
とり天は県民が愛するソウルフード！

鶏肉の消費量日本一の大分では、唐揚げと同じくらい一般的な食べ物である「とり天」。各家庭の味があり飲食店でも必ず目にするほど！

お国自慢 ご当地グルメ

肉

とり天
サクサクに揚げた鶏の天ぷら。レストラン東洋軒が発祥。

肉

おおいた豊後牛
風味豊かでとろけるような柔らかさと美味しさが際立つ。

海鮮

関あじ
豊後水道で一本釣りされるブランド魚。とれたてを刺身で！

麺

別府冷麺
あっさりとした和風のスープとモチモチした太麺が特徴！

欲しいをチェック おみやげリスト

1　但馬屋老舗
荒城の月
黄身あんを淡雪で包んだ和生菓子。ふわっととろける繊細な食感を楽しんで。

2　菊家
地卵はちみつぷりん
久住山麓で育てられた新鮮卵とはちみつを使った、素朴で上品な味わいが特徴。

3　伝統工芸
おんた
小鹿田焼
300年の伝統があり、飛び鉋や刷毛目、流し掛けなどの模様が特徴的。

4　伝統工芸
日田下駄
日田杉を材料として作られ、一年を通してさらりとした履き心地を味わえるのが魅力。

宮崎
旅のプロファイル

九州の南東部に位置する日本神話発祥の地

太平洋を暖流である黒潮が流れることで、一年中温暖な気候に恵まれ、南国情緒あふれる県。漁業、畜産や農業も盛んで、マンゴーなどの南国フルーツも。

神話ゆかりのスポットと大自然の神秘的な景観が魅力

高千穂・日向
たかちほ　ひゅうが
P.478

高千穂峡 P.478
高千穂神社 P.480
チキン南蛮 P.481

美しい自然に囲まれた県を代表する観光地の高千穂には神話ゆかりの地やパワースポットが。日向には壮大な景色地が点在。

南国感ある中心都市から高原やシーサイドへ

宮崎・えびの・日南
みやざき　　　　にちなん
P.476

青島神社 P.476
堀切峠 P.476
西都原古墳群 P.479

ショッピングスポットがそろう宮崎。高原で豊かな自然を満喫できるえびの。日南は海岸沿いで南国ムードを満喫できる。

地図ラベル:
大分県
熊本県
鹿児島県
太平洋

神話ゆかりのスポットと大自然の神秘的な景観が魅力
伝説が宿るスポットも

天岩戸神社
天安河原
高千穂
高千穂神社
高千穂の夜神楽
国見ケ丘
グランド・スーパーカート
（高千穂あまてらす鉄道）
高千穂峡
延岡市
延岡IC
九州山地
ブロイラー
願いが叶うクルスの海
日向
マンゴー
東九州自動車道
西都市
西都原古墳群
高鍋町
日向灘
キュウリ
宮崎平野
ピーマン
生駒高原
えびの
小林市
えびの高原
霧島
霧島山
ブロイラー
大淀川
観音さくらの里
宮崎港
宮崎
宮崎空港
宮崎IC
青島神社
日南海岸（堀切峠）
宮崎自動車道
道の駅
都城NiQLL
山之口あじさい公園
都城盆地
都城市
日向夏
豚
日南海岸
サンメッセ日南
鵜戸神宮
飫肥城歴史資料館
日南市
ドライブが気持ちいい
都井岬

アクセスガイド

東京 飛行機　羽田→宮崎 約1時間40分

大阪 飛行機　関西→宮崎 約1時間10分
　　　　車　　　東大阪北IC→宮崎IC 約10時間

福岡 飛行機　福岡→宮崎 約45分
　　　　新幹線・高速バス　博多→新八代→宮崎 約3時間20分

宮崎基本DATA

面積	約7734km²
人口	104万2799人（令和5年6月1日）
ベストシーズン	4～5月、11月
道庁所在地	宮崎市
特産品	キュウリ、マンゴー、日向夏、スイートピー など
日本一	キュウリの生産量が日本一

地理 九州山地や霧島連山など山地が多く、広い平地は宮崎平野と都城盆地がある。海岸線は南北に約405km続く。

気候 黒潮の影響で温暖な気候。日照時間、快晴日数ともに長く、台風が上陸することも。冬の山間部では雪が積もる。

移動のてびき

1 新八代駅からは高速バスで宮崎駅へ

熊本県の新八代駅は九州新幹線と高速バスの乗り継ぎができ、乗り継ぎ用の切符の販売もある。九州北部〜宮崎県の移動にはとても便利。

2 日南海岸沿いやえびの方面は車がおすすめ

観光バスや電車での移動も可能だが、中心地から離れていることもあり、気持ちよい海岸線や山で自然を楽しむには車がおすすめ。

宮崎
BEST PLAN

海も山も
いいとこ取り

1泊2日

PLAN | 雄大な自然と日本神話の聖地を巡る

高千穂〜日向プラン

CORCE MAP

神秘的な自然やパワースポットを堪能し、
海岸沿いの歴史ある港町へ。

1日目 高千穂 　　　　秘境感
たっぷり

9:30 宮崎空港から
🚗 2時間 レンタカーで出発
10分

12:00 高千穂峡で雄大な
🚗 4分 自然に癒やされる
スピリチュアルな魅力あふれる絶景空間。
P.478

高さ105m!グランド・スーパーカート
あまてらす鉄道に乗車できる!
高千穂鉄橋からの景色は絶景
廃線路を走る、約30分の絶景旅へ。
P.480

14:00 夫婦杉で知られる高千穂神社で
🚗 13分 縁結び祈願
拝殿の奥の本殿は国の
重要文化財に指定。
P.480

15:15 日本神話の聖地
🚗 10分 天岩戸神社を参拝
天照大神が隠れたとさ
れる洞窟が御神体。
P.480

18:00 高千穂町付近のホテルに宿泊

2日目 日向〜霧島

7:30 早起きして出発!
🚗 1時間

8:30 願いが叶うクルスの海へ
🚗 25分 心を静めて鐘を鳴らそう。
P.480
神秘の海に
願いを込めて

10:00 美々津の町並みを
🚗 1時間 散策
50分 日向灘に面した小さな
港町でのんびり散策。

耳川の河口に
位置する港町

14:00 生駒高原で四季折々の
🚗 50分 花々に癒やされる
霧島連山を背に花畑が
広がる。

16:00 宮崎空港で
レンタカーを返却し、帰路へ
P.477
標高約540mに
位置する高原

1泊2日

PLAN | 良縁祈願&南国気分で爽快ドライブ

宮崎・日南〜都城プラン

CORCE MAP

南国ムード漂う海岸から出発し、旅の終
わりには温泉で疲れを癒やすプラン。

1日目 日南海岸

絵馬で
願掛け!

10:00 宮崎空港から
🚗 15分 レンタカーで出発

10:15 島全体が境内の
🚗 7分 青島神社へ
亜熱帯植物に囲まれる境内はまさに南国!
P.476

12:00 太平洋を望む
🚗 20分 日南海岸を快走!
フェニックスが並ぶ海
岸沿いをドライブ。
西海岸風の
レストランも
P.476

13:00 サンメッセ日南で神秘的な
🚗 10分 モアイ像とご対面
絶景の丘のモアイ像は
どんな願いも叶える!
モアイ像と
記念撮影!

P.477

15:00 岬の洞窟内にある
🚗 15分 鵜戸神宮で
夫婦円満&安産祈願!
振り返ると波しぶきを
上げる海が望める。

P.477

17:00 日南市内のホテルに宿泊
本殿が
神秘的

2日目 都城

9:00 日南市内から
🚗 45分 スタート
P.476
眺めのいい
高台の公園

10:00 フォトジェニックな
🚗 15分 山之口あじさい公園へ!
あじさいは毎年梅雨の頃に見頃を迎える。

12:00 道の駅 都城NiQLLでグルメや
🚗 15分 おみやげ探し♪
宮崎の特産品である肉
や焼酎、野菜の直売所
がある道の駅。
2023年に
リニューアル

P.477

14:00 観音さくらの里で
🚗 33分 旅の疲れを癒やす
桜の名所としても知ら
れる日帰り温泉施設。

16:30 宮崎空港で
レンタカーを返却して帰路へ
温泉施設で
ゆったり

宮崎・えびの・日南 で行きたい！したい！ BEST 9

全国有数の
映えスポット

BEST 1
南国ムード漂う
フェニックス並木をドライブ

宮崎 **堀切峠**／山間から海岸沿い
へと抜けるドライブコース。南国ムー
ド漂う青い海に鬼の洗濯板など、日
南海岸随一の雄大な景観が楽しめる。

BEST 2
海上に浮かぶ**恋の島**で
開運パワーをいただく

宮崎 **青島神社**／1200
年前からあるとされる由緒
ある神社。神話に登場す
る山幸彦夫婦が祀られてい
ることから縁結びや安産に
ご利益があるとされる。

島全体が
境内に！

日南 **飫肥城歴史資料館**／江戸開幕から約
270年続いた飫肥藩ゆかりの歴史資料を展示。
藩主伊東家に伝わる甲冑など貴重な文化遺産が
見もの。

BEST 3
満開の桜とリニューアルした
歴史資料館を楽しむ

BEST 4
丘の斜面を彩る
あじさいを見て歩く

都城 **山之口あじさい公園**／標高210mの高台
にある約7haの広大な敷地に84種2万8000本のあじ
さいを植樹。展望台からは都城市内が一望できる。

えびの　**えびの高原**／宮崎と鹿児島の県境、霧島山の標高1200mに位置。県花のミヤマキリシマは5月中旬〜6月上旬に見頃を迎える。

BEST 5

山をピンクに染める
ミヤマキリシマ を見に行く

BEST 6

リニューアルした道の駅で
都城の焼酎 をゲット

都城　**道の駅 都城NiOLL**　2023年にリニューアル。肉や焼酎、地元の郷土菓子などが手に入る。

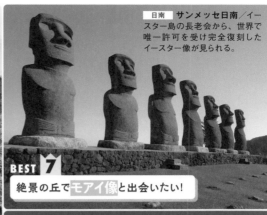

日南　**サンメッセ日南**／イースター島の長老会から、世界で唯一許可を受け完全復刻したイースター像が見られる。

BEST 7

絶景の丘で **モアイ像** と出会いたい!

BEST 8

高原一帯に咲く **コスモス** に酔いしれる

小林　**生駒高原**　標高540mに位置し、四季折々の花が咲き誇る。秋に山肌を彩る約100万本のコスモスが見もの。

BEST 9

断崖の洞窟内で
朱塗りの本殿 にお参り

縁結びに
ご利益あり

日南　**鵜戸神宮**／断崖の中腹にあり、朱塗りの本殿が洞窟内に鎮座する。成功すると願いが叶うといわれている運玉投げが名物。

九州／宮崎

最強のパワー
スポット

BEST 1

峡谷 が織りなす
神秘的な眺めに感動

高千穂 **高千穂峡**／柱状節理が形作
る独特の渓谷美で知られる景勝地。
真名井の滝をはじめ、神話や戦国時
代の逸話が数多く残る。

展望の良さは
高千穂で随一

BEST **2**

小高い丘で
神々しい雲海に魅せられる

高千穂 国見ケ丘／標高513mに
位置する雲海の名所。見頃は秋の
早朝で、快晴無風の冷え込んだ日
に見られる雲海は格別。

BEST **3**

高千穂で伝承される**夜神楽**を鑑賞する

高千穂 高千穂の夜神楽 ／平安時
代から続く伝統神事。毎年11月中旬
〜2月上旬にかけて町内約20の集落
で神楽を夜通し奉納する。

西都 西都原古墳群／南北
4.2km、東西2.6kmの高台に3
〜7世紀の古墳が319基点在。
夏のヒマワリ畑も見どころ。

九州 宮崎

BEST **4**

ヒマワリの季節に**西都原古墳群**へ

BEST **5**

八百万の神々が集まる
聖域で心を癒やす

大洞窟内に
ある河原

高千穂 **天安河原** 天照大神が岩
戸に隠れた伝説で、八百万の神が
集まったとされる場所。石積みを
して願い事をすると叶うという。

BEST **6**

展望台の鐘を鳴らしてお願い事をする

願いを込めて
鐘を鳴らそう

日向 **願いが叶うクルスの海** 巨大な岩
礁一帯が叶の文字のように見えることから、
ここで祈ると願いが叶うといわれている。

高千穂 **高千穂神社** 約1900
年前に創建。日向3代の神々と
その配偶神、桓武天皇の御兄・
ミケヌミコト一族を祀る。

BEST **7**

日本神話ゆかりの
由緒ある神社を参拝

BEST **8**

天の岩戸伝説の舞台で
神秘のパワーをいただく

高千穂 **天岩戸神社** ／古事記や日本書
紀に記された天岩戸伝説を伝える。御神
体は天照大神が隠れたとされる天岩戸。

BEST **9**

グランド・スーパーカートで
高千穂絶景の旅へ

高千穂 **グランド・スーパーカート**（高千穂あまて
らす鉄道）旧高千穂鉄道の線路を走る。床がガ
ラス張りになっており、高千穂鉄橋最高地点での
直下の眺めを楽しめる。

宮崎の 春夏秋冬 イベント

`春`

はやままつり
早馬まつり

`三股` 4月下旬

五穀豊穣を願うお祭り。見どころは鈴で飾った馬が踊る、「ジャンジャカ馬踊り」。

`夏`

うみをわたるさいれい
海を渡る祭礼

`宮崎` 7月最終土・日曜

青島神社の祭礼。地域の若者が準備から実施までを取り仕切り、見事祭りを終えて一人前の大人と認められる。

`秋`

みやざきじんぐうのたいさい
宮崎神宮大祭

`宮崎` 10月下旬

「神武さま」と呼ばれる宮崎神宮の大祭。「御神幸行列」は神話の登場人物や神輿、ミス・シャンシャン馬など約1000人が練り歩く。

`冬`

しわすまつり
師走祭り

`美郷` 1月最終金～日曜

この地へ亡命したと伝わる百済王族をしのび、息子の福智王を年に一度父と再会させようという村人の優しさから始まった御神幸祭。

＼ 知っ得！／ ご当地 ネタ帳

`宮崎にきない！`

地元の人とのトークに困らない！
よく使われる方言リスト

いっちゃが	▶	いいですよ
おーきん	▶	ありがとう
じゃが	▶	そうだ
てげー	▶	とても
どけん	▶	どう
なんしよっと	▶	何してるの？
みごち	▶	素晴らしい

県内でよく見る南国の木はヤシの木ではなく…

「フェニックス」といい、県木にも指定されている。種類が多いヤシの木の一つで、その樹形は鳥が羽ばたく姿を連想させる。

冬でも温暖な宮崎ならでは！
野球好きはなじみ深い？ キャンプが多く行われる

2月の平均気温が、東京や大阪などプロ野球本拠地の3月下旬の気候に近いため、コンディションを整えやすい。

＼ お国自慢／ ご当地 グルメ

`肉`
宮崎牛

宮崎県内で生まれ育った黒毛和種のうち4等級以上のもの。

`肉`
地鶏

歯ごたえと噛むほどに広がる旨みが魅力。炭火焼きが◎。

チキン南蛮

衣で揚げた鶏肉を甘酢に浸し、タルタルソースで食べる。

`フルーツ`
マンゴー

完熟で収穫され、とろける果肉と濃厚な味わいが人気。

＼ 欲しいをチェック／ おみやげリスト

1 `三松宇いろう本店`
青島ういろう

あらかじめ小さく切られているのが特徴。宮崎らしい日向夏味もオススメ。

2 `元祖おび天本舗`
おび天

豆腐が入っているためさつまあげよりもふわりとした食感で少し甘めの味わい。

3 `霧島酒造`
黒霧島MELT

とろりとした甘みと香りはまるでウイスキー。後切れがよく濃厚な味わい。

4 `伝統工芸`
宮崎漆器

琉球塗りの流れをくむ器は南国特有の艶やかな風合いの柄が施される。

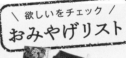

1

2

3

4

九州／宮崎

鹿児島
旅のプロファイル

九州の最南端に位置し、桜島など雄大な自然が魅力

日本の南の玄関口として貿易が盛んに行われ、江戸時代後期には文明開化の先駆けとなった。世界遺産の屋久島、奄美大島など、自然豊かな離島の宝庫。

世界遺産や桜島など観光の中心地と神秘的なパワースポット

霧島・鹿児島・指宿
P.484

霧島神宮 P.485

城山展望台 P.484
しろくま P.489

美しい自然に囲まれた県を代表する観光地の高千穂には神話ゆかりの地が点在している。日向は壮大な景色地が魅力。

ダイナミックな青い海と大自然の絶景が魅力

大隅半島・奄美大島・屋久島
P.486

黒潮の森 マングローブパーク P.488

犬の門蓋 P.488

屋久島の縄文杉 P.487

佐多岬をはじめ海を望める大隅半島、貴重な自然や生き物が残る世界遺産の奄美大島と屋久島ではアクティビティも。

地図内表記:
グルメも楽しみ
熊本県
新水俣駅
鹿児島県 霧島アートの森
出水市 出水駅
プロイラー 霧島山
九州新幹線 丸池湧水
豚 霧島神宮
薩摩川内市 川内駅 鹿児島空港
溝ノ口洞穴
甑島 城山展望台からの桜島 国分IC 霧島 宮崎県
桜島だいこん
鹿児島 東九州自動車道
鹿児島市 桜島 肉牛
お茶 鹿児島中央駅 鹿児島港 鹿島（錦江湾）
喜入町 菅原神社（荒平天神）
薩摩半島 鹿屋市 志布志市
サツマイモ 笠野原
枕崎市 指宿 大隅半島
砂むし会館砂楽
指宿温泉 カツオ 雄川の滝
開聞岳 長崎鼻
佐多岬 うなぎ

600を超える島が点在！

奄美大島
ハートロック
喜界島
黒潮の森 マングローブパーク
徳之島
犬の門蓋
沖永良部島のリムストーンケイブ
百合ヶ浜

種子島
種子島宇宙センター宇宙科学技術館

屋久島
屋久島の縄文杉
宮之浦岳

P.484 P.485 P.486 P.487 P.488 P.489

アクセスガイド

東京	飛行機	羽田→鹿児島 約1時間40分
東京	飛行機	羽田→奄美 約2時間5分
大阪	飛行機	伊丹→鹿児島 約1時間10分
大阪	新幹線	新大阪→鹿児島中央 約4時間15分
福岡	新幹線	博多→鹿児島中央 約1時間40分

鹿児島基本DATA

面積	約9186km²
人口	155万2221人（令和5年6月1日）
ベストシーズン	4～5月、10～11月
県庁所在地	鹿児島市
特産品	さつまいも、黒砂糖、かごしま黒豚、茶、など
日本一	ウミガメの上陸数が日本一

地理 九州本土と離島からなり、本土南部には大隅半島と薩摩半島が突き出している。屋久島には九州最高峰の山も。

気候 南北に長いため、北と南では気温が大きく異なる。県全体では温帯と熱帯だが、屋久島は冷温帯で積雪も見られる。

移動のてびき

1 鹿児島市内から大隅半島へはフェリーが一番早く移動できる

薩摩半島と大隅半島を一直線に結ぶ鴨池・垂水フェリーなら約45分で到着。鹿児島中央駅から出発地の鴨池港まではバスで約30分。

2 移動に便利！乗り放題バスで観光♪

鹿児島市内で販売する乗り放題バス「CUTE」なら、市電と市バス、桜島フェリーにも乗り放題なので断然お得。

鹿児島
BEST PLAN

PLAN ｜ 鉄板スポット＆明治維新ゆかりの地へ

鹿児島～指宿～大隅半島プラン

CORCE MAP

2泊3日

江戸時代にタイムスリップしたような散策ルートから、砂むし体験や自然でリフレッシュ！

1日目　知覧～指宿

景勝地を満喫！

9:00 🚗1時間
鹿児島空港から
レンタカーで出発！

10:00 🚗45分
石垣と生垣が美しい
知覧武家屋敷庭園群を散策

約700mの通りに美しい石垣と生垣が続き、武家屋敷が立ち並ぶ。7つの庭園も必見。

庭園は国の名勝指定

12:30 🚗20分
砂むし会館
砂楽でリフレッシュ！

温かくて夢心地

海岸に自然湧出する温泉で温められた砂を利用して、天然の砂むし体験ができる。
P.484

14:30 🚗20分
白亜の長崎鼻灯台から
東シナ海の大パノラマと
見聞岳を望む

恋する灯台に認定！

沈む夕日と灯台が絶景のフォトスポット。東シナ海を航海する船の目印となっている。
P.485

16:00
指宿市内の
温泉宿に宿泊

ディナーは名物の黒豚！

2日目　鹿児島タウン

9:00 🚗1時間20分
指宿市内から出発

10:20 🚗1分
西郷隆盛も訪れた雄大な名勝
仙巌園を散策

敷地内には世界遺産も！

薩摩藩主・島津家の別邸で、桜島や錦江湾が見渡せる。名勝の美しい庭園は見逃せない。

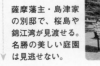

13:00 🚗7分
明治日本の産業革命遺産
旧鹿児島紡績所技師館（異人館）
を訪ねる

約150年前に建てられた、鹿児島紡績所のイギリス人技師たちの宿舎。

15:00 🚗6分
高さ8mの
西郷隆盛銅像と
記念撮影♪

軍服姿の西郷どん！

西郷隆盛の没後50年を記念して建てられた銅像。

17:30
鹿児島市内のホテルに宿泊

3日目　大隅半島

合格祈願で訪れたい

8:20 🚗1時間40分
鹿児島市内から
スタート
P.488

10:00 🚗32分
学問の神・菅原道真を祀る
菅原神社を参拝。

大潮の満潮時には社殿までの道がなくなる。季節や、潮の満ち引きによって景観が変化する。

12:00 🚗50分
絶景の秘境！雄川の滝に
癒やされる

渓流の音が心地よい

雄川上流にある落差46mの滝。エメラルドグリーンの滝壺は美しく神秘的な癒やし空間。
P.486

14:00 🚗2時間30分
本土最南端の佐多岬で
大パノラマの景色に感動！

本土最南端の岬。日本最古の灯台をはじめ、晴れた日には屋久島や種子島を見ることも。

広がる大海原！

17:30
鹿児島空港で
レンタカーを返却し、帰路へ

霧島・鹿児島・指宿 で行きたい！したい！
★ BEST 9

甑島全体が
国定公園！

BEST 1
手つかずの自然が残る
秘境の楽園に行きたい！

薩摩川内 甑島　薩摩半島からフェリーで50分、縦に3島連なっている。豪壮な海食崖や珍しい湖沼群など、他では見られない自然を満喫しよう。

BEST 2
どーんと構えた
桜島を見に行く

鹿児島 城山展望台からの桜島／目の前に雄大な桜島が見られる景勝地。城山は標高107mの低山で、緑豊かな公園として整備されている。

曽於 溝ノ口洞穴／都城市と隣接する山間部にある横幅14.6m、高さ6.4mの大規模な洞穴。洞穴からは鳥居が見え、神秘的。

BEST 3
溝ノ口洞穴から見る
鳥居のある絶景が神秘的

BEST 4
鏡のように透き通った
丸池湧水に癒やされる

湧水 丸池湧水　日本名水百選に選ばれており、日量約6万トンの水が湧き出している。水路沿いの石畳の小道は散策にぴったり。

BEST 5
潮風と波音を聞きながら
砂むしでデトックス

指宿 砂むし会館砂楽／海浜の地熱を利用した歴史ある温泉。浴衣を着たまま温かい砂の中に埋もれると10分ほどで汗が吹き出す。

BEST 6
神話のふるさと
霧島神宮に参拝する

霧島 霧島神宮／約1500年の歴史を誇る由緒ある古社。国内有数の豪奢な社殿から「西の日光」の異名をもつ。

BEST 7
竜宮伝説の岬で願い事をする

指宿 長崎鼻／浦島太郎が竜宮城へ旅立った地という伝説が残る岬。龍宮神社が鎮座し、貝殻に願い事を書く貝殻祈願が有名。

BEST 8
開聞岳を背景に
ひまわり畑をパシャリ

西大山駅は
JR日本最南端駅

指宿 開聞岳／薩摩半島の最南端に位置し、標高924mの日本百名産の一つ。夏は西大山駅そばのひまわり畑とのコラボが美しい。

湧水 鹿児島県霧島アートの森／栗野岳の中腹、標高700mの高原に位置する野外美術館。国内外で活躍する23人の作家が手がけた現代美術作品が常設されている。

BEST 9
豊かな自然の中でユニークな現代アートを鑑賞

©YAYOI KUSAMA
草間彌生「シャングリラの花」(2000年)

ヨロンブルーと白砂の
まぼろし空間で過ごす

まさに幻！
地球の楽園へ

BEST 3

神秘的なエメラルドグリーンの
滝つぼ を眺める

南大隅　雄川の滝　上流にある落差
46m、幅60mの滝。大河ドラマ『西
郷どん』のオープニングに登場し、
一躍有名になった景勝地。

与論島 百合ヶ浜／例年春から夏にかけ、与論島の東1.5km先に大潮の干潮時だけ現れる幻の砂浜。歳の数だけ星砂を拾えば幸せになれるという言い伝えも。

BEST 2

屋久島のシンボル！
縄文杉を目指してトレッキング

樹高 25.3m、
幹周り 16.4m

屋久島 屋久島の縄文杉／屋久島に自生する最大級の老大木。推定樹齢は未確定だが、2000年代〜7200年と言われている。

所要2〜3時間の基本コース

BEST 4

見どころ満載の地底で
幻想的な洞窟探検

知名 沖永良部島のリムストーンケイブ／大山水鏡洞を探検しながら、ケイブパールや土器、化石などさまざまな鍾乳石を見ることができる。

九州・鹿児島

BEST 5

カヌーに乗って **マングローブ** を探検したい

簡単な講習を受ければOK！

奄美 黒潮の森 マングローブパーク／頭上すれすれまで迫るマングローブ原生林をカヌーで巡る、所要1時間ほどのツーリング体験が楽しめる。

鹿屋 菅原神社（荒平天神）／海に突き出た岩山上に鎮座する拝殿には菅原道真公が祀られている。

BEST 6

海に浮かぶ **朱色の鳥居** に感動する！

BEST 7

ハートロック は
干潮狙いで！

龍郷 ハートロック／赤尾木集落の東側に面する海岸に干潮時だけハート型の潮だまりが現れる。恋愛のパワースポットとして話題に

BEST 8

ダイナミックで不思議な形の **巨岩** が見たい！

徳之島 犬の門蓋／隆起サンゴ礁の海岸一帯を指す景勝地。通称「めがね岩」を筆頭に、奇岩や断崖、洞窟が連なる。

BEST 9

宇宙センター で宇宙や
ロケットの歴史を学ぶ！

南種子 種子島宇宙センター宇宙科学技術館／JAXA種子島宇宙センター内にある本格的な宇宙開発の展示館。

鹿児島の 春夏秋冬 イベント

秋

（きつねのよめいり）
狐の嫁入り

鹿児島 10月最終週の土日

ハロウィン本来の意味である魔除けを日本らしく表現したいという思いで、お面作家が企画。狐のお面に黒留袖姿の一行が静々と街を歩く。

春

（くしきのはまけいば）
串木野浜競馬

いちき串木野 4月下旬

ポニーや農耕馬が海岸をユーモラスに走り抜け、サラブレットは華麗な走りで観客を沸かせる。

（いぶすきなのはなマラソン）
いぶすき菜の花マラソン

冬

指宿 1月第2日曜

一年で最も早く開催されるフルマラソン公認コースを使用した市民マラソン大会。菜の花が咲き誇る、早春の指宿路を駆ける！

夏

（てるくにじんじゃろくがつどう）
照國神社六月灯

鹿児島 7月15・16日

鹿児島市内で行われる無病息災・商売繁盛を祈願する夜祭の総称。大小の灯籠が美しく灯る。

知っ得！ご当地ネタ帳

おじゃったもんせ！

地元の人とのトークに困らない！
よく使われる方言リスト

こんちゃらごわした	▶ こんにちは
じゃっどん	▶ だけど
ほんのこち	▶ 本当に
わっぜ	▶ とても
んだもしたん	▶ あらまあ
あいがとさげもした	▶ ありがとうございました
きばれ	▶ がんばれ

桜島の噴火はしょっちゅう！地震も噴火かと思う…

世界でも有数の活火山で、一年間の平均噴火回数はなんと約200回！降り注ぐ火山灰を集めるための克灰袋が無料配布されている。

鹿児島を代表する偉人
西郷隆盛は呼び捨てにせず西郷さんと呼ぶ

あるいは西郷（せご）どんと敬愛を込めて呼ばれる。好物豚肉と作るのが得意だった味噌を使ったご当地グルメ「せごどんぶい」も誕生！

お国自慢 ご当地グルメ

ソウルフード
鹿児島ラーメン

とんこつベースに鶏ガラや野菜の旨みであっさりとした優しい味わい。

芋
さつまいも

形、色ともに美しく「紅さつま」や「紅はるか」が人気。

スイーツ
しろくま

削り氷に練乳をかけ、チェリーや小豆などをのせた氷菓子。

郷土料理
さつま汁

鶏肉入りで具だくさんの味噌汁。味付けや具材は家庭による。

欲しいをチェック おみやげリスト

1 明石屋
かるかん饅頭

かるかん粉（米粉）、砂糖、自然薯で作った蒸し菓子で餡などを包んだもの。

2 揚立屋
さつまあげ

スケソウダラなどの魚のすり身を揚げたもの。やや甘めが鹿児島産の特徴。

3 ROYAL
スイートポテト

鹿児島県産をはじめ、九州産のさつま芋を使用。しっとりなめらかなスイートポテト。

4 伝統工芸
薩摩切子

無色のガラスに色ガラスを重ね、カットを施したもの。芸術的な工芸品。

九州 鹿児島

489

独自の文化を形成し、今に受け継がれる

琉球王国のストーリー

今から約590年前、約450年間にわたって日本の南西諸島に存在した国、琉球王国。周辺諸国との交流から独自の文化を築いた歴史を紐解く。

首里城は中国や日本の建築文化の影響を受け設計された。（正殿は2026年復元予定）

もとは3つの国だった！尚巴志が琉球を統一

北は奄美諸島から南は八重山列島まで、かつての琉球諸島には約3万2000年前から人類が住んでいた。12世紀頃からは政治的勢力が現れ始め、各地に豪族が生まれた。彼らは抗争と和解を繰り返し、次第に淘汰されていった。最終的に、北山、中山、南山という3つの小国に分かれていたが、15世紀になると最も有力な勢力である中山の王、尚巴志（しょうはし）が三山を統一。浦添にあった王都を首里に遷都し、琉球王国を発展させていった。

北山王の居城だった今帰仁城跡。今も石垣が残る。

海外との交易で琉球王国が発展

琉球王国は、独立した国として発展し、中国や日本、朝鮮、東南アジア諸国との外交や貿易が盛んになっていく。小さな島国だったにもかかわらず、中国と東アジア各国との中継貿易を行い、各国・各地域の独自の外交秩序に対してうまくルールを使い分けることで、交易国家として成長を遂げた。

宮廷料理に琉球芸能琉球王国独自の文化

交易は政治や経済だけでなく、文化にも影響を与えた。中国からの使節団「冊封使」が訪れた際には大宴が開かれ、30品目にも及ぶ中国風の料理が振る舞われた。この時の料理は調理技術や作法を洗練させて「宮廷料理」として確立。また、宴では紅型衣装を身にまとって琉球舞踊を披露したり、琉球王家最大の別邸・識名園では、料理を振る舞いもてなした。琉球王国の食文化と芸能は、中国の客人を受け入れることで育まれた。

伝統の食と芸能は今も沖縄に息づく

琉球王国時代から受け継がれる琉球舞踊。

琉球王国時代に生まれた文化は現在の沖縄にも受け継がれている。たとえば食文化。豚の飼育や豆腐の製法などが中国から王府に伝わり、一般家庭にも浸透。今も昔も琉球料理に欠かせない食材として使われている。また、中国からの使節団をもてなした琉球舞踊は、ユネスコ無形文化遺産に登録された。

 沖縄で食べられる伝統の料理

豆腐よう
島豆腐を泡盛や麹、紅麹などに6カ月ほど漬け込む発酵料理。

いなむどぅち
お祝い料理。かつては猪肉を使っていたが、現在は豚肉を使用。

沖縄

沖縄
旅のプロファイル

世界に誇る美しい大自然が残る楽園リゾート

かつて琉球王国として栄えた沖縄県。美しい珊瑚礁の海とやんばるの大自然、首里城跡などの世界遺産も多い。独自の文化でご当地グルメも豊富。

ホテルやビーチが点在するリゾート

万座毛 P▶499

本島屈指のリゾートで、海沿いの絶景が続く。琉球文化に触れるやちむんの里。美浜アメリカンビレッジではアメリカ西海岸気分が味わえる。

恩納・北谷・浦添
P▶498

美浜アメリカンビレッジ P▶499

やちむんの里 P▶498

沖縄の原風景と歴史スポットが残る

糸満・南城
P▶500

ニライ橋・カナイ橋 P▶500

平和祈念公園 P▶500

ガンガラーの谷 P▶500

歴史と神話が残る沖縄南部エリア。のどかな百名ビーチや、手つかずの自然が楽しめる。瀬長島ウミカジテラスはリゾート感あふれる人気スポット。

美しい海を堪能したい

備瀬のフクギ並木道
沖縄美ら海水族館
本部
本部そば街道
名護湾

恩納
ルネッサンスビーチ
青の洞窟
万座毛
金武湾

ザネー浜
星野リゾート
バンタカフェ
やちむんの里
琉球びんがた
嘉手納町

北谷
美浜アメリカンビレッジ
港川外国人住宅
浦添

沖縄市
うるま市
沖縄自動車道

那覇
首里
那覇空港

慶良間諸島
座間味島
ホエールウォッチング
阿嘉島
阿波連ビーチ
阿嘉大橋
渡嘉敷島
瀬長島ウミカジテラス
DMMかりゆし水族館
渡嘉敷島
ダイビング
国際通り
壺屋やちむん通り
第一牧志公設市場

南城
斎場御嶽
ニライ橋・カナイ橋
百名ビーチ
ガンガラーの谷
おきなわワールド

糸満
平和祈念公園

マリンスポーツを思い切り楽しむ

慶良間諸島
P▶504

阿波連ビーチ P▶504

ホエールウォッチング P▶504

阿嘉大橋 P▶504

阿波連ビーチをはじめ、「ケラマブルー」と称される抜群の透明度を誇る海が魅力のエリア。座間味島では冬季限定でホエールウォッチングも楽しめる。

亜熱帯ジャングルや
絶景の天然ビーチが魅力

やんばる・本部
もとぶ
P►496

備瀬のフクギ並木 P►497

ティーヌ浜 P►496

本島北部の国立公園エリア。大石林山やフクギ並木などの亜熱帯特有の自然と、沖縄美ら海水族館や古宇利島など沖縄観光の定番が点在する。

やんばる
辺戸岬
大石林山

ヤンバルクイナ

今帰仁城跡　世界遺産

ティーヌ浜

パイナップル

キク

名護市

慶佐次川マングローブカヤック

許田IC

ゴーヤ

沖縄島
（沖縄本島）

産業の約8割が観光業

サトウキビ

海中道路

慶佐次川
マングローブ
カヤック
P►497

首里城公園
首里金城町石畳道
識名園　世界遺産

琉球王国時代の王宮や
沖縄で一番の繁華街が魅力

那覇・首里
なは　しゅり
P►502

国際通り P►503

首里城公園 P►502

識名園 P►502

国際通りを中心とした沖縄のメインシティ・那覇はみやげ選びやグルメが楽しめる。かつての琉球王国の首都・首里には、沖縄のシンボルである首里城も。

アクセスガイド

東京	✈飛行機	羽田→那覇 約2時間45分
大阪	✈飛行機	伊丹→那覇 約2時間15分
	✈飛行機	関西→那覇 約2時間
福岡	✈飛行機	福岡→那覇 約1時間40分

移動のてびき

1 那覇空港から浦添市までは ゆいレールで移動！

空港〜浦添前田間を約40分で結ぶゆいレール。日中は8〜10分間隔で運行し、国際通りや首里への観光に便利。渋滞しないので時間も有効活用できる。

2 島内を自由に移動するなら レンタカーがベスト

北部や南部まで回るなら、景色も楽しめる車移動がおすすめ。ただし沖縄は車社会なので、通勤・帰宅時間は渋滞する場所も。那覇市街は特に注意を。

3 フェリーや高速船で 本島周辺の島へ日帰り旅

那覇の泊港〜座間味島は高速船で約1時間。渡嘉敷島なら約35分で美しいビーチに到着。本部港からは伊江島行きのフェリーが運行する。

沖縄基本DATA

面積	約2281km²
人口	146万7009人（令和5年6月1日）
ベストシーズン	4〜9月
都庁所在地	那覇市
特産品	ゴーヤー、シークヮーサー、マンゴー、パパイヤ、海ブドウ、など
日本一	パイナップルの収穫量が日本一

地理　日本列島の南西端で、南西諸島の南半分の海域に広がる島々。沖縄本島が県最大の面積。約160の島々の周囲にはサンゴ礁が見られる。

気候　亜熱帯気候に属する。年間を通じて温暖で、真冬でも10℃以下になることはほとんどない。海水浴は5月から10月まで楽しめる。

沖縄
BEST PLAN

PLAN | モノレール＆バスで巡る王道コース

那覇～首里・浦添・北谷プラン

CORCE MAP

那覇市内の王道コースをぐるり。異国情緒を感じる最新スポットでグルメとショッピング三昧を。

1日目 那覇

沖縄一の繁華街へ

10:00 那覇空港発

🚃 ゆいレール15分

10:30 まずは国際通りでショッピング！

🍴 10分

毎週日曜は歩行者天国に

おいしいスイーツも

定番からトレンドまで沖縄みやげが全部集まるメイン通り。南国スイーツにうちなーグルメの店も目白押し。

P▶503

14:00 ノスタルジックな風情ある
壺屋やちむん通りへ

🚌 11分
🍴 4分

シーサーを発見！

約400mの石畳の通りに古くからの窯元が並ぶ。お気に入りの器を探してぶらり。

P▶503

16:00 那覇港の絶景を望む
パワースポット！
波上宮を参拝

縁結びで有名

珊瑚の岩に鎮座する沖縄一格式の高い神社。参拝後はすぐそばの「開運ビーチ」も訪れよう。さらに運気がアップ！

18:00 那覇市内のホテルに宿泊

2日目 首里～浦添～北谷

9:00 旭橋駅発

🚃 ゆいレール18分

9:30 首里城公園で古都の
歴史や文化にふれる

🍴 8分

守礼門前で記念撮影を

P▶502

450年の間王城だった首里城跡に造られた首里城公園は、沖縄観光のハイライト。

11:00 フォトジェニックな
首里金城町石畳道へ

石畳の階段を下って行こう

🚌 1時間
🍴 6分

琉球国王の尚真王が建造した古道。琉球石灰岩の石畳と赤瓦の屋根は当時の面影を残す。

P▶503

13:00 レトロでおしゃれな
港川外国人住宅でひと休み

🚌 19分
🍴 6分

おしゃれにリノベされた個性的な店が並ぶ。通りの名前もアメリカの州名で雰囲気抜群。

P▶498

カフェやショップも

15:00 美浜アメリカンビレッジで
ショッピング♪

🚌 1時間
6分

異国情緒溢れる！

カラフルな街並みはまるでアメリカ西海岸。SNS映えスポットが満載。ビーチもある。

P▶499

18:00 那覇空港から帰路へ

PLAN ｜ アクティビティ&自然満喫ドライブ

やんばるプラン

人気のリゾートエリア西海岸へ快適ドライブ。2日目
は世界遺産とやんばるの大自然を満喫する。

CORCE MAP

ご当地グルメ
を食べよう

1日目 ｜ 那覇～本部エリア

9:30 那覇空港から
🚗 2時間 レンタカーで出発
20分

12:00 本部そば街道へ
🚗 13分

軟骨ソーキも
沖縄ならでは

県道84号線沿い
の本部そば街道。
お気に入りの沖縄
そばを探そう！

P▶496

14:00 沖縄美ら海水族館のマンタや
🚗 5分 ジンベエザメは迫力満点！

沖縄の海中を
再現した水槽

沖縄の海を浅瀬から深海まで再現した水族
館。巨大水槽「黒潮の海」はあらゆるアン
グルから生き物たちを観察できる。

P▶496

16:00 備瀬のフクギ並木道を散歩して
🚗 2分 沖縄の原風景に癒やされる

フクギは
福を呼ぶ木

キラキラと木漏れ
日が差し込む緑の
アーチと南国の
花々でリフレッ
シュ。水牛車は見て
いるだけでほっこ
りする。

P▶497

17:00 ホテル オリオン モトブ
リゾート＆スパに宿泊

2日目 ｜ 本部～やんばるエリア

9:00 ホテルを出発
🚗 10分

10:00 世界遺産 今帰仁城跡をぐるり
🚗 25分

世界遺産の
グスク跡

P▶496

琉球統一前に本島北部を統治した北山王の
居城。1.5kmの城壁は圧倒的なスケール。

11:30 本島から橋を渡って行ける
🚗 36分 絶景アイランド、古宇利島へ

透明度抜群の
ビーチ！

P▶496

古宇利大橋を渡ってすぐ、古宇利ビーチに
到着。車でぐるりと島を回るのも◎。

14:00 慶佐次川でマングローブカヤックを
🚗 1時間 体験！ 家族連れにも人気
30分

マングローブ
の森を探検

P▶497

ネイチャーツアーでガイドさんと冒険に出
発！ やんばるの自然を間近で観察しよう。

18:00 那覇空港でレンタカーを
返却し、帰路へ

沖縄

BEST 1
神秘的な美ら海の世界で
生き物たちと出合う

ジンベエザメ
を見よう！

今帰仁 **ティーヌ浜**／ハート型の岩、ハート
ロックが望めるビーチ。恋のパワースポット
としても有名でサンセットも美しい。散歩コ
ースとしても。

BEST 2
恋のパワスポ、
ハートロックで恋愛祈願！

本部 **本部そば街道**／本部町には80店舗以
上の沖縄そば店が点在。県道84号線沿いの「本
部そば街道」には連日行列ができる人気店も。

BEST 3
沖縄そば激戦区！
本部そば街道でランチ

BEST 4
難攻不落の**グスク**を訪ねる

今帰仁 **今帰仁城跡** 琉球統一以前
の高台に築かれた城。積み上げられた
城壁は長さ1.5kmにも達する。

本部 **沖縄美ら海水族館**／沖縄の代表的な観光地。「沖縄の海との出会い」がテーマの水族館で約740種を展示している。

BEST 6

カヤックでマングローブ探検がしたい!

国頭 **慶佐次川マングローブカヤック**／本島内最大規模のマングローブがある慶佐次川でカヤックツアーを。

BEST 7

水牛車でフクギ並木をゆったり散策

木陰は少し涼しいよ

本部 **備瀬のフクギ並木道**／防風林として家を取り囲むように植えられたフクギが連なる並木道の景色。水牛車でゆったり楽しむ。

BEST 5

本島最北端の**辺戸岬**まで行ってみる

国頭 **辺戸岬**／太平洋と東シナ海に面する沖縄本島最北端の岬。ダイナミックな断崖絶壁から雄大な海が望める。

BEST 8

琉球神話の森を**トレッキング**する

国頭 **大石林山**／奇岩が連なる熱帯カルスト地形。トレッキングルートが設けられている自然の中のパワースポット。

沖縄

恩納・北谷・浦添 で行きたい！したい！ BEST **9**

恩納 ザネー浜／崖上から美しい海を見渡せる絶景スポット。穏やかな波が特徴で、抜群の透明度を誇る。周辺は手つかずの自然が残る。

BEST **1**

崖の上から恩納村の青い海を見渡す！

穴場の
スポット

BEST **2**

海に囲まれた絶景ロードを走りたい

うるま 海中道路／海に浮かぶ離島を巡る全長約5kmのドライブコース。レンタカーでぜひ行きたい。

BEST **3**

やちむんの里でお気に入りの器をゲット！

読谷 やちむんの里／沖縄の伝統的な焼物「やちむん」。多くの陶工が読谷村に集まり、やちむんの里に。

BEST **4**

フォトジェニックなリノベタウンを散策

Goods
Store
Proots
OKINAW

浦添 港川外国人住宅／おしゃれなカフェや雑貨店が集まるエリア。かつての外国人住宅を利用したショップが並ぶ。おしゃれスポットとして人気。

恩納 青の洞窟／洞窟内部に差し込む太陽光の反射で海面が青く輝く神秘の光景。周辺では熱帯魚の観察も楽しめる。

BEST 5
一度はしたい!
青の洞窟でダイビング体験

BEST 6
断崖絶壁の下に広がる
海を眺めたい

恩納 万座毛／サンゴ礁の断崖から絶景を望める。青い海と天然記念物でもある芝生台地の緑が美しいスポット。

BEST 7
海辺のテラスで波音と海風を感じる

4つのエリアがあるよ

読谷 星野リゾート バンタカフェ／海岸線沿いの高台に位置する国内最大級の海カフェ。エリアごとに異なる絶景が広がり、何度でも訪れたい。

BEST 8
北谷 美浜アメリカンビレッジ／海岸沿いにあるアミューズメントタウン。カフェやレストランが並ぶカラフルな街並み。

アメリカンな
カラフルタウンで映えを狙う!

BEST 9
パラソルビーチで
マリンメニューを楽しむ

リゾートホテルの併設ビーチ

恩納 ルネッサンスビーチ／一年を通じて海水浴やシュノーケリングが楽しめる、エメラルドグリーンが美しいプライベートビーチ。

沖縄

BEST **1**

亜熱帯の森で 生命の神秘を辿る！

大きな ガジュマル！

南城 ガンガラーの谷／数十万年前の鍾乳洞が崩れてできた谷。古代人の居住跡など人類の歴史を感じられる。予約定員制ガイドツアーでのみ入場可能。

BEST **2**

琉球王国時代最高峰の 聖地を巡礼する

南城 斎場御嶽／国の豊凶を占う儀式も行われたと言われる琉球王国最高の聖地。世界遺産にも登録されている。

6つの祈りの 場がある

糸満 平和祈念公園／沖縄戦終焉の地である糸満市の公園。平和の礎や平和祈念像を通じて平和の尊さを体感しよう。

BEST **3**

沖縄戦終焉の地で 世界平和を祈る

BEST **4**

海の上を走る 絶景ロードで気分爽快！

南城 ニライ橋・カナイ橋／トンネルを抜けた瞬間、突然目の前にきれいな海が広がる。ドライブルートとしておすすめ。

アイランド
リゾート

BEST 5

フライト前に**ウミカジテラス**から
夕日を眺める

豊見城 瀬長島ウミカジテラス／
那覇空港近くのリゾート施設。美
しい真っ白な街並みにはさまざま
なショップが揃う。

南城 おきなわワールド／伝統
のスーパーエイサーが観賞できる。
国内最大級の鍾乳洞や、伝統的
な琉球の町並みの再現も。

BEST 6

おきなわワールドの**エイサーショー**が迫力満点

BEST 7

ニュースタイルの**水族館**で
バーチャル体験!

豊見城 DMMかりゆし水族館／
最新技術を駆使した新しい水族
館として注目のスポット。アクセ
スが良いのも嬉しい。

南城 百名ビーチ／白い砂浜と
遠浅が特徴の天然ビーチ。琉球の
創世神アマミキヨが降り立ったと
される。

BEST 8

白砂が美しい
天然ビーチに癒やされたい

沖縄

守礼門が
お出迎え！

BEST **1**

沖縄のシンボル！
首里城で琉球王国の歴史を辿る

那覇 首里城公園／沖縄を代表する観光スポット。約18haの園内には琉球王国時代の世界遺産や復元施設があり、往時の雰囲気が漂う。

BEST **2**

南国に来たら**ひやしもん**はマスト

那覇ほか **ひやしもん**／沖縄の暑さを忘れさせてくれる冷たいデザート。かき氷はもちろん、沖縄ぜんざいもおすすめ。

那覇 第一牧志公設市場／「那覇の台所」。地元の新鮮な食材や特産品が楽しめる。2023年より新施設で移転オープン。

BEST **3**

リニューアルした**名物市場**へGO！

BEST **4**

伝統ある**琉球王家**の
庭園でのんびり

那覇 識名園／王家の別邸として造られた、琉球王国最大の琉球庭園。沖縄独自の家屋や造園形式を知ることができる。

502

BEST 5
那覇のメインストリート、国際通りでお買い物

那覇観光の定番！

那覇 国際通り／みやげ物店やレストランなどが立ち並ぶメインストリート。沖縄グルメやショッピングを楽しめる。日曜午後は歩行者天国に。

BEST 6
沖縄らしい小道でやちむん&カフェ巡り

那覇 壺屋やちむん通り／沖縄伝統の焼物、やちむんの街として知られる壺屋地区。風情ある街並みも散策スポットとして人気。

首里の細道を歩いてみよう

BEST 7
寄り道しながら首里の町並み散策

那覇 首里金城町石畳道／琉球石灰岩が敷かれた、首里城から続く石畳の道。沖縄県指定文化財。城下町の街並みが残る。

沖縄

慶良間諸島 で行きたい！したい！ BEST **4**

冬だけの
お楽しみ

BEST **1**

冬の座間味島で
クジラに遭遇する

座間味島 ホエールウォッチン
ジラに出会うなら1〜3月が
シーズン。ザトウクジラを目
で見られることもある。

渡嘉敷島 渡嘉敷島ダイビング／
フェリーや高速船など本島から
のアクセスも良く、人気の高い
離島。海の透明度が高いのでダ
イビングにはうってつけ。

BEST **2**

美しい海の世界を
ダイビングで覗きたい！

熱帯魚と
一緒に泳ごう

BEST **3**

海を見下ろす**橋**を
歩いて渡りたい！

阿嘉島 阿嘉大橋 阿嘉島と隣の
慶留間島を繋ぐ橋。ケラマブルー
と称される美しい海の青色を見下
ろすことができる。

BEST **4**

天然ビーチの
穏やかな波に癒やされる

渡嘉敷島 阿波連ビーチ 渡嘉敷島
を代表するビーチ。約800mにわ
たり真っ白な砂浜が続き、美しい
弧を描く。

沖縄の
春夏秋冬
イベント

なはハーリー
那覇ハーリー

`那覇` `5月3日〜5日`

600年前から続く、伝統漁船・爬龍船で漕ぎ競う一大行事。見事な装飾のドラゴンボートは大きくて圧巻。

`春`

おきなわぜんとうエイサーまつり
沖縄全島エイサーまつり

`沖縄市・コザ運動公園ほか` `8〜9月`

県内各地から選抜された団体がエイサー演舞を披露。3日間で延べ約30万人余が訪れる沖縄の夏の風物詩。

`夏`

なはおおつなひきまつり
那覇大綱挽まつり

`那覇市・国道58号久茂地交差点` `10月上旬`

ギネスにも認定された全長200mの大綱を、東西に分かれて引き合う。幸せを引き寄せるご利益があり、観光客も参加できる。

`秋`

しゅりじょうこうえんしんしゅんのうたげ
首里城公園「新春の宴」

`那覇市・首里城公園` `1月1日〜3日`

琉球王国時代の正月儀式「朝拝御規式」の一部を再現。宮廷音楽の演奏などの催し物で新年を彩る。雅やかな国王と王妃の装いにも注目。

`冬`

知っ得！
ご当地
ネタ帳

ちむどんどんする！

地元の人とのトークに困らない！
よく使われる方言リスト

あんまー	お母さん
うちなーんちゅ	沖縄の人
ちゅらかーぎー	美人・かわいい
でーじ	大変・とても
めんそーれー	いらっしゃいませ
にふぇーでーびる	ありがとうございます
ダミーダミ	ダミーダミ

ATMでお金を下ろすと高確率で二千円札が出る?!

沖縄の銀行ATMでは、二千円札が当たり前に出てくる。流通が少ない、沖縄モチーフのお札の利用促進に積極的に取り組んでいる。

温かいおしるこではなくて…ぜんざい＝冷たいかき氷！

沖縄で「ぜんざい」を注文すると、甘く煮た金時豆が入ったかき氷が出てくる。冷たいデザートの定番として昔から食べられている。

お国自慢
ご当地
グルメ

沖縄そば

`麺`

カツオや豚骨を使ったコクのある出汁がたまらない定番グルメ。

シークワーサー

`フルーツ`

酸味と爽やかな香りでビタミン豊富。刺身や焼き魚に最適。

ゴーヤー

`野菜`

苦味がクセになる栄養豊富な沖縄野菜。料理法も多彩。

マンゴー

`フルーツ`

沖縄フルーツの王様「アップルマンゴー」は濃厚な甘み。

欲しいをチェック
おみやげリスト

1 `御菓子御殿`
元祖紅いもタルト

鮮やかな紫色の紅いもを濃厚なペーストにしてタルトと組み合わせた定番みやげ。

2 `黒糖カヌレほうき星`
黒糖カヌレほうき星

多良間島の黒糖と地元の食材を合わせた優しい味わいは10種類のラインナップ。

3 `オリオンビール`
オリオン ザ・ドラフト

1959年誕生。伊江島産大麦とやんばるの水で仕込んだ沖縄ビール。

4 `伝統工芸`
やちむん

魚紋の伝統的な柄からモダンなデザインまで、素朴であたたかみのある焼物。

沖縄

八重山・宮古
旅のプロファイル

美しい海と豊かな自然が残る数多くの離島が点在

日本の最南端にある沖縄本島のさらに南にある、八重山諸島と宮古諸島。世界自然遺産や沖縄の原風景、サンゴ礁の美しい海など、自然の豊かさを感じられる。

八重山諸島の玄関口で海を望む絶景が点在

石垣島
いしがきじま
P▶510

石垣島鍾乳洞 P▶511 ／ 川平湾 P▶510

竹富島や西表島などへの玄関口。コンパクトにまとまった市街地に絶景ビーチ、サトウキビ畑や牛が暮らす牧場などが広がる。

リゾート地として年々人気が高まる島

宮古島
みやこじま
P▶508

8つの島からなる宮古諸島

ホテルやビーチが点在するリゾートの島。島はおおむね平坦で、地層の大半が隆起サンゴ礁の琉球石灰岩からなる。

八重干瀬 P▶508

与那覇前浜 P▶508

地図ラベル

八重山列島

石垣やいま村
バンナ公園
石垣島鍾乳洞
由布島への水牛車

与那国島
ヨナグニウマ
与那国海底景観

西表島
バラス島
ピナイサーラの滝

イリオモテヤマネコ

川平湾
流れ星の丘
石垣島馬広場
玉取崎展望台
新石垣空港
ドルフィンファンタジー石垣島

石垣島

サトウキビ

多良間島

パイナップル

与那覇前浜
伊良部大橋
下地島空港
竜宮城展望台
タコ公園

八重干瀬
宮古島
新城海岸
東平安名崎
ユートピアファーム宮古島
宮古空港

宮古列島

竹富島
竹富集落
コンドイ浜
星のや竹富島

波照間島
波照間島の星空

日本最南端は波照間島

探検したくなるような個性あふれる島々を巡る

八重山諸島
やえやましょとう
P▶512

西表島は亜熱帯のジャングルで、与那国島は日本最西端。沖縄の原風景が残る竹富島など、八重山諸島は大小32の島々で構成。

由布島への水牛車 P▶513

ピナイサーラの滝 P▶514

アクセスガイド

| 東京 | ✈ 飛行機 羽田→石垣島 約2時間50分 |
| 大阪 | ✈ 飛行機 伊丹→石垣島 約2時間25分 |

名古屋	✈ 飛行機 中部→石垣島 約2時間35分
那覇	✈ 飛行機 那覇→石垣島 約1時間
那覇	✈ 飛行機 那覇→下地島 約50分

八重山・宮古基本DATA

面積	石垣市 約229km²／宮古島市 約204km²
人口	石垣市 4万9955人（令和5年6月30日）／宮古島市 5万4865人（令和5年7月1日）
ベストシーズン	4〜9月
特産品	マンゴー、パイナップル、グァバ、宮古牛、石垣牛、など

| 地理 | 東西約1000km、南北約400kmにわたる海域に島々が散らばる。島ごとに歴史や遺産などの魅力があふれる。 |
| 気候 | 海水浴は4〜10月頃まで楽しめる。9・10月は台風シーズン。真冬でも10度以下の気温になることは少ない。 |

移動のてびき

1 移動はレンタカーが便利！

島内を巡るならレンタカーがおすすめ。観光シーズンはレンタカーが借りられないこともあるので、予約するのがベター。

2 フェリーのチケットは事前予約なしでもOK

石垣島から竹富島や西表島などへは、フェリーを使って。チケットは当日購入可能。フェリー会社によって発着時刻が異なるので確認を。

八重山・宮古
BEST PLAN

沖縄の離島を満喫！

1泊2日

PLAN｜南国の海を遊びつくす！

宮古島プラン

CORCE MAP

透明度の高い海を満喫するマリンアクティビティや、海風を感じるドライブを。

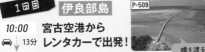

1日目 伊良部島　P▶509

10:00 宮古空港から
🚗13分 レンタカーで出発！

10:15 日本一長い！全長3540mの
🚗15分 伊良部大橋を快走！
橋を渡ると海の駅もある
宮古島と伊良部島・下地島を繋ぐ。

11:00 下地島空港で地元食材のグルメや
🚗20分 ここでしか買えないみやげをゲット♪
泡盛や地元食材を使ったお菓子などを販売。

13:00 宮古島平良港着　P▶509

14:00 まるで竜宮城！　P▶508
🚗2分 サンゴ礁群「幻の大陸」
八重干瀬へ！
シュノーケリングやダイビングを楽しもう。

池間島からだと船で約30分

17:00 宮古島内のホテルに宿泊

2日目 宮古島
宮古ブルーの美しい海　P▶508

9:30 宮古島市内の
🚗20分 市街地から出発

10:00 与那覇前浜でアクティビティを
🚗33分 東洋一美しいと謳われるビーチへ。

14:30 東平安名崎の　P▶509
🚗23分 絶景に感動！
約2kmに延びる岬。朝日スポットとしても。

16:30 ユートピアファーム宮古島で
🚗10分 南国フルーツをパクッ
マンゴーなどのスイーツをいただこう。
南国の花も美しい

太平洋と東シナ海を一望

16:30 宮古空港でレンタカーを
返却し、帰路へ　P▶509

1泊2日

PLAN｜沖縄の原風景を求めて島巡り

石垣島・竹富島プラン

CORCE MAP

手つかずの自然が残る島で、海水浴や星空観察、水牛車での島内散策を楽しもう。

1日目 石垣島
石垣の海を一望できる

10:00 新石垣空港から
🚗20分 レンタカーで出発！

10:30 玉取崎展望台から　P▶510
🚗25分 絶景のパノラマビューを一望する！
平久保半島と海が一望できる景勝地。

13:00 地元民もイチオシ！
🚗5分 名物八重山そばをいただく
細く丸い麺で、甘みがあるスープが特徴。
島コショウが効いている

14:45 川平湾の七色に　P▶515
👣5分 輝く海に感動！
エメラルドグリーンに輝く海は必見。

展望台からの景色が最高

16:00 カフェに立ち寄り　P▶510
🚗40分 休憩

18:15 流れ星の丘で幻想的な星空に
🚗30分 酔いしれる
手つかずの自然が残る地で満天の星を眺める。
P▶511

20:00 石垣島内の
ホテルに宿泊
感動の星空ツアーへ

2日目 竹富島

9:00 石垣島離島ターミナルから
🚢15分 フェリーで出発
事前予約は不要

9:45 竹富港に到着
🚗5分

10:00 水牛車に乗って　P▶513
👣15分 島の中心の集落を巡る
三線の音を聞きながらのんびり散策。

14:00 透明度の高いコンドイ浜で
👣30分 海水浴
島の西側にある、遠浅の静かなビーチ。
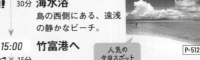

15:00 竹富港へ
🚢15分 人気の夕日スポット　P▶512

15:30 フェリーで
石垣島離島ターミナルへ

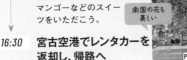

八重山・宮古

宮古島 で行きたい！したい！ BEST 9

BEST 1

早朝、サンゴ礁の海中絶景にダイブ！

宮古島 八重干瀬（ヤビジ）／日本国内で最大級のサンゴ礁。シュノーケリングやスキューバダイビングなどアクティビティが豊富。

色鮮やかな
サンゴ礁

BEST 2

東洋一と称される
宮古ブルーに魅了される

宮古島 与那覇前浜／7kmにわたって続く白浜は東洋一とも。マリンスポーツが楽しめるスポットとしても人気。

BEST 3

竜宮城から
宮古島の絶景を見渡す

宮古島 竜宮城展望台／来間島の高台にある竜宮城をイメージした展望台。近くには来間大橋を見渡す絶景が広がる。

BEST 4

カラフルな熱帯魚たちと
シュノーケリング体験

宮古島 新城海岸／穏やかな遠浅の海はシュノーケリングに最適。サンゴ礁の海には色とりどりの熱帯魚が泳ぐ。

宮古島 **伊良部大橋**／無料で渡れる橋としては日本最長の長さ3540mを誇る。光に照らされ輝く海の上を渡る絶景のドライブスポット。

BEST **5**

日本最長の橋でオーシャンビュードライブ！

BEST **6**

おしゃれでリゾート感ある
空港でおみやげ探し

宮古島 **下地島空港**／空港として利用するのはもちろん、リゾート感あふれる施設は宮古島旅行でぜひ訪れたい場所。

BEST **7**

色とりどりの
ブーゲンビレアに囲まれたい

宮古島 **ユートピアファーム宮古島**／美しいブーゲンビレアが一年中咲き乱れる。園内ではトロピカルフルーツも楽しめる。

BEST **8**

海を見下ろす公園で
巨大なタコとご対面

迫力の
巨大タコ

宮古島 **タコ公園**／巨大なタコのモニュメントがある眺めのよい公園。2021年に塗り替えられ、以前より鮮やかな赤色に。

BEST **9**

細長く延びる**美しい岬**から
太平洋と東シナ海を眺めたい

宮古島 **東平安名崎**／宮古島の最東端に延びる岬。日本の都市公園百選に指定されたエメラルドグリーンの海と岬の絶景に感動。

八重山・宮古

509

石垣島 で行きたい！したい！ BEST 8

BEST 1
エメラルドグリーンの海にうっとり

石垣島　川平湾／グラスボードからカビラブルーの海に広がるサンゴ礁や熱帯魚を楽しめるのが人気。時間とともに景色が変化するのも魅力。

国指定の名勝！

BEST 2
青々とした海を眺めながら**海馬遊び**

石垣島　石垣島馬広場／自然の中でヨナグニウマと触れ合えるスポット。夏は馬と一緒に海に入る体験も。

石垣島　ドルフィンファンタジー石垣島／一緒に泳いだりエサをあげたり、直接イルカとの触れ合いを楽しむことができる。

BEST 3
石垣島でかわいい**イルカ**たちと触れ合いたい！

BEST 4
美しい**琉球衣装**を着こなしたい

石垣島　石垣やいま村　古き良き八重山を再現したテーマパーク。琉球衣装体験や郷土料理が楽しめる。

BEST 5
パノラマビューを楽しむ！

石垣島　玉取崎展望台／展望台から望む石垣島の絶景はもちろん、周辺に植えられたハイビスカスも美しい。

BEST 6

海に面した小高い丘で 流れ星 にお願い事

星空ツアーが
おすすめ

石垣島　流れ星の丘／石垣島北部、星空の名所にある小高い丘。360度全天を見渡すことができ、闇夜には高確率で流れ星を見ることができる。

日本最南端の
鍾乳洞

BEST 7

サンゴ礁 から生まれた鍾乳洞の造形美に感動

石垣島　石垣島鍾乳洞／20万年かけて造られた石垣島最大の観光鍾乳洞。巨大な地下空間ではイルミネーションが楽しめる。

BEST 8

夜の森に広がる神秘的な ホタル の世界へ

石垣島　バンナ公園／標高230mのバンナ岳にある公園。バードウォッチングや森林散策など亜熱帯の自然を楽しめるポイントが豊富。

八重山・宮古

511

八重山諸島 で行きたい！したい！ BEST 9

BEST 1
赤瓦屋根 の集落をのんびり巡る

沖縄の
原風景

竹富島 竹富集落／重要伝統的建
造物群保存地区にも指定されている
赤瓦屋根の木造建築が立ち並ぶ町
並みを眺めながら散策したい。

BEST 2
白砂ビーチ で波の音に癒やされる

竹富島 コンドイ浜／八重山を代表
するビーチ。干潮になると砂州が現
れるのが特徴で、夕暮れ時には美し
い夕日の絶景を見ることができる。

BEST 4

水牛車に乗って海を渡りたい!

由布島 由布島への水牛車／遠浅の海での移動手段として使われる水牛車。由布島と西表島の間の15分ほどを水牛車にゆっくり揺られる。

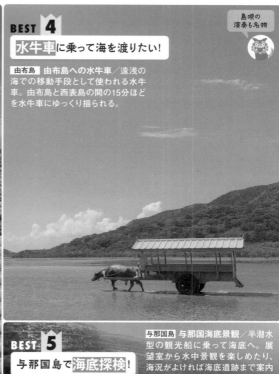

BEST 5

与那国島で海底探検!

与那国島 与那国海底景観／半潜水型の観光船に乗って海底へ。展望室から水中景観を楽しめたり、海況がよければ海底遺跡まで案内してくれる。

BEST 6

日本最西端の島でヨナグニウマと遊びたい

与那国島 ヨナグニウマ／日本在来馬の一種で、かつては与那国島の人々とともに働いていた。現在は観光地でも活躍。

BEST 3

八重山諸島一の満天の星にうっとり

波照間島 波照間島の星空／波照間島は八重山諸島の中でも緯度が低いため、星空観測に最適な島。全88星座のうち84の星座を見ることができる。

八重山・宮古

513

八重山諸島 で行きたい！したい！

BEST 7

大迫力の滝つぼを全身で体感したい！

迫力満点の
滝つぼ

西表島 ピナイサーラの滝／沖縄で最も大きな54mの落差を誇る滝。カヌーやトレッキングのツアーで訪れるのがおすすめ。

BEST 8

幻想的な朝焼けを眺めながらくつろぎたい

竹富島 星のや竹富島。沖縄の伝統建築を踏襲した客室が並ぶ。沖縄の自然や食事、伝統的な文化などを楽しむことができる。

美しい
幻の島

BEST 9

奇跡の島、バラス島に上陸！

西表島 バラス島／西表島の北方沖およそ5.4km、鳩間島との間に浮かぶ小さな無人島。周囲の海にはサンゴ礁や熱帯魚がたくさん。

八重山・宮古の 春夏秋冬 イベント

春

ハーリー（海神祭）
八重山諸島　6月上旬〜6月下旬
航海安全と豊漁を祈願して行う伝統行事。ハーリーの鉦が鳴ると梅雨が明けるという言い伝えがある。

夏

はちがつおどり
八月踊り
多良間島　9月
五穀豊穣を祈願し行われる、多良間村の民族踊り。国指定重要無形民俗文化財で、多くの観光客が訪れる。

秋

しまじりのパーントゥ
島尻のパーントゥ
宮古島　10月
全身に蔓草をまといンマリガーの泥を塗った3体の来訪神が、人々や新築の家などに泥を塗る。厄払い、無病息災を願う行事。

冬

たけとみちょうやまねこマラソン
竹富町やまねこマラソン
西表島　2月
毎年90％を超える完走率で、西表島の爽やかな自然を感じながら走れる。走り終えたあとには「ふれあいパーティー」も開催される。

知っ得！ ご当地ネタ帳

なんくるないさ〜

地元の人とのトークに困らない！
よく使われる方言リスト

おーりとーり	▶	いらっしゃい
くよーんなーら	▶	こんにちは
みーふぁいゆー	▶	ありがとう
うまさん	▶	おいしい
あっぱりしゃん	▶	きれい
んぞーさーん	▶	かわいい
ばたぬちた	▶	お腹いっぱい

これがうちな〜タイム？ ゆっくりスピードで走る車が多い
南国特有のゆっくりとした時間が流れ、県民も独自の時間間隔を持っている。スピードを出しすぎると事故につながるという考えの人も多い。

同じ沖縄県だけど…
本島のことは 「沖縄」と呼びがち！
もともと「沖縄」は沖縄本島を指しており、宮古・八重山に住む人たちは今でも沖縄本島に行くことを「沖縄に行く」と言うそう。

お国自慢 ご当地グルメ

肉

石垣牛
適度な脂身で風味豊かな味わいが魅力のブランド牛。

フルーツ

パイナップル
柔らかく色鮮やかな黄色の果肉から出る果汁は甘い味わい。

ドラゴンフルーツ
サクッとした食感で、酸味が少なくさっぱりとした甘さ。

麺

八重山そば
断面が丸く、細めの縮れがないそばが特徴。丸麺が主流。

欲しいをチェック おみやげリスト

1 名産品
泡盛
米が原料の沖縄の伝統的な蒸留酒。古酒ならではのまろやかな味と芳醇な香りが魅力。

2 モンテドール
バナナケーキ
熟成バナナのおいしさが詰まった、宮古島名物の手作りパウンドケーキ。

3 ユートピアファーム宮古島
マンゴージュレ
マンゴーの旨みがぎゅぎゅっと詰められ、ドライブのおともにもぴったり。

4 伝統工芸
八重山ミンサー
竹富町や石垣市で生産される木綿素材の平織りの織物。絣模様には相手への想いが込められている。

1
3
2

4

北から南まで世界に誇る文化と自然

日本の世界遺産

現在日本には20件の文化遺産と5件の自然遺産が世界遺産として登録されている（2023年現在）。世界に誇る世界遺産を旅してみよう。

世界遺産とは？

昭和47（1972）年、ユネスコ総会で採択された世界遺産条約に基づき登録された「顕著な普遍的価値」をもつ建造物や遺産、自然のこと。人が作り上げた「文化遺産」と、地球の歴史や動植物の進化を伝える「自然遺産」、その両方の価値をもつ「複合遺産」に分けられる。

🏛 …自然遺産
🏛 …文化遺産

1 知床
北海道

2 北海道・北東北の縄文遺跡群
北海道・青森県・岩手県・秋田県

3 白神山地
青森県・秋田県

4 平泉
岩手県

10 白川郷・五箇山の合掌造り集落
岐阜県・富山県

7 富岡製糸場と絹産業遺産群
群馬県

5 日光の社寺
栃木県

6 ル・コルビュジエの建築作品
東京都

8 小笠原諸島
東京都

9 富士山
静岡県・山梨県

22 長崎と天草地方の潜伏キリシタン関連遺産
長崎県・熊本県

11 古都京都の文化財
京都府・滋賀県

17 石見銀山遺跡とその文化的景観
島根県

20 「神宿る島」宗像・沖ノ島と関連遺産群
福岡県

18 原爆ドーム
広島県

12 法隆寺地域の仏教建造物
奈良県

13 古都奈良の文化財
奈良県

14 紀伊山地の霊場と参詣道
和歌山県・奈良県・三重県

15 百舌鳥・古市古墳群
大阪府

16 姫路城
兵庫県

19 厳島神社
広島県

21 明治日本の産業革命遺産 製鉄・製鋼、造船、石炭産業
山口県・福岡県・佐賀県・長崎県・熊本県・鹿児島県・岩手県・静岡県

23 屋久島
鹿児島県

25 奄美大島、徳之島、沖縄島北部及び西表島
鹿児島県・沖縄県

24 琉球王国のグスク及び関連遺産群
沖縄県

1 知床

北海道　　　　　　　　　　　　自然遺産 [2005年]

知床五湖 P▶031

オホーツク海と根室海峡に挟まれた半島。海と陸との生態系の繋がりや生物の多様性が見られる。

2 北海道・北東北の縄文遺跡群

北海道　青森県　岩手県　　文化遺産 [2021年]
秋田県

大船遺跡 P▶025
三内丸山遺跡 P▶041

1万年以上にわたって採集・漁労・狩猟により定住した人々の生活と精神文化を伝える文化遺産。

3 白神山地

青森県　秋田県　　　　　　　自然遺産 [1993年]

白神山地トレッキング P▶042
白神山地 P▶070

秋田県と青森県にまたがる白神山地中心部、約1万7000haが世界遺産として登録されている。

4 平泉―仏国土（浄土）を表す建築・庭園及び考古学的遺跡群―

岩手県　　　　　　　　　　　　文化遺産 [2011年]

中尊寺 P▶052　毛越寺 P▶052

12世紀、浄土思想に基づき造営した中尊寺や毛越寺、観自在王院跡、無量光院跡、金鶏山が構成資産。

5 日光の社寺

栃木県　　　　　　　　　　　　文化遺産 [1999年]

東照宮や二荒山神社、輪王寺を取り巻く、国宝9棟、重要文化財94棟の計103棟の建造物や遺跡（文化的景観）を構成資産とする。

日光東照宮 P▶108　日光山輪王寺 P▶108

6 ル・コルビュジエの建築作品 －近代建築運動への顕著な貢献－

東京都　　　　　　　　　　　　文化遺産 [2016年]

近代建築三大巨匠のひとり、建築家ル・コルビュジエが建造した計7カ国にまたがる17物件を登録。

7 富岡製糸場と絹産業遺産群

群馬県　　　　　　　　　　　　文化遺産 [2014年]

富岡製糸場 P▶114

生糸の大量生産を実現した技術革新と、世界と日本との間の技術交流を主題とした近代産業遺産。

8 小笠原諸島

　自然遺産 [2011年]

父島と母島の集落
を除いたほとんど
の島と一部海域が
世界遺産区域と
なっている。

南島 P▶148
ホエールウォッチング P▶148

9 富士山
－信仰の対象と芸術の源泉－

山梨県　静岡県　文化遺産 [2013年]

富士山は古くから山
岳崇拝の対象であ
り、文化や芸術も育
んできた。25件の
構成資産から成る。

山中湖 P▶177　忍野八海 P▶177
富士山本宮浅間大社 P▶248　三保の松原 P▶248　白糸ノ滝 P▶250

10 白川郷・五箇山の合掌造り集落

富山県　岐阜県　文化遺産 [1995年]

飛騨地方に残る合掌
造りの集落。白川郷
の萩町集落、五箇山
の相倉集落と菅沼集
落から成る。

菅沼合掌造り集落 P▶198
白川村荻町 P▶256

11 古都京都の文化財
（京都市、宇治市、大津市）

京都府　滋賀県　文化遺産 [1994年]

平城京から始まる京
都の歴史が凝縮さ
れた建造物や庭園
を高く評価。17の
社寺が構成資産。

清水寺 P▶284　元離宮二条城 P▶287　天龍寺 P▶289
平等院 P▶292　宇治上神社 P▶292　比叡山延暦寺 P▶298

12 法隆寺地域の仏教建造物

奈良県　文化遺産 [1993年]

世界最古の木造建築が数多く残る法隆寺地域。法隆寺
および法起寺の建造物から構成される。　法隆寺 P▶326

13 古都奈良の
文化財

奈良県
文化遺産 [1998年]

唐（中国）との交流や仏
教の影響で文化が栄え
た平城京。興福寺や春
日大社などが構成資産。

東大寺大仏殿 P▶324　興福寺 P▶325
薬師寺 P▶327　春日大社 P▶325
平城京跡 P▶326　唐招提寺 P▶327

14 紀伊山地の霊場と
参詣道

和歌山県　奈良県　三重県
文化遺産 [2004年]

山や森などの自然を神
仏の宿る所とする信仰
が形作った景観の代表
例として高く評価。

吉野山の桜 P▶328　金剛峯寺 P▶334
三重塔と那智の滝 P▶337
熊野古道 P▶338

15 百舌鳥・古市古墳群

大阪府
文化遺産 [2019年]

仁徳天皇陵古墳 P▶306

日本を代表する古墳群。
かつては100基以上あっ
たとされ、現在は45件
49基の古墳が点在。

16 姫路城

兵庫県
文化遺産 [1993年]

城郭建築の最盛期の遺
産。木造の城郭建造群
と城壁・土塀が特に良
い状態で残されている。

姫路城 P▶315

17 石見銀山遺跡とその文化的景観

文化遺産 [2007年]
16世紀に開発された銀山跡。銀山跡と鉱山町、積み出しの港と港町などが構成資産。

大森の町並み P▶352
清水谷製錬所跡 P▶352
龍源寺間歩 P▶353

18 原爆ドーム

広島県
文化遺産 [1996年]
人類史上最初の原子爆弾による被爆の惨禍を伝え、恒久平和を求める誓いのシンボル。

平和記念公園 P▶368

19 嚴島神社

広島県
文化遺産 [1996年]
瀬戸内海の島にある社殿と海に浮かぶ鳥居、背景の弥山とともに世界遺産に登録。

嚴島神社 P▶368

20 「神宿る島」宗像・沖ノ島と関連遺産群

福岡県
文化遺産 [2017年]
4世紀から9世紀にかけて航海安全を願い祭祀が行われてきた跡が、手付かずの状態で残されている。

21 明治日本の産業革命遺産 製鉄・製鋼、造船、石炭産業

山口県　鹿児島県　静岡県　岩手県　佐賀県
長崎県　熊本県　福岡県　　文化遺産 [2015年]
明治期に西洋技術を取り入れた産業革命の遺産。8県11市、23カ所の構成資産から成る。

韮山反射炉 P▶245　松下村塾 P▶378
萩反射炉 P▶379　グラバー園 P▶446　軍艦島 P▶446

22 長崎と天草地方の潜伏キリシタン関連遺産

長崎県　熊本県　　文化遺産 [2018年]
禁教政策の下で密かに信仰を続けた人々のキリシタン集落をはじめとする、12件の構成資産から成る。

大浦天主堂 P▶447　﨑津教会堂 P▶459

23 屋久島

鹿児島県　　自然遺産 [1993年]
島全体の約20%が登録。樹齢1000年を超える屋久杉などの原生的な自然林が、美しい自然景観を生み出しているとして評価された。

屋久島の縄文杉 P▶487

24 琉球王国のグスク及び関連遺産群

沖縄県　　文化遺産 [2000年]
15世紀前半に成立した琉球王国。首里城跡をはじめとする5つのグスク、御嶽（うたき）と呼ばれる拝所など9つの史跡で構成。

今帰仁城跡 P▶496　首里城公園 P▶502　識名園 P▶502

25 奄美大島、徳之島、沖縄島北部及び西表島

鹿児島県　沖縄県　　自然遺産 [2021年]
亜熱帯照葉樹の森に覆われた4地域、面積4万2698haの陸域で構成される。固有種や国際的な希少な動植物が生息・生育している。

ピナイサーラの滝 P▶514

INDEX ［50音順］

PHOTO CREDITS

PIXTA

Adobe Stock

ランズ

朝日新聞社

［北海道］（公財）アイヌ民族文化財団／五稜郭タワー／北海道大学広報課／十勝観光連盟／JR北海道／NPO法人サロベツ・エコ・ネットワーク／YOSAKOIソーラン祭り組織委員会／VELVETA DESIGN［青森県］弘前市［岩手県］三陸鉄道株式会社［宮城県］宮城県観光プロモーション推進室／公益社団法人 瑞鳳殿／瑞巌寺［山形県］鉄道博物館［福島県］さいたま観光国際協会／秩父観光協会［千葉県］香取神宮／君津市／成田国際空港株式会社／（公社）千葉県観光物産協会［東京都］東京都／（公財）東京観光財団／江戸東京たてもの園／小笠原村観光局［神奈川県］横浜観光情報／横浜中華街発展会協同組合／薬袋勝代／泉陽興業株式会社／（一社）川崎市観光協会／鎌倉市観光協会／横須賀市／彫刻の森美術館［新潟県］新潟観光コンベンション協会［山梨県］山梨県観光協会／忍野村観光協会／身延山久遠寺［長野県］善光寺／（公財）ながの観光コンベンションビューロー／一般財団法人 北斎館／上田市マルチメディア情報センター［富山県］（一社）射水市観光協会［石川県］石川県観光連盟／金沢市［福井県］大本山永平寺［静岡県］静岡県観光協会／伊豆の国市／川根本町まちづくり観光協会／浜松・浜名湖ツーリズムビューロー／袋井市観光協会［岐阜県］岐阜市／岐阜県白川村役場［愛知県］（一社）名古屋観光コンベンションビューロー／豊田市東山動植物園提供／豊田市美術館［三重県］神宮司庁／伊勢志摩観光コンベンション機構／鳥羽市観光商工課／三重フォトギャラリー／四日市市役所［京都府］妙法院／平等院／（公社）京都府観光連盟［滋賀県］びわ湖大津観光協会［大阪府］（公財）大阪観光局／関西エアポート株式会社［兵庫県］あわじ花さじき［奈良県］高松塚壁画館 西壁女子群像［和歌山県］公益社団法人 和歌山県観光連盟／南紀白浜観光協会［鳥取県］鳥取県［島根県］神楽殿 大田市［岡山県］岡山県観光連盟［広島県］一般社団法人広島県観光連盟／公益財団法人広島県観光コンベンションビューロー／庄原観光ナビ／一般社団法人世羅町観光協会／一般社団法人三次観光推進機構［徳島県］徳島市／一般社団法人 新居浜市観光物産協会［香川県］（公社）香川県観光協会／三豊市観光交流局／cubic-tt［高知県］高知県観光コンベンション協会／高知県立牧野植物園提供／高知県東部観光協議会／（公財）［福岡県］福岡県観光連盟／（一社）ひかりのみちDMO福津／太宰府天満宮／福岡市／国営海の中道海浜公園［佐賀県］佐賀県観光連盟／（一社）唐津観光協会［長崎県］（一社）長崎県観光連盟［熊本県］熊本県観光連盟／荒尾市［鹿児島県］公益社団法人 鹿児島県観光連盟／鹿児島市／JAXA／奄美市［沖縄県］石垣島ツアーズ／OCUB／国営沖縄記念公園（海洋博公園）：沖縄美ら海水族館ほか関係各市区町村観光課、観光施設

STAFF

編集制作	株式会社ランズ （清水由香利　明神琴音　石塚あみ　望月卓　丹羽佑太　坂部晋太郎） LoLo Creation （岡村悦子　長南真理恵　佐藤千鶴子）
執筆	株式会社ランズ （清水由香利　明神琴音） 川口朋恵　松尾好江　相田玲子　パンチ広沢　太田賢治　揚妻美穂 長谷川真紀　風岡千穂　成田楓歩　横山実由　山本理紗
表紙デザイン	bitter design（矢部あずさ）
本文デザイン	bitter design（矢部あずさ　岡澤輝美）
図版	株式会社ランズ（安達義寛）
マップ	s-map
組版・印刷	大日本印刷株式会社
企画・編集	朝日新聞出版（白方美樹）

にっぽん たびだいじてん
日本 旅大事典 1500

2023年10月30日　第1刷発行
2024年6月30日　第2刷発行

編　著	朝日新聞出版
発行者	片桐圭子
発行所	朝日新聞出版 〒104-8011　東京都中央区築地5-3-2 （お問い合わせ）infojitsuyo@asahi.com
印刷所	大日本印刷株式会社

©2023 Asahi Shimbun Publications Inc.
Published in Japan by Asahi Shimbun Publications Inc.
ISBN　978-4-02-334751-9